Woldemar Schreyer

Steigers Deutsch-Amerikanisches Kochbuch

Woldemar Schreyer

Steigers Deutsch-Amerikanisches Kochbuch

ISBN/EAN: 9783743302051

Hergestellt in Europa, USA, Kanada, Australien, Japan

Cover: Foto ©Andreas Hilbeck / pixelio.de

Manufactured and distributed by brebook publishing software
(www.brebook.com)

Woldemar Schreyer

Steigers Deutsch-Amerikanisches Kochbuch

Steiger's
Deutsch-amerikanisches
Kochbuch für kleinere Familien.

Praktische Anweisung,
auf deutsche Weise gut, schmackhaft, abwechselnd
und sparsam zu kochen.

Mit
Berücksichtigung amerikanischer Nahrungsmittel
und Angabe der englischen Ausdrücke.

Von
Woldemar Schreyer.

E. Steiger & Co.
New York.

Eine Liste empfehlenswerther Bücher über Haus- und Landwirthschaft, sowie deutsch-amerikanischer Kochbücher und solcher
aus allen Gegenden Deutschlands, nebst Schriften über das Hotelwesen u. s. w. findet man auf S. 319—323.

Druck von
E. Steiger & Co.

Der Hausfrau.

Wo 's Frauchen frisch und klug sich regt,
Verständnißvoll der Wirthschaft pflegt,
Ist's wie ein heller Sonnenschein:
Es nistet sich Behagen ein!
Selbst wenn der Mann verstimmt, beklommen
Von seiner Arbeit heimgekommen,
So wird ihm Aug' und Herz schon heller,
Winkt dampfend ihm der weiße Teller
Voll kräft'ger Supp', der keine gleicht,
Und die sein Liebchen stolz ihm reicht.
Und wenn dann erst des Bratens Duft
Mit seiner Würze füllt die Luft,
Sein Wohlschmack ihn befriedigt, mundet,
Und er's in Wort und Blick bekundet,
Dünkt Sorge ihm wie leichter Flaum,
An seine Arbeit denkt er kaum —
Und bis der Nachtisch dann gekommen
Wird schon in Lieb' und Glück geschwommen.

———

Ja, ja, die Lieb' geht durch den Magen!
So ganz im Stillen darf man's sagen.
Drum, Frauen, folgt in Einem mir,
Schließt Freundschaft mit dem Kochbuch hier;
Es wird in gut' und bösen Tagen
Euch treulich stets das Beste sagen
Und so sich heimlich Euch verbinden,
Des Hauses Frohsinn zu begründen!

Vorwort.

Dieses Kochbuch enthält mehr als 750 Recepte, und zwar ausschließlich für solche Speisen, welche unter Berücksichtigung der amerikanischen Nahrungsmittel in einem kleinen Haushalte bei mäßigen Kosten eine schmackhafte und gesunde Nahrung liefern.

Trotz der unzähligen Kochbücher, welche seit 2400 Jahren, d. h. seitdem der Grieche Archestratos das erste Kochbuch schrieb, von großen und kleinen Köchen und Köchinnen geschrieben worden, gibt es ihrer doch nur wenige, welche für Anfängerinnen im Haushalt wirklich praktisch sind. Viele dieser Bücher enthalten so zahlreiche und theure Recepte, daß die weniger bemittelte Hausfrau kaum die Hälfte derselben jemals gebrauchen könnte.

So weit es thunlich war, sind die in diesem Kochbuche angegebenen Speisen fast alle für nur 2 Personen eingerichtet, obwohl von Suppe und Hauptgericht wohl noch für eine dritte Person genügend vorhanden sein dürfte. Es ist immer leichter, das Quantum um das Zwei- oder Dreifache zu vergrößern, als es ist, bei Recepten für viele Personen das Angegebene für weniger zu reduciren. Bei Zumessung der Zuthaten ist anstatt des oft unbequemen Abwiegens das Maß in Anwendung gebracht. Ein Löffel oder eine Tasse ist stets zur Hand und das Messen damit ist nicht so zeitraubend wie das Abwiegen. Außer den englischen Namen der einzelnen Gerichte sind auch die englischen Bezeichnungen der verschiedenen fleisch- und fischarten nebst Preisangaben mitgetheilt, so daß Neulinge sich schnell darüber unterrichten können. Außerdem aber erhält die junge Hausfrau einen Einblick in das System der menschlichen Ernährung und Regeln für die Lebensordnung, welche, wie nothwendig die Kenntniß derselben auch ist, in anderen Kochbüchern vollständig fehlen. In Krankheitsfällen gibt die Diät für Kranke der Pflegerin bewährten Rath und wenn die frage gestellt wird: „Was sollen wir kochen?" so gibt unser Speisezettel jeder zeit Antwort.

Inhaltsverzeichniß.

Gemüse. . . . 44

Das Kochen der frischen Gemüse. 44

Kartoffelspeisen. 64

Hülsenfrüchte. 72

Fische und Schalthiere. . . . 151

Saucen oder Tunken. . . . 167

Klöße. 190

Eierspeisen. 200

Brötchen. 212

Käsegerichte. 214

Mehlspeisen, in Schmalz·gebacken. . . 216

Waffeln. 220

Muffins. 221

Milch= und Mehlspeisen. . . 223

Puddings. 233

Kalte süße Speisen. . . . 240

Backwerk. 243

Regeln beim Backen. 243

Hefenbackwerk. 244

Backwerk mit Backpulver. 251

Das Einmachen der Früchte. . . 276

Obst-Gelées. 283

Obstmarmeladen oder Fruchtmus. 281

In Essig und Zucker eingemachte Früchte. 285

Gemüse in Essig und Salz einzumachen. 287

Der Mensch lebt nicht von Brot allein
froh und heiter:
Auch von Kuchen, Braten, Wein
und so weiter.

Die Ernährung des Menschen.

Muth, guter Wille und Liebe zur Sache hängen zum Theil von gesunder und ausreichender Ernährung ab. Schlechte Lebensweise und unzulängliche Ernährungsart verhindern die volle Ausübung der körperlichen und somit auch der geistigen Verrichtungen und führen zu mangelhafter Körperkraft, zu Krankheit, vermehrter Sterblichkeit und Mangel an geistiger Energie.

Die Nahrung hat einen großen und bleibenden Einfluß auf den Charakter und die Sitten ganzer Völker. Das Nationalgericht der Türken besteht aus Hammelfleisch und Reis, alles Andere dient zur Würze dieser Speise. Einfach wie seine Nahrung ist das türkische Volk mäßig und genügsam, aber ohne Energie. — Italien verbindet das Glatte, Geschmeidige mit dem Pikanten. Oele, Zwiebeln, Früchte, Chocolade, Macaroni, feurige Weine machen die Italiener, Spanier und Portugiesen sinnlich, sorglos und leicht erregbar. Die Engländer haben schwere, nachhaltige Kost, schwere Getränke, und so sind· sie derb, prosaisch und praktisch.

Der Russe hat eine schwerfällige, weichliche Kost; Breie, Brot, Fisch, Fleisch, Kohlsuppe und dicke Grütze machen ihn harmlos, knechtisch, in berauschtem Zustande aber thierisch, roh. Der Franzose repräsentirt den raffinirtesten Geschmack, die geistreiche Combination der Gegensätze, den prickelnden Reiz der Sinne, er ist ein Freund von Schnecken, Kaninchen, pikanten Saucen und Salaten. Der Deutsche, der sich überall leicht colonisirt, spottet sowohl der französischen Pikanterie, als auch der englischen Derbheit, er nimmt von Slaven und Romanen an, was ihm wohlschmeckt, er ist vielseitig, leicht oder auch schwerfällig, wie seine süd= oder norddeutschen Lieblingsspeisen oder seine beliebtesten Getränke.

Das für die Menschheit so wichtige Capitel der Ernährung erfährt leider auch heute noch nicht die Beachtung, welche es mit Recht verdient, und die folgenden Zeilen sollen der Erkenntniß Bahn brechen, daß es mit bei weitem geringeren Mitteln, als immer angenommen wird, möglich ist, eine zweckmäßige, ausreichende und kräftige Ernährung zu bewerkstelligen.

Die in den Nahrungsmitteln enthaltenen Nährstoffe lassen sich in folgende fünf Gruppen zerlegen: 1) W a s s e r, 2) E i w e i ß s t o f f e, 3) F e t t e, 4) K o h l e n = H y d r a t e und 5) S a l z e oder M i n e = r a l s t o f f e.

Um zu wissen, in welchen Verhältnissen diese Nährstoffe in unsern Nahrungsmitteln enthalten sein sollen, müssen wir die Rollen erforschen, welche jede von ihnen im Körper spielt.

1. **Das Wasser.** Es bildet den hervorragendsten Bestandtheil des menschlichen Organismus, der davon in der Jugend bis fast 90 %, später ca. 70 % enthält.

Der tägliche Wasserverlust des erwachsenen menschlichen Körpers durch Athmung, Hautausdünstung und Entleerungen beläuft sich auf 2 bis 3 Quart; dieser Verlust braucht indessen nicht in seinem gesammten Umfang durch direkte Aufnahme von Trinkwasser gedeckt zu werden, da in a l l e n unsern Nahrungsmitteln Wasser in meist großer Menge enthalten ist; so hat z. B. Fleisch 70—80 %, Milch 87—90 %, Brot 30—40 %, Obst, Gemüse und Wurzelgewächse 75—90 %, die geistigen Getränke wie Bier und Wein, 86—90 % Wassergehalt.

2. **Eiweißstoffe.** Die Eiweißstoffe sind die wichtigsten Bestandtheile des pflanzlichen wie des thierischen Organismus; das Blut sowie alle thierischen Gewebe und Organe (Muskeln, Herz, Lunge,

Leber u. s. w.) sind vorwiegend aus Eiweißverbindungen zusammen=
gesetzt. Diejenige Menge von Eiweißstoffen, welche zur Erhaltung
der Lebensthätigkeit erforderlich ist, beträgt für den menschlichen Or=
ganismus täglich 4 bis 6 Unzen, je nachdem derselbe durch Thätig=
keit in Anspruch genommen wird. Erst wenn mehr als diese unbe=
dingt nöthige Eiweißmenge, welche dem Stoffwechsel entspricht, auf=
genommen wird, erfolgt Ansatz oder Wachsthum der Organe und
Gewebe.

Der Gehalt der Nahrungsmittel an Eiweißstoffen ist sehr ver=
schieden; so enthält z. B. das Fleisch 15—23 %, Milch 3—4 %, Käse
27—32 %, Linsen, Bohnen, Erbsen 23—27 %, die Mehlsorten
8—11 %, Brot 6—9 %, Gemüse und Wurzelgewächse 1—4 %, u. s. w.

3. Das Fett. Die Hauptmenge des mit der Nahrung aufge=
nommenen Fettes wird im Organismus zersetzt, und zwar geht diese
Zersetzung unter bedeutender Wärmeentwicklung vor sich, wodurch
dem Körper eben seine Wärme und den Organen die Möglichkeit zu
funktioniren erhalten bleibt. Es läßt sich die Fettzersetzung im leben=
den Organismus als wahre Verbrennung ansehen, wodurch der oft
gehörte Vergleich des Menschen mit einem brennenden Ofen gerecht=
fertigt erscheint. Diese mit der Fettzersetzung einhergehende Wärme=
production erklärt auch die Zunahme des Fettconsums mit dem Sin=
ken der Temperatur und in kalten Ländern gegenüber wärmeren Re=
gionen.

Man schätzt die den Organismus täglich zuzuführende Fett=
menge für einen erwachsenen Menschen im Mittel auf 2 Unzen. Wir
führen das Fett in der Nahrung uns bald als Speisefett (Butter,
Schmalz, Pflanzenöle u. s. w.) zu, bald in den mehr oder weniger
Fett enthaltenden Nahrungsmitteln.

Geräucherter Schinken hat bis zu 40 %, gut durchwachsenes
Fleisch bis zu 12 %, Aal bis 30 %, sonstige Fische bis 10 %, Eier
12 %, Milch 3—5 %, Butter 85 bis 90 %, Käse 8—30 % Fett.

4. Kohlen-Hydrate. Die Kohlen=Hydrate wirken ähnlich wie
das Fett als Wärmeerzeuger, sowie andererseits, indem sie das Eiweiß
der menschlichen Säfte und Organe vor Zersetzung schützen. Der
erwachsene menschliche Organismus nimmt täglich ungefähr 1 Pfund
dieser Stoffe zu sich, vorzugsweise in Form von Brot oder Kar=
toffeln.

5. **Die Mineralstoffe.** Vor allem dienen die Mineralstoffe zum Aufbau des Körpers und sind für die Nervensubstanz unentbehrlich. Den für den Ausbau des Knochengerüstes so nöthigen phosphorsauren und kohlensauren Kalk findet das Kind in hinreichender Menge in der Milch; beim Entwöhnen müssen solche Nahrungsmittel gewählt werden, die eine genügende Menge von diesen Mineralstoffen enthalten. Fleisch, Eier, Milch und Käse enthalten vorzugsweise phosphorsaures Kali und phosphorsauren Kalk, ebenso ist derselbe in den Gemüsearten enthalten.

Der erwachsene Mensch braucht per Tag 4 Unzen Eiweiß, 2 Unzen Fett und 18 Unzen Kohlen-Hydrate.

Es genügt aber nicht, daß in der vom Menschen verspeisten Nahrung diese Nährstoffmengen enthalten sind; dieselben müssen auch für die Ernährung wirklich nutzbar gemacht, d. h. vom Körper aufgenommen werden. Die darüber angestellten Untersuchungen ergaben, daß von gebratenem Fleische 97 % des Eiweißes und 80 % des Fettes, bei der Milch aber 93 % Eiweiß und 95 % Fett ausgenutzt wurden.

Viel mehr, als es bis jetzt geschieht, sollten Nahrungsmittel wie Bohnen, Erbsen, Linsen (27 % Eiweiß), Magermilch, Magerkäse (store cheese) (35 % Eiweiß), Stockfisch (80 % Eiweiß), und Hering (20 % Eiweiß) zur Verwendung gelangen, während dagegen Mischungen, die den Ruf hervorragender Nahrungsmittel genießen, verdrängt zu werden verdienen. Die Fleischbrühe (Bouillon) ist wohl ein vorzügliches, den Appetit reizendes empfehlenswerthes Genußmittel, kann aber nicht als Nahrungsmittel angesehen werden, denn ein reichlicher Suppenteller Fleischbrühe enthält z. B. auf 293 Gramm Wasser 4 Gramm Salze, 1.5 Gramm Eiweiß und 1.5 Gramm Fett. Um das Essen schmackhafter zu machen, werden allen unseren Speisen Substanzen beigemischt, welche keine Nahrungsmittel sind, aber einen bedeutenden Einfluß auf die Verdauungsthätigkeit der Nerven ausüben. Werden die Geschmacksnerven erregt, so wird die Aussonderung der Verdauungssäfte befördert. („Es läuft Einem das Wasser im Munde zusammen!")

Selbst mit den geringsten Mitteln ist es möglich, die Speisen schmackhaft und an Abwechslung reich zu machen. Gemüse, Obst, Salz, Zwiebeln, Petersilie, Sellerie und andere Gewürze wirken sämmtlich auf die den Verdauungsapparat in Bewegung setzenden Geruchs- und Geschmacksnerven ein, und sind somit von hohem Werthe für eine vernunftgemäße Kost. Kaffee und Thee sind treffliche Genußmittel, wenn dieselben mäßig genossen werden. Kinder dürfen nie starken Kaffee oder Thee bekommen. Kaffee hilft das Ermüdungsgefühl beseitigen, während der Thee einen anregenden Einfluß auf das Nervensystem ausübt und ein Gefühl des Wohlbehagens hervorruft.

Branntwein ist eine Medizin und kann nie und nimmer Kraft erzeugen. Das Wärmegefühl, welches der Alkohol erzeugt, beruht darauf, daß er die Blutvertheilung des Organismus verändert; die Haut wird wärmer dadurch, daß mehr Blut in die Hautblutgefäße tritt, daher auch das geröthete Gesicht des Trinkers. Da der Alkohol das Hungergefühl unterdrückt, ist er der größte Feind der Menschheit, und hat der Genuß desselben nicht nur jährlich Tausende von Menschen in das Grab gestürzt, sondern selbst bereits ganze Völker entkräftet.

Der mäßige Genuß des Bieres ist zu empfehlen, wenn das Bier normal, d. h. aus Hopfen und Malz hergestellt ist. Gefälschtes oder nicht ausgegohrenes Bier ist dem Menschen schädlich, ebenso ist kaltes Bier der Gesundheit nachtheilig, indem es Magen- und Darmkatarrhe verursacht.

In noch höherem Maße ist der mäßige Genuß eines reinen Weines zu empfehlen. Während und nach der Mahlzeit wird der Wein besser vertragen, als des Morgens. Man sollte überhaupt vermeiden, kalte Getränke während oder kurz nach dem Genusse fetter Speisen zu sich zu nehmen, weil dann das Fett im Magen gerinnt, sich von den Speisen trennt und allerlei schmerzhafte Empfindungen, Druck und Brennen in der Herzgrube erzeugt.

Von der Lebensordnung (Diät).

Ein zweckmäßiger Wechsel der Nahrungsmittel ist für die Gesund= heit um so vortheilhafter, als der Mensch durch das Naturgesetz sowohl für Thier= als auch für Pflanzenkost geschaffen ist, was durch die Constitution seiner Zähne und Gedärme sich deutlich ergibt. Der alleinige Genuß thierischer Nahrungsstoffe würde eine Anlage zu Ent= zündungen begünstigen und letztere endlich hervorrufen; dagegen würde der alleinige Gebrauch der Pflanzenkost nicht genügen, um den Kör= per zu ernähren, umsoweniger, wenn derselbe bedeutende Kraftanstren= gungen zu erdulden hat; nur durch zweckmäßige Verbindung beider genügt man dem erhabenen Zwecke der Natur.

Was das Maß des Essens und Trinkens betrifft, so machen Verschiedenheit in Alter, Geschlecht und körperlicher Beschaffenheit es unmöglich, eine allgemein gültige Regel anzugeben; die beste wäre wohl: jedes Uebermaß zu vermeiden.

Personen mit schwächlicher Constitution sollten sich aller schwer verdaulichen Nahrungsmittel enthalten. Ihre Kost sei allerdings kräftigend, dabei aber leicht verdaulich! Heilig sei ihnen das Gesetz: sich täglich Bewegung in freier Luft zu machen!

Sanguinische und reichblütige Individuen müssen alle fetten Speisen, sowie alle aufregende, den Umlauf des Blutes durch die Lungen, sowie den ganzen Kreislauf beschleunigende feurige Weine und starke Biere meiden. Ihre Nahrungsmittel müssen so viel als möglich einfach sein und sich mehr auf die Pflanzenkost beschränken. Tägliche Bewegung in freier Luft ist ihnen doppelt nothwendig. Auch dem Schlafe dürfen sie nicht zu lange fröhnen.

Fettleibige, oder Diejenigen, welche Anlage zur Fettleibigkeit haben, müssen eine soviel als möglich karge Diät führen. Sie müssen dem Genusse aller jener Nahrungsmittel, die schon in kleiner Quan= tität viel Nahrungsstoff enthalten, ganz entsagen. Ihnen ist der Ge= nuß von Obst und Obstcompots zu empfehlen. Von großem Nutzen sind gelind säuerliche Getränke, wie: Wasser mit etwas Citronensaft,

Johannisbeersaft u. f. w. — in reichlicher Menge genossen. Mit einer vorzugsweise vegetabilischen Diät müssen tägliche bedeutende Bewegungen und Muskelanstrengungen verbunden werden, denn nichts zehrt mehr und stärkt zugleich, als starke körperliche Bewegung bis zum Müdewerden.

Magere Individuen müssen solche Nahrungsmittel genießen, die schon in geringer Menge kräftig nähren, als: gute Fleischsuppen, Kraftbrühen, gebratenes Rind- und Kalbfleisch, Wildpret und ein gut ausgegohrenes reines Bier.

Auch auf die Jahreszeiten muß in der Diät Rücksicht genommen werden. Im Frühling kann ein kleiner Diätfehler einen großen Schaden bringen. In dieser Jahreszeit ist die Natur in Gährung und Wallung und übermäßige Reizungen können böse Folgen verursachen. Im Sommer ist der ganze Organismus durch die Last der Hitze geschwächt; diese Schwäche ist besonders im Magen vorherrschend. Wird ihm also etwas zu viel Nahrungsstoff aufgebürdet, so hat er nicht die Kraft, ihn zu verdauen; die unverdauten Speisen verderben und verursachen viele schwere fieberhafte Krankheiten.

Im Winter erhält die ganze Natur mehr Kraft und Bildungsvermögen, und auch der Magen ist im Stande, mehr und besser zu verdauen. Man darf sich schon etwas mehr erlauben; doch überschreite man nie die Grenzen der Mäßigkeit!

Bei der Befriedigung des Hungers sind folgende Regeln nie außer Acht zu lassen:

1. Man gewöhne sich daran, immer zu bestimmten Stunden zu essen.

2. Ist man schwächlicher Constitution, so esse man, wenn man Hunger hat, öfters zwar, doch nicht viel auf einmal.

3. Man esse langsam, kaue die Speisen wohl, und erhalte die Zähne in gutem Zustande.

4. Man setze sich nie zum Tische, wenn man vom Zorne aufgeregt, oder infolge einer heftigen Bewegung sehr erhitzt ist.

5. Man esse nie heiß, denn dadurch schadet man sowohl den Zähnen, als auch der Verdauung.

6. Zwischen den einzelnen Mahlzeiten halte man Zwischenräume

so lange, bis man annehmen kann, daß die früher genossenen Spei=
sen ganz verdaut sind.   Die Zeit, welche Nahrungsstoffe brauchen,
um verdaut zu werden, hängt von der Beschaffenheit dersel=
ben, sowie von der Verdauungskraft des Magens ab;
im Allgemeinen nimmt man 3½ Stunden als genügend an, um
den Verdauungsproceß in den meisten Fällen zu beendigen.

7. Man esse nie, wenn man sich bereits gesättigt hat, die Spei=
sen mögen den Gaumen noch so sehr reizen.

8. Man esse nie das, wogegen man Ekel fühlt.

9. Man kaue nach jeder Mahlzeit eine ziemlich trockne Brot=
rinde; dieses reinigt die Zähne besser, als irgend ein Zahnpulver.

10. Man unterlasse es, während des Essens zu studiren, oder
zugleich eine Beschäftigung vorzunehmen, welche die Geisteskräfte voll=
ständig in Anspruch nimmt.

11. Man esse wo möglich in einer fröhlichen und heiteren Ge=
sellschaft.   Die alten Griechen und Römer ließen sich während der
Tafel von Spaßmachern belustigen, indem sie das Lachen für das
beste Mittel hielten, die Verdauung zu befördern.

12. Zu beherzigen ist der einfache Spruch:

> Nach dem Essen sollst du stehen
> Oder hundert Schritte gehen!

Eine allzu anstrengende Bewegung nach Tische stört jedoch die Ver=
dauung; eine mäßige Bewegung fördert sie.   Nur Schwächliche soll=
ten sich ein Nachmittagsschläfchen gestatten.

Nach zu häufigem Genuß von Nahrungsmitteln oder Getränken
folgt unmittelbar Krankheit.   Gegen Ueberfüllung gibt es nur ein
gutes Heilmittel: das Fasten.   Man vermeide alle, noch so sehr an=
gepriesene Magen=Liqueure und Verdauungsschnäpse.

Einer der berühmtesten Aerzte seiner Zeit hat in wenigen Wor=
ten alle Vorschriften zusammengefaßt, die der Mensch zu beobachten
hat, um gesund und lange zu leben.   Sie lauten:

Halte den Kopf kühl, die Füße warm, den Bauch offen: und
du wirst nie — Arznei gebrauchen.

Die Küche.

Ordnung in allen Dingen ist weise Sparsamkeit; Unordnung ist Verschwendung.

Sofern gleich von Beginn au jedem Dinge in der Küche sein bestimmter Platz angewiesen ist, kann es nicht schwer werden, dasselbe, nachdem es gebraucht worden, wieder dahin zurück zu thun und Unordnung in der Werkstatt der Hausfrau wird auf diese Weise ver= mieden. Ein anderes wesentliches Erforderniß ist Reinlichkeit. Die beim Kochen gebrauchten Töpfe fülle man sogleich mit Wasser und stelle sie bei Seite, damit die Reste sich lösen und dann leicht zu ent= fernen sind.

Zur Beförderung der Pünktlichkeit halte man eine einfache, wo= möglich mit Schlagwerk versehene Uhr in der Küche; es ist dies für die Bereitung von Speisen, wo Stunden, ja die Viertelstunden und selbst Minuten innegehalten werden müssen, sehr wichtig. Auch eine Wage ist nöthig, nicht allein zum Abwiegen der zu den Speisen nö= thigen Bestandtheile, sondern auch zum Nachwiegen der eingekauften Sachen.

Als sehr praktisch hat es sich bewährt, eine Tafel mit daran befestigtem Griffel aufzuhängen, auf welcher im Laufe des Tages das Fehlende notirt wird, damit die Einkäufe auf einem Gange besorgt werden können, und nicht dies oder jenes noch fehlt, wenn man schon mit dem Kochen beschäftigt ist.

Das Kochgeschirr. Kochgeschirre von Kupfer oder Messing sollten, da sie leicht der Gesundheit gefährlich werden können, nicht gebraucht werden. Die eisernen, emaillirten Kochtöpfe sind die empfehlenswerthesten, nur ist zu vermeiden, daß man sie stößt oder fallen läßt, damit nicht die Glasur abspringt. Die dichten Dampftöpfe (steam cooker) sind zum Kochen aller Gemüsearten, sowie der Fleischbrühen am geeignetsten. Zum Braten und Schmoren sind eiserne Töpfe ohne weiße Glasur und, wenn möglich, mit nach unten gewölbtem Boden, vorzuziehen. Fett und Sauce sammeln sich dann unter dem Braten und halten diesen saftiger. Nur gut schließende Deckel sind zu gebrauchen. Vor dem erstmaligen Gebrauche muß eisernes Geschirr mit starker Lauge oder Alaun (alum) (ein Stück von der Größe einer Wallnuß für 5 Pints) ausgekocht, getrocknet und mit Fett eingerieben werden.

Der Selbstkocher. Dieser auch unter dem Namen „Schwedische Küche" käufliche Kochapparat beruht auf dem Prinzip, durch schlechte Wärmeleiter die siedend eingesetzten Speisen während einer Dauer von 4—5 Stunden auf dem Siedepunkte zu erhalten. Rindfleischsuppen, Gemüse, Hülsenfrüchte, Kartoffeln, Reis, Graupen, Nudeln, Backobst lassen sich damit ebenso bequem als schmackhaft zubereiten.

Es kann also eine vielgeplagte Hausfrau ihr einfaches Mittagsmahl durch den Apparat am Morgen früh in einer Viertelstunde herrichten und darf sich dann ohne Sorgen anderen Beschäftigungen hingeben. Sie hat nur nöthig, die Speisen mit allen nöthigen Ingredienzen auf dem Herde anzukochen und in die Gefäße des Apparates, nachdem diese vorher mit heißem Wasser ausgespült sind, mindestens bis zu dreiviertel ihrer Höhe hineinzufüllen und vor dem Hineinsetzen noch einmal darin aufkochen lassen. Die nicht benutzten Gefäße sind der gleichmäßigen Erwärmung wegen mit heißem Wasser zu füllen. Dann wird der Apparat nach dem Einsetzen der Gefäße sorgfältig verschlossen, womöglich noch mit einer Decke oder einem Kissen bedeckt. Geöffnet darf der Kasten nicht wieder werden, bis man zu Mittag das fertig Gekochte herausnehmen und anrichten will, sonst würde Hitze verloren gehen, die zum Kochen nothwendig ist. Ein Mißlingen ist ausgeschlossen und ein Anbrennen der Speisen gehört zu den Unmöglichkeiten.

Die Zeit des Ankochens ist verschieden bei den einzelnen Speisen und nur bei einigen höchstens eine halbe Stunde nöthig. Was die Schmackhaftigkeit der so zubereiteten Speisen betrifft, so wird dieselbe durch das nachhaltige Durchdringen der Fasern und Zellen mit Dampf gesteigert, der Nährgehalt der Substanzen wird besser entwickelt, die Speisen werden leichter und verdaulicher und vom Körper besser aufgenommen und verarbeitet. Der Selbstkocher nimmt wenig Platz ein und kann in jeden beliebigen Winkel gestellt werden.

Holz und Kohlen. Ein Ofen, der nicht von Asche und Ruß gut gereinigt ist, brennt schlecht. Ein starkes Feuer hat schon manches Gericht verdorben, denn langsames Kochen oder Braten macht die Speisen immer besser und nahrhafter. Wer mit Ueberlegung das Feuer besorgt, kann viel Feuerungsmaterial sparen. Im Sommer sind Petroleum- oder Gasöfen nicht nur eine Ersparniß, sondern auch eine Erleichterung für die Hausfrau.

Das Küchen-Sink. Wenn man Störungen der Ablaufröhre befürchten muß, so sollte man jeden Abend, nachdem der Abguß nicht mehr benutzt wird, eine kleine Quantität concentrated lye durch das Sieb werfen. Das verbindet sich während der Nacht mit dem Fett, das in der Röhre sitzt und bildet so eine Art Schmierseife. Ehe dann das Sink am Morgen anderweitig benutzt wird, schüttet man einen Theekessel kochendes Wasser hinunter, wodurch die Röhre tüchtig gereinigt und jeder Verstopfung, sowie jedem Geruch vorgebeugt wird.

Hartes und weiches Wasser. Daß hartes Wasser zum Reinigen und Waschen, sowie zum Kochen mancher Speisen, z. B. der Hülsenfrüchte, nicht brauchbar ist, weiß jede Hausfrau. Die Seife schäumt in solchem Wasser nicht so leicht, als in weichem, und man fühlt es auch an den Händen. In solchen Fällen muß man das Wasser vor dem Gebrauche abkochen und ihm etwas Soda zusetzen. Zum Kochen von grünen Gemüsen ist ebenfalls der Zusatz von etwas Soda oder kohlensaurem Natron zu empfehlen. Anders ist es in-

deſſen mit Thee. Dieſer wird wieder beſſer, wenn man zu dem Auf=
ſud hartes Waſſer benutzt. Das weiche Waſſer löſt in dem Thee
die bitteren Beſtandtheile auf, und dieſe übertäuben in ihrer Stärke
oft das eigentliche Aroma des Thees. Aus demſelben Grunde iſt
auch der mit hartem Waſſer abgebrühte Thee heller, als der mit
weichem Waſſer hergeſtellte. Hartes Waſſer ſtillt auch den Durſt
beſſer, als weiches. Der Kalkgehalt, der eigentlich die Urſache iſt,
daß man das Waſſer „hartes“ nennt, macht dieſes vom geſundheit=
lichen Standpunkte aus zu einem werthvolleren Artikel, als das weiche
Waſſer es iſt. Die Urſache, daß es aber für Waſchen, Putzen u. ſ. w.
nicht ſo gut zu gebrauchen iſt, iſt eben derſelbe Kalkgehalt, der näm=
lich die Wirkung eines Theiles der Seife aufhebt.

Moderig riechendes Waſſer, oder ſolches, in dem allerlei grüne
Gewebe und Stoffe ſich herumtreiben, ſollte von Jedem, dem ſeine
Geſundheit lieb iſt, gemieden werden; am ſicherſten zerſtört man die
Krankheit erzeugenden Stoffe durch Abkochen, was in jedem Haus=
halte zur Zeit herrſchender Epidemien geſchehen ſollte. Zweckmäßig
iſt es ſelbſt in der kleinſten Haushaltung, einen der kleinen billigen
Filtrirer (filter) an die Auslaufsröhre der Waſſerleitung zu ſtecken,
und jeden Morgen denſelben zu reinigen.

Eisſchrank (refrigerator). Das im Eisſchranke aufzubewah=
rende Fleiſch darf nicht mit dem Eiſe in Berührung kommen, weil
es ſonſt an Anſehen und Geſchmack verlieren würde. Das Schim=
meln der Lebensmittel im Eisſchranke läßt ſich vermeiden durch
wöchentliche ſorgfältige Reinigung der Stäbe, Bretter und Innen=
wände des Schrankes und indem man die gekochten Speiſen erſt in
abgekühltem Zuſtande in den Schrank bringt.

Butter und Milch ſollten immer g u t   z u g e d e c k t im Eis=
ſchrank aufbewahrt werden, da ſie ſonſt ſehr leicht den Geruch ande=
rer im Schranke befindlichen Speiſen annehmen. Fiſche kann man
mit der Schuppenſeite auf dem Eis liegend aufbewahren.

Nahrungsmittel und Speisezusätze.

Milch. Beim Aufbewahren und Kochen der Milch muß man besonders darauf sehen, daß das dazu benutzte Gefäß ganz sauber gehalten und zu nichts Anderem gebraucht werde. Ungekochte Milch sollte überhaupt nicht genossen werden, da nicht selten schwere Krank= heiten durch die in roher Milch mitunter enthaltenen Krankheitserre= ger verursacht wurden. Siedehitze tödtet alle Krankheitskeime.

Eier. Die im August und September gelegten Eier sind zum Aufbewahren am geeignetsten. Man bestreicht dieselben mit Vase= line, verpackt sie in einen Steintopf, das spitze Ende nach oben ge= stellt, mit kalter Asche und stellt den Topf in den Keller.

Um Eier auf ihre Frische zu prüfen, ist die sogenannte Schwimm= probe zu empfehlen. Man legt die Eier in eine 5—10procentige wässerige Kochsalzlösung; frische Eier sinken sofort zu Boden, weni= ger frische schwimmen je nach ihrem geringeren oder höheren Alter tiefer oder höher in der Lösung, ganz alte aber kommen an die Ober= fläche derselben.

Jedes Ei sollte vor dem Gebrauch geprüft werden, ob es noch gut ist; dies führt man am sichersten aus, indem man es in eine Obertasse schlägt und von da ab erst verwendet.

Butter. Gute Butter muß ein gleichartiges, nicht fladiges oder streifiges Ansehen haben. Ihre Färbung wechselt unter dem Einfluß der Fütterung; dieselbe kann im Winter beinahe rein weiß werden, im Sommer einen tief goldgelben Ton zeigen. Die Qualität der Butter, besonders das sogenannte Aroma, hängt sehr von der Art der Fütterung an. Die Butter darf weder schmierig, noch auch trocken oder krümelig sein.

Mehl. Je feiner das Mehl ist, desto mehr Flüssigkeit nimmt es an und desto mehr quillt es beim Kochen und Backen. Das vor= räthig gehaltene Mehl muß alle 14 Tage durchgerührt und vor dem

Gebrauch durchgesiebt werden. Gutes Mehl muß gelblich weiß, nicht bläulich oder röthlich weiß aussehen.

Gemüse und Salat. Dieselben kaufe man so frisch als möglich und bewahre sie bis zum Gebrauch an einem kühlen Orte, sie verlieren sonst von ihrer Feinheit. Die grünen Gemüse sollen mit kochendem, die dürren Gemüse mit kaltem Wasser aufs Feuer gesetzt werden. Wurzelgemüse dürfen nicht gesotten, sondern nur gedämpft werden. Erbsen, Linsen und Bohnen müssen über Nacht in kaltem Wasser eingeweicht werden.

Wurzelwerk. Im Winter ist das Wurzelwerk in den Städten ziemlich theuer, und es wird der sparsamen Hausfrau willkommen sein, zu erfahren, wie man sich dasselbe für den Winter fast umsonst herstellen kann. Im Herbst, wo die Sellerieköpfe aus der Erde genommen werden, sind sie nur halb so theuer, als im Frühjahr. Nachdem man die Sellerieköpfe mit der Bürste gründlich gewaschen und zweimal in frischem Wasser abgespült hat, kann man die Schale davon als Wintergewürz trocknen. Zu diesem Zwecke schneidet man die Schale vom Kopfe in rohem Zustande rings herum dick ab, das Innere aber in Scheiben. Diese Scheiben spült man nochmals schnell in reinem Wasser ab und legt sie sofort in einen irdenen Topf mit Essig und Zucker, um davon den Selleriesalat für den Winter zu kochen, der viel kräftiger und wohlschmeckender ist, als wenn man ihn auf die althergebrachte Weise gekocht hätte (s. Selleriesalat). Ein Dutzend großer Köpfe, wozu man 1 Pfund Zucker und 2 Quart Essig bedarf, gibt einen schönen Steintopf voll, den man mit einem Papier überdeckt, welches man mit Salicylsäurepulver bestreut und mit dickem Papier zubindet, um im Winter den Vorrath nach und nach zu gebrauchen. Die Sellerieschale legt man auf ein reines Papier in den Ofen und läßt sie vollkommen trocken werden. Dann schüttet man sie in ein Glas oder Gefäß und nimmt davon zum Fleischkochen heraus, was man braucht. Zwiebeln kann man ebenfalls getrocknet im Winter verwenden. Die Zwiebeln werden geschält, nicht gewaschen, in 3 oder 4 Scheiben geschnitten, auf reinem Papier im Ofen getrocknet, bis sie ganz dürr sind, sodaß man sie mit dem Finger zerdrücken kann. Je nach der Hitze des Ofens geschieht dies in 3—4 Tagen oder nach längerer Zeit. Die getrockneten Zwiebeln hebt man in Leinwandsäckchen an trockenem Orte auf. Einen Theil davon kann man auch sofort nach dem Trocknen klein stoßen und in Gläsern aufbewahren.

Petersilie für den Winter aufzubewahren. Die frisch gepflückte Petersilie wird gewaschen, abgetrocknet und dann fein gehackt; ein entsprechend großes Stück Butter geschmolzen, die gehackte Petersilie damit durchgerührt, in ein Gefäß gethan, nach dem Erkalten gut zugebunden und an einem luftigen Orte zum Gebrauch aufbewahrt.

Alle Arten Gemüse, Rüben, Sellerieknollen, Kartoffeln u. s. w., die während des Winters im Keller gelagert haben, sollte man 1—10 Stunden lang in kaltes Wasser legen, bevor man sie braucht. Dadurch wird ihnen der durch das Ueberwintern anhaftende starke Geschmack genommen.

Essig. Will man reinen Essig am Geruch erkennen, so gießt man einige Tropfen in die hohle Hand, verreibt ihn und riecht daran oder man läßt Essig kochen und prüft den Geruch der aufsteigenden Dämpfe. Reiner Essig bildet keinen Bodensatz. Der Genuß von zu sauren Speisen ist dem Magen unbedingt schädlich. Sehr thöricht ist es, wenn junge Mädchen viel Essig oder Saures trinken, um eine interessante, blasse Gesichtsfarbe zu erhalten; dadurch ruiniren sie ihren Magen vollständig. Guten Obstessig (fruit vinegar) kann man für größere Haushaltungen nach folgendem Recept selbst herstellen: Die zum Essig bestimmten Aepfel (auch abgefallene Aepfel und Birnen, aber keine schwarz gewordenen) werden so klein als möglich gestampft und in einer Obstpresse ausgepreßt. Der so erhaltene Most erhält einen Zusatz von 10 Quart Wasser und 1 Pfund Zucker auf je 20 Quart Most und wird in offene Fässer gefüllt, worin er 8—10 Tage stehen bleibt. Die Unreinigkeit gährt nach oben und wird vorsichtig abgenommen, dann der Most in mit heißem Essig ausgespülte Fässer gefüllt und diese an einen warmen Ort gebracht. Nun folgt noch etwas Gährung aus dem Spundloch, und der vorher in Flaschen hingestellte Most nebst 1 Pint gutem Essig wird zum Nachfüllen gebraucht. Ist die Gährung ganz beendet, so wird das Spundloch mit einem nicht zu dichten Stück Leinwand bedeckt und die Fässer bleiben bis zum Frühjahre ruhig liegen; alsdann wird der Essig entweder in Fässer oder Flaschen abgezapft. Unten im Faß findet sich immer ein ziemlich starker

Satz. Es ist ein gutes Zeichen, wenn sich eine Haut auf der Ober= fläche bildet, die vor dem Abzapfen nicht gestört werden darf. Um die Gährung von Obstessig zu beschleunigen, kann man ¼ Pfund Preßhefe, 2 Unzen in Essig aufgelösten cream of tartar und 2 Eßlöffel Honig beisetzen.

Estragon. Wer ein Gärtchen oder auch nur ein Blumenbeet besitzt, sollte einige Estragonpflanzen ziehen. Kann man keine Pflanzen kau= fen, so ziehe man dieselben aus Samen. Einige Blättchen davon, fein gewiegt, geben dem grünen Salat einen gewürzigen Geschmack.

Estragon-Essig. Die frisch von den Stengeln gepflückten un= gewaschenen Estragonblätter breitet man an einem warmen, aber schattigen Orte auf Papierbogen aus und läßt sie so abwelken. 4 Unzen davon thut man in eine Flasche, gießt 1 Quart Weinessig darauf, verkorkt die Flasche, läßt sie 14 Tage in der Sonne stehen, füllt den Essig ab und hebt ihn gut verkorkt auf.

Vanille. Die Vanille kommt jetzt häufig in den Handel, nach= dem ihr die feinsten Theile entzogen sind, weshalb die Erkennungs= zeichen der echten Vanille hier mitgetheilt werden: Die Stangen haben einen sehr starken, duftigen Geruch, sind nicht glatt, sondern unansehnlich, zusammengeschrumpft und mit einzelnen glasartigen Spitzen (Vanille=Kampfer) versehen.

Um die Vanille kräftig zu erhalten, muß sie in Bleipapier ge= wickelt und in einem verschlossenen Glase aufbewahrt werden.

Der ungleiche Grad von Stärke macht es unmöglich, bei den Speisen ein ganz bestimmtes Maß anzugeben, und es ist anzurathen, gewöhnliche, mit Zucker feingestoßene Vanille nach Geschmack anzu= wenden. Von echter Vanille, welche in den Apotheken zu haben ist, wird zu einer Crème von 3½ Pint Milch 3 Gran, mit Zucker fein gestoßen, hinreichend sein. Man kann die gestoßene Vanille lose in ein Mulläppchen binden, damit die schwarzen Körnchen sich nicht der Speise mittheilen; indeß schadet es nichts, wenn man dieselben auch findet.

Anstatt der theuren Vanille kann man auch das künstlich her= gestellte Vanillin benutzen, welches die echte Vanille vollständig ersetzt, ebenso die in den Apotheken käufliche Vanillen=Essenz.

Salicylsäure anzuwenden. Die Salicylsäure wird wegen ihrer ausgezeichneten fäulnißhindernden, gährungshemmenden Eigen=

schaften als kräftiges Conservirungsmittel für eingemachte Früchte, sowie für Fleisch, Wurst u. s. w. vielfach verwendet. Man erhält die Salicylsäure in jeder Apotheke und löst davon im Verhältniß von einem gehäuften Theelöffel voll in 3 Tassen warmen Wassers auf. Will man Fleisch im Sommer längere Zeit aufbewahren, so lege man es ¼ Stunde in die Salicyllösung, lasse es abtropfen und bewahre es in einem verschließbaren Topfe oder Tönnchen. Will man das Fleisch später kochen oder braten, so wäscht man dasselbe gut ab und wird bei der Mahlzeit finden, daß dasselbe seinen frischen Geschmack und Farbe mit Ausnahme der Oberfläche behalten hat. Frische Eier legt man ½ Stunde in die Lösung und stellt sie dann im Keller auf einem Eierhalter auf. Um Milch vor dem schnellen Gerinnen zu schützen, setzt man auf 1 Quart eine Prise Salicylsäure in Pulverform zu. Die Milch hält sich sodann 2 Tage. Frische, noch ungesalzene Butter knetet man mit der oben angegebenen wässerigen Lösung von Salicylsäure gut durch und schlägt sie dann in Töpfe ein. Will man sie später gebrauchen, so wäscht man die Butter gut mit Wasser aus und salzt sie dann. Würste bestreiche man gründlich mit der Flüssigkeit, wodurch das Beschlagen mit Schimmel verhindert wird. Bei dem Bereiten der Fruchtsäfte kann man das Verderben derselben verhüten, wenn man beim Aufkochen derselben etwas Salicylsäure in Pulverform zusetzt. Man nimmt auf 4 Pfund Fruchtsaft ½ Theelöffel voll Salicylsäure. Ebenso thut man gut, bei eingekochten Früchten, Compots, Gelees, Gemüsen u. s. w. ein Stück reines Papier, welches mit einer Lösung von Salicylsäure in Rum oder Brandy befeuchtet worden ist, auf dieselben zu legen und dann gut zu verschließen.

Die Verwendung des Fettes beim Kochen und Braten. Vor allen Dingen muß jede Hausfrau darauf bedacht sein, alle Speisen praktisch und sparsam zu bereiten und darum das theuerste Material, das Fett, ökonomisch zu verwerthen suchen.

Die richtige Verwendung des Fettes beim Kochen bedingt nicht allein den Wohlgeschmack der Speisen, sondern auch ihre Verdaulichkeit; Leute, die eine sitzende Lebensweise führen, bedürfen nicht so viel Fett, wie Leute, die viel Bewegung oder körperliche Anstrengung bei ihrer Arbeit haben.

Bei den oft hohen Preisen der Butter ist das Rinds- oder Nierenfett das beste Ersatzmittel. Man zerschneidet frisches Nierenfett in Stücke und übergießt es mit kaltem Wasser; läßt es einen Tag lang stehen, indem man von Zeit zu Zeit das Wasser wechselt. Dies benimmt ihm den eigenthümlichen Talggeschmack. Dann bringt man es in einen eisernen Kessel mit einer halben Theetasse Milch zu jedem Pfund Nierenfett und läßt es langsam sieden, bis das Fett klar ist und eine hellbraune Farbe hat und das Prasseln beim Sieden aufhört. Die Stücke kann man mit einem Löffel vom Boden loslösen, allein man darf nicht umrühren; wenn es anbrennt, ist der Geschmack verdorben. Nun lasse man es stehen und etwas abkühlen, dann gieße man es in Tassen ab und lasse es kalt werden; es schmeckt dann so süß wie Butter und kann in vielen Fällen beim Kochen statt derselben verwendet werden. Verdorbenes Fett, wie es auch heißen möge, sollte niemals zum Kochen benützt werden.

Zu Beefsteaks, Sauerbraten, Roastbeef, Hammelbraten gebrauche man Nierenfett.

Hühner, Enten, Tauben, Kalbsbraten, Fricadellen von rohem Fleisch und Kalbsleber sind in Butter gebraten am wohlschmeckendsten.

Hirsch- und Hasenbraten werden gespickt mit Speck oder umwunden mit Speckscheiben gebraten.

Schweinebraten, Gans, Puter und Ente werden im eigenen Fett gebraten.

Fische erfordern Butter, doch kann man auch etwas Schweinefett hinzuthun.

Schinken- und Rauchfleischfett nebst der Brühe kann zu Erbsen-, Bohnen-, Graupen- und Kartoffelsuppe verwendet werden.

Um ein wohlschmeckendes Gänsefett zu bereiten, sollte das aus der Gans gewonnene Fett einige Stunden in kaltes Wasser gelegt werden. Dann wird es in kleine Stücke geschnitten, mit einigen Zwiebeln gebraten, durch einen Durchschlag in einen Topf gegossen und hingestellt. Weil nun das Gänsefett bei etwas Wärme stets wieder flüssig wird, ist zu empfehlen, auf $1\frac{1}{2}$ Pfund Fett, $\frac{1}{4}$ Pfund frisches Nierenfett und $\frac{1}{4}$ Pfund Schweinefett, das Bratenfett vom Gänsebraten, sowie einen Apfel beizufügen; man lasse Alles noch einmal durchbraten und wird ein feinschmeckendes Gänsefett erhalten. Dieses Fett ist ausgezeichnet für Winterkohl.

Vorbereitungen.

Braune Butter. Man setzt die Butter in einem eisernen Topfe oder Tiegel auf und rührt mit einem Rührlöffel. Erst zergeht sie langsam, doch wenn sie anfängt zu kochen, rührt man, bis sie braun geworden ist. Hierauf legt oder gießt man das hinein, was man darin anfertigen will. Ist die Butter nicht gehörig braun, so wird die Sache auch nicht braun darin, sondern bleibt blaß und ohne guten Geschmack.

Mehl braun zu machen (Buttermehl). Man rührt ein reich=liches Stück Butter bis zum Braunwerden, gibt Mehl hinzu und rührt es fortwährend, bis dasselbe eine schöne bräunliche Farbe an=genommen hat. Bränzlich darf es aber ja nicht werden. Man rech=net auf 1 Löffel Butter 1 Löffel Mehl; das Buttermehl muß dick=breiig aussehen, niemals darf es trocken oder krümelig sein. Etwas Buttermehl vorräthig halten, ist sehr zweckmäßig, da es Arbeit er=spart. Es hält sich in Porzellan= oder Steintöpfen sehr gut.

Speck mit Zwiebeln auszubraten. Der Speck wird in kleine Würfel geschnitten und auf nicht zu hellem Feuer halbgar gebraten; dann gebe man die fein geschnittenen Zwiebeln hinzu und brate den Speck unter gleichmäßigem Rühren so lange, bis er gelbbräunlich ist.

Schnee zu schlagen. Hierzu braucht man das Eiweiß. Man schlägt ein Ei nach dem andern in der Mitte an, bricht es auf, bringt das Dotter abwechselnd aus einer Eihälfte in die andere und läßt das Eiweiß behutsam in einen Porzellannapf, sodaß sich kein Dotter damit vermischt. Hierauf stellt man das Eiweiß recht kühl und schlägt mit einer aus Drath gefertigten Schneeruthe (eggbeater) das Eiweiß zu Schnee, zuerst langsam, dann immer schneller, bis es recht steif ist, je steifer, desto schöner. Dieser Schnee muß dann gleich verbraucht werden, da er durch Stehen wässerig wird.

Butter zu Sahne oder Rahm zu rühren. Da die in der Butter fast immer enthaltenen Milch= oder Salztheile, namentlich bei

Backereien, immer störend einwirken, so ist es vorzuziehen, sie so lange mit einem Holzkeulchen oder Kochlöffel zu rühren, bis sie zu einer weißschaumigen Sahne wird.

Abbrühen oder Blanchiren. Dies geschieht, indem man die abzubrühenden Gemüse, Früchte oder Fleisch vor dem Beginn der eigentlichen Zubereitung einige Minuten in heißem Wasser aufkochen läßt und hierauf in kaltem Wasser abkühlt, um besonders dem Kalbfleisch und Geflügel ein schönes weißes Ansehen zu geben. Verschiedene Gemüsearten brüht man ab, um ihnen den strengen Geschmack und die blähenden Eigenschaften zu nehmen. Ebenso brüht man Reis und Hirse vor dem Kochen mehrmals ab, auch Obst, damit es sich besser schälen läßt.

Abquirlen heißt das **Binden** oder **Legiren** der Suppen und Saucen mit Eidotter, oder Eidotter mit Mehl, um sie seimiger zu machen. Auf 1 Ei rechnet man 1 Löffel Mehl, 1 Löffel Milch oder Wasser, thut jedoch das Mehl erst nach und nach hinzu. Ist alles gut durcheinander gerührt, so gießt man unter fortwährendem Rühren von der kochenden Suppe hinzu und das Verbundene dann zu der ganzen Speise, vermeidet jedoch das nochmalige Aufkochen.

Absengen des Geflügels geschieht, nachdem es gewaschen und ausgenommen, indem man einige Stücke Papier auf dem Kochherd anbrennt und das abgerupfte Thier an einem Beine und dem entgegengesetzten Flügel haltend, rasch über die Flammen hin und her wendet, um die kleinen Haare abzusengen. Es läßt sich auch über dem Gasofen bewerkstelligen.

Paniren heißt, einen Gegenstand, ehe man ihn zum Backen oder Braten in Fett legt, in eine Umhüllung zu bringen. Man wälzt die Sachen gewöhnlich in gut geschlagenem Ei und hierauf in geriebenem Semmel- oder Weißbrot, oder nur in Mehl oder in Parmesankäse. (Womit panirt werden soll, ist jedesmal angegeben.)

Abziehen der Mandeln. Man übergießt die Mandeln mit kochendem Wasser, läßt sie zugedeckt kurze Zeit stehen, streift die Haut ab, wäscht sie schnell in kaltem Wasser und trocknet sie mit einem Tuche ab.

Zucker zu läutern. Auf 2 Pfund Zucker gießt man 1 Pint Wasser und läßt ihn in einem irdenen Topfe, worin noch keine Fettigkeit gekocht, auf gelindem Feuer kochen, wobei sich alle unreinen Theile ausscheiden und an die Oberfläche treten. Den Schaum nimmt man mit einem Löffel ab und gebraucht den geläuterten Zucker nach Vorschrift.

Rosinen oder Korinthen zu waschen. Ein Durchschlag wird in eine passende Schüssel gestellt, die von den Stielen befreiten Ro= sinen oder Korinthen in den Durchschlag gethan, mehrmals warmes Wasser darüber gegossen und die Rosinen hin und her gerieben; wenn das Wasser klar ist, sind die Rosinen sauber.

Zucker-Couleur. ½ Pfund Zucker taucht man ins Wasser und legt ihn in einen irdenen Topf, läßt ihn auflösen und danach so lange kochen, bis sich der Zucker ganz braun gefärbt hat; alsdann gießt man unter fortwährendem Rühren langsam 1 Tasse Wasser dazu, läßt es zu einem dünnen Syrup einkochen und hebt es in einer Flasche zum Gebrauch auf. ½ Theelöffel davon an Ragouts oder Bratensauce gethan, gibt eine schöne Farbe.

Citronen- und Orangenschale aufzubewahren. Die Schalen werden so fein geschält, daß keine weiße Haut daran sitzen bleibt; man wiegt sie fein und bestreut sie mit feinem Zucker. Zum Gebrauche werden dieselben jedes für sich in verschlossenen Flaschen aufbewahrt. Zu einer Mehlspeise für 4 Personen genügt ½ Citronenschale. Apfel= sinenschalen geben eine gute Würze für Backobst, Suppen, Saucen und Gebäck.

Citronensäure, pulverisirt, sollte in keiner Küche fehlen; man kann dieselbe, in warmem Wasser aufgelöst, statt des Essigs verwen= den, oder als Zusatz zu demselben. Eine Messerspitze Citronensäure mit Zucker und Wasser gibt ein sehr erfrischendes Getränk.

Das Spicken. Man nimmt dazu am besten recht trocknen Speck, schneidet die Speckfäden vierkantig und von gleicher Dicke. Dann bezeichnet man sich mit der Nadel 3 Linien, auf die man spicken will, jede ½ Zoll von der anderen entfernt, sticht dann die Nadel am äußersten linken Ende der untersten Linie so auf das Fleisch, daß die Spitze auf der ersten Linie wieder herauskommt, steckt dann einen Speckfaden in die Spicknadel und zieht diese geschickt durch das Fleisch, sodaß der Speckfaden auf jeder Linie ein Drittel heraussteht, und fährt immer ziemlich dicht nebeneinander so fort.

Weißbrodstücke oder Semmelbrocken in Butter zu rösten.
Kleine Weißbrodwürfel oder -Scheiben werden in Butter unter fort=
während dem Umrühren gelbbraun gebraten und heiß zu Gemüsesuppen
gegeben. Auch kann das Weißbrod im Backofen ohne Butter gelb
geröstet werden.

Wie erkennt man, ob Heringe gut und frisch sind? Man
achte besonders auf den Geruch; riechen die Fische nach Thran, und
sind die Gräten bräunlich und dunkel und das Fleisch roth, dann
sind die Heringe nicht mehr zur Nahrung zu gebrauchen.

Verwendung von geräucherten Speckschwarten. Mit einer
Speckschwarte reibt man in der Küche Eisentheile ein, um sie vor
Rost zu schützen, Kuchenbleche u. s. w. Man reibt auch mit Speck=
schwarte das eiserne Kuchenblech ab, ehe man den Kuchen darauf legt.

Zur Rettung angebrannter Speisen. Auch der umsichtigsten
Köchin kann es einmal passiren, daß ihr die eine oder andere Speise
anbrennt. Ist dies noch nicht zu weit vorgeschritten und die Speise
noch nicht ganz verdorben, so stelle man den Topf oder das Casserol
so schnell als möglich in ein Gefäß mit kaltem Wasser und ersetze
letzteres sofort wieder mit frischem, sobald es warm geworden ist.
Dadurch wird sich die am Boden des Gefäßes angelegte Kruste lösen
und die Speise selbst den üblen Geruch verlieren. Gelingt nun letz=
teres auf diese Weise nicht ganz, so feuchte man ein reines Tuch mit
frischem reinem Wasser an, decke es über das Gefäß, streue Salz
darauf und lasse es eine Weile so stehen.

———

Indem wir nun zu den Kochrecepten übergehen, bemerken wir,
daß alle Speisen, wo es irgend möglich war, für 2 Portionen
eingerichtet sind. Die Portionen sind namentlich für Suppe und
Hauptgericht berechnet und so bemessen, daß für eine dritte Person
wohl noch genügend vorhanden sein dürfte. Bei allen Recepten, wo
als Maß der „Löffel" angegeben, ist, wenn nicht ausdrücklich Thee=
oder Suppenlöffel gesagt, damit immer ein Eßlöffel verstanden.
Sobald man eine Speise bereiten will, lese man nicht nur das be=
treffende Recept, sondern auch mit Aufmerksamkeit die etwaigen Vor=
bemerkungen desjenigen Abschnittes, zu welchem es gehört.

Suppen.

Die bei weitem zweckmäßigsten, dabei aber doch billigen Speisen
sind die Suppen. Dieselben sind in einem kleinen Haushalte
von besonderer Wichtigkeit, und darum haben wir die nachfolgende
Auswahl verhältnißmäßig groß gemacht.

Fleischsuppen.

Fleischbrühe (Stock). Um eine gute, tüchtige Fleischbrühe
zu bereiten, ist es nöthig, ungefähr ¼ Pfund in kleine Stücke geschnit=
tenes Fleisch und die gespaltenen Knochen erst allein mit kaltem,
schwach gesalzenem Wasser aufzusetzen und ganz langsam zu er=
hitzen, das Suppenfleisch, wenn es für den Tisch bestimmt ist,
erst in das heiße, noch nicht kochende Wasser zu geben, damit die
Suppe kräftig und das Fleisch nicht ausgesogen wird. Die Knochen
geben dann, was sie von Kraft besitzen, dem kalt beigesetzten, langsam
kochenden Wasser ab. Außer Spargel und Blumenkohl sind es von
Gemüsen Kohlrabi und Wirsingkohl, welche die Suppe schmackhaft
machen, weit mehr als das eigentliche Suppengrün, was besonders
in der Gemüsezeit wohl zu beachten ist.

Sobald das Fleisch anfängt zu kochen, bildet sich auf der Ober=
fläche des Wassers ein mißfarbener Schaum, den viele Hausfrauen
gewohnt sind, höchst sorgfältig zu entfernen. Dieses Beseitigen ist
nun freilich im Interesse der Ansehnlichkeit der Suppe verzeihlich,
wenn man z. B. Gäste zu Tisch hat. Für den Familienkreis indessen
ist es vortheilhafter, den Schaum ruhig mit verkochen zu lassen, weil
mit ihm ein ganz bedeutender Nährwerth der Fleischbrühe entzogen
wird. Die in dem Fleisch enthaltenen Eiweißstoffe sind es nämlich,
die sich bei höherer Temperatur in dieser Form ausscheiden, und es
ist jedenfalls unklug, auf ihren Nährgehalt zu verzichten. Man kann
den Schaum momentan abnehmen, in einem kleinen Schüsselchen fein

zerquirlen und der Suppe alsdann wieder beifügen, oder man mischt den Schaum den Gemüsen bei, wodurch dieselben reicher und verdaulicher werden. Graupen und Reis läßt man 1 Stunde, Figuren- und Fadennudeln und Macaroni ½ Stunde in der Suppe kochen.

Das richtige Verhältniß, um eine gute Fleischbrühe zu erhalten, ist ungefähr: auf 1 Pfund Fleisch 1½ Quart Wasser.

Bei warmem Wetter muß man die Fleischbrühe am anderen Tage, wenn sie sich halten soll, nochmals aufkochen; im Winter hält sie sich 2 oder 3 Tage. Will man sie noch länger aufbewahren, so muß sie wieder gekocht werden.

Alle aufzubewahrende Fleischbrühe sollte nicht eher zugedeckt werden, als bis sie ausgekühlt hat; im andern Fall säuert sie leicht.

Am besten kocht man Fleischbrühe im steam cooker oder einem dicken eisernen Topfe, da ein dünner Eisenblechtopf zu schnell abkühlt oder zu stark kocht.

Man sollte das Fleisch zum Suppenkochen nicht wässern oder abwaschen, weil das Wasser die Fleischsalze herauszieht, in den meisten Fällen genügt das Abwischen mit einem sauberen, leinenen Tuche. Knochenstückchen, Sand u. dgl. werden am besten durch Abschaben mit dem Messer entfernt.

Eine sparsame Hausfrau wird, nachdem das Suppenfleisch herausgenommen und die Fleischbrühe abgegossen ist, den Rückstand (das geschnittene Fleisch, die Knochen und Suppenkräuter) zum zweiten Mal auskochen; auf 1 Pfund Rückstand kommt 1 Quart Wasser. Die so erhaltene Brühe enthält zwar wenig Nährstoff, eignet sich aber noch recht gut zum Gemüsekochen, sowie zum Verdünnen von zu stark gewordener Fleischbrühe.

Das Fett, welches sich auf der Fleischbrühe ansammelt, ist für Gemüse sehr gut zu verwenden und sollte daher sorgfältig abgenommen und gesammelt werden. Nachdem man es in einer Pfanne auf dem Feuer noch einmal hat aufwallen und dann erkalten lassen, bewahrt man es auf für gelegentlichen Gebrauch.

Eine kräftige Fleischbrühe läßt sich auch aus wenig Fleisch und vielen Rinds- und Kalbsknochen herstellen; eine weniger gute aus Bratensauce und heißem Wasser, wozu die Sauce von gebratenem Geflügel am geeignetsten ist.

Fleischsuppe (Clear Soup). 2 Portionen. 1 Pfund Rind= fleisch (bottom round) wird gereinigt, geklopft und sammt den Knochen mit 1½ Quart Wasser und 1 Theelöffel Salz aufgesetzt. Dann wird nach halbstündigem Kochen das kleingeschnittene, gerei= nigte Suppengrün, 1 Stückchen Sellerie, ½ Petersilienwurzel, 1 gelbe Rübe, 1 Stückchen Lauch dazugethan und gut zugedeckt. Nach 2½= stündigem schwachen Kochen ist die Suppe fertig. Man nimmt das Fleisch heraus und gießt die Suppe durch ein feines Sieb. Soll das Fleisch noch saftig bleiben, um es zu Gemüse oder einer Sauce zu verspeisen, so läßt man das Wasser mit den Knochen und einigen kleinen Stückchen Fleisch darin erst zum Kochen kommen, bevor man das Fleisch hineinlegt. Das Suppenfleisch wird heiß mit einer Sar= dellen=, Eier= oder Meerrettig=Sauce und Kartoffeln gegessen. Hat man Spargel oder Blumenkohl, so wird die durchgeseihte Suppe noch ½ Stunde damit gekocht. Man kann auch noch 10 Minuten vor dem Anrichten einen beliebigen Kloß (s. Klöße) hineinthun; sobald dieser obenauf treibt, nimmt man den Topf vom Feuer, thut zur Färbung 1 oder 2 Tropfen Zuckercouleur dazu und richtet dann an. Hat man Schnittlauch (chives), so schneidet man denselben recht fein und gibt beim Anrichten etwas in die Suppe.

Kraftbrühe (Beef Tea) für Genesende. ½ Pfund Ochsen= fleisch wird fein gehackt in eine Flasche oder anderes Gefäß gefüllt und so lange in siedendes Wasser gestellt, bis das Fleisch ausgekocht und aller Saft herausgezogen ist, und dann durchgesiebt. Diese Brühe wird sehr viel für Genesende verwendet, es ist jedoch gut, die= selbe vor dem Gebrauche noch mit etwas Wasser zu vermischen.

Will man schnell Kraftbrühe bereiten, so nehme man auf eine Tasse kochendes Wasser ¼ Theelöffel Fleischextract und ein wenig Salz.

Kraftbrühe (Bouillon) aus Tassen zu trinken. Von ½ Pfund Rindfleisch kocht man 4 Tassen Bouillon auf folgende Weise. Man setzt das Fleisch mit 2 Quart kaltem Wasser auf, thut 1 große oder 2 kleine Zwiebeln hinein und läßt dieses 2½ bis 3 Stunden kochen, seiht die Bouillon durch ein feines Sieb, fügt 3 Tropfen Couleur dazu und servirt in Tassen. Man gibt geröstetes Brod (toast) dazu.

Griessuppe (Farina Soup). Man nimmt für jede Por=

tion 1 Eßlöffel Gries und rührt denselben in die kochende Fleischbrühe. In eine Schüssel wird 1 Ei mit ein wenig Wasser und Muskatnuß verrührt und die Suppe bei fortwährendem Rühren zugegossen. Man nennt dies „mit einem Ei abziehen."

Reissuppe (Rice Soup). Man nimmt für jede Portion 1 Eßlöffel Reis, wäscht denselben in kaltem Wasser, stellt ihn mit kaltem Wasser auf, bringt es zum Kochen, schüttet das Wasser ab und schwenkt ihn noch einmal mit Wasser ab, und kocht eine halbe Stunde mit Fleischbrühe. Man würzt mit Salz und Muskatnuß. Auch einige sauber geputzte Blumenkohlröschen kann man in einem irdenen Topfe weichkochen und der Reissuppe beifügen.

Einlaufsuppe (Eggdrop Soup). 2 Portionen. 1 Ei wird gut verrührt, soviel Mehl dazu genommen, daß man dieses glatt rühren kann, mit etwas Milch verdünnt, und langsam in kochende Fleischbrühe gerührt. Der Teig muß jedoch so dick sein, daß es Flocken gibt. Sobald die Klümpchen alle auf die Oberfläche gestiegen, sind sie gar.

Graupen= oder Gerstensuppe (Barley Soup). Man nimmt für jede Portion 1 Eßlöffel Graupen, wäscht sie in kaltem Wasser, kocht dieselben mit Wasser und etwas Butter weich, gießt Fleischbrühe hinzu und läßt die Graupen 1 Stunde darin kochen. Häufig kocht man etwas würflig geschnittene Sellerie mit den Graupen, was ihnen einen kräftigen Geschmack gibt, oder man rührt 1 Eßlöffel gehackte Petersilie in die Suppe.

Nudelsuppe (Noodle Soup). 2 Portionen. 1 Ei, 1 Theelöffel Wasser, 1 Messerspitze Butter werden mit Mehl auf dem Nudelbrett zu einem festen Teig gemacht, der ohne zu unterstäuben, fein ausgerollt wird. Nachdem er eine Weile abgetrocknet ist, werden feine Nudeln geschnitten und zum Trocknen auseinander gestreut. Will man die Suppe klar erhalten, so spült man die Nudeln, ehe man dieselben in die k o c h e n d e Fleischbrühe fallen läßt, kalt ab. Man kocht die Nudeln ¼ Stunde. Gehackte frische Petersilie schmeckt sehr gut in der Suppe. Macaroni= und Nudelflockensuppe (Macaroni Soup) werden auf dieselbe Art gekocht. Nudelflocken werden aus ausgerolltem Nudelteig in halbzöllige Vierecke geschnitten.

Falsche Schildkrötensuppe (Mock Turtle Soup).

6 Portionen. Man kocht eine Kalbsleber mit dem Herz und einem Kalbsfuß 3 Stunden, läßt es auf dem Durchschlag abtropfen und schneidet alles recht fein. Dann schneidet man 1 Zwiebel fein, gibt in die durchgeseihte Brühe Pfeffer, Salz, 3 gemahlene Nelken und kocht noch alles ½ Stunde. Um der Suppe eine braune Farbe zu geben, röstet man 1 Löffel Mehl braun und rührt es darunter. In die Suppenschüssel gibt man 4 hartgekochte und würflig geschnittene Eier und 1 in Scheiben geschnittene Citrone und richtet die Suppe darüber an. Man kann auch für die Suppe blos die Hälfte der Leber benützen, die andere Hälfte aber in Scheiben geschnitten braten.

Ochsenschweiffuppe (Oxtail Soup). 2 Portionen.

Der Ochsenschweif wird gewaschen, zertheilt und in kochendem Wasser blanchirt. Etwas Petersilienwurzel, ½ Zwiebel, etwas Selleriewurzel, ebensoviel gelbe Rüben, einige Blättchen Pfefferkraut werden mit etwas Butter gedünstet. Dann wird das Ochsenfleisch mit 2 Quart Wasser aufs Feuer gebracht, das gedünstete Wurzelwerk, 1 Lorbeer= blatt, 3 Pfefferkörner, sowie Salz dazugethan und 2½ Stunden ge= kocht. Die sauber geputzten Fleischstücke legt man dann in die Sup= penschüssel, seiht die Suppe darüber und servirt sie mit gerösteten Semmelschnitten und gehackter Petersilie.

Nierensuppe (Kidney Soup). 2 Portionen.

Eine halbe in große Würfel geschnittene Rinderniere bratet man in Butter oder Fett etwas und läßt sie mit 2 Quart Wasser, etwas Sellerie, gelbe Rübe, Lauch und einigen Pfefferkörnern 1½ Stunden kochen. Eine in kleine Würfel geschnittene Zwiebel schwitzt man in Fett schön gelb, gibt 2 Löffel Mehl dazu und gießt, nachdem auch dieses eine schön gelbe Farbe angenommen hat, die Brühe von der Niere dazu, läßt einige geschälte, gewaschene Kartoffeln, oder 1 Eßlöffel Reis darin gar kochen und gibt beim Anrichten die geschnittene Niere in die Sup= penschüssel. Diese Suppe ist sehr billig herzustellen und kommt einer Rindfleischsuppe sehr nahe. Man kann auch noch geröstete Semmel= oder Weißbrotschnitten dazu geben.

Hammelfleischsuppe (Mutton Soup). 2 Portionen.

Man nimmt 1½ Pfund Hammelfleisch (Brust= oder Rippenstück), setzt es mit 2 Quart heißem Wasser zum Feuer, thut Sellerie, 1 in feine Scheiben geschnittenen Kohlrabi, gelbe Rübe, Lauch und etwas Salz dazu und läßt es 2 Stunden kochen. Man kann Gries, Graupen oder Nudeln darin aufkochen. Das Fett muß rein abgenommen werden. Will man die Suppe etwas gebunden haben, so gibt man etwas in Butter geschwitztes Mehl dazu.

Kaninchensuppe (Rabbit Soup). 2 Portionen. Nachdem das (wilde) Kaninchen abgezogen, gereinigt und in warmem Wasser schnell gewaschen worden ist, wird es in kleine Stückchen zerlegt, mit 2 Quart Wasser, Suppenkraut, 1 Lorbeerblatt 1½ Stunde lang nicht stark gekocht. Dann seiht man die Suppe durch, fügt 2 Löffel voll Reis, Pfeffer und Salz bei und läßt noch ½ Stunde schwach kochen. Vor dem Anrichten löst man das Fleisch von den Knochen, gibt das Fleisch und ein wenig Butter in die Suppe, und richtet an.

Rumford'sche Suppe (Rumford Soup). 3 Portionen. Man zerhackt einige frische und Bratenknochen, setzt sie mit kaltem Wasser aufs Feuer, thut etwas Schweine- oder Rindfleisch, etwas mageren Speck (bacon) dazu und läßt Alles so lange kochen, bis es weich ist, gießt die Brühe durch ein Sieb, salzt sie und läßt sie wieder kochen. Nun nimmt man auf 2 Quart Brühe 3 Eßlöffel Graupen, kocht sie mit etwas Wasser und Butter sämig und thut sie in die Brühe; dasselbe geschieht mit 3 Eßlöffel Erbsen, die weich gekocht und durch ein Sieb gestrichen werden. (Geschälte und in Stücke geschnittene Kartoffeln kocht man in Wasser halb gar, thut sie in die Suppe, läßt sie vollends gar kochen und gibt sie mit etwas kleingehackter Petersilie über das kleingeschnittene Fleisch. Man kann auch übrig gebliebenen Erbsbrei, Reis, Bohnen und Hirse benützen, jedesmal nimmt man aber Kartoffeln dazu.

Hühnersuppe (Chicken Soup) für Kranke. Ein ganzes junges oder ein halbes altes Huhn wird gut gereinigt, gewaschen und in Theile zerlegt. Die größeren Knochen werden zerhackt. Dies wird mit 1 Quart Wasser, ein wenig Salz und 1 Zweig Petersilie aufgesetzt und stetig gekocht, bis es nur noch reichlich 1 Pint ist. Dann nimmt man die Petersilie heraus und läßt entweder den Patienten die klare Brühe (durchgeseiht und entfettet) trinken oder man kocht eine Handvoll Reis darin recht weich; natürlich muß der Arzt bestimmen, ob das letztere zulässig ist. Zu der klaren Brühe kann man schmale Streifen geröstetes Brod geben. Kranke haben dazu oft mehr Appetit, als nach frischem Brod.

Suppe von Bratensauce (Gravy Soup). 2 Portionen. 2 feingeschnittene Zwiebeln werden in 1 Löffel Fett geschmort, 1 Löffel Mehl darin gelblich gedünstet, mit 1½ Quart kochendem Wasser (und etwas Salz) aufgefüllt. Nachdem hierin 2 Eßlöffel Reis und ½ gewiegte Selleriewurzel weich gekocht sind, wird die Bratensauce zugegossen.

Markklößchensuppe (Marrow Ball Soup). 2 Portionen. 2 Unzen Rindermark läßt man warm werden, drückt es durch ein Sieb; wenn erkaltet, rührt man es mit 1 Ei schäumig, gibt 3 Eßlöffel geriebene Semmel oder Weißbrot dazu, würzt mit geriebener Muskatnuß und etwas Salz, formt nußgroße Klößchen davon, die man dann in kochender Fleischbrühe gar werden läßt.

Leberklößchensuppe (Liver Dumpling Soup). 2 Portionen. ¼ Pfund Kalbsleber wird fein geschabt, so daß keine Fasern und Sehnen darin bleiben, und dann fein gewiegt; 1 Eßlöffel Fett wird zu Schaum gerührt, dazu 1 kleines Ei, hierauf ½ Weck oder Semmel, in ¼ Tasse Milch eingeweicht, 1 Eßlöffel Mehl und etwas Salz und Muskatblüthe verrührt. Nachdem Alles gut durcheinander gearbeitet ist, macht man wallnußgroße Klößchen, welche ½ Stunde in Salzwasser gekocht werden. Ueber diesen Klößchen wird die Fleischbrühe (mit einem Zusatze von Bratenbrühe) angerichtet.

Sagosuppe (Sago Soup). 2 Portionen. 2 Unzen Sago werden mit kaltem Wasser abgespült und dann in kochender Fleischbrühe 1½ Stunden lang gekocht, daß er aufquillt, wobei man die Schale einer halben Citrone mitkochen läßt, den Saft der halben Citrone und 1 Glas Wein aber erst beim Anrichten zusetzt.

Sagosuppe ohne Fleischbrühe. Man setzt den Sago nach dem Abspülen mit heißem Wasser, Salz, der Citronenschale und ein wenig ganzem Zimmet zum Kochen, läßt ihn ausquellen, rührt 2 Löffel Butter und kurz vor dem Anrichten 1 Glas Wein hinzu.

Suppe mit Schwammklößchen. (Soup with Sponge Dumplings). 2 Portionen. 1 Eiweiß, ½ Tasse Milch, ½

Taffe Mehl und 1 Theelöffel Butter werden über Feuer so lange ein=
gerührt, bis die Maffe sich von dem Casserole ablöft. Nach dem Er=
kalten mischt man 1 Eidotter, 1 Messerspitze Salz und Muskatblüthe
dazu und sticht mit einem kleinen Löffel kleine Klößchen ab, welche
dann in Fleischbrühe noch 10 Minuten kochen müssen.

Aalsuppe (Eel Soup). 2 Portionen. 1 Pfund Aale, oder
auch etwas weniger, werden mit Salz abgerieben, abgezogen, ausge=
nommen, gewaschen, in zolllange Stücke geschnitten und gesalzen.
Sodann legt man den Aal in kochenden Essig mit etwas Pfeffer, 1
Lorbeerblatt und kocht denselben nicht ganz weich, aber ziemlich gar.
Wie lange die Aale kochen müssen, richtet sich nach der Stärke der=
selben; hierauf folgt die Zubereitung der Aalsuppe, und zwar: Man
kocht 1 Pfund Rindfleisch in 2 Quart Wasser und gibt dann Salz,
1 Stückchen Sellerie, 1 Lauch, 1 Petersilienwurzel, 3 Pfefferkörner und
1 Lorbeerblatt in die Suppe; dann zerhackt man 1 Blättchen Selle=
rie, 2 Blatt Petersilie, etwas Salbei, Thymian, Majoran, 1 Blätt=
chen Lauch recht fein und kocht dieses alles 2 Stunden, dann gibt
man 1 Eßlöffel geschwitztes Mehl, und wenn man junge Erbsen hat,
auch von diesen einen Eßlöffel voll, sowie den Saft einer halben Ci=
trone und 6 getrocknete Birnen hinzu, läßt es noch etwas kochen, und
nachdem man in die Suppenschüssel die Fischstücke, Birnen, Erbsen
und geröstete Semmelschnitte gethan, übergießt man sie mit der
Suppe.

Gehäckselsuppe von Fleisch oder Fisch (Purée
Soup of Meat or Fish). Uebrig gebliebener Kalbsbraten oder ent=
grätete Fische hackt man fein, läßt sie mit gehackter Petersilie und
geriebenem Weißbrot in der Butter schwitzen, gießt darauf entweder
Fischbrühe, Fleischbrühe mit Wasser vermengt oder Erbsenbrühe, läßt
beides zusammenkochen, und quirlt die Suppe mit 2 Eidotter ab.
Anstatt Fleischbrühe kann man auch Fleischextract nehmen.

Heilbuttensuppe (Halibut Soup). 2 Portionen. Man
legt ½ Pfund Fisch mit 1 Lorbeerblatt, Petersilie und Zwiebel in
den Topf und kocht ¼ Stunde sehr schwach. Dann nimmt man den
Fisch heraus, entgrätet ihn und drückt das Fleisch durch einen Durch=
schlag. Dann läßt man 1 Pint Milch aufkochen, reibt 1 Eßlöffel
Mehl mit 1 Theelöffel Butter zusammen, thut es in die kochende Milch,

läßt es etwas sämig werden und mischt dann den Fisch, Salz und Pfeffer dazu. Wenn Alles wieder ordentlich warm ist, servirt man. Irgend ein Fisch mit weißem Fleisch kann an Stelle der Heilbutte benutzt werden.

Suppen von Gemüsen und Hülsenfrüchten.

Blumenkohlsuppe (Cauliflower Soup). Der Blumen= kohl wird in beliebige Stücke getheilt, von den Blättchen befreit, gewaschen und in Salzwasser einmal aufgekocht; dann läßt man ihn auf dem Durchschlage rein abtropfen. Nachdem er hierauf in kochende Fleischbrühe gethan und ¼ Stunde gekocht worden ist, wird er mit dem Schaumlöffel herausgenommen und in die Suppenschüssel gethan. In die Fleischbrühe kommt dann ein, in einem Löffel Butter gedün= steter Löffel Mehl; dann wird dieselbe mit 1 Ei abgezogen, mit etwas Muskatnuß gewürzt, und über den Blumenkohl angerichtet.

Spargelsuppe (Asparagus Soup). 2 Portionen. 1½ Pfund dünner Spargeln wird geschält; die Schalen und harten Stücke werden gewaschen und mit 1 Quart kochendem Wasser und etwas Salz ans Feuer gesetzt und so ¾ Stunden im Kochen gelassen. So= dann wird das Spargelwasser durchgeseiht, man nimmt etwas geschwitz= tes Mehl, rührt dasselbe mit dem Spargelwasser an, gibt die ge= schälten, 1 Zoll lang geschnittenen Spargelstücke in die Suppe und kocht noch ¾ Stunden; die Spargelköpfe dürfen aber erst ¼ Stunde vor dem Anrichten hineingethan werden. Die Suppe wird mit 1 Eidotter abgerührt. Hat man Fleischbrühe, so verfährt man wie bei Blumenkohlsuppe angegeben.

Bohnensuppe (Bean Soup). 2 Portionen. 1 Obertasse kleine weiße Bohnen werden über Nacht eingeweicht, mit kaltem Wasser auf das Feuer gesetzt läßt man sie 1½ Stunde kochen, dann drückt man sie durch den Durchschlag und setzt sie wieder mit 1½ Quart heißem Wasser, sowie etwas Sellerie, Petersilienwurzel und Lauch auf das Feuer und läßt sie 2—3 Stunden kochen. Man kann nicht nur Bratenreste, Schweine= oder Rindfleisch, geräucherten Schin=

ten, durchwachsenen Speck, sondern auch eine nicht zu stark geräucherte Wurst, welche man vorher mit warmem Wasser abgerieben hat, darin kochen. Legt man ½ Stunde vor dem Anrichten noch einige geschälte Kartoffeln hinein und läßt dieselben darin gar kochen, so erhält man eine sehr nahrhafte Suppe.

Erbsensuppe (Split Pea Soup). 2 Portionen. 1 Obertasse gebrochene Erbsen werden über Nacht eingeweicht und ebenso wie Bohnen behandelt. Nachdem sie gekocht und durchgeschlagen sind, thut man Butter, Salz, ein wenig Pfeffer und (so man hat) ½ Theelöffel Fleischextract dazu und richtet über geröstete Semmelscheiben an.

Suppe von jungen Erbsen (Pea Soup). 2 Portionen. 1 Teller junge grüne Erbsen und 2 junge, in schmale Streifchen geschnittene, gelbe Rübchen dämpft man mit 1 Löffel Butter weich, setzt 1 Löffel Mehl hinzu und füllt mit kochender Fleischbrühe auf. Wenn die Erbsen gar sind, gibt man Salz und fein gewiegte Petersilie dazu und richtet über geröstete Weißbrotschnitten an.

Linsensuppe (Lentil Soup). 2 Portionen. Gut gelesene und reingewaschene Linsen werden über Nacht eingeweicht. Man setzt sie in kaltem Wasser mit etwas Selleriewurzel und Lauch auf das Feuer und läßt sie 2 Stunden kochen, dann schwitzt man 1 Löffel Mehl hellbraun und würzt mit etwas Salz und Pfeffer. Will man einige Kartoffeln beifügen, so läßt man die geschälten Kartoffeln noch ¼ Stunde vor dem Anrichten mitkochen. Hat man Frankfurter Würstchen, so kocht man dieselben 5 Minuten, schneidet sie in Scheiben und richtet die Suppe darüber an. Viele Leute nehmen zur Linsensuppe einige Tropfen Essig.

Eine ausgezeichnete Beilage ist durchwachsener geräucherter Speck (bacon); derselbe wird in einem besonderen Topfe gekocht, und wenn die Linsen beinahe gar sind, werden das Fett von der Speckbrühe und der Speck zum Weiterkochen in die Suppe gegeben.

Selleriesuppe (Celery Soup). 2 Portionen. Einige geschälte zarte Sellerieknollen werden in Würfel geschnitten. Daneben schwitzt man 2 Eßlöffel Mehl in Butter gelblich, gibt den Sellerie hinein, schmort ihn auf schwachem Feuer 15 Minuten, rührt 2 Quart Fleischbrühe hinzu, kocht den Sellerie langsam weich und rührt die

Suppe durch ein feines Sieb. Wenn möglich, kocht man ein Stück=
chen Kalbsniere mit, welches der Suppe einen besonderen Wohlge=
schmack gibt. Nach dem Durchrühren wird sie wieder erhitzt, oft um=
gerührt und mit in Butter gerösteten Weißbrotscheiben aufgetragen.

Paradiesäpfelsuppe (Tomato Soup). 2 Portionen.
3 mittelgroße Tomaten schneidet man in Stückchen, wirft die Körner
weg, dünstet die Tomaten mit Zwiebel, Petersilie und 2 Löffel Mehl
$\frac{1}{2}$ Stunde, fügt etwas geriebenes Weißbrot dazu und läßt dies nach
Beifügen von 1 Quart Wasser, Salz, $\frac{1}{2}$ Lorbeerblatt und ein paar
Pfefferkörnern $\frac{1}{4}$ Stunde kochen, treibt die Suppe durch ein feines
Sieb und richtet dieselbe über sauren Rahm und Eigelb und, wenn
vorhanden, etwas Weißwein an. (Fleischbrühe dazu benützt schmeckt
nicht gut.)

Zwiebelsuppe (Onion Soup). 2 Portionen. 1 große
oder 2 kleine Zwiebeln werden geschält, in kleine Würfel geschnitten
und in 1 Löffel Butter und 1 Löffel Mehl hellbraun gedünstet. Hier=
auf gießt man 1 Quart Wasser oder Schöpfenfleischbrühe zu und
läßt $\frac{1}{4}$ Stunde kochen. Vor dem Anrichten rührt man 1 Ei mit
etwas Wasser oder Milch und ein wenig Muskatnuß schäumig und
schüttet es unter Umrühren in die Suppe, salzt und richtet über ge=
röstetes Weißbrot an.

Kartoffelsuppe (Potato Soup). 2 Portionen. 3 große
Kartoffeln werden geschält, in kleine Stückchen geschnitten, mit etwas
Wurzelwerk weich gekocht, durch einen Durchschlag gedrückt, mit 1
Löffel Mehl angerührt, mit der Brühe oder auch Fleischbrühe wieder
aufgefüllt und noch einmal aufgekocht. Die Suppe wird über ge=
röstete Semmel oder Weißbrodwürfel und gehackte grüne Petersilie
oder Schnittlauch angerichtet. Mann kann auch übrig gebliebene,
und dann geriebene Kartoffeln oder Kartoffelbrei zur Suppe be=
nutzen.

Sauerampfersuppe (Sorrel Soup). 2 Portionen. Man
nimmt 1 Pint gut gelesenen und abgespülten Sauerampfer, hackt ihn
fein, thut etwas Butter und Mehl in eine Pfanne; wenn die Butter
geschmolzen, fügt man den Sauerampfer bei und rührt 1 Minute,
gibt 3 Pint Fleischbrühe oder Wasser, Salz und Pfeffer bei und
kocht 5 Minuten. Man rührt 1 Eigelb, thut es in die Suppen=

schüssel und gießt unter fortwährendem Umrühren die kochende Suppe langsam hinein. Man gibt geröstetes Weißbrot dazu.

Französische Suppe (Julienne Soup). 2 Portionen.

Man schneidet 1 gelbe Rübe, ½ Sellerieknollen, 1 Zwiebel oder 1 Stengel Lauch, und je nachdem die Jahreszeit Gemüse bietet, entweder ½ Tasse junge Erbsen oder Spargel, ½ Tasse Kohlrabi, ½ Tasse Welschkraut (cabbage) in feine, ½ Zoll lange Streifchen (wie Nudeln), und dämpft Alles in Butter weich. Dann gießt man Fleischbrühe oder Wasser darauf, läßt Alles einige Mal aufkochen und richtet die Suppe über ½ Tasse weich gekochten Reis und geröstete Brotscheiben an.

Chinesische Suppe (Kimlo Soup). Ein Gericht für 2 Personen oder 6 Portionen Suppe. Ein Suppenhuhn wird zertheilt und mit etwas Wurzelwerk und Salz 1½ Stunden gekocht; dann mischt man 2 Kaffeelöffel fein gewiegte Zwiebel, ½ Theelöffel fein zerriebenen Kümmel, 1½ Theelöffel fein zerriebenen Koriander gut untereinander, schwitzt Alles in Butter gar, fügt dann die Brühe und das in kleine Stücke geschnittene Fleisch, sowie etwas fein geschnittene gekochte Zuckerschoten, Welschkohl (cabbage) und Sellerie hinzu.

Indische Suppe (Mulligatawney Soup). Ein Gericht für 2 Personen oder 6 Portionen Suppe. Ein Huhn wird in kleine Stücke zertheilt; dann werden 2 Zwiebeln in kleine Scheiben zerschnitten; man läßt in einer Pfanne 1 Eßlöffel Butter zerschmelzen, fügt das Hühnerfleisch und die Zwiebeln hinzu und dünstet unter beständigem langsamen Rühren Alles bräunlich; hierauf mischt man 1 Eßlöffel Currypulver (curry powder, welches man in der Apotheke kaufen kann), etwas Salz, 4 Nelken und den Saft einer halben Citrone gut zusammen. Dann füllt man 2 Quart kaltes Wasser in den Suppentopf, thut Alles hinein und läßt unter öfterem Abschäumen 2 Stunden langsam kochen. Man gibt dazu gekochten Reis in einem separaten Schüsselchen. Anstatt des Huhnes kann man auch 2 wilde Kaninchen benutzen.

Suppe von grünem Mais (Corn Soup). 2 Portionen. Man schneidet von 3 frischen Maiskolben den Mais ab, kocht die Kolben in 3 Pint Wasser oder Fleischbrühe langsam ½

Stunde, dann kocht man den Mais 20 Minuten darin, bis er weich ist, und drückt ihn durch ein Sieb. Hierauf gibt man Salz und etwas Pfeffer hinzu und läßt langsam weiter kochen, während man 1 Eßlöffel Butter mit 1 Eßlöffel Mehl verreibt. Diese werden beigefügt und so lange umgerührt, bis die Suppe sämig wird. Schließlich gibt man 1 Tasse kochende Milch dazu, kocht noch 1 Minute und gibt kurz vor dem Anrichten ein zu Schaum gerührtes Eigelb in die Suppe.

Man kann auch getrockneten Mais benutzen, nur muß der Mais über Nacht eingeweicht werden und 2 Stunden kochen.

Rhabarberſuppe (Rhubarb Soup). 2 Portionen. In 1 Quart Wasser und 1 Tasse Wein kocht man 1 Teller klein geschnittene Rhabarberstengel, Schale und Saft einer halben Citrone, etwas Salz und Zimmt ½ Stunde; dann rührt man Alles durch ein Sieb, gibt einige alte Zwiebacke oder etwas Weißbrot und Zucker hinzu und rührt 2 Eidotter hinein. Das Eiweiß rührt man zu Schnee, legt es löffelweise auf die Suppe, bestreut sie mit Zucker und reicht Zwieback dazu.

Möhrenſuppe (Carrot Soup). 2 Portionen. 4 gelbe Rüben werden geputzt, gewaschen, in nicht zu feine Stücke geschnitten, mit Wasser, Salz, Butter und ein wenig Zucker gekocht und mit etwas gehackter Petersilie vermischt. Dann schneidet man 2 große rohe Kartoffeln in feine Stückchen, gießt 1 Quart kochendes Wasser darüber, läßt Alles kochen, bis die Kartoffeln gar sind, streicht die Suppe durch ein Sieb und richtet sie über geröstete Semmelscheiben und das Suppenfleisch an.

Waſſer- und Milchſuppen.

Waſſerſuppe (Invalids' Soup). 2 Portionen. Man kocht etwas Wurzelwerk, 1 Zwiebel, 1 Scheibe Sellerie und etwas Salz in 1 Quart Wasser. Während des Kochens thut man 1 Eßlöffel Butter in einen Topf, fügt 1 Eßlöffel Mehl hinzu und läßt es damit verschwitzen, gießt dann das kochende Wasser hinzu, läßt noch einigemal aufkochen und zieht die Suppe mit einem Ei ab, würzt sie mit etwas Muskatnuß und richtet über feingewiegte Petersilie und geröstete oder im Ofen gedörrte Weißbrotscheiben an.

Milchsuppe (Milk Soup). 2 Portionen. Dazu kann man Mehl, Gries, Grütze und Graupen verwenden. 1 Quart Milch wird mit denselben gekocht, sehr fleißig umgerührt (damit sie nicht anbrennt) und mit einigen Citronenscheiben und ein wenig Salz gewürzt; wer sie süß liebt, läßt letzteres weg und streut statt dessen Zucker und Zimmet darüber, oder man gießt die kochende Milch mit ein wenig Salz über gedörrte Weißbrotscheiben.

Gebrannte Mehlsuppe (Flour Soup). 2 Portionen. Man röstet 2 Eßlöffel Mehl in 1 Eßlöffel Butter bis zu einer lichtbraunen Farbe, was langsam unter beständigem Rühren geschehen muß. Dann gießt man kochendes Wasser hinzu, bis die Suppe die gehörige Flüssigkeit aufweist. Endlich gibt man etwas Salz dazu, läßt die Suppe noch ¼ Stunde kochen und richtet sie über dünne Brotscheiben an.

Hafermehlsuppe (Oatmeal Soup). 2 Portionen. 2 gehäufte Eßlöffel Hafermehl werden mit etwas kaltem Wasser glatt gerührt, kochendem Wasser oder Fleischbrühe beigerührt, ¼ Stunde lang gekocht und je nach Geschmack mit Salz und etwas Muskatnuß gewürzt. Benutzt man Wasser, so gibt man 1 Eßlöffel Butter hinein. Hafermehl wirkt hauptsächlich auf Muskel- und Knochenbildung.

Hafergrützsuppe mit Milch (Oatmeal Soup). 2 Portionen. 2 gehäufte Eßlöffel Hafergrütze werden abgespült, mit Wasser weich und dicklich gekocht, wobei oft umgerührt werden muß. Nachdem man sie durchgeschlagen und wieder zum Kochen gebracht hat, gibt man 1 Pint frische Milch und etwas Salz dazu und kocht noch langsam 10 Minuten.

Griessuppe mit Milch (Farina Soup). 2 Portionen. 2 gehäufte Eßlöffel Gries werden unter beständigem Umrühren in 1 Quart kochende Milch gethan und mit etwas Salz, Zucker und Butter gekocht, bis die Suppe sämig ist.

Buttermilchsuppe (Buttermilk Soup). 2 Portionen. Zu 1 Quart Buttermilch nimmt man 2 Eßlöffel Mehl, 1 Eßlöffel Butter und etwas Salz. Man bringt sie unter fortwährendem Umrühren (um das Gerinnen zu vermeiden) zum Kochen und richtet über geröstete Weißbrotscheiben an.

Crêmesuppe (Cream of Farina Soup). 2 Portionen. 1 Quart Wasser wird mit 1 Stückchen Zimmt zum Kochen gebracht, dann unter starkem Umrühren 2 Eßlöffel feiner Gries, etwas Salz und Zucker hinzugefügt und ½ Stunde gekocht. Die Suppe muß sämig, aber nicht dick sein. Hierauf verrühre man 2 oder 3 Eigelb in der Suppenschüssel mit etwas Wasser, etwas Saft und der geriebenen Schale von Citronen und fülle die Suppe unter fortwährendem Umrühren hinzu. Das Eiweiß wird zu Schaum geschlagen und dieser in die Suppe hineingerührt. Eine feine, vortrefflich schmeckende Suppe.

Mandelsuppe mit Schaum (Almond Soup). 2 Portionen. 1 Quart Milch wird mit 3 bitteren gestoßenen Mandeln, ein wenig Vanille und Zucker nach Geschmack langsam zum Kochen gebracht. Man achte darauf, daß die Milch nicht überläuft oder anbrennt, durch das langsame Kochen wird der Suppe ein feinerer Geschmack gegeben. Dann werden 2 Eigelb mit 1 Theelöffel feinem Mehl und 2 Eßlöffel kaltem Wasser glatt gerührt und dann unter fortwährendem Umrühren die Suppe dazu gegossen. Das Eiweiß, welches unterdessen schon geschlagen sein muß, wird mit einem Löffel gleichmäßig auf die Suppe gelegt und mit Zucker und Zimmet bestreut. Die Suppe wird nun zugedeckt hingestellt, im Winter heiß und im Sommer kalt gegessen. Man kann Zwieback dazu geben.

Chocoladensuppe (Chocolate Soup). 2 Portionen. ¼ Pfund gute Chocolade oder 3 Theelöffel pulverisirter Cacao werden in 1 Quart kochende Milch geschüttet, 1 Stück Vanille und Zucker hinzugefügt und auf nicht zu starkem Feuer ½ Stunde gekocht, 1 oder 2 Eigelb und 1 Theelöffel feines Mehl werden in der Suppenschüssel mit etwas kaltem Wasser verrührt und unter beständigem Rühren wird die Suppe hinzugegossen. Den geschlagenen Eierschaum thut man löffelweise auf die Suppe, bestreut denselben mit Zucker und deckt die Schüssel zu. Die Suppe ißt man kalt oder warm. Biscuits können dazu gegessen werden.

Brotsuppe (Bread Soup). Man benutzt dazu hartes Brot, das man nicht mehr beißen kann, welches deshalb nicht besser verwerthet werden könnte. Das harte Brot weicht man den Abend vorher in kaltem Wasser auf, gießt das Wasser am andern Morgen

durch ein Sieb ab und kocht das zurückbleibende Brot mit Fett, Wur=
zelwerk und Zwiebeln oder mit einigen Aepfeln, die man vorher —
mit der Schale — in Viertel geschnitten, für sich gekocht und durch=
geschlagen hat. Mit diesen zusammen läßt man die Suppe nochmals
aufkochen, thut aber dabei das nöthige Salz, etwas Butter und Zucker
dazu. Die Aepfel geben der Suppe einen sehr angenehmen Geschmack.

Schwarzbrot(Pumpernickel)suppe (Pumperni-
kel Soup). Man schneidet Pumpernickel in kleine Stücke, kocht den=
selben mit Wasser und 1 Löffel Butter sämig und rührt dies durch
ein Sieb; dann gibt man einige Löffel aufgequollene Korinthen, reich=
lich Zucker, etwas Salz, Citronenschale und Citronensaft dazu und
läßt die Suppe noch einmal aufkochen.

Kloßsuppe. Die Brühe, worin die Kartoffelklöße gekocht
sind, kann man zu einer Abendsuppe verwenden. Man bringt die
Brühe zum Kochen, läßt etwas in Butter geschwitztes Mehl mit
durchkochen und rührt 2 Eidotter hinein. Auch kann man kleinge=
schnittene Zwiebeln in Butter oder Fett bräunen und der Suppe bei
dem Anrichten beifügen.

Obstsuppen.

Apfelsuppe (Apple Soup). 2 Portionen. 1 Quart
Wasser wird mit 1 Stückchen Zimmt und Zucker zum Kochen ge=
bracht und 2 Eßlöffel Sago hineingethan. Dann schält man 1
großen säuerlichen Apfel, schneidet ihn in feine Scheibchen und fügt
diese nebst 1 Theelöffel gewaschene Korinthen hinzu. Beim Anrich=
ten reibt man etwas Citronenschale darein. Man gibt Zwieback
oder geröstete Weißbrotwürfel dazu.

Will man die Korinthen weglassen, so gebe man an deren Stelle
2 Glas Weißwein dazu.

Johannis= und Himbeersuppe (Currant and
Raspberry Soup). 2 Portionen. ½ Pfund Himbeeren und Johan=
nisbeeren werden mit 3 Pint kochendem Wasser aufs Feuer gesetzt
und, nachdem der Saft herausgekocht ist, durch ein feines Sieb ge=
trieben. und wieder ins Kochen gebracht; hierauf 2 Eßlöffel Sago, 1
Stückchen ganzer Zimmt und Zucker nach Geschmack hinzugefügt,
womit die Suppe noch ¼ Stunde kochen muß. Beim Anrichten kann

man etwas geriebene Citronenschale dazu geben. Es wird Zwieback
oder geröstetes Weißbrot dazu gegeben.

Kirschsuppe (Cherry Soup). 2 Portionen. Die Kirschen
(1 Quart süße und saure) werden ausgesteint und in 1 Quart
kochendem Wasser mit 2 Eßlöffeln Sago, Zucker und 1 Stückchen
Zimmt ½ Stunde gekocht und dann durch ein Sieb gerührt. Anstatt des Sago kann man auch 2 Theelöffel corn starch, im Wasser
aufgelöst, nehmen. Man gibt Zwieback dazu.

Birnensuppe (Pear Soup). 2 Portionen. 4 bis 6
schöne Birnen werden geschält, in Stücke geschnitten und 1 Stückchen
Zimmt und Zucker in 1 Quart Wasser 1 Stunde gekocht. Dann
nimmt man 2 Theelöffel corn starch, rührt diese mit 3 Eßlöffel
dickem sauren Rahm, 2 Eßlöffel Wasser und ein wenig Essig glatt
und gibt Alles unter Umrühren in die Suppe. Ein Stück gekochter
Schinken oder Wurst mit Kartoffeln ist eine passende Beilage.

Quittensuppe (Quinces Soup). 2 Portionen. Man siedet
3 Quitten sammt der Schale in Wasser weich, reinigt sie von Schalen und Butzen und schlägt sie durch. Das Durchgetriebene nimmt
man in einen Kessel, verdünnt es halb mit Wein und Wasser, würzt
mit Zucker und Zimmt, läßt es sieden und richtet über geröstete
Semmelwürfel an.

Heidelbeersuppe (Huckleberry Soup). 2 Portionen.
1 Pint Heidelbeeren werden gewaschen und in 1 Quart Wasser weichgekocht. Dann rührt man sie durch ein feines Sieb, gießt sie
wieder in den Topf zurück und läßt sie mit 1 Stückchen Zimmt
und Zucker nach Geschmack, sowie 2 Theelöffel corn starch noch
etwas kochen. Man gibt einige in Stücken gebrochene Zwiebacke
hinein.

Citronensuppe (Lemon Soup). 2 Portionen. Die feingeschnittene Schale einer Citrone, etwas Zucker, ganzen Zimmt und
Muskatblume kocht man in 1 Quart Wasser ½ Stunde lang. Dann
rührt man 1 Theelöffel Mehl mit 2 Eidotter recht flaumig und hierauf langsam in die Suppe, fügt ein wenig Salz und den Saft von 1
Citrone dazu und richtet sie, durch ein Sieb gegossen, an. Dazu
gibt man Zwieback oder geröstetes Weißbrot. 1 oder 2 Gläser Weißwein beigefügt, geben der Suppe einen feinen Geschmack.

Wein- und Biersuppen.

Rothweinsuppe (Claret Soup). 2 Portionen. 1 Eßlöffel Sago, etwas Zimmt und 1 Glas Rothwein, Zucker nach
Geschmack werden in 1 Quart kochendes Wasser gerührt, unter
langsamem Rühren so lange gekocht, bis der Sago klar ist. Dann
gießt man noch 2 Glas Rothwein hinzu, der aber nicht durchkochen
darf, weil sonst das Aroma verschwinden würde.

☞ Um Wein, Bier und Obst zu kochen muß man nie eisernes,
sondern immer irdenes oder emaillirtes Geschirr benutzen.

Weißweinsuppe (Wine Soup). 2 Portionen. 2 Eßlöffel Reis läßt man mit Wasser und ein wenig Salz weich quellen.
Während dieser Zeit wird ½ Flasche Wein, etwas Citronenschalen
mit Zucker und 1 Eßlöffel gute Rosinen warm gemacht — nicht
gekocht — und dies über den Reis in die Suppenschüssel geschüttet.

Apfelweinsuppe (Cider Soup). 2 Portionen. 1 Pint
Cider wird mit 1 Tasse Wasser zum Kochen gebracht; man gibt
1 Theelöffel in Wasser aufgelöste corn starch, etwas Zucker und
1 Eigelb hinzu und richtet über geröstetes Weißbrot oder Zwieback an.

Weißbiersuppe (White Beer Soup). 2 Portionen.
1 Pint Weißbier wird mit Zucker, Zimmt, einigen Nelken und
½ Theelöffel Butter zum Kochen gebracht. Man gibt dann 1 Theelöffel in Wasser aufgelöste corn starch dazu, läßt noch einige
Minuten kochen und richtet mit geröstetem Weißbrot an. Man kann
auch 1 Eßlöffel Rum in die Suppe geben.

Biersuppe (Beer Soup). 2 Portionen. 1 Pint Lagerbier oder junges Ale wird beinahe zum Kochen gebracht; inzwischen
macht man 1 Tasse Milch kochend, rührt 1 Theelöffel corn starch
in ein wenig Wasser, gießt es in die kochende Milch und dann das
heiße Bier oder Ale dazu; man würzt mit etwas Zucker, Salz,
ein wenig Butter, rührt noch 1 Eidotter dazu, und richtet mit in
Würfel geschnittenem Weißbrot an.

Biersuppe mit Brot (Beer Soup). 2 Portionen.
Ungefähr ½ Pfund Schwarzbrot wird mit 1 Quart Wasser und 1
säuerlichen Apfel so lange gekocht, bis das Brot weich ist. Dann durch

ein Sieb gerührt, hierauf in 1 Pint junges Ale oder Lagerbier gethan und aufgekocht, etwas Salz, Zucker und gestoßenen Zimmt hinzugefügt und beim Anrichten mit ein wenig geriebener Citronenschale und 1 Eigelb abgerührt. Man kann zu dieser Suppe alte Brotrinden und Randstücke sehr gut verwenden.

Kaltschalen.

Ananas-Kaltschalen (Cold Pineapple Soup). 2 Portionen. Eine halbe in Scheiben geschnittene Ananas bestreut man mit 1 Tasse Zucker und läßt sie 2 Stunden stehen; dann gießt man 2—3 Gläser Weißwein sowie 1 Tasse Wasser hinzu und trägt mit Biscuit oder Zwieback auf.

Bierkaltschale (Cold Beer Soup). 2 Portionen. 2 Eßlöffel Zucker werden in ½ Tasse Wasser aufgelöst, ¼ Citrone abgerieben und mit einem Stückchen ganzen Zimmt in 1 Pint Bier oder Ale, welches nicht bitter sein darf, gethan und dann kalt gestellt. Vor dem Anrichten nimmt man den Zimmt heraus und richtet die Kaltschale über geriebenes Schwarzbrot an.

Buttermilchkaltschale (Cold Buttermilk Soup). 2 Portionen. Die Buttermilch muß ganz frisch verspeist werden. Man rührt 1 Quart Buttermilch mit etwas süßem Rahm oder süßer Milch und gibt dazu Zucker und Zimmt und geriebenes Schwarzbrot.

Milchkaltschale (Cold Milk Soup). 2 Portionen. Man bringt 1 Quart Milch mit 1 Eßlöffel corn starch, 1 Eßlöffel Zucker, etwas Citronenschale oder Vanille, einigen recht fein gestoßenen süßen Mandeln (die man in ein Muslinläppchen bindet) oder 2 frischen Pfirsichblättern und etwas Salz, zum Kochen, rührt 1 Eidotter hinein und stellt sie bis zum Anrichten kalt.

Erdbeerkaltschale (Cold Strawberry Soup). 2 Portionen. 1 Quart Erdbeeren werden gelesen, schnell gewaschen und auf dem Durchschlage abtropfen gelassen. Die Hälfte davon legt man in eine Schüssel und gibt ½ Tasse Zucker darüber. Die andere Hälfte der Beeren streicht man durch ein feines Sieb, rührt 1 Tasse Wasser und 2 Tassen Milch oder ½ Flasche leichten Weiß- oder Rothwein und 1 Eßlöffel Citronensaft dazu und stellt sie 1 Stunde kalt. Dann gibt man die andere Hälfte Erdbeeren hinzu.

Himbeerkaltschale (Cold Raspberry Soup) wird ebenso bereitet.

Pfirsichkaltschale (Cold Peach Soup). 2 Portionen. 1 Quart Pfirsiche werden geschält, mit Zucker bestreut und ½ Stunde stehen gelassen, alsdann gießt man ½ Flasche leichten Weißwein, oder halb Wein und Wasser darüber. Man kann auch Apfelsinen (oranges), geschält, die weiße Haut sauber abgezogen und in Scheiben getheilt, mit den Pfirsichen mischen.

Kaltschale von Wein und Sago (Cold Wine Soup with Sago). 2 Portionen. 2 Eßlöffel Sago läßt man, nachdem er gereinigt ist, mit Zucker, Weißwein, Citronenschale und Himbeer- oder Johannisbeersaft oder dergleichen Gelée recht dick ausquellen, gibt ihn auf einen Teller und läßt ihn erkalten. Dann löst man 2 Unzen Stückzucker (blocksugar), über welchen Citronen- oder Apfelsinenschale abgerieben worden, in 1 Tasse Wasser und 1 Tasse Wein auf, gibt den Saft einer halben Citrone dazu und läßt es kalt werden. Beim Aufgeben sticht man kleine Klümpchen von dem erkalteten Sago ab und legt sie in die Suppenschüssel. Wünscht man die Kaltschale etwas sämig, so nimmt man von dem Sago, ehe er auf den Teller zum Erkalten gethan wird, ein paar Löffel und rührt ihn mit dem Wein und Wasser ein.

Kirschkaltschale (Cold Cherry Soup). 2 Portionen.

1 Quart saure Kirschen werden entfernt, dann mit 1 Quart Wasser und ½ Tasse Zucker ¼ Stunde lang gekocht und hierauf kalt gestellt. Beim Anrichten gibt man würflich geschnittenen Zwieback dazu.

Hülsenfruchtsuppen, die im Winter sehr beliebt sind, zeigen oft einen strengen Geschmack, zu dessen Hebung folgende kleine Hilfsmittel empfohlen werden können: Erbsensuppe wird sehr wohlschmeckend, wenn man ihr beim Kochen zwei zerschnittene Möhren, etwas Zucker und ein Sträußchen Petersilie zusetzt und zuletzt beim Anrichten einige Theelöffel Schotenessenz hinzufügt. Bohnensuppe kocht man mit einem zerschnittenen säuerlichen Apfel und würzt mit ein wenig Thymian oder Majoran. Linsensuppe wird sehr verbessert, wenn man 2 Schwarzwurzeln in ihr kocht und nach dem Durchstreichen etwas Muskatblüthe zusetzt.

Aus den Schalen der jungen Erbsen läßt sich für den Winter eine treffliche Essenz zu Suppen herstellen, die letzteren den Geschmack frischer Erbsensuppe verleiht. Man wäscht die Schotenschalen schnell ab und hackt sie grob, dann kocht man 3 Quart Wasser mit 5 Quart Schalen und ½ Theelöffel doppeltkohlensaurem Natron (bi-carbonate of soda) langsam 1½ Stunden. Die Schalen werden darauf durch ein Sieb möglichst trocken ausgepreßt, der Saft mit 1 Unze Zucker versetzt und zu sämiger Beschaffenheit eingekocht. Er wird heiß in kleine Fläschchen gefüllt, welche man verkorkt und versiegelt, und dann ½ Stunde im Wasserbade kochen läßt, in welchem sie erkalten müssen. 3 Theelöffel geben einer aus trockenen Erbsen hergestellten Erbsensuppe, und nur 1 Theelöffel einem eingemachten (canned) Erbsengemüse den Geschmack frischer Schoten.

Gemüse.

Das Kochen der frischen Gemüse.

Um nahrhafte Gemüse zu erhalten, darf man dieselben, nachdem sie geputzt und alle faulen und unreifen Theile ausgeschnitten sind, nicht wässern, sondern blos schnell abwaschen. Das Wässern entzieht dem Gemüse die Nährsalze und dessen eigenthümlichen Wohlgeschmack. Wurzelgewächse und Knollen werden nach dem Zerschneiden noch einmal gewaschen. Rüben und Möhren werden beim Stehen an der Luft leicht trocken und schwärzlich; diese muß man nach dem Zerschneiden und Waschen noch so lange mit einem feuchten Tuche zudecken, bis sie gekocht werden sollen. Alle Kraut- und Kohlarten, Spinat und Zwiebeln sollten mit heißem Wasser abgebrüht werden, d. h. in einem offenen Gefäße mit reichlich Wasser einige Male ordentlich aufwallen. Setzt man dem Wasser eine kleine Messerspitze Natron (bi-carbonate of soda) hinzu, so werden die Gemüse nicht nur verdaulicher, indem sie ihre blähende Wirkung verlieren, sondern das spätere Weichkochen wird auch bedeutend befördert. Das zum Abbrühen der Gemüse benutzte Wasser muß weggeschüttet werden. Zum Kochen der Gemüse nimmt man stets Wasser, das bereits vorher kochend gemacht ist, und schüttet die Gemüse nur nach und nach hinein, damit es gehörig fortkocht, d. h. immer sogleich wieder ins Kochen kommt. Die zum Abtropfen aufs Sieb gelegten abgewaschenen Gemüse nimmt man deshalb nur schaumlöffelweise vom Siebe und läßt nach jeder solchen Portion das Ganze wieder ins Kochen kommen, ehe man eine neue Portion folgen läßt. Schmackhaft werden feinere Gemüse allemal besser durch Butter, als durch Fett. Es genügt aber auch für diesen Zweck, wenn man zu den mit Fett gekochten Gemüsen, kurz vor dem Anrichten, etwas Butter hinzufügt. Die Kraut- und Kohlarten kocht man mit Nierenfett, Sauerkraut mit Schweine- oder Gänsefett, Rothkohl mit Speck oder Nierenfett, Spinat und dergleichen Blattgemüse wohl auch mit

Bratenfett. Das Salz streut man gleichmäßig über das bereits halb weichgekochte Gemüse, deckt dieses dann zu und läßt es weiter kochen.

Nur die grünen Blattgemüse, wie Spinat, Kohl und dergleichen, welche nicht zu lange gekocht werden dürfen, wenn sie ihre grüne Farbe behalten sollen, werden sofort mit Salz angesetzt, beim Kochen nicht zugedeckt, und nach dem Kochen nicht an die Luft gestellt. Beim Umrühren müssen manche Gemüse geschont werden, damit sie nicht breiartig werden. In diesem Falle läßt man das Rühren und schwenkt statt dessen nur das Gefäß.

Alle Zuthaten, wie Butter, Fett, Zucker u. s. w. füge man dem Gemüse bei, wenn es anfängt zu kochen. Wo Petersilie zugefügt werden soll, darf dies erst vor dem Anrichten geschehen, da sie sonst Farbe und Geschmack verliert. Benutzt man Speck, so schneidet man denselben in Würfel, bratet ihn mit etwas Mehl und etwas fein= geschnittenen Zwiebeln gelb und kocht das Gemüse hiermit durch. Auch benutzt man anstatt Buttermehl eine Sauce, bestehend aus auf dem Feuer abgerührter Butter mit 1 Eßlöffel feingeschnittener Zwiebel, 1 Eßlöffel Mehl, etwas feingehackter Petersilie und Fleischbrühe, was alles ¼ Stunde dämpfen muß. An junges Gemüse nimmt man statt Mehl in Butter geröstete Semmelkrumen. Mit dem Zusatz von Mehl muß man überhaupt sehr sparsam sein, denn es verdeckt den Geschmack des Gemüses und verdirbt auch das appetitliche Aussehen desselben. Brannte ein Gemüse beim Kochen an, so versuche man nicht, durch Aufgießen von Flüssigkeiten den Schaden zu verbessern. Ohne Zeitverlust schütte man das Gemüse in ein anderes Gefäß, lasse den angebrannten Satz unberührt und gebe, wenn es nöthig ist, frische Sauce, Brühe u. s. w. dazu. Gekochte Gemüse lassen sich nicht lange aufbewahren, da dieselben sich leicht zersetzen, sauer wer= den. Im Sommer geht die Zersetzung noch schneller vor sich, als im Winter, und der Genuß solchen Gemüses verursacht gewöhnlich Diarrhöe. Selbst im Eisschrank sollten Gemüse nicht länger als 24 Stunden aufbewahrt werden.

Der Spargel und seine Zubereitung. Dieses schon von den alten Aegyptern cultivirte Gemüse ist noch heute wie schon vor 1800 Jahren der römische Gelehrte Plinius ihn bezeichnete „die zuträg= lichste Speise für den Magen". Keine Frau sollte es verschmä=

hen, den Spargel mit eigener Hand zu schälen. Denn im Schälen liegt das Kunststück. Man hält den Spargel in der linken Hand und schält ihn mit nicht zu scharfem Messer der Länge nach vom Kopf bis zum Ende so, daß die abgeschälte Haut nach unten hin allmählich dicker wird. Die Köpfchen müssen geschont, die glänzende, zähe, bitter schmeckende Haut jedoch entfernt werden. Es ist ein falsches Vorurtheil, daß solches Verfahren Verschwendung ist, denn was man sich scheute, in der Küche abzuschälen, bleibt im Speisezimmer auf den Tellern liegen. Die beste Zeit für Spargel ist im Mai und Juni.

Gekochter Spargel (Boiled Asparagus). 2 Portionen. 1 Pfund Spargel wird geschält, die harten Stücke, wenn solche vorhanden, werden entfernt. Hierauf wird der Spargel abgespült in Bündelchen von 10—12 Stück zusammengebunden, und in kochendem, g e s a l z e n e m Wasser ½ bis ¾ Stunde gekocht. Dann nimmt man die Bündelchen heraus, zerschneidet den Faden und ordnet den Spargel auf einer gewärmten Schüssel mit den Köpfchen einwärts gelegt. Man kann den Spargel mit etwas fein gestoßenem Zwieback bestreuen und mit heißer Butter begießen oder man nimmt 2 Eßlöffel Butter, 1½ Eßlöffel Mehl, läßt beides zusammen in der Pfanne schwitzen, aber ja nicht gelb werden, rührt es mit etwas Spargelwasser zu einer sämigen Sauce, fügt 1 Eigelb, ein wenig Muskatnuß oder Citrone je nach Geschmack bei und schüttet die Sauce über den angerichteten Spargel. Man gibt Schinken, Cervelatwurst, geräucherten Lachs, Cotelets, Kalbsbraten, Fricadellen oder Salzkartoffeln dazu.

Spargel mit jungen Erbsen (Asparagus with Green Peas). 2 Portionen. Man nimmt 1 Pfund dünnen Spargel, reinigt und schneidet denselben in kleine Stücke; diese werden in kochendem Salzwasser weich gekocht und auf ein Sieb zum Abtropfen gebracht. 1 Tasse junge, grüne Erbsen werden mit etwas Butter, Fleischbrühe, 1 Theelöffel Zucker und etwas Salz weich gedünstet; dann wird der Spargel zugemengt und etwas von dem Spargelwasser daran gegossen. Hierauf macht man die Sauce mit etwas geriebenen Semmelkrummen sämig und schwenkt zuletzt etwas feingehackte Petersilie durch. Hierzu gibt man Omelets oder ein junges gebratenes Huhn.

Spinat (Spinach). 2 Portionen. Spinat enthält viel Kalk, Natron und 0.07 % Eisen. Dieses leichtverdauliche Gemüse, dessen Heimath Persien ist, kam 1525 durch die Spanier nach Amerika. — Von 1 Quart Spinat werden die Blätter von den Stielen abgestreift, 2 oder 3 mal schnell abgewaschen und in reichlich Wasser mit einem kleinen Stückchen Soda 5 Minuten in einem offenen Topfe gekocht, worauf man ihn auf einen Durchschlag schüttet, mit kaltem Wasser übergießt, gut ausdrückt und dann recht fein hackt. Dann wird eine fein gewiegte Zwiebel in Butter gedünstet, ½ Tasse Milch, Salz, ein wenig Muskat und der Spinat hinzugethan und ½ Stunde langsam gekocht. Beim Anrichten garnirt man die Schüssel mit halb durchgeschnittenen, pflaumenweich gekochten Eiern. Man gibt Cotelets, Rindszungen oder auch aufgebratenes Rindfleisch mit gebratenen Kartoffeln dazu.

Spinatstrudel (Ravioli). 2 Portionen. Von 4 Eiern, 4 Eßlöffeln Mehl, 1 Pint Milch und Salz wird ein Pfannkuchenteig gemacht und davon ganz dünne Eierkuchen gebacken. Diese werden fingerdick mit dem nach oben angegebener Weise gekochten Spinat überstrichen, zusammengerollt, mit Butter überstrichen und in eine mit Butter gestrichene Pfanne gelegt. ½ Stunde vor dem Serviren werden die Kuchen in die Röhre gestellt, sobald sie Farbe haben, mit Rahm übergossen, zugedeckt, schnell eingekocht und angerichtet. Man kann geräucherten Lachs, Hammelcotelets, Bratwürste oder aufgeschnittenes kaltes Fleisch dazu geben.

Spinat mit Sauerampfer (Spinach with Sorrel). Um dem Spinat einen etwas kräftigeren Geschmack zu geben, nimmt man 2 Handvoll Sauerampfer dazu, hackt diesen mit dem Spinat und macht es fertig, wie oben bei „Spinat" angegeben.

Sauerampfer (Sorrel). 2 Portionen. 1 Quart Sauerampfer wird rein gewaschen, in Salzwasser abgebrüht und wie Spinat fein gehackt. Butter wird mit etwas gehackter Zwiebel gedämpft, 1 Eßlöffel Mehl darüber gestreut, mit Fleischbrühe und 2 Eigelb angerührt, noch ¼ Stunde gekocht, durch ein Sieb getrieben, wieder heiß gemacht und dann servirt. Hierzu gibt man Schinken, Wurst, Hammel- oder Schweinscotelets.

Grüne Erbfen (Green Peas). 2 Portionen.

2 Quart Schoten, welche aber nicht alt fein dürfen, werden ausgeleert. Dann wäfcht man die Erbfen in einem Sieb ab. Ein halber Eßlöffel Butter, 1 Taffe Waffer, ein wenig Zucker werden in einem Topfe zum Kochen gebracht und die Erbfen 20—25 Minuten darin gefchmort, dann noch ½ Eßlöffel Butter, fowie auch Salz hinzugefügt, einige= mal aufgekocht und mit etwas feingehackter Peterfilie durchgefchwenkt. Durch langes Kochen verlieren die Erbfen an Anfehen und Wohl= gefchmack, dürfen auch nicht lange vorher entfchotet werden, niemals aber, wie es häufig gefchieht, am Abend vor dem Gebrauch. Je fri= fcher man die jungen Erbfen erhalten kann, defto wohlfchmeckender wird das davon bereitete Gemüfe. Man gibt dazu Kalbsbraten, Ochfenzunge, Wiener Schnitzel, gebackene Fifche, gebratene Hühnchen oder Rindfleifch.

Grüne Erbfen mit Möhren (Green Peas with Carrots). 2 Portionen.

Um die Zeit der frifchen grünen Erbfen find auch Mohrrüben (gelbe Rüben) noch fehr zart und werden des= halb mit Erbfen zufammen weich. Die Rüben werden geputzt, in Würfel von der Größe der Erbfen gefchnitten, gewafchen und dann mit den ebenfalls gewafchenen Erbfen mit Butter, Zucker und etwas Waffer weich gefchmort. Dann fchwitzt man 1 Löffel Mehl in But= ter, macht das Gemüfe damit fämig und gibt zuletzt etwas gehackte Peterfilie dazu. Sind die Mohrrüben nicht mehr ganz jung, fo kocht man fie zuerft für fich allein 1 Stunde vorher mit Waffer und etwas Salz weich, mifcht fie nachher zu den in Butter und wenig Waffer mit etwas Zucker gedämpften Erbfen, und gießt entweder etwas Fleifchbrühe zu dem Gemüfe oder verdickt die Brühe deffelben mit einer glatt verrührten Mehlfchwitze, läßt das Ganze noch ein paar Mal aufkochen und würzt es mit Salz und Peterfilie. Die Erbfen werden hübfch in die Mitte der Schüffel angerichtet und die Mohr= rüben um den Rand gelegt. Als Beilage eignen fich Omelets, ge= räucherter Schinken, Kalbscotelets oder Braten nebft Salzkartoffeln.

Möhren oder Mohrrüben (Stewed Carrots). 2 Portionen.

Das ganze Jahr hindurch liefern Möhren ein billiges und gefundes Gemüfe. Es ift überhaupt eines der älteften, über die ganze Welt verbreiteten Gemüfe, und aus dem älteften römifchen

Kochbuche, welches vor 1500 Jahren geschrieben wurde, wissen wir, daß die alten Römer die Möhren in mancherlei Form zuzubereiten verstanden. Vor Einführung der Kartoffeln waren die Möhren in Europa, besonders Deutschland, das gewöhnliche Gericht des gemeinen Mannes. — 8 bis 10 Möhren werden sauber geschabt; dieses geschieht, indem man die Möhre am Krautende in die linke und das Messer in die rechte Hand nimmt und dieselbe von oben nach unten schabt, wobei zugleich die schadhaften Stellen abgeschnitten werden; sodann wäscht man die Möhren ab, schneidet sie in kleine Würfel oder zierliche Streifen und schmort sie mit Butter, Zucker, ein wenig Salz und etwas Wasser höchstens 1 Stunde lang. Vor dem Anrichten wird eine Messerspitze Mehl angestäubt und mit feingehackter Petersilie durchgeschwenkt. Mohrrüben, wie auch junge Erbsen, schwenkt man während des Kochens häufig, um das Anbrennen zu verhüten. Ist die Flüssigkeit verkocht, so gießt man immer nur wenig auf einmal, aber öfter, Fleischbrühe oder schwach gesalzenes Wasser hinzu. Als Beilage gibt man Cotelets, Fricadellen, Bratwurst, geräucherte Zunge, Schinken oder Schnitzel.

Mohrrüben mit Kartoffeln und Rind- oder Hammelfleisch (Lamb or Beef Stew with Carrots and Potatoes). 2 Portionen. 5 oder 6 große Möhren werden geschabt und in Würfel geschnitten; 1½ Pfund durchwachsenes Hammel- oder Rindfleisch kocht man mit Salz in kurzer Brühe 1 Stunde lang, gibt die gewaschenen Möhren und später 3 oder 4 geschälte und in Stücke geschnittene Kartoffeln dazu, läßt Möhren, Kartoffeln und Fleisch 2 Stunden kochen, gibt Salz nach Geschmack dazu, und vor dem Anrichten noch etwas gehackte Petersilie. Das Fleisch wird vor dem Anrichten in Stücke geschnitten und das Gemüse darüber gegeben. Sollte das Fleisch nicht fett genug sein, so gibt man gleich zu Anfang etwas Rinder- oder Hammelfett zu den Möhren und macht das Gemüse mit etwas in Fett geschwitztem Mehl sämig.

Schwarzwurzel (Salsify or Oyster Plant). 2 Portionen. Die Schwarzwurzel schmeckt, gut zubereitet, dem Spargel sehr ähnlich. Man vermischt warmes Wasser mit Essig und etwas Mehl und läßt es stehen. Dann schabt man 1 Dutzend Wurzeln der Länge nach ab und legt sie in das eben erwähnte Wasser, damit sie weiß bleiben. Hierauf schneidet man fingerlange Stückchen daraus, wäscht solche gut ab, setzt sie mit kochender Fleischbrühe aufs Feuer und läßt sie 1 Stunde kochen; nun röstet man geriebene Semmel in Butter, reibt etwas Muskatnuß dazu und läßt es mit 1 Tasse Milch, etwas weißem Pfeffer und Citronensaft aufkochen, dämpft die gekoch= ten Schwarzwurzeln etwas darin und richtet sie dann bergartig an; die Sauce wird darüber gegossen und der Rand mit gerösteten Sem= melscheiben garnirt.

Grüne Bohnen (String Beans). Die grünen Bohnen müssen jung und fleischig sein, sie werden oben und unten abgeschnitten und damit sogleich der Faden abgezogen und nach Belieben, fein oder stark, schräg geschnitten oder auch nur gebrochen. Dann werden sie in Salzwasser (mit etwas Natron) gewaschen, ¼ Stunde gekocht; hierauf läßt man sie abtropfen und kocht sie mit Rinder= oder Bra= tenfett und etwas Fleischbrühe, sowie ein wenig Zucker, 1½ Stunden lang. Hierauf macht man sie mit in Butter geschwitztem Mehl sämig, salzt sie und thut einige Stengel Bohnen= oder Pfefferkraut, oder gehackte Petersilie hinzu. Man gibt dazu Hering, Rind=, Hammel= oder Schweinefleisch, Cotelets, gekochten Schinken oder Bratwurst.

Eingemachte Bohnen zu kochen. Von den in Salz eingemach= ten Bohnen nimmt man Abends zuvor die nöthige Menge aus dem Topfe, legt sie über Nacht in frisches Wasser, siedet sie dann und verfährt damit wie bei den frischen Bohnen.

In Büchsen eingemachte Schnitt- oder Brechbohnen läßt man noch ¼ Stunde kochen ; sie werden beim Ausfüllen aus den Büchsen zum Abtropfen auf ein Sieb gelegt und dann wie andere Schnitt= bohnen zubereitet, aber nur ¼ Stunde gekocht.

Grüne Bohnen mit Hammelfleisch (String Beans with Mutton). 2 Portionen. Hierzu nimmt man mittel= große Bohnen, bricht jede, nachdem die Fäden abgezogen sind, in 3 Theile und wäscht sie ab. 1½ Pfund fettes Hammelfleisch bringt man mit Wasser und etwas Salz ins Kochen, gibt die zur Mahl= zeit bestimmten Bohnen hinein und kocht sie mit dem Fleische in 2 Stunden weich. Sodann macht man die Brühe mit etwas in But= ter geschwitztem Mehl sämig, gibt etwas gehackte Petersilie dazu und reicht das gekochte Fleisch als Beilage.

Saure Schnittbohnen (Sour String Beans). Man kocht die feingeschnittenen Bohnen in vorher zum Kochen gebrachtem Wasser weich und legt sie zum Abtropfen auf einen Durchschlag. Alsdann schneidet man frischen guten Speck in feine Würfel, bratet diesen langsam hellgelb, nimmt die Grieben heraus und läßt in dem zurückbleibenden Fett 2 Löffel Mehl hellbraun werden, rührt es mit halb Wasser und halb Essig ab, gibt etwas Zucker dazu, würzt mit Salz und einer Prise Pfeffer, und läßt die Bohnen damit durchkochen.

Schnittbohnen mit Aepfeln (String Beans with Apples). Die feingeschnittenen Bohnen kocht man weich. Während der Zeit kocht man geschälte, in Viertel geschnittene und vom Kernhaus befreite Aepfel (auf 3 Theile Bohnen 1 Theil Aepfel) mit Wasser, Zucker und etwas Citronenschale weich, aber nicht zum Zerfallen, weil sonst das Gemüse unansehnlich wird. 1 Löffel Mehl schwitzt man mit Bratenfett, rührt es mit Wasser und etwas Essig, würzt mit Salz und schüttet es über die Bohnen, die man damit durchkochen läßt. Alsdann mischt man die Aepfel sammt ihrer Säure (was jedoch nicht zu viel sein darf) darunter, läßt einige Stunden durchziehen und richtet hierauf an.

Schnittbohnen mit Milch (Cream String Beans). Die Bohnen werden abgezogen, geschnitten, 2 Stunden gekocht und dann auf ein Sieb zum Abtropfen gelegt. Dann bringt man 1 Pint Milch, worin 1 Eßlöffel Butter, etwas Muskatblüthe und Salz zugesetzt ist, zum Kochen, rührt 1—2 Eßlöffel Mehl mit kaltem Wasser glatt, thut dies zu der kochenden Milch und läßt sie unter stetem Rühren etwas kochen, so daß die Sauce recht sämig wird; dann fügt man die Bohnen hinzu, läßt noch einmal aufkochen und gibt vor dem Anrichten noch etwas feingehackte Petersilie dazu. Man kann geräucherten Schinken, Salzheringe oder Cotelets dazu geben.

Lima-Bohnen (Lima Beans). 2 Portionen. 1 Quart Lima-Bohnen liest man aus und läßt sie dann in kaltem Wasser ¼ Stunde liegen, wäscht und kocht sie mit etwas Salz, bis sie weich sind. Große Bohnen brauchen manchmal beinahe 1 Stunde, im Durchschnitt 40 Minuten. Dann seiht man sie ab und gibt vor

dem Anrichten ⅓ Taſſe kochende Milch, etwas Salz, Pfeffer, etwas
Butter und Muskatnuß, je nach Geſchmack, hinzu.

Getrocknete Lima-Bohnen müſſen den Abend vorher einge=
weicht werden. Morgens gießt man das Waſſer ab und gibt fri=
ſches warmes Waſſer darüber. 2 Stunden vor dem Kochen gibt
man noch einmal heißes Waſſer darüber und bereitet ſie dann wie
die friſchen Bohnen, nur müſſen ſie 1½ Stunde kochen.

Kohlrabi (Top Turnips). 2 Portionen. Man muß darauf
achten, daß man jungen Kohlrabi bekommt, da der alte gewöhnlich
beim Kochen holzig bleibt. — 2 oder 3 Kohlrabi ſchält man ab,
ſchneidet die Krone mit den kleinen Blättern ſauber ab, thut ſie zu
dem in fingerlange dünne Streifen geſchnittenen Kohlrabi und läßt
Alles in kochendem Waſſer einigemal aufwallen, gießt dieſes Waſſer
ab und legt ſie dann in kochendes geſalzenes Waſſer, worin ſie 2
Stunden langſam weichkochen. Dann ſchwitzt man 1 Löffel Mehl
mit 1 Löffel Butter hellgelb, gibt genug Kohlrabiwaſſer dazu, um
eine ſämige Sauce zu machen, würzt mit etwas Muskatblüthe, läßt
Alles gut durchkochen und ſchüttet den Kohlrabi in die Sauce. Die
Krone mit den Herzblättern hackt man fein und vermiſcht ſie mit
dem fertigen Gemüſe, ehe daſſelbe in der ſämigen Sauce aufkocht.
Doch kann man auch die abgekochten Blättchen fein ſchneiden, in
Butter dünſten und als Kranz um das angerichtete Gemüſe legen.
Man gibt Salzkartoffeln, Braten, Cotelets oder Fricadellen dazu.

Kohlrabi mit Schinken (Top Turnips with Ham).
Man ſchneidet jungen Kohlrabi in dünne Scheiben, dünſtet ihn mit
Butter, Salz und ein wenig Waſſer weich, gibt etwas Mehl, mit
Butter durchgerührt, dazu und kocht den Kohlrabi ſo lange, bis keine
Brühe zurückbleibt. Alsdann legt man eine fingerdicke Schicht Kohl=
rabi und eine dünne Schicht mageren Schinken in eine weiße Schüſſel
bis dieſelbe gefüllt iſt, rührt dann 3 oder 4 Eier durcheinander, gießt
dieſelben auf den Kohlrabi und läßt das Gericht verdeckt im Backofen
ſo lange, bis das Eigelb feſt geworden iſt (ungefähr ¾ Stunden),
backen.

**Junger Kohlrabi mit Fleiſch und Kartof=
feln** (Beef Stew with Top Turnips). 2 Portionen. 2 oder 3 Kohl=
rabi werden geſchält, in Streifen geſchnitten, mit Salz beſtreut und

zugedeckt ½ Stunde hingestellt. Inzwischen kocht man 1½ Pfund Rindfleisch mit nicht zu viel Wasser ½ Stunde, wäscht den Kohlrabi schnell ab, thut ihn zu dem Fleisch und kocht beides zusammen weich. ½ Stunde vor dem Garwerden legt man geschälte, sauber gewaschene Kartoffeln darauf, gibt das noch fehlende Fett oder Butter und Salz dazu und kocht Alles durch.

Falls die Kartoffeln nicht mehlreich sind, das Gemüse deshalb nicht sämig genug wird, so läßt man zuletzt ein wenig darüber ge=stäubtes Mehl durchkochen.

Kohlrüben [Steckrüben] (Boiled Russian Turnips).

2 Portionen. Man wählt hiervon die gelben, welche wohlschmecken=der sind, als die mit weißem Fleische. Eine mittelgroße oder die Hälfte einer großen Kohlrübe wird geschält; man schneidet sie in kleine Würfel oder Scheiben, wäscht sie, läßt sie in kochendem Wasser aufwallen und dann abtropfen. Hierauf bringt man sie in einen Topf mit heißer Fleischbrühe oder kochendem Wasser mit etwas Rin=derfett, läßt 2 Stunden kochen und gibt dann 1 Löffel Zucker oder Syrup und ½ Theelöffel Salz dazu und läßt Alles noch einmal durch=kochen. Als Beilage gibt man gewärmten Braten, Fricadellen, Kalbs=cotelets, Hammelfleisch oder Ochsenzunge.

Kohlrüben mit Kartoffeln und Pökelfleisch

(Corned Beef with Russian Turnips and Potatoes). 2 Portionen. 1 mittelgroße Kohlrübe wird geschält, in Würfel geschnitten, gewaschen, 5 Minuten gekocht und dann das Wasser weggegossen. Nun bringt man 1½ Pfund Corned Beef oder Rind= oder Hammelfleisch mit Wasser und Salz zum Kochen, fügt die geschnittenen Rüben, ebenso=viel Kartoffeln, 1 Lorbeerblatt, ½ Löffel Zucker und etwas Pfeffer dazu und läßt Alles 2 Stunden gut kochen.

Weiße Rüben (White Turnips).

2 Portionen. 4 oder 5 Rüben werden geschält, in Streifen geschnitten, in siedendes Salz=wasser gethan, nach einigen Minuten herausgenommen und auf dem Siebe abtropfen gelassen; dann mit Fett, ½ Löffel Zucker und 1 Eß=löffel Essig 1 Stunde lang gekocht. Vor dem Anrichten schwitzt man 1 Löffel Mehl mit 1 Löffel Butter und fügt es bei. Als Bei=lage gibt man Cotelets oder gedämpftes Rind=, Hammel= oder Schweinefleisch.

Paſtinaken (Stewed Parsnips). 2 Portionen. 6 Paſti=
naken werden gewaſchen, geſchabt, der Länge nach durchgeſchnit=
ten, nochmals gewaſchen und dann in halbfingerlange Stücke ge=
ſchnitten. Hierauf wird Waſſer zum Kochen gebracht, die Paſtinaken
und 1 Theelöffel Salz beigefügt und 1 Stunde gekocht. Sodann
nimmt man 1 Löffel Butter mit 1 Löffel Mehl in eine Pfanne und
rührt es untereinander, miſcht ½ Pint von dem Waſſer, in welchem
die Paſtinaken gekocht haben, hinzu, fügt etwas Pfeffer und Salz bei,
kocht, rührt es 5 Minuten lang und ſchüttet es über die Paſtinaken.
Als Beilage nimmt man Cotelets oder Bratwurſt.

Sellerie mit Butterſauce (Stewed Celery). Man
ſchneidet den Sellerie in Scheiben oder längliche Stücke und kocht ihn
in Salzwaſſer weich, welches man dann wieder abgießt. Mit etwas
von dieſem Waſſer wird die abgekochte Butterſauce abgerührt und
der Sellerie dann hineingethan, welcher, ohne weiter zu kochen, an
einen heißen Ort geſtellt wird. Beim Anrichten würzt man mit
etwas Muskatnuß. Man gibt Kalbscotelets oder Rindfleiſch dazu.

Kürbismus (Stewed Pumpkin). Der in Scheiben ge=
ſchnittene Kürbis wird geſchält und gebrüht und, nachdem dieſes
Waſſer durch das Sieb weggegoſſen iſt, kommt der Kürbis mit fri=
ſchem Waſſer und etwas Salz ans Feuer und wird, wenn er weich
gekocht iſt, durch ein nicht zu enges Sieb gerührt. Zu dieſem Mus
kommt dann gute Milch und einige geriebene bittere Mandeln. So=
bald es noch ein wenig verrührt iſt, wird es mit Zucker und Zimmt
oder mit geſtoßenem Pfeffer gewürzt. Man gibt gebratenes Fleiſch
dazu.

Gebratene Eierpflanze (Fried Egg Plant). Man
ſchneidet die Eierpflanze in ½ Zoll dicke Scheiben, ſchält jedes Stück
achtſam, ſtreut etwas Salz und Pfeffer über jede Scheibe, legt ſie
ins Waſſer, beſchwert ſie mit einem Teller, damit ſie unter Waſſer
bleibe und läßt ſie 1 Stunde darin; hierauf trocknet man ſie ſtück=
weiſe ab, taucht ſie in Ei und dann in Crackerkrumen und bäckt ſie
in heißem Fett ſchön braun. Man gibt Tomato-Catsup dazu.

Blumenkohl (Cauliflower). 2 Portionen. Man ent=
fernt mit einem Meſſer alle die großen und kleinen Blättchen, welche
den Blumenkohl umgeben, zertheilt dann, wenn es eine große, ſchöne

Blume ift, diefelbe in kleine Röschen, zieht die Stengel gut ab und legt fie ¼ Stunde in schwach gesalzenes Wasser. Hierauf werden fie in kochendes Salzwasser gelegt und darin ½ bis ¾ Stunde ge= focht; dann legt man fie 1 Minute zum Abtropfen auf ein Sieb und richtet fie, die Stiele nach unten, kuppelförmig auf einer runden erwärmten Schüffel an und deckt schnell zu. Hierauf läßt man 1 Eßlöffel Butter in einer Pfanne heiß werden, nimmt 1 Löffel Mehl, läßt es darin schwitzen, gießt 1 Pint Fleischbrühe oder Blumenkohl= waffer, mit etwas Muskatnuß, dazu und läßt es auffochen; dann wird noch 1 in Waffer verrührtes Eigelb dazu gerührt. Hierauf gießt man diese Sauce über den Blumenkohl und den Reft in eine Sauciere. Man gibt Würftchen, Cotelets, geräucherten Lachs, ge= fochte Ochsenzunge oder gebratene Hühnchen dazu.

Gebackener Blumenkohl (Baked Cauliflower). Blumenkohlrefte vom vorigen Tage taucht man in Ei und wälzt fie in geriebener Semmel oder Zwieback und bäckt fie dann in Butter oder Schmalz. Beim Anrichten kann man fie mit gebackener Peter= filie umgeben.

Gedünftete Tomaten (Stewed Tomatoes). 2 Por= tionen. (Diese Frucht stammt aus Peru in Südamerika, gelangte durch die Spanier nach Europa und hat in Deutschland im Volks= munde den Namen Paradies= oder Liebesapfel erhalten.) 6—8 schöne Tomaten werden mit kochendem Waffer gebrüht; man schält und schneidet fie auf und entfernt alle harten und unreifen Theile. Dann legt man fie in eine Pfanne, läßt fie 20 Minuten unter öfterem Umrühren dünften, gibt 1 Eßlöffel Butter, 1 Theelöffel Zucker, 1 Theelöffel gehackte Zwiebel, Salz und Pfeffer dazu und läßt noch ¼ Stunde langsam dünften. Man gibt gekochtes und gebratenes Fleisch verschiedener Art dazu.

Gebackene Tomaten (Baked Tomatoes). 2 Portio= nen. Von 6 gleichgroßen schönen Tomaten schneidet man ein Stück um den Stiel ab und entfernt vorsichtig mit dem Finger den in= neren Theil. Dann mischt man ½ Taffe feingehackten, gekochten Schinken, 2 Löffel Weißbrodkrumen, 1 Löffel gehackte Peterfilie, ¼ Theelöffel Salz, 1 Prife Pfeffer und 1 Löffel geschmolzene Butter zusammen. Damit füllt man die Tomaten, häufelt die Fülle in der

Mitte auf, beſtreut dann mit geriebenem Weißbrod, legt ſie in eine
Pfanne, gibt etwas Butter darüber, oder gießt 1 Taſſe Waſſer in
die Pfanne und bäckt in einem heißen Ofen ½ Stunde lang. Man
ſervirt dieſelben warm.

Gefüllte Tomaten (Stuffed Tomatoes). 2 Portionen.

6 Tomaten werden, wie vorher angegeben, von den Samenkörnern
gereinigt. In einer Schüſſel miſcht man 1 Taſſe trockene Weiß=
brodkrumen mit ½ Theelöffel Salz, 1 Priſe Pfeffer, 1 Theelöffel ge=
hackte Zwiebel und 1 Löffel geſchmolzene Butter, füllt die Tomate
damit und dämpft ſie im heißen Ofen ½ Stunde. Man kann auch
etwas Hühner= oder Kalbfleiſch zur Fülle verwenden.

Gebratene Tomaten (Fried Tomatoes). 2 Portionen.

6 Tomaten werden gewaſchen und quer in 2 Hälften geſchnitten.
Dann legt man die Hälften mit der Hautſeite nach unten in eine
Pfanne, ſchneidet ¼ Pfund Butter in kleine Stückchen und vertheilt
ſie über die Tomaten, würzt mit Pfeffer und Salz und läßt ſie über
einem mäßigen Feuer 20 Minuten braten. Wenn ſie weich ſind,
legt man ſie mit dem Kuchenwender auf eine gewärmte Schüſſel.
Hierauf läßt man die in der Pfanne übrige Butter ſchnell braun
werden, miſcht 2 Löffel Mehl damit, gießt 1 Pint Milch dazu, rührt
f o r t w ä h r e n d bis es kocht, würzt mit Pfeffer und Salz, gießt
es über die Tomaten und trägt dieſelben dann auf.

Curry=Tomaten (Curried Tomatoes). 1 Taſſe Reis

wird mehreremal mit kaltem Waſſer gewaſchen. Dann miſcht man
1 Theelöffel Currypulver und Salz zu 1 Quart gedünſtete Toma=
ten gut zuſammen. Auf dem Boden einer Backſchüſſel macht man
1 Lage Tomaten, dann 1 Lage ungekochten Reis, dann wieder To=
maten bis Alles verbraucht iſt; doch muß die oberſte Lage aus
Tomaten beſtehen. Dann ſtreut man geriebenes Weißbrot darüber,
vertheilt einige Klümpchen Butter darauf und bäckt bei mäßiger
Hitze ½ Stunde. Man ſervirt in der Schüſſel, in welcher es ge=
backen iſt.

Gekochte Maiskolben (Boiled Sweet Corn). Die

Maiskolben ſollten ſo bald als möglich nach dem Abbrechen gekocht
werden, da ſie durch längeres Liegen ihre Süße verlieren. Kurz vor
dem Kochen entfernt man die Blätterhülſen und ſeidenähnlichen Fä=

den, legt die Kolben in kochendes Wasser und kocht sie 5 Minuten.
Dann nimmt man sie mit dem Schaumlöffel heraus, legt sie auf
eine Schüssel und servirt. Beim Essen schneidet man die Körner
reihenweise mit einem scharfen Messer ab und gibt etwas Butter,
Pfeffer und Salz darüber.

Gedünsteter Mais (Stewed Corn). 2 Portionen.
4 Maiskolben werden entkörnt und die Körner in einer Pfanne mit
3 Löffel Rahm, 1 Löffel Butter, ½ Theelöffel Salz gemischt und ¾
Stunde unter öfterem Umrühren gekocht.

Schmorgurken (Fried Cucumbers). Die Gurken wer=
den geschält, der Länge nach in ½ Zoll dicke Stücke geschnitten, in
Ei und dann in Weizenmehl getaucht, gesalzen, gepfeffert, in Butter
schön braun gebraten und hierauf warm servirt.

Succotash. 2 Portionen. 1 Pint Lima= oder Butterbohnen
werden enthülst, in einen Topf mit kochendem Wasser gethan, so daß
sie davon bedeckt sind — nicht mehr. Man fügt 1 Theelöffel Salz
nebst 1 Prise Backpulver bei, kocht sie 25 Minuten und gießt dann
den größeren Theil des Wassers weg. Eine gleiche Menge oder
etwas mehr von Mais, der von dem Kolben geschnitten worden
(Green Corn), wird dann hinzugethan, ½ Pint Milch, 1 Löffel
Butter, 1 Löffel Mehl, Pfeffer, Salz und etwas Muskatnuß dazu
gemischt, unter f o r t w ä h r e n d e m Rühren 5 Minuten lang ge=
kocht und hernach angerichtet.

Rothkraut (Red Cabbage). 2 Portionen. Ein recht
fester Kopf Rothkraut wird, nachdem die schlechten Blätter entfernt
sind, in zwei Hälften und dann so fein wie möglich in recht lange
Streifen geschnitten. In einem irdenen oder Granittopfe wird 1
Löffel Butter und 1 Löffel Schmalz heiß gemacht, oder auch ¼ Pfund
Speck fein geschnitten und darin 1 feingeschnittene Zwiebel gelb ge=
röstet. Das geschnittene Kraut wird dazugegeben und mit 3 Löffeln
Essig, 1 Löffel Zucker, etwas Salz, Pfeffer und 1 Tasse Wasser in
2 Stunden, gut zugedeckt, weich gedünstet. Man schwenkt es wäh=
rend dieser Zeit öfters um, damit es nicht anbrennt; wenn es keine
Brühe mehr hat, füllt man etwas heißes Wasser nach. Ungefähr ½
Stunde vor dem Anrichten stäubt man 1 Löffel Mehl darüber, gibt
1 Glas Rothwein oder einen in Stücke geschnittenen säuerlichen Apfel

dazu und läßt das Kraut noch einmal aufkochen. Schweinebraten, Fricadellen, Enten, Sauerbraten oder Bratwürste schmecken gut dazu. Doch sollten Leute mit schwachem Magen Rothkraut sowohl, wie auch Bayrisch Kraut zu den verbotenen Speisen zählen.

Bayrisch Kraut (Stewed Cabbage, Bavarian Style).

2 Portionen. 1 kleiner Kopf oder die Hälfte eines großen Kopfes Weißkraut wird sehr fein, nudelartig, geschnitten. In einem irdenen oder Granittopfe läßt man ¼ Pfund in Würfel geschnittenen Speck heiß werden, fügt 1 Löffel fein geschnittene Zwiebel, 1 Glas Weiß= wein oder 1 Löffel Essig, ½ Tasse Wasser oder Fleischbrühe, sowie das Kraut hinzu und läßt es 1½ Stunde, gut zugedeckt, kochen. ¼ Stunde vor dem Anrichten stäubt man 1 Löffel Mehl, ½ Thee= löffel Salz, 1 Theelöffel Zucker, etwas geriebene Muskatnuß und Pfeffer darüber und läßt es aufkochen. Bratwürste, Cotelets, Pökel= zunge oder Gänsebraten eignen sich als Beilagen.

Grün= oder Braunkohl (Sprouts). 2 Portionen.

Der Braunkohl ist am besten, wenn er etwas Frost bekommen hat. Von 1 Quart Kohl streift man die Blätter von den Stielen ab und entfernt die welken oder von Raupen zerstörten Blätter und sucht die zarten, krausen, heraus. Nachdem diese Blätter in vielem Wasser reingewaschen sind, werden sie in einem Topf mit kaltem, gesalzenen Wasser aufgestellt und ¼ Stunde lang gekocht. Dann schüttet man den Kohl in ein Sieb, gießt kaltes Wasser darüber, drückt das Wasser aus und wiegt den Kohl recht fein. 1 Löffel fein geschnittene Zwie= bel wird in 1 Löffel zerlassener Butter oder Schmalz gelb geröstet, etwas feingeschnittener Speck, sowie 1 Löffel Nieren= oder Gänsefett hinzugefügt; man gibt dann das Kohlkraut, sowie etwas Salz und Pfeffer dazu und läßt es 2 Stunden kochen. ¼ Stunde vor dem Anrichten wird 1 Löffel Mehl darüber gestreut und ¼ Tasse Milch oder süßer Rahm darunter gerührt; dann läßt man es langsam durch= kochen. Beim Anrichten garnirt man den Kohl mit kleinen Schmor= kartoffeln oder gekochten Kastanien. Als Beilage gibt man Gänse= braten, Bratwürste oder geräuchertes Schweinefleisch.

Braunkohl mit Hafergrütze (Sprouts with Oats).

Der Kohl wird nach vorstehendem Recept vorbereitet, gewaschen, ab=

gekocht und dann unzerſchnitten mit Fett, Waſſer, Salz und etwas Zwiebel geſchmort. Gleichzeitig kocht man in einem andern Topfe 2 Löffel reingewaſchene Hafergrütze mit Waſſer und ein wenig Butter weich und läßt ſie noch ¼ Stunde mit dem Kohl kochen. Kocht man die Hafergrütze gleich mit dem Kohl zuſammen, ſo brennt der Kohl ſehr leicht an.

Wirſing oder Welſchkohl (Savoy Cabbage). 2 Por=

tionen. Ein ſchöner Kopf Wirſing wird nach Beſeitigung der äuße=
ren Blätter in Viertel getheilt, von den Strünken befreit, ¼ Stunde in ſiedendem Salzwaſſer gekocht, herausgenommen, mit kaltem Waſſer übergoſſen, ausgedrückt und dann grob gehackt. Dann röſtet man 1 Löffel feingehackte Zwiebel in 1 Löffel Butter oder Nierenfett in einem irdenen oder Granittopfe, gibt den Kohl hinzu, würzt mit etwas Salz und geriebener Muskatnuß, gießt mit ½ Löffel Mehl verdickte Fleiſchbrühe darüber und dämpft das Gemüſe, gut zugedeckt, ½ Stunde. Vorzüglich ſchmeckt der Kohl, wenn man ihn mit der Brühe von gedämpfter oder gebratener Ente oder Gans dünſtet. Man gibt ge=
kochtes Rind= oder Hammelfleiſch, Cotelets, gekochten Schinken, Zunge oder Bratwurſt nebſt Kartoffeln dazu.

Weißkraut, Weißkohl (Cabbage). 2 Portionen. Ein

feſter, weißer Krautkopf wird auf dieſelbe Art zubereitet wie der Wirſingkohl, doch fügt man als Würze noch etwas Kümmel bei. Anſtatt der Fleiſchbrühe kann man 3 Taſſen Waſſer und 2 Löffel Nierenfett benützen. Hammelfleiſch, gekocht oder gebraten, Schweins=
oder Kalbs=Cotelets, Bratwurſt und Kartoffeln ſind paſſende Beilagen.

Weißkraut mit Hammelfleiſch (Cabbage with

Mutton). 2 Portionen. Ein mittelgroßer Krautkopf wird von den äußeren Blättern befreit, in Viertel getheilt, in fingerbreite Stücke geſchnitten und abgebrüht. Sodann bringt man 1 bis 1½ Pfund Hammelfleiſch in 1 Quart Waſſer zum Kochen, legt den gut aus=
gedrückten Kohl in den Fleiſchtopf, ſtreut etwas Salz darüber und läßt Alles 2½ Stunden langſam kochen. Hierzu reicht man Salz=
kartoffeln. Man kann auch die Kartoffeln mit dem Kraut zuſammen kochen; in ſolchem Falle lege man dieſelben 1 Stunde vor dem An=
richten, ſauber abgewaſchen, oben auf das Kraut, wo ſie langſam gar werden.

Sauerkraut (Sauerkraut). 2 Portionen. Von allen Kraut- und Kohlarten ist Sauerkraut die am leichtesten verdauliche. Durch die Gährung bildet sich Milchsäure, welche dem Kraut den eigenthümlichen Geruch und Geschmack verleiht. 1 Pint Sauerkraut wird ausgedrückt; nur wenn es zu sauer oder zu salzig wäre, wird es leicht gewaschen. In einem irdenen oder Granittopfe wird das Kraut mit 1 Löffel Schmalz und soviel heißem Wasser, daß es das Kraut bedeckt, 2 Stunden gekocht. Kocht man ein Stück Schinken oder Schweinefleisch mit dem Kraut, so wird es um so kräftiger. 1 Stunde vor dem Anrichten kann man auch ¼ Pfund gebratenen Speck, ohne die Grieben, zu dem Kraut geben. Ist das Kraut zu sehr eingekocht, so gießt man 1 Glas Weißwein oder warmes Wasser dazu. Fügt man ¼ Stunde vor dem Anrichten einige in Viertel geschnittene Aepfel hinzu, so kann der Wein auch wegbleiben. Nach Belieben kann man das Kraut ¼ Stunde vor dem Anrichten mit ½ Löffel Mehl stäuben und damit aufkochen lassen. Hasenbraten, Bratwürste, Schinken, Kalbsbraten, Wildpret, Schweinebraten und Salzkartoffeln sind passende Beilagen.

Sauerkraut mit Erbsen (Sauerkraut with Split Peas). 2 Portionen. Das Sauerkraut wird in Wasser weichgekocht, abgegossen, mit 1 Löffel Schmalz verrührt und noch eine Weile gedünstet. Nebenbei kocht man 1 Pint trockene Erbsen in Wasser weich, schüttet das Wasser ab, gießt Rind- oder Schweinefleischbrühe daran, auch Schinkenbrühe, wenn man deren hat, kocht die Erbsen noch ¼ Stunde damit, drückt sie durch ein Sieb, läßt sie nochmals heiß werden, bestreut sie beim Anrichten mit geriebenem, in Butter geröstetem Weißbrot, gibt das Sauerkraut in einer andern Schüssel auf, garnirt es mit Bratwürsten, gibt Schinken oder Pökelfleisch dazu und ißt Kraut und Erbsen zusammen.

Sauerkraut mit Austern (Sauerkraut with Fried Oysters). 2 Portionen. Man befreit 2 Dutzend Austern von den Bärten, trocknet sie ab, bestreut jede Auster mit Pfeffer und Salz, wälzt sie in Mehl und dann in Ei und geriebenem Weißbrot, bäckt sie in heißem Schmalz hellbraun und richtet sie in der Mitte des Sauerkrautes, das man nach dem vorhergehenden Recept gekocht und mit etwas Weißwein und Mehlschwitze gebunden hat, an.

Sauerkraut mit saurer Sahne (Sauerkraut with Cream). 2 Portionen. Hat man 1 Pint Sauerkraut, wie oben angegeben, gar gekocht, so schneidet man 1 Zwiebel in Scheiben, schwitzt sie in Butter weiß und weich, fügt 1 Löffel Mehl und 1 Tasse sauren Rahm dazu, läßt es aufkochen, streicht diese Sauce durch einen feinen Durchschlag und mischt das Kraut darunter. Dies ist besonders im Frühjahr zu empfehlen, wenn das Kraut den Wein=geschmack verloren hat.

Sauerkraut mit Hecht (Sauerkraut with Pike). Sauerkraut wird wie angegeben, weich gekocht; auch wird ein 2=pfündi=ger Hecht gekocht, in kleine Stücke zerpflückt und von den Gräten befreit. Dann mischt man das Kraut mit 1 Tasse saurer Sahne, richtet es mit dem Fisch schichtenweise in eine Porzellanschüssel, träu=felt etwas Citronensaft darüber, bestreut es mit geriebenem Weißbrot und gibt etwas zerlassene Butter darüber ; hierauf bäckt man es im Ofen ½ Stunde. Anstatt des Fisches kann man auch gebratenes Schweinefleisch oder gekochten Schinken verwenden.

Löwenzahn (Boiled Dandelions). Man benützt die ersten Sprossen dieses vorzüglichen und billigen Frühjahrgemüses vor dem Blühen; nach der Blüthe ist es etwas bitter. Gegen Verstopfung und Hämorrhoiden ist Löwenzahn ein empfehlenswerthes Volksmittel. Man benutzt die kleinen Blätter und kocht dieselben wie Spinat.

Artischocken (Artichokes). Diese werden sauber geputzt, die Spitzen mittelst einer Scheere abgeschnitten und die äußeren Blät=ter beseitigt; dann kocht man sie 1½ Stunden in Salzwasser weich, läßt sie abtropfen, nimmt in der Mitte den sogenannten Bart weg (alles Rauhe und Faserige), bereitet eine Buttersauce mit einer Ein=lage von fein gewiegter Petersilie und Sardellen, legt die Artischocken zierlich auf die Platte und gießt die Sauce darüber. Artischocken gelten als Heilmittel gegen die Gicht.

Rhabarber (Rhubarb). Die Blattstiele werden wie beim Spargel abgezogen und in längliche Stücke geschnitten; in kochendem Wasser läßt man sie 20 Minuten lang ziehen und dünstet sie mit Butter und Zucker gar.

Roſenkohl (Brussels Sprouts). Roſenkohl gehört zu den feinſten und wohlſchmeckendſten Gemüſen. Nachdem die Roſen von dem Stengel abgeſchnitten worden, werden ſie ſauber geputzt, gewaſchen und in ſiedendem Salzwaſſer raſch weich gekocht (die Köpfchen müſſen jedoch ganz bleiben) und mit kaltem Waſſer abgeſchwenkt. Dann bereitet man eine ſämige Butterſauce, legt ſie hinein, würzt mit Muskatnuß und, nachdem die Röschen kurz darin aufgekocht, ſervirt man ſie ſofort. Beilagen ſind: Cotelets, geräucherte Zunge und Bratwürſte.

Endiviengemüſe (Endive). Von nicht allzu gelben Endivienköpfen werden die etwas bitteren Stengel ausgeſchnitten, die Blätter ſauber gewaſchen, in Salzwaſſer aufwallen gelaſſen, abgeſchwenkt, ausgedrückt, nicht zu fein geſchnitten und in Butter gedünſtet; dann ſtäubt man etwas Mehl darüber und gibt Fleiſchbrühe und etwas Zucker daran. Hammel= oder Kalbscotelets eignen ſich am beſten dazu.

Salatgemüſe (Dutched Lettuce). 2 Portionen. Von 2 feſten Salatköpfen werden die ſchlechten Blätter abgenommen, die Köpfe in 4 Theile geſchnitten, raſch gewaſchen und in kochendes Waſſer geſchüttet. Sobald der Salat weich iſt, wird er herausgenommen und grob geſchnitten. Inzwiſchen rührt man ½ Löffel Mehl mit 3 Löffeln kalter Milch, gibt Salz und ½ gewiegte Zwiebel ſowie das Waſſer, in welchem der Salat gekocht hat, dazu und läßt dies kochen, bis die Zwiebel ganz weich iſt. Dann ſchlägt man es durch ein Sieb, gibt den geſchnittenen Salat, 1 Löffel Butter und (ſo man hat) ½ Löffel Fleiſchextrakt hinzu und ſtellt das Gemüſe noch ¼ Stunde ans Feuer, ohne es kochen zu laſſen.

Zwiebelgemüſe (Stewed Onions). Die Zwiebeln (am beſten nimmt man die großen weißen Zwiebeln) werden geſchält und in Streifen geſchnitten; man läßt ſie in Salzwaſſer aufwallen und kocht ſie, nachdem das Waſſer abgegoſſen iſt, mit Fleiſchbrühe weich; dann werden 2 Löffel geriebenes Weißbrot in Fett gedünſtet und damit das Gemüſe verdickt. Man kann mit etwas Muskatblüthe oder Citronenſaft würzen. Als Beilage gibt man Lamm= oder Hammelfleiſch. Für Geſunde ſind Zwiebeln eine gute Speiſe, der nervöſe oder ſchwache Magen ſollte jedoch damit verſchont bleiben.

Petersiliengemüse (Stewed Parsley). 2 Portionen.

Man wiegt die gewaschene Petersilie recht fein, sodaß man in ge=
wiegtem Zustande ungefähr 1 Teller voll davon hat, gibt sie mit 1
Löffel Butter in einen Topf und dünstet sie weich. Dann streut man
2 Löffel geriebenes Weißbrot darüber, gibt nach Bedarf etwas Wasser
zu und läßt das Gemüse noch ¼ Stunde dünsten. Beim Anrichten
gibt man in Butter gebräuntes geriebenes Weißbrot darüber. Ge=
kochte Tauben oder gekochtes Rindfleisch eignen sich als Beilage.

Leipziger Allerlei (Mixed Vegetables). Hierzu ge=
hören Spargel, junge Erbsen, 1 Blumenkohlkopf, 2 Kohlrabi, junge
Möhren. Die Möhren werden in Scheibchen, Spargel und Kohl=
rabi in längliche Stückchen geschnitten, sodaß man von jedem Ge=
müse einen kleinen Teller voll hat. Dann kocht man die Gemüse in
gesalzenem Wasser, jedes allein, weich, und läßt sie in einem Durch=
schlag ablaufen. 3 Löffel Mehl schwitzt man in Butter weich, gießt
von dem Kochwasser der Gemüse etwas bei, salzt und läßt es kochen.
Hat es eine Weile gekocht, so gibt man sämmtliche Gemüse hinein,
läßt nochmals aufkochen und richtet recht zierlich, Blumenkohl in der
Mitte, dann die Möhrenscheibchen u. s. w., an. Man gibt junge
Hühner oder gebratene Tauben dazu.

Gekochter Turbankürbis (Boiled Squash). 2 Por=
tionen. Man schält, entfernt und zerschneidet einen Kürbis, kocht
ihn in Salzwasser 20 Minuten, reibt ihn durch einen Durchschlag
und drückt das Durchgeschlagene aus. In eine Pfanne gibt man 1
Löffel Butter, den Kürbis, 2 Löffel süße Milch, Pfeffer und Salz
nach Geschmack, rührt es miteinander, bis es kocht, und füllt den
Brei in eine Gemüseschüssel.

Gebackener Turbankürbis (Baked Squash). Man
kocht und verrührt dieses Gemüse wie oben angegeben, würzt den
Brei mit Pfeffer, Salz und Butter, gibt 2 verrührte Eier sowie 2
Löffel Milch hinein, schüttet die Masse in eine gut gebutterte Pud=
dingsform oder Schüssel, streut geriebenes Weißbrot oder Cracker=
krumen oben darauf und bäckt diese Masse in einem heißen Ofen,
bis die Oberfläche sich bräunt.

Kartoffelspeisen.

Die Kartoffelstaude, deren Vaterland Südamerika ist, liefert in ihren mehlreichen Knollen eines der billigsten Volksnahrungs=mittel. Zu den Kartoffeln gehört jedoch Fett, um das in den Kar=toffeln enthaltene Stärkemehl leichter verdaulich zu machen. Somit sind gekochte Kartoffeln und frische Butter nicht nur eine wohl=schmeckende, sondern auch chemisch richtige Verbindung. Die Kartof=feln sind ferner eine ganz geeignete Beigabe zum Kaffee, zum Fleische und namentlich zur Milch. Kartoffeln allein können den Men=schen nicht genügend ernähren, richten vielmehr allerhand Störungen im Verdauungsprocesse an. Alle Kartoffeln müssen nach dem Schä=len gewässert werden, und mit solchen, welche schon gekeimt haben, sollte dasselbe 2 oder 3 mal geschehen. Bei dem Einkaufen von Frühkartoffeln soll man nur völlig reife auswählen, die man leicht daran erkennt, daß die Schale völlig ganz ist, während sie bei noch unreifen Knollen in faserigen Läppchen daran herumhängt.

Kartoffeln in der Schale zu kochen (Boiling Potatoes in their Skin). Das Kochen der Kartoffeln erscheint sehr einfach; deshalb wird ihm leider meist zu wenig Aufmerksamkeit geschenkt und doch hängt bei einer guten Kartoffel der bessere Ge=schmack von der sorgfältigen Behandlung ab. Die Kartoffeln wer=den einigemal tüchtig gewaschen, mit gut gesalzenem kalten Wasser (auch wohl mit Kümmelkörnern dazu gemischt) aufs Feuer gesetzt, um sie dann recht schnell kochen zu lassen. Das Wasser muß knapp die Kartoffeln bedecken und der Topf gut zugedeckt werden. Sobald man die Kartoffeln leicht mit einer Gabel durchstechen kann (bei neuen Kartoffeln nach $\frac{1}{4}$ Stunde, zu Weihnachten nach $\frac{1}{2}$, gegen Ostern nach fast $\frac{3}{4}$ Stunden Kochzeit), wird das Wasser abgegossen; man deckt die Kartoffeln zu und läßt sie noch 5 Minuten ausdünsten. Sollen die Kartoffeln besonders schmackhaft werden, so kocht man sie nicht im Wasser, sondern in folgender Weise: Ueber ein mehr breites als tiefes Gefäß mit kochendem Wasser wird ein gut passender Durch= schlag gelegt und in diesem die rein geschälten Kartoffeln, welche auf diese Weise von den Dämpfen gekocht werden. Diese Kochart ist jeder anderen vorzuziehen und deshalb finden die Kartoffelkocher in der Küche immer weitere Verbreitung. Im Frühjahr, wenn die Kar= toffeln zu keimen beginnen, sollte man von jeder Kartoffel vor dem Kochen an zwei entgegengesetzten Stellen ein Stückchen abschneiden. Der unangenehme Saft und Geschmack der Kartoffeln dringt dann an diesen Stellen während des Kochens heraus, bildet eine hornartige Haut und die Kartoffel selbst bleibt dadurch schmackhaft und mehlig. Man achte darauf, daß die Kartoffeln genau zu der Zeit gar sind, wo sie zu Tisch gebracht werden sollen, und dürfen dieselben nicht stehen, da sie alsdann den guten Geschmack verlieren. Um gleich= mäßiges Garkochen zu erzielen, sollte man immer Kartoffeln dersel= ben Größe zusammen kochen.

Salzkartoffeln (Boiled Potatoes). 2 Portionen. 6 schöne Kartoffeln werden geschält, gewaschen und in Salzwasser ab= gekocht; sind sie weich, so wird alles Wasser davon abgeschüttet und heiße Butter oder Schmalz mit gedünsteter Petersilie oder hellgelb geröstete Zwiebel darüber gegossen. Man kann sie auch, nachdem das Wasser abgeschüttet ist, bis zum Gebrauch warm stellen, mit etwas ganzer Petersilie garniren und als Beilage zu Fisch geben.

Geröstete Kartoffeln (Fried Potatoes). Die gekoch= ten Kartoffeln werden in Scheiben geschnitten und gesalzen; dann wird fein gewiegte Zwiebel in Butter gedünstet; die Kartoffeln wer= den hineingelegt und schön gelb gebraten.

Schmalzkartoffeln (Fried Potatoes—French). Rohe Kartoffeln werden geschält, in Scheiben geschnitten, abgewaschen, auf einem Handtuche schnell abgetrocknet, in nicht heißem Schmalz unge= fähr 5 Minuten gebacken, dann herausgenommen, das Schmalz heiß gemacht, die Kartoffeln wieder hineingethan, schön knusperig gebacken, mit Salz bestreut und zu Beefsteaks gegeben.

Petersilienkartoffeln (Lyonnaise Potatoes). Die roh geschälten, mit etwas Salz weichgekochten Kartoffeln werden rein ab= gegossen, alsdann mit reichlich frischer Butter und gehackter Petersilie durchgeschwenkt. Für die ersten Frühjahrskartoffeln ist diese Bereitungsart sehr empfehlenswerth.

Saratoga-Kartoffeln (Saratoga Chips).

Man schält 1 oder 2 große Kartoffeln, schneidet sie mit einem Krautschneider in sehr dünne Scheiben über einer Schüssel mit kaltem Wasser, so daß jede Scheibe sogleich in das Wasser fällt. Nach 10 Minuten nimmt man eine Portion heraus und trocknet dieselbe mit einem Handtuch schön ab. Man bratet immer einige auf einmal in heißem Schmalz hellbraun und salzt sie bei dem Herausnehmen. Man muß sie in einer gewärmten Schüssel im Ofen bis zum Gebrauch warm halten. Sie schmecken dann fein und knusperig und werden zum Garniren von Wildpret und Steaks benutzt.

Kartoffelbrei (Mashed Potatoes).

2 Portionen. Am leichtesten verdaulich sind die Kartoffeln in Form von Kartoffelbrei. 6 schöne Kartoffeln werden geschält, gewaschen, in Hälften getheilt, in Salzwasser weich gekocht und durch einen Durchschlag getrieben. Dann mischt man Butter von der Größe einer Wallnuß, 3 Eßlöffel warme Milch, 1 Theelöffel Salz und eine kleine Prise Pfeffer mit den Kartoffeln und servirt in einer gewärmten Schüssel. Man kann auch mit in Butter gerösteten kleingeschnittenen Zwiebeln, oder auch fein geschnittene Speckwürfel mit Zwiebeln gebraten, darüber geben. Bratwurst, Kalbs- und Schweinscotelets oder Sauerkraut schmecken gut dazu.

Gebackener Kartoffelbrei (Baked Potato Purée).

Hat man mittags Kartoffelbrei übrig behalten, so thut man gut, denselben zum Abendtisch in etwas anderer Form zu verwenden. In der Pfannkuchenpfanne läßt man 1 Löffel Butter heiß werden, drückt den Kartoffelbrei fest hinein, so daß er die Form eines dicken Eierkuchens bekommt und bäckt ihn wie Eierkuchen auf beiden Seiten schön braun.

Kartoffelbällchen (Potato Balls).

2 Portionen. 1 Pfund fein geriebene heiße Salzkartoffeln rührt man mit 4 Eigelb und Salz nach Geschmack gut durch, formt sie in nicht zu große Bällchen, panirt dieselben mit Zwieback oder Mehl und bratet die Bällchen in Butter hellbraun. Dieselben werden warm zu Spargel

oder sonstigem frischen Gemüse, Frankfurter Würstchen oder Brat=
wurst gegessen.

Kartoffeln mit Aepfeln (Potatoes with Apples).

2 Portionen. Man schält 6 Kartoffeln, schneidet sie in Viertel und
wäscht sie, kocht sie dann in Salzwasser weich und gießt das Wasser
fort. Inzwischen schält man 3 saure Aepfel, befreit sie von den Ker=
nen und schmort sie in Wasser mit Zucker. Die Kartoffeln und
Aepfel werden vermischt, etwas Speck und ½ Zwiebel zusammen ge=
hackt und ausgebraten, an den Brei gegeben und nach Geschmack
gesalzen. Man gibt dazu Schweinebraten, Schweine=Cotelets oder
Bratwurst. Ebenso kocht man Kartoffeln mit frischen Birnen oder
gedörrten Pflaumen.

Saure Kartoffeln (Sour Potatoes). 2 Portionen.

6 große Kartoffeln werden geschält, in Scheiben geschnitten und in
Salzwasser beinahe weich gekocht. Würflich geschnittener Speck wird
mit fein gewiegter Zwiebel und 1 Löffel Mehl gelb geröstet, Fleisch=
brühe oder Wasser daran gegossen, nebst Salz, Essig, 1 Lorbeerblatt
und ein wenig Pfeffer, die Kartoffeln dazu gegeben und dieselben
noch einmal darin aufgekocht. Man gibt Hammel= oder Schweine=
fleisch, Frankfurter Würstchen, frische, geräucherte oder gebratene
Wurst dazu.

Kartoffelstückchen (Potatoes with Parsley). 2 Por=

tionen. 4 oder 5 Kartoffeln werden roh geschält, in Viertel geschnit=
ten und kochendes Wasser darüber gegossen, worin sie, zugedeckt, einige=
mal aufwallen müssen. Dann läßt man das Wasser ablaufen, gibt
1 Theelöffel Kümmelkörner dazu, füllt mit kochender Fleischbrühe auf
und läßt sie dann weich kochen. Vor dem Anrichten wird gewiegte
junge Petersilie darüber gegeben. Hat man nur kleine Kartoffeln,
so kann man dieselben mit der Schale kochen, schälen, in Stücke
schneiden, einige Pfefferkörner, Kümmel und die kochende Fleischbrühe
dazu schütten. Gekochtes Hammel= oder Rindfleisch ist eine passende
Beilage. Will man den Kümmel weglassen, dann gibt man gerie=
benes, in Butter geröstetes Weißbrot, einige gehackte Sardellen und
etwas gestoßene Muskatblüthe dazu.

Heringskartoffeln (Potatoes with Herring). 2 Por=

tionen. 6 große Kartoffeln werden mit der Schale gekocht, abgezo=

gen und in Scheiben geschnitten. Inzwischen läßt man in etwas
Butter 1 feingeschnittene Zwiebel weich dünsten, gibt 1 Löffel Mehl
dazu, und wenn dies unter beständigem Rühren gut vermischt (aber
nicht braun geworden) ist, rührt man es mit halb Wasser, halb Milch
zu einer sämigen Sauce. 2 Heringe, welche vorher mehrere Stun=
den gewässert wurden, werden abgezogen, geputzt, in feine Würfel
geschnitten, mit den Kartoffeln und der Sauce gemischt; nachdem ein
Stückchen frische Butter dazu gethan worden, läßt man alles zusam=
men noch etwas durchziehen, aber nicht kochen. Sollte das Gericht
nicht von den Heringen salzig genug sein, so muß noch etwas Salz
dazu gegeben werden.

Prinzeßkartoffeln (Potatoes à la Princesse). Man
bereitet sie von Heringskartoffeln, mischt darunter hartgekochte, gerie=
bene Eier, bestreicht eine Form mit Butter, schichtet darin die in
Scheiben geschnittene, mit Pfeffer und Salz und kleingehackten Zwie=
beln in Butter gedämpften Kartoffeln, darauf fein gehackten Hering
mit den zerriebenen Kartoffeln und der in Oel gerührten Herings=
milch, hierauf wieder Kartoffeln; zwischen jede Schicht legt man
Klümpchen frische Butter und übergießt das Ganze mit 1 Pint Rahm,
in welche 2 Eidotter gerührt wurden. Man läßt das Gericht ½
Stunde im Ofen backen.

Kartoffelpuffer (Potato Puffs). Dazu gehören recht
gute große Kartoffeln; geschält und recht rein gewaschen, reibt man
sie roh auf einem Reibeisen und drückt sie recht trocken aus. Dann
reibt man 1 Zwiebel und mischt sie zu den Kartoffeln. Zu einem
angehäuften Teller dieser Kartoffeln rührt man 1 Eßlöffel Mehl, 4
Eidotter, etwas Salz und 1 Löffel süßen Rahm, mischt die zu Schnee
geschlagenen 4 Eiweiß dazu, bäckt von dieser Masse mit Schmalz
dünne kleine Eierkuchen in der Eierkuchenpfanne auf beiden Seiten
schön hellbraun und gibt sie sofort zu Tisch. Man servirt dazu
Compot oder Salat.

Rahmkartoffeln (Cream Potatoes). 2 Portionen.
Man schwitzt Butter mit einer feingehackten Zwiebel und 1 Löffel
Mehl, gibt Salz, 1 Löffel gehackte Petersilie oder Schnittlauch dazu,
rührt 1 Tasse sauren Rahm durch, und läßt 1 Teller Kartoffeln,
welche vorher in Salzwasser gekocht, in Scheiben geschnitten und noch

warm sein müssen, darin einmal aufkochen. Ein einfaches, wohl=
schmeckendes Gericht, besonders zu Roastbeef passend.

Gekochte Süß=Kartoffeln (Boiled Sweet Potatoes).
Diese Nahrungspflanze, welche unter dem Namen Batate in allen
tropischen Ländern wächst, stammt aus Südamerika; ihre Knollen sind
nahrhafter, als die Kartoffel, leicht verdaulich und gesund. — Man
wäscht und reinigt die süßen Kartoffeln, ohne die Schale derselben
zu verletzen, legt sie in einen Topf mit kochendem Wasser und kocht
sie, bis dieselben, wenn man mit der Gabel hineinsticht, noch ein
wenig hart in der Mitte sind. Dann gießt man das Wasser ab und
stellt den Topf etwas vom Feuer zurück, deckt eine Serviette darüber
und läßt noch 10 Minuten dämpfen. Auf diese Weise gekocht, wer=
den die Kartoffeln mehlig und trocken.

Gebackene Süß=Kartoffeln (Baked Sweet Pota=
toes). Man wäscht und reinigt Kartoffeln gleicher Größe, ohne die
Schale zu beschädigen, legt sie in eine Backpfanne und läßt sie dann
im heißen Ofen so lange backen, bis sie, wenn man dieselben mit
der Hand drückt, in der Mitte weich erscheinen. Man servirt dann
schnell, ohne die Schale abzuziehen.

Gebratene Süß=Kartoffeln (Fried Sweet Pota=
toes). Gekochte Kartoffeln werden geschält und der Länge nach in
Scheiben geschnitten. 3 Löffel Bratenfett werden in eine Bratpfanne
gethan, die Kartoffeln mit etwas Salz und Pfeffer bestreut, in das
heiße Fett gelegt und auf beiden Seiten gebräunt. Sie müssen dann
schnell servirt werden.

Süß=Kartoffeln aufzuwärmen (Sweet Potatoes
to be warmed over). Gekochte oder gebackene Süß=Kartoffeln
werden in Scheiben geschnitten. Zu einem Pint dieser Scheiben
nimmt man 2 Löffel Butter, 1 Theelöffel klein geschnittene Zwiebel,
¼ Pint Fleischbrühe, Salz und Pfeffer nach Geschmack. Zuerst thut
man die Butter in eine Bratpfanne; wenn heiß, fügt man die Kar=
toffeln und Zwiebeln hinzu und bratet unter leichtem Umrühren bis
sie hellbraun sind; dann nimmt man sie mit dem Schaumlöffel her=

aus und hält sie im Ofen warm, während man die Sauce fertig macht. Zu der in der Pfanne übrig gebliebenen Butter gibt man 1 Löffel Mehl, rührt es ordentlich, mischt die Fleischbrühe dazu, und läßt es unter fortwährendem Rühren aufkochen, gibt Pfeffer und Salz dazu, nimmt es vom Feuer, rührt noch 1 Eigelb hinein, schüttet dann die Sauce über die Kartoffeln und servirt.

Kastaniengemüse (Purée of Chestnuts). 2 Portionen.

Von 1 Quart Kastanien werden die braunen Schalen mit einem scharfen Messer entfernt, dann in kochendem Wasser einige Minuten gebrüht und die Haut abgezogen. Dann gibt man 1 Quart Wasser oder Fleischbrühe mit einigen Stückchen Sellerie in einen Topf und kocht die Kastanien ½ Stunde darin. Hierauf werden sie durch einen Durchschlag gedrückt, 1 Löffel Butter, ½ Theelöffel Zucker, Pfeffer und Salz darunter gerührt und mit etwas Brühe zum Kochen gebracht. Cotelets und jedes Geflügel paßt dazu. Frische Kastanien halten sich nur bis Februar oder März. In kaltes Wasser gegeben, sinken die guten unter, die schlechten schwimmen oben.

Kastanien mit Aepfeln (Stewed Chestnuts with Apples).

Große, schöne Kastanien, die von der äußeren Schale befreit sind, werden in Wasser weichgekocht, geschält, in Butter und etwas Zucker gedünstet und mit geschälten, in Scheiben geschnittenen, in etwas Wasser mit Zucker und Citronenschale weichgedünsteten Aepfeln vermischt, um sie dann zu Gans- oder Truthahnbraten zu geben.

Gekochte Kastanien als Beilage zu Gemüsen oder Ragouts (Boiled Chestnuts).

Man entfernt zuerst mit einem scharfen Messer die braune Schale, wirft die Kastanien dann in siedendes Wasser, läßt sie eine kurze Zeit kochen, kühlt sie in kaltem Wasser ab, reibt mit einem Tuche die braune Haut ab und dünstet sie in einem glasirten Topfe mit Wasser, Butter und ein wenig Zucker weich, läßt sie trocken ablaufen und legt sie in das Ragout, oder garnirt Kohl- oder Spinatgemüse damit.

Champignons (Stewed Mushrooms).

Unter allen Pilzen ist der Champignon der feinste und in gewisser Beziehung der billigste, da Jedermann, der über einen Garten, Keller oder leerstehendes Zimmer zu verfügen hat, im Stande ist, fast kostenlos

immer frische Champignons selbst zu ziehen. In dem Capitel über
Einmachen der Gemüse findet die Champignonzucht Erwähnung. Be=
sonders zu Gemüsen, Suppen, Ragouts, Saucen u. s. w. ist ein
Zusatz von Champignons ausgezeichnet und gibt denselben einen
besonderen Wohlgeschmack.

Man schneidet die Wurzel derselben ab, zieht die Haut von Hut
und Stielen, wenn sie hart geworden, was bei den sehr großen der
Fall ist, und beseitigt die unter dem Hute sitzenden Blättchen, wenn
dieselben durch Alter gelitten haben — sonst nicht, denn gerade sie,
ebenso wie die Haut vom Hute, enthalten viel des eigenthümlichen
Gewürzes, wenn sie jung sind. Am besten sind deshalb die kleinen
runden festen Champignons. Sobald von diesen die Wurzel obge=
schnitten und die Stiele durch leichtes Abschaben gereinigt sind, wer=
den sie, ohne daß man erst den Hut vom Stiele trennt, in kaltem
Wasser abgespült, dann in ein irdenes Casserol mit heißer Butter
oder Nierenfett geschüttet und unter Hinzufügen von Salz, Pfeffer,
gehackter Petersilie und 1 Messerspitze Mehl in ihrem eigenen Safte
$\frac{1}{4}$ Stunde lang gedünstet. Wenn man die Champignons zu lange
kochen läßt, werden sie hart. Man gibt Schinken, geräucherten Lachs,
Fleischklöschen oder Kalbscotelets dazu.

Hülsenfrüchte.

Bohnen, Erbsen und Linsen legt man die Nacht vor dem Kochen in kaltes Wasser, welches am Morgen abgegossen wird. Alle Hülsenfrüchte stellt man mit soviel kaltem Wasser aufs Feuer, daß das Wasser die Früchte gerade bedeckt, und salzt sie erst, wenn sie weich gekocht sind.

Eine Messerspitze Natron (bicarbonate of soda) auf jedes Pfund oder Pint dazu gethan, beschleunigt das Weichwerden. Nur bei gelben Erbsen ist dieser Zusatz nicht zu empfehlen; diese bekommen davon einen faden Geschmack.

Kocht das Wasser zu sehr ein, so darf man nur heißes, am besten kochendes Wasser dazu schütten. Ferner rührt man Hülsenfrüchte beim Kochen nicht um, da sie dadurch leicht anbrennen; man halte, um das Ansetzen zu verhüten, immer genügend Flüssigkeit darauf. Will man Erbsenbrei kochen, so belegt man den Boden des Topfes mit einigen geschälten Kartoffeln, gibt die Erbsen und das Wasser darüber und läßt sie, ohne umzurühren, weich kochen. Die Erbsen sind dadurch vor dem Anbrennen geschützt und der Geschmack wird nicht beeinträchtigt. Durchgeschlagene Hülsenfrüchte sind wohlschmeckender und auch leichter verdaulich.

Linsen (Lentils). 2 Portionen. 1 Pint Linsen werden gelesen und über Nacht in kaltem Wasser eingeweicht; man gießt dieses am Morgen ab, setzt sie mit frischem Wasser aufs Feuer und läßt sie ¼ Stunde kochen. Dann gießt man das Wasser ab und ersetzt es durch anderes kochendes Wasser, worin man die Linsen 2 Stunden kochen läßt. Sobald man einige davon mit den Fingern zerdrücken kann, sind sie gar. Dann nimmt man Speck, Butter oder Nierenfett, schwitzt darin 1 Löffel Mehl gelb, fügt 1 feingeschnittene Zwiebel hinzu und läßt sie gelb rösten. Das Zwiebelmehl gibt man in einen Topf, gießt etwas Fleischbrühe, oder von der Linsenbrühe dazu, rührt um, salzt, gibt 2 Löffel Essig dazu und kocht es auf. Dann wird es zu den Linsen geschüttet, umgerührt und, nachdem das Ganze ein wenig durchgezogen, angerichtet. Man kann auch den Essig weglassen; die Linsen sind dann aber nicht so leicht verdaulich. Passende Beilagen sind Brat= oder Blutwurst, gebratene Kalbsleber, Cotelets oder Frankfurter Würstchen. Uebrig gebliebene Linsen kann man durchschlagen und mit Fleischbrühe verdünnt zu einer wohlschmeckenden Suppe verwenden. Man gibt in Butter ge= röstetes Weißbrot in die Suppe.

Linsen und Reis (Lentils and Rice). 2 Portionen. Die Linsen werden nach vorstehendem Recept gekocht; dann wäscht und kocht man 1 Tasse Reis. 2 Löffel Butter läßt man in einer Pfanne schmelzen, gibt 1 feingeschnittene Zwiebel, die Linsen und den Reis dazu, läßt unter fortwährendem Rühren noch 15 Minuten kochen, würzt mit etwas Pfeffer und Salz und richtet an.

Erbsenbrei (Purée of Peas). 2 Portionen. ¾ Pfund Erbsen werden gelesen, gewaschen und in kaltem Wasser eingeweicht; dieses gießt man am Morgen ab, setzt die Erbsen mit kaltem Wasser auf das Feuer und läßt sie, zugedeckt, weich kochen. Man kann auch geräuchertes Schweinefleisch mitkochen. Sind die Erbsen nach 2—3 Stunden weichgekocht, so werden sie durchgeschlagen. 1 Löffel Mehl röstet man in Butter oder Gänsefett goldgelb, dämpft 1 Löffel klein= geschnittene Zwiebel darin, schüttet die Erbsen dazu, läßt Alles zu einem dicken Brei aufkochen, gibt zum Verdünnen etwas Braten= oder Fleischbrühe dazu und salzt nach Geschmack. Beim Anrichten kann man etwas braune Butter darüber geben und gebratene Weißbrotstreif= chen im Kranze herumstecken. Frische oder geräucherte Wurst, gewässerte Heringe, besonders aber Schinken mit Sauerkraut schmecken sehr gut dazu.

Weiße Bohnen (Boiled Beans). 2 Portionen. ½ bis ¾ Pfund kleine weiße Bohnen werden den Abend vorher in kaltem Wasser eingeweicht. Dann werden sie mit frischem, kaltem Wasser, worin 1 Messerspitze Natron (bicarbonate of soda) aufgelöst ist, auf das Feuer gesetzt und man läßt sie ungefähr 3 Stunden kochen. Es ist sehr darauf zu achten, daß die Bohnen nicht anbrennen; sie sollten ganz bleiben und sich dabei doch sämig kochen; sollten die Hülsen jedoch hart bleiben, dann schlägt man sie durch. Bleiben die

Bohnen ganz, so macht man eine Mehlschwitze von 1 Löffel Butter, 1 Löffel Mehl und 1 kleingeschnittenen Zwiebel, gibt etwas Essig oder Citronensaft und Salz dazu und läßt Alles noch ½ Stunde langsam kochen. Beilagen sind gekochter Schinken, gebratene Leber, Bratwurst, Cotelets oder gewärmter Braten.

Bohnenbrei (Purée of Beans). 2 Portionen.

¾ Pfund weiße Bohnen werden nach dem oben stehenden Recept mit 1 feingeschnittenen Möhre, ½ Pfund Schinken und 1 zerschnittenen Zwiebel gekocht und die Bohnen durch ein Sieb gestrichen. Dann rührt man etwas Butter und einige Löffel Rahm darunter, würzt mit Pfeffer und Salz und servirt.

Weiße Bohnen mit Aepfeln (Beans with Apples).

2 Portionen. Die weichgekochten Bohnen werden durch ein Sieb gestrichen und etwas Butter und Salz dazu gerührt. Daneben kocht man einen wohlschmeckenden Aepfelbrei mit etwas Zucker, Citrone und ein wenig Butter, mischt dann die Aepfel zu den Bohnen und bestreut das Gericht mit geriebenem und geröstetem Weißbrot. Als Beilage gibt man Schweinscotelets, Bratwurst, Schinken oder gebratene Leber.

Weiße Bohnen mit Milch (Beans with Cream).

Die weichgekochten, durchgeschlagenen Bohnen werden mit Milch aufgekocht (der Brei darf aber nicht dünner werden, als gewöhnlicher Kartoffelbrei), mit etwas Butter und Salz verrührt und auf die Schüssel gegeben, welche man mit einem Kranz von geschmorten, geschnittenen Aepfeln umlegt. Beim Schmoren gibt man zu den Aepfeln ein wenig Butter und etwas Zucker. In Scheiben geschnittenes, etwas angebratenes Suppenfleisch mundet dazu.

Gekochter Hominy, Maismus (Boiled Hominy).

2 Portionen. Man wäscht 1 Tasse weißen Hominy in kaltem Wasser und läßt ihn über Nacht in etwas gesalzenem Wasser, ungefähr 3 Tassen voll, einweichen. Am andern Morgen gießt man Alles in eine Pfanne, gibt etwas kochendes Wasser dazu, deckt gut zu, kocht 1 Stunde lang, gibt etwas süße Milch und 1 Löffel Butter dazu, läßt noch einmal aufkochen und gibt es zum Frühstück.

Bouillonreis (Boiled Rice). 2 Portionen. Reis ist ein gesundes, leichtverdauliches Nahrungsmittel. ¼ Pfund guter Reis wird ausgelesen, mit kaltem Wasser gewaschen und mit kochendem Wasser abgebrüht. Dann gibt man 1 Pint Wasser, 1 Theelöffel Butter, Salz, 1 kleine Zwiebel, ½ Selleriekopf und den Reis in einen Topf und läßt Alles langsam 2 Stunden zugedeckt kochen. Der Reis darf nicht gerührt werden, damit die Körner ganz bleiben. Sobald er gar ist, wird die Zwiebel und der Sellerie entfernt, der Reis in eine Schüssel gethan und mit gehackter Petersilie oder ein wenig geriebener Muskatnuß bestreut. Man kann auch den Reis in Fleischbrühe kochen; doch ist es vortheilhafter, das Fleisch für sich zu kochen, da es schmackhafter bleibt, und erst vor dem Anrichten von der eingekochten Fleischbrühe beizufügen, ohne nochmals aufzukochen.

Welscher Reis, Risotto (Boiled Rice, Italian Style). 2 Portionen. Man brüht ¼ Pfund Reis einigemal mit siedendem Wasser ab, läßt ihn mit kochender Fleischbrühe weich kochen, gibt Salz, Pfeffer, Muskat, 1 Eßlöffel Butter und 2 Unzen geriebenen Parmesan= oder Schweizerkäse dazu. Nach 10 bis 15 Minuten, wenn der Reis Fäden zieht, ist er fertig. Sauer= oder Rinderbraten schmeckt am besten dazu.

Gräupchen (Boiled Barley). 2 Portionen. ¼ Pfund feine Graupen werden mehrmals gewaschen, in einem irdenen Topfe mit kaltem Wasser und 1 Eßlöffel Butter zum Kochen gebracht, häufig umgerührt und unter allmähligem Zugießen von Fleischbrühe langsam weich gekocht, wozu, je nach der Stärke der Graupen, 2—3 Stunden erforderlich sind. Etwas Citronensaft oder 1 Glas Weißwein zugesetzt, verbessern den Geschmack. Das Fleisch, woraus die Fleischbrühe gekocht worden ist, gibt man dazu. Man gibt die Gräupchen auch zu Kalbfleisch, Tauben oder Huhn.

Fleiſchſpeiſen.

Als die wichtigſte Nahrung für alle Menſchen — die Vegetarianer
ausgenommen — gilt mit Recht die Fleiſchnahrung, und Jeder=
mann weiß, daß dieſelbe den Menſchen kräftiger macht, als die Nah=
rung aus dem Pflanzenreiche. Für die Kochkunſt iſt es beſonders
wichtig zu wiſſen, daß die Fleiſchfaſer durch Säuern weicher gemacht
werden kann. Deshalb eignen ſich zu vielen Fleiſchſpeiſen ſaure Bei=
gaben; deshalb gehört auch zum Braten ein Salat. Nur ein leiſer
Anflug von Säure iſt dem Magen zuträglich. Iſt das Fleiſch, na=
mentlich altes, einer übermäßig ſauren Beize unterworfen worden
und färbt es dann beim Eſſen die Zunge und Lippen weiß, dann
wehe dem Magen! Fleiſch, das einige Tage alt geworden, hat einen
eigenthümlichen Prozeß durchgemacht — die Mortification. Bei die=
ſem Prozeß hat ſich im Fleiſch eine Säure gebildet, die Gährungs=
Milchſäure. Dieſe Säure leiſtet nun das Gleiche wie der Eſſig, mit
dem man das Fleiſch beizt; ſie macht nämlich das Fleiſch mürbe.
Bei einigen Thieren, z. B. der Wildente, iſt das Fleiſch ſchon in
einigen Stunden mürbe; beim Ochſenfleiſch dauert es im Sommer
einige Tage, im Winter durchſchnittlich eine Woche. Rohes Fleiſch
zu eſſen iſt nicht geſund. Abgeſehen davon, daß die Kochkunſt dem
Fleiſche allerlei feinen Geſchmack zu geben vermag, iſt auch deshalb
rohes Fleiſch nicht zu empfehlen, weil man damit allerlei Ungeziefer
und Krankheiten in den Leib einführen kann. Sobald das Fleiſch
den Siedepunkt des Waſſers ausgehalten hat, iſt nichts mehr zu
fürchten; dieſer Wärmegrad tödtet jegliche Brut.

Der Hauptbeſtandtheil des Fleiſches iſt das Eiweiß, welches in
kaltem Waſſer ſehr leicht löslich iſt; deshalb ſollte das Fleiſch nicht
gewaſchen werden, will man nicht einen guten Theil ſeines Werthes
verlieren. Man kann das Fleiſch anſtatt zu waſchen, ebenſo gut mit
einem feuchten Tuche abreiben.

Das Klopfen des Fleiſches vor dem Kochen oder Braten iſt

dringend zu empfehlen, weil dadurch die Hülle der Muskelfaser ge=
sprengt und letztere somit gelockert wird. Unmittelbar vor dem Ein=
legen in die Bratpfanne legt man das Fleisch auf ein Küchenbrett,
klopft es mit einem Klopfholz ganz gehörig, aber nur gegen den
Faden des Fleisches, also an den beiden entgegengesetzten Seiten,
und trocknet dann mit einem Tuche ab.

Beim **Kochen des Fleisches**, besonders des Rindfleisches, wenn
es Kraft und Saft behalten soll, ist Folgendes zu beobachten:

Die Knochen und die kleinen Abschnitte kann man in das kalte
Kochwasser legen, damit die Kraft in die Brühe zieht; das Fleisch hin=
gegen darf nie mit kaltem Wasser beigestellt werden, sondern man
gibt es in k o ch e n d e s Wasser, welches bereits gesalzen ist, taucht
es unter das kochende Wasser und läßt es langsam weiterkochen. Ein
dicker eiserner Topf ist beim Fleischkochen einem dünnen Eisenblech=
topf immer vorzuziehen, da dieser zu schnell abkühlt oder zu stark kocht.

Das Braten des Fleisches im Ofen ist nicht so einfach. Um
einen nahrhaften, wohlschmeckenden und leichtverdaulichen Braten auf
den Tisch zu bringen, muß die Hausfrau verstehen, das Feuer des
Bratofens gut zu reguliren. Man macht vorher bei geschlossenem
Backofen=Ventil tüchtige Hitze, füllt alsdann nur wenig Kohlen nach
und stellt den Ofen ab; der Backofen hält dann stundenlang gleiche
Hitze und ist mitunter nur ein leichtes Ueberstreuen von Kohlen nöthig.
Stellt man die Bratpfanne mit kaltem Wasser in den Ofen und das
Wasser kommt zum Kochen, oder wenn einige hineingespritzte Tropfen
Wasser aufzischen, dann ist die Hitze recht. Es ist der größte Feh=
ler, einen Braten in einen kalten Ofen oder in eine kalte Pfanne zu
bringen, weil dadurch langsam Saft und Kraft aus dem Fleische
entweicht, dasselbe saftlos, trocken, unschmackhaft und schwer verdau=
lich wird. Das Eiweiß soll auf der Oberfläche des Fleisches in
einer heißen Pfanne sofort gerinnen; der Braten muß umgewendet
werden, damit die Oberfläche sofort angebraten wird und der Saft
nicht aus dem Fleische entweichen kann. Ein Hineinstechen mit der
Gabel ist beim Umdrehen unbedingt zu vermeiden. Beim Einlegen
des Fleisches in die Pfanne spare man nicht mit dem Fette, doch
muß es stets von derselben Sorte wie das Fleisch sein; es ist unnö=
thig, immer blos Butter zu gebrauchen. Fette Hammel=, Schweine=

und Gänsebraten werden nur mit Wasser zugesetzt. Außer beim Ge=
flügel und Kalbsbraten kann man unter das Fleisch eine Lage Zwie=
beln legen. Man soll, um den Braten recht saftig zu haben, ihn
fleißig begießen, und sollte er zu braun werden, ihn mit starkem
Papier bedecken. Wird die Brühe braun, so gießt man ⅛ Tasse
heißes Wasser dazu, damit die Sauce nicht bitter oder brenzlich
schmeckt. Man darf nicht zuviel Flüssigkeit nachgießen, sonst wird
man keinen guten Braten, sondern nur Schmorfleisch erzielen. Man
soll das Fleisch nicht zu früh salzen, weil dadurch der beste Saft
herauszieht; alles, was Haut hat, erst dann, wenn es schon heiß ist,
weil das Salz dann besser eindringt; Geflügel soll man nur von
innen salzen. Durch langes Stehen verliert jeder Braten, weshalb
sofortiges Anrichten durchaus erforderlich ist.

Ein billiges und dabei außerordentlich gutes **Bratenfett** kann
man auf folgende Weise herstellen: 1 Pfund Rindernierenfett wird
mit 1 Tasse Milch so lange gekocht, bis die Milch verkocht ist; dann
läßt man 4 Eßlöffel Butter darin zergehen, rührt gut um, gießt das
Ganze in ein Gefäß und läßt es erkalten. Das damit gebratene
Fleisch schmeckt kräftiger, als in reiner Butter gebratenes, und be=
kommt eine schöne Farbe.

Das **Spicken** erhält alle Braten saftiger und gibt dem angerich=
teten Fleische ein hübsches Aussehen. Man spickt bei dem Geflügel
die Brust, beim Hasen oder Hirsch den Rücken und an Braten von
Rind= und Kalbfleisch den Theil, welcher den größten Durchmesser hat.

Wer keine Zeit zum Spicken hat, sollte auf Braten, Geflügel
und besonders Wildpret reichlich Speckscheiben legen oder binden,
vorausgesetzt, man kann reinen, harten, wohlschmeckenden Speck zu
diesem Zwecke bekommen; Luftspeck ist am vorzüglichsten.

Man entfernt dann aber kurz vor dem Anrichten diese Speck=
scheiben vom Fleische, damit der Braten gleichmäßig gebräunt werde.
Man kann die Speckscheiben kranzförmig um den Braten legen oder
feingehackt unter Bratkartoffeln mischen.

Die Kunst einer guten Küche zeigt sich beim Braten in der ihm
beigegebenen **Bratensauce.** Man muß beim Braten darauf achten,
daß der Bratensatz sich nicht zu fest an die Pfanne ansetzt; sobald
dies geschieht, schabt man ihn von den Wänden ab und rührt ihn

unter die flüssige Sauce. Nachdem der Braten herausgenommen, wiederholt man dieses Verfahren, gießt die Sauce durch einen feinen Durchschlag, nimmt das überflüssige Fett ab, rührt etwas Mehl in kaltem Wasser an und gibt es in die in der Bratpfanne befindliche kochende Sauce. Ist die Sauce zu salzig oder zu dunkel geworden, so kann man sie mit etwas Milch verbessern.

Das Braten auf dem Rost (Broiling) geschieht mit kleinen Fleischstücken, Cotelets, kleinem Geflügel und Fisch. In der englischen und amerikanischen Küche wird diese Art des Bratens oft angewandt, doch gehört zum Gelingen große Vorsicht und viel Uebung. Obgleich das Feuer in starker Gluth sein muß, darf es doch nicht Rauch oder Gas entwickeln. Das Fleisch oder Geflügel darf nicht vorher, sondern erst nach dem Braten gesalzen werden. Ferner darf niemals in das Fleisch gestochen werden, da sonst der Saft entweicht und der Braten trocken wird. Um das Fleisch während des Bratens einzufetten, bindet man ein Stückchen Butter in Muslin und betupft das Fleisch damit. Als Durchschnittszeit für das Garwerden dürften, da die Art des Feuers und das Alter des Fleisches beachtet werden müssen, folgende Zeitangaben gelten: für Beefsteak, $\frac{3}{4}$ Zoll dick, halbgar (rare), 6 Minuten, durchgebraten 10 Minuten; junge Hühner nehmen 35, Tauben 25 Minuten in Anspruch. Fische wendet man vor dem Braten in Speiseöl, die anderen Sachen aber in geschmolzener Butter um und servirt sie nach dem Braten sofort.

Zum Braten in der Pfanne gehört gutes Feuer, damit das Fleisch schnell an der Außenseite erhärtet und der Saft innen gehalten wird. Langsames Braten und wenig Fett verdirbt die Speisen.

Bei Kalbs- und Hammelscotelets bratet man beide Seiten gelbbraun, deckt sie 10 Minuten zu und läßt sie langsam gar werden.

Aufgewärmter Braten darf so wenig wie aufgewärmtes Fleisch beim Aufwärmen wieder zum Kochen kommen; dabei würde das Wiederaufzutischende hart und geschmacklos werden und das gegen das Aufwärmen bestehende Vorurtheil nur bestätigen. Man darf es nur in heißer Bratenbrühe, resp. heißer Fleischbrühe, auf einer Stelle des Ofens, wo es nicht zum Kochen kommen kann, wieder heiß werden lassen. Bequemer ist es, das Fleischstück in Scheiben zu schneiden und mit seiner warmen Brühe auf einen Topf mit heißem Wasser zu stellen.

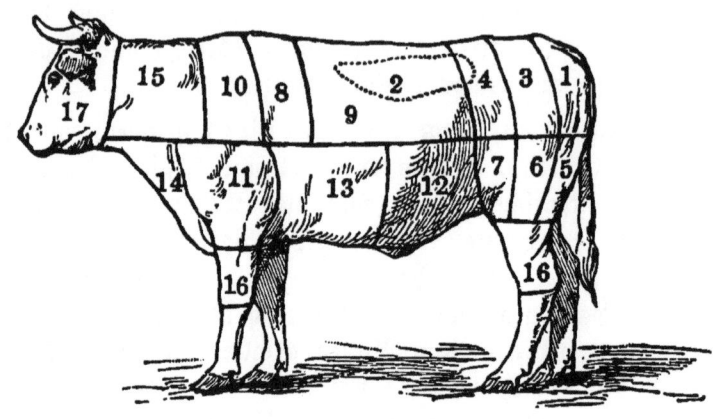

Rindfleiſch.

Das Fleiſch von einem gut gemäſteten Ochſen wird von keinem anderen Fleiſche, weder an Wohlgeſchmack noch an Nährwerth, über= troffen, und keine Fleiſchart vermag dem menſchlichen Körper den Stoffanſatz ſo zuzuführen wie — der Ochs.

Gutes Rindfleiſch iſt fett, dicht, von friſcher Farbe und ange= nehmem Geruch. Das Fleiſch von jungen Thieren erkennt man an dem weißen Fett, das der alten Thiere an der gelben Farbe des Fet= tes. Junges Rindfleiſch gibt ſaftige Braten und gutes Fleiſch zum Dämpfen, aber nur ſchwache Fleiſchbrühe, während das Fleiſch der älteren Thiere ſehr kräftige Suppen liefert. Die beſſere Sorte des Rindfleiſches hat einen größeren Nährwerth und iſt leichter verdau= lich, als das der ſchlechten Sorte. Man ſollte das Fleiſch niemals in dem braunen Papier, in welches der Fleiſcher es beim Verkauf ein= wickelt, liegen laſſen, da es ſehr ſchnell den unangenehmen Papier= geruch annimmt.

Obenſtehende Abbildung zeigt die verſchiedenen Theile des Rin= des, nach dem Nährwerthe numerirt, mit Angabe des je nach Jahres= zeit und Qualität veränderlichen Marktpreiſes.

	Cents ℔ Pfund.
1. Schwanzstück, Rump Cut (zu Suppe und Suppenfleisch),	12—16
2. Lende, Tenderloin (das feinste Stück),	30—40
3. Mittelschwanzstück, Middle of Rump,	14—18
4. Nierenstück, Sirloin (sehr gut zu Schmorbraten),	16—20
5. Hinterschenkel, Bottom Round,	12—14
6. Unterschwanzstück, Round (zum Kochen und Braten),	12—14
7. Nuß, Top Sirloin,	14—16
8. Vorderrippe, Chuck Rib,	10—12
9. Mittelrippe, Prime Rib (für Roast Beef, engl. Braten),	14—18
10. Schulterblatt, Chuck,	8—12
11. Oberarmstück und Bug, Shoulder and Cross Rib,	12—14
12. Flanke, Flank,	8—12
13. Querrippe und Nabel, Plate and Navel,	12—14
14. Brustkern, Brisket,	6— 8
15. Hals, Neck (ein gutes Kochstück),	6— 8
16. Beine, Shins (zu Fleischbrühe),	4— 6
17. Kopf, Head (gibt gute, fette Fleischbrühe),	4— 6
Sirloin Steak,	16—20
Porterhouse Steak,	20—25

Ein 800 Pfund schwerer Mastochse enthält als feinstes Fleisch etwa 90 Pfund Roast Beef und nur 10—12 Pfund Lummel (Filet, Tenderloin).

Gekochtes Rindfleisch (Boiled Beef). 2 Portionen.

1 Pfund Fleisch, am besten vom Schwanzstück, wird geklopft, und — will man das Fleisch kräftig haben — mit 1½ Quart heißem Wasser, etwas Salz, 1 ganzen Zwiebel, 1 Möhre und etwas Sellerie zuge= setzt und 1½ Stunden gekocht. Sobald das Fleisch weich gekocht ist, nimmt man es heraus und gießt etwas von der Brühe darüber, um es warm und saftig zu erhalten. Beim Anrichten schneidet man das Fleisch in ½ Zoll dicke, schräge Scheiben, legt sie in der Mitte einer gewärmten Schüssel wieder zusammen, garnirt sie mit grüner Petersilie oder Sellerieblättchen und gibt eine Senf=, Sardellen= oder Capernsauce oder auch warmes Gemüse dazu.

Rindfleisch aus der Suppe mit einer Kruste
(Boiled Beef, Crust-baked). Das Suppenfleisch nimmt man aus

der Brühe und läßt es etwas abkühlen. 1 Eßlöffel Butter zerläßt man, gibt feingehackte Zwiebeln und feingewiegte Peterſilie dazu, beſtreicht das Rindfleiſch damit und beſtreut es ſofort mit geriebenem Weißbrot, Pfeffer und Salz; dann ſetzt man es in einen heißen Ofen oder bräunt es in der Pfanne, bis es ſchön braun iſt. Man gibt Capern-, Sardellen- oder eine Senfſauce dazu.

Rinderbraten (Roast Beef). Hierzu eignet ſich am beſten ein Rippenſtück von 5—6 Pfund. Das Fleiſch wird geklopft, mit etwas Pfeffer eingerieben und in eine Pfanne gelegt, in welcher klein geſchnittenes Nierenfett mit 2 in Viertel geſchnittenen Zwiebeln, $\frac{1}{2}$ Möhre, einigen Pfefferkörnern und $\frac{1}{2}$ Lorbeerblatt heiß geworden iſt. Auf das Fleiſch legt man etwas Nierenfett, gießt 1 Taſſe kochendes Waſſer darüber und ſtellt die Pfanne in den ſtark geheizten Ofen. Man läßt das Fleiſch, gut zugedeckt, 2 Stunden braten. Um den Braten ſaftig zu erhalten, muß er öfters mit der Braten-brühe begoſſen werden, auch darf nicht hineingeſtochen werden. Kurz vor dem Anrichten wird er mit 1 Löffel Salz beſtreut und nochmals mit dem Bratenſaft begoſſen. Wenn das Fleiſch innen noch eine röthliche Farbe hat, kann der Braten als gelungen betrachtet werden. Ein kleiner Rinderbraten von 2 Pfund Gewicht iſt in 35—40 Mi-nuten gar gebraten.

Die Sauce wird hergeſtellt, indem man den Bratenſatz mit etwas Waſſer loskocht, entfettet und mit etwas geſchwitztem Mehl ſämig macht. Man kann kleine, hübſch rund geſchälte Bratkartoffeln oder auch Meerrettig, junge Gemüſe, Blumenkohl oder Spargelſalat dazu geben.

Rinderbraten im Topf gebraten (Pot Roast). 2 Portionen. 1$\frac{1}{2}$ bis 2 Pfund Rippen- oder Bruſtſtück (Brisket of Beef) wird geklopft; dann läßt man in einem Topf Nieren-fettſcheiben heiß werden, gibt 1 Möhre, 1 Zwiebel, 1 Schwarzbrot-rinde und etwas Citronenſchale dazu und bratet das Fleiſch, unter öfterem Begießen, auf dem Ofen. Wenn das Fleiſch gebräunt iſt, gießt man 1 Taſſe kochendes Waſſer dazu. Nachdem es 10 Minu-ten gebraten, wird es geſalzen und wieder übergoſſen. Der Topf muß einen gut ſchließenden Deckel haben, damit der Dampf den Bra-ten ordentlich durchdringen kann. In einer Stunde ſollte der Bra-ten gar ſein. Die Sauce wird wie beim Roaſtbeef hergeſtellt.

Geſpickter Lendenbraten (Roast Tenderloin). Die=
ſer iſt vom feinſten Theile des Rindes und wiegt je nach der Größe
des Thieres 4—12 Pfund. Auf den Speiſekarten wird er auch
Lungenbraten, Mürbebraten oder Filet de boeuf genannt. Man
häutet das Fleiſch, läßt das an der Seite befindliche Fett daran und
ſpickt es der Länge nach. Dann legt man es auf untergelegtes Nie=
renfett in eine Bratpfanne, übergießt es mit brauner Butter, gibt 2
kleine Zwiebeln, 1 Möhre, Sellerie, Peterſilienwurzel, ¼ Pfund rohen
Schinken dazu, ſalzt es und bratet es bei ſchnellem Feuer und fleißi=
gem Begießen in ¾ Stunden gar. Dann kocht man den Bratenſatz
los, ſeiht ihn durch und gibt ihn zum Braten. Man kann auch
eine Champignonſauce dazu geben, welche auf folgende Weiſe zube=
reitet wird: Nachdem das Fleiſch aus der Pfanne auf eine gewärmte
Schüſſel gelegt worden iſt, wird in der Pfanne 1 Löffel Butter ge=
bräunt, 2 Löffel Mehl gut damit vermiſcht, hierauf 1 Pint kochendes
Waſſer oder Fleiſchbrühe dazugegoſſen und die Miſchung unter fort=
währendem Umrühren zum Kochen gebracht. Dann gibt man 1 Pint
friſche oder eingemachte Champignons dazu, läßt ſie 5 Minuten kochen,
würzt mit 1 Theelöffel Worcestershire Sauce, Salz und Pfeffer,
und gießt die Sauce vor dem Serviren um das Fleiſch herum.

Rinderſchmorbraten (Beef à la Mode). 2 Portio=
nen. Ein kleines, dickes Stück von 2 Pfund, oder, was vortheilhaf=
ter iſt, 3—4 Pfund vom Schwanzſtück oder top of round wird
geklopft und mit etwas Speck geſpickt. Dann werden 2 Eßlöffel
Butter in einem Topf heiß gemacht und das Fleiſch darin gebräunt;
ſodann fügt man etwas kochendes Waſſer, 1 Zwiebel, 1 Möhre, 1
Lorbeerblatt, etwas Peterſilie, 3 Pfefferkörner, Salz und 1 Stückchen
Brotrinde hinzu und läßt Alles gut zugedeckt langſam 2 Stunden
dämpfen. Man muß aber aufpaſſen, daß die Sauce nicht einbratet,
weshalb man von Zeit zu Zeit ein wenig heißes Waſſer hinzufügt.
Die Sauce wird entfettet, mit etwas Mehlſchwitze ſämig gemacht
und die Hälfte davon über das Fleiſch, die andere Hälfte in einer
Saucenſchüſſel angerichtet. Man gibt Bratkartoffeln, Maccaroni
oder grünes Gemüſe dazu und garnirt das Fleiſch mit einem Kranze
von Peterſilie und Radieschen.

Beef Steak. 2 Portionen. 1 Pfund sirloin oder top round

wird in 2 Theile getheilt, Fett und Sehnen entfernt, geklopft und in fingerdicke, runde Schnitten geformt. Dann werden ½ Löffel Butter und das Fett, welches man abgeschnitten hat, in einer flachen Pfanne heiß gemacht, die Schnitten hineingelegt und auf einer Seite 3 Minuten braun gebraten, hierauf, ohne hineinzustechen, gewendet und die nach oben gekommene Seite mit Pfeffer und Salz bestreut. Ist die andere Seite braun gebraten, so wird auch sie mit Pfeffer und Salz bestreut. Im Ganzen dürfen die Schnitten blos 5—6 Minuten braten. Man legt sie dann auf eine gewärmte Schüssel, gießt den Saft über das beef steak und gibt nach Belieben ein Spiegelei, welches vorher ringsumher glatt geschnitten worden ist, oder klein geschnittene Zwiebeln, welche in dem Fett gedünstet wurden, auf jedes beef steak.

Porterhouse Steak. Diese Steaks sind eine amerikanische Specialität und erhielten ihren Namen davon, daß sie als etwas Besonderes in den Bier-Localen servirt wurden, wo man starkes Bier trank. Man benutzt dazu das beste Stück der Lende. Die Steaks werden geklopft, in zerlassene Butter getaucht und wie ein beef steak gebraten. Gewöhnlich werden sie ohne Sauce servirt, man kann jedoch einige getheilte Sardellen darauf legen.

Wiener Roſtbraten mit Zwiebeln (Vienna Roast). 2 Portionen. 1 Pfund chuck steak wird in 2 daumendicke Scheiben geschnitten, gut geklopft, mit Pfeffer und Salz bestreut und 5—6 Minuten in heißer, brauner Butter oder gutem Schweinefett in einer flachen, eisernen Pfanne gebraten. Man bestreut sie während des Bratens mit nudelig geschnittenen Zwiebeln, wendet den Rostbraten einmal um, läßt ihn auf beiden Seiten bräunlich, die Zwiebeln aber nicht zu braun werden, richtet ihn auf einer gewärmten flachen Schüssel an, bestreut jedes Schnitzel mit gebratener Zwiebel, löst mit einigen Löffeln heißen Wassers oder Fleischbrühe den Bratensaft in der Pfanne los und schüttet ihn über den Rostbraten. Man gibt gebratene Kartoffeln dazu.

Gedünſteter Roſtbraten (Braised Vienna Roast). Man wiegt etwas Petersiliengrün, Zwiebel, Citronenschale und Thymian fein zusammen, gibt es in heiße Butter, wälzt die gesalzenen Roſtbraten in Mehl, legt sie in die Butter und dünstet zugedeckt ½

Stunde. Dann legt man den Braten auf eine gewärmte Schüssel, fügt der Sauce etwas Rahm oder Fleischbrühe bei, kocht sie auf und gibt sie über das Fleisch.

Hamburger Steak (Hamburg Steak). 2 Portionen.

1 Pfund vom top round wird fein gehackt, mit 1 Eßlöffel gehackter Zwiebel, ½ Theelöffel Salz und 2 Prisen schwarzen Pfeffer gewürzt und gut vermischt. Dann feuchtet man die Hände mit kaltem Wasser an und formt aus je 2 Eßlöffel Fleisch kleine runde Fleischkuchen. 2 Eßlöffel Butter werden in einer flachen Pfanne heißgemacht, die Steaks auf jeder Seite braun gebraten und dann auf eine erwärmte Schüssel gelegt. Hierauf mischt man zu der Butter unter fortwährendem Rühren 1 Löffel Mehl, sodann eine Tasse heißes Wasser, läßt aufkochen, gibt Pfeffer und Salz nach Geschmack dazu und gießt diese Sauce über die Steaks. Man kann Gemüse, Kartoffeln oder Salat dazu geben.

Fleischkugel (Beef Ball). 2 Pfund gehacktes Rindfleisch und ¼ Pfund gehacktes Schweinefleisch vermischt man mit 4 Eidottern, 2 ganzen Eiern, 2 geriebenen Semmeln, etwas Salz, Pfeffer und allspice nebst ½ Tasse süßen Rahm, arbeitet Alles gut durcheinander, formt dann eine Kugel und bindet sie in ein Stück neuen, gebrühten Muslin ein. Dann legt man die Kugel in einen Topf mit siedender Fleischbrühe oder kochendem Salzwasser, läßt sie 1½ Stunde darin kochen, nimmt sie heraus und legt sie auf eine gewärmte Schüssel. Man gießt eine Capern-, Tomaten- oder Sardellen-Sauce darüber.

Sauerbraten (Sour Roast of Beef). 2 Portionen.

2 bis 3 Pfund Fleisch vom Schwanzstück oder top sirloin wird geklopft, in einen Topf gelegt und mit nicht zu scharfem heißem Essig übergossen, den man mit 2 in Scheiben geschnittenen Zwiebeln, 2 Lorbeerblättern, einigen Nelken und Gewürzkörnern hat aufkochen lassen. Man stellt den Topf, mit einem Tuche zugedeckt, 2 Tage lang an einen kühlen Ort. Vor der Zubereitung wird das Fleisch abgetrocknet, mit, in Pfeffer und Salz umgewendeten fingerlangen, schmalen Streifen Speck gespickt, in eine Pfanne, worin man ¼ Pfund Nierenfett oder Butter hat heiß werden lassen, gelegt und auf beiden Seiten bräunlich gebraten. Dann gießt man etwas kochendes Wasser

in die Pfanne, gibt Salz, 1 in Scheiben geschnittene Möhre und eine Schwarzbrotrinde hinzu, und läßt den Braten unter fleißigem Begießen in 2 Stunden gar werden. Hat man ein Stück Fleisch von 6 Pfund, so braucht man 2½ Stunden zum Braten. Man kann auch das Spicken unterlassen und in der letzten halben Stunde des Bratens 1 Tasse süßen Rahm oder Milch beifügen. Man bestreut sodann den Braten mit geriebenem Brot (d. h. nur wenn er im Ofen fertig gemacht werden kann) und läßt unter vorsichtigem Begießen eine Kruste backen. Sollte die Sauce zu sehr eingekocht sein, so verdünnt man dieselbe mit etwas Wasser und Citronensaft; ist sie zu dünn, so fügt man etwas Mehl hinzu und läßt noch einmal aufkochen. Man gibt Salzkartoffeln oder Kartoffelklöße dazu.

Rollbraten (Roulade of Beef). 2 Portionen. Ein als Scheibe geschnittenes Pfund Beefsteakfleisch wird geklopft und mit Pfeffer und Salz gewürzt. Dann hackt man 4 Unzen Speck, 2 Zwiebeln und etwas Petersilie fein, mischt dies mit 3 Eßlöffel geriebenem Brot, etwas Pfeffer und Salz, vertheilt es auf das Fleisch, rollt es zusammen und umwickelt es mit einem Faden, damit die Füllung nicht herausfällt. Hierauf bräunt man 1 Löffel Butter in einer Casserole, legt das Fleisch hinein und bratet es von allen Seiten braun, gibt von Zeit zu Zeit einige Löffel heißes Wasser, sowie etwas Citronenschale und geschnittene Sellerie dazu und läßt es unter öfterem Begießen, gut zugedeckt, 2 Stunden langsam dünsten. Dann nimmt man das Fleisch heraus, gibt nach Belieben 1 Gläschen Weißwein, etwas Citronensaft und 1 Löffel Capern hinzu, läßt die Sauce noch einmal aufkochen, seiht sie durch und gießt sie über das Fleisch. Man gibt Salz- oder geröstetete Kartoffeln, auch Reis dazu.

Pichelsteiner Fleisch (Bavarian Stew). 2 Portionen. Der Name dieses Fleischgerichtes kommt daher, daß die Bewohner der Donau-Ebene in der Straubinger Gegend bei ihren Ausflügen nach dem im bayrischen Walde gelegenen Pichelstein ihr zur Mahlzeit bestimmtes Fleisch zerschnitten und mit den nöthigen Zuthaten vermischt in besonderem Blechgeschirr mitzunehmen und im Freien über einer Spiritusflamme zu kochen pflegen. Zur Zubereitung dieses Gerichtes gehört vor Allem ein passendes Gefäß, eine aus zwei in einander greifenden Theilen bestehende Blechcasserole, welche

so fest schließt, daß man sie auf dem Feuer so wenden kann, daß
der Deckel zum Boden wird. Unter dem Namen „Pichelsteiner Ma=
schine" ist diese Blechcasserole in den größeren Kücheneinrichtungs=
Geschäften zu haben.

1½ Pfund mageres, sehnenfreies Rindfleisch (Sirloin oder Round)
wird geklopft, in fingerdicke Würfel geschnitten, gut gesalzen und
etwas gepfeffert. Während das Salz das Fleisch durchzieht, schneidet
man 6 mittelgroße rohe Kartoffeln in nicht zu dünne Scheiben,
dann, wenn möglich, junge Möhren in kleine Würfel, ungefähr 1
Kaffeetasse voll, ebenso ½ Tasse klein geschnittene Sellerie und je 2
Löffel klein geschnittene Petersilie und Zwiebeln. Den Boden des
Kochgeschirres belegt man reichlich mit Mark aus Rindsknochen
oder mit Nierenfett und etwas Butter, darauf kommt eine Schicht
Fleisch, welche dann mit einer Schicht Kartoffeln und Möhren, ver=
mischt mit den geschnittenen Zwiebeln, Sellerie und Petersilie sowie
einer Messerspitze Kümmelkörnern, bedeckt wird. Von diesen ab=
wechselnden Lagen, wobei zum Schluß eine Lage Rindsmark kommt,
thut man soviel in das Gefäß, daß dasselbe gefüllt wird. Die bei=
den Theile werden nun fest auf einander gesteckt, und das Gericht
auf dem zur Maschine gehörenden Spiritusapparat 1 Stunde lang
gekocht. In der Zwischenzeit wird die Casserole nach einer halben
Stunde einmal umgewendet. (In der Küche kocht man es auf der
heißen Herdplatte oder auf dem Gasofen.)

Aufgetragen wird das Gericht in der Pichelsteiner Maschine.
Bei großer Wäsche, beim Reinmachen oder Umziehen ist es wegen
seiner schnellen Zubereitung sowie seiner Nahrhaftigkeit und seines
Wohlgeschmackes der Hausfrau besonders zu empfehlen. Es hat ein
ausgezeichnetes Aroma und kommt als ein Lieblingsgericht des Für=
sten Bismarck öfter auf dessen Tafel. Werden die gesalzenen und
gepfefferten Fleischstücke, ehe man dieselben in den Topf schichtet, bei
starker Hitze in einer Beefsteakpfanne mit heißgemachter Butter und
Nierenfett etwas angebraten, so schmeckt die Speise umso besser; auch
kann man die Portionen der Möhren, Sellerie, Zwiebeln und Peter=
silie je nach Geschmack verändern.

Gulasch (Hungarian Goulash.) 2 Portionen. 1 Pfund
mageres Rindfleisch wird geklopft und in daumendicke viereckige Wür=
fel geschnitten. Man macht eine fein geschnittene Zwiebel, etwas

Salz, 1 Prise Kümmel und 1 Messerspitze Paprika oder weißen Pfeffer mit 2 Unzen kleingeschnittenem Speck und 1 Theelöffel Butter heiß, läßt das Fleisch dann etwas anbraten, stäubt 1 Eßlöffel Mehl darüber, gibt 1 Tasse Fleischbrühe oder heißes Wasser dazu und läßt es gut zugedeckt 1½ Stunde dünsten. In der letzten halben Stunde läßt man einige in Viertel geschnittene rohe Kartoffeln mitdünsten. Man kann auch die Kartoffeln für sich kochen und als Beigabe, mit etwas gehackter Petersilie bestreut, dazu geben.

Klopse (Beef Balls). 2 Portionen. ½ Pfund Rindfleisch vom Top of Sirloin oder Round und ¼ Pfund Schweinefleisch werden von Haut und Sehnen befreit und fein gehackt, ebenso einige Sardellen. Dann werden 1 feingeschnittene Zwiebel, Pfeffer, Salz, ein wenig Muskatnuß, 1 Ei, 1 geriebenes Milchbrot oder 1 gestoßener Zwieback mit dem Fleisch gut durchgeknetet. Das Fleisch formt man in 6 Stück runde Klopse und wälzt sie in geriebenem Milchbrot. Hierauf wird 1 Eßlöffel Butter mit 1 geschnittenen Zwiebel gebräunt und die Klopse darin 20 Minuten, zugedeckt, langsam gebraten. Zu der Brühe thut man 1 Tasse kochendes Wasser, 2 Citronenscheiben, etwas geriebene Semmel, läßt dann die Brühe aufkochen, legt die Klopse hinein und richtet an. Man gibt gekochte Kartoffeln, Salat oder Gemüse dazu.

Fricadellen (Fricandelles). 2 Portionen. ¾ Pfund fein gehacktes Rindfleisch wird mit einer in Wasser aufgeweichten Semmel, welche sodann ordentlich ausgedrückt wird, etwas Pfeffer, Salz, sowie etwas geriebener Citronenschale und 1 Ei gut vermengt und alsdann 6 Fricadellen davon geformt, die in brauner Butter oder Fett mit zerschnittenen Zwiebeln auf beiden Seiten braun gebraten werden. Man gibt sie zu allen Arten Gemüse, Salzkartoffeln oder Salat. Man kann auch Reste von gebratenem oder gekochtem Fleisch dazu benutzen, nur ist es dann besser, auf ungefähr 1 Pfund Fleisch 2 Eier zu verwenden; benutzt man halb frisches und halb gekochtes Fleisch, so genügt jedoch 1 Ei.

Falscher Hasenbraten (Mock Rabbit). 2 Portionen. ½ Pfund gehacktes mageres Rindfleisch, ½ Pfund gehacktes Kalbfleisch, 3 Eier, 1 feingeschnittene Zwiebel, 1 Tasse geriebenes Weißbrot, 1 Theelöffel gewiegte Petersilie, 1 Theelöffel Salz, etwas

Muskatnuß und 1 Messerspitze Pfeffer werden gut gemischt und wie ein langes Laib Brot geformt. Dann schneidet man Speck in dünne schmale Streischen und steckt dieselben in die Oberfläche der Fleisch= masse so, daß dieselben noch ein wenig herausstehen. Im Bratofen wird dieser Braten am ansehnlichsten und wohlschmeckendsten. Das Fleisch wird mit $\frac{1}{4}$ Pfund Butter und 1 Tasse Wasser in einer Bra= tenpfanne $1\frac{1}{4}$ Stunden unter mehrmaligem Begießen gebraten. $\frac{1}{2}$ Stunde vor dem Anrichten wird 1 Tasse dicker, saurer Rahm darüber gegossen; oder man kann auch das Fleisch vor dem Braten mit gerie= bener Brotrinde überstreuen. Man gibt Salat dazu; kalt aufge= schnitten schmeckt dieses Gericht zum Lunch oder Thee vorzüglich.

Pfeffer-Potthast (Westphalian Beef Stew). 2 Por= tionen. 2 Pfund Kurzrippe wird in dollar=große Stücke gehackt, mit heißem Wasser übergossen und mit 1 Pint Wasser und etwas Salz aufs Feuer gebracht. 1 Tasse in Scheiben geschnittene Zwiebeln, 2 Lorbeerblätter, sowie ganzer weißer und Nelkenpfeffer werden hin= zugefügt. Später gibt man einige Citronenscheiben ohne Körner und einige Kapern dazu. Die Sauce muß nach Pfeffer und Ci= trone schmecken. Fleischklößchen, in Fleischbrühe oder Wasser gekocht, in die Sauce gelegt, machen die Speise angenehmer. Man gibt Salzkartoffeln dazu.

Rindfleisch mit Möhren (Inky-pinky Beef). Von Knochen und Fleischabfällen macht man eine kräftige Brühe, welche man mit 2 kleingeschnittenen Möhren und 2 geschnittenen Zwiebeln aufkocht und durchschlägt. In diese Sauce gibt man kleine Schei= ben von kaltem Roastbeaf, sodann einige Möhren, Essig, Salz und Pfeffer und läßt Alles noch 5 Minuten dämpfen; die Sauce ver= dickt man mit Mehl und Butter und gibt als Beilage gekochte Kar= toffeln.

Kaltes Rindfleisch auf französische Art (Cold Beef, French Style). Gekochtes, saftiges Rindfleisch schneidet man in hübsche dünne Scheiben, ordnet dieselben auf einer Schüssel, be= legt sie mit Sardellenstreischen, zerschnittenen hartgekochten Eiern, Pfeffergurken, gehackter Petersilie und Schnittlauch, streut etwas Pfeffer und Salz darauf, gießt etwas Salatöl und Essig darüber und gibt es, ohne zu mischen, zu Tisch.

Panierte Rindfleischscheiben (Slices of Beef Baked). Hierzu verwendet man Reste von gedämpftem oder auch von gekochtem Rindfleisch, schneidet dieselben in Scheiben, bestreicht sie mit Ei und wälzt sie in geriebenem Weißbrot, um sie in heißer Butter oder Fett braun zu braten. Eine Senfsauce und gekochte Kartoffeln gibt man dazu.

Fleischmus (Plain Hash). Uebrig gebliebenes, gekochtes, gebratenes oder gedämpftes Rindfleisch wird fein gehackt. Zu 1 Quart davon nimmt man 1 feingeschnittene Zwiebel und 2 hartge= kochte, gewiegte Eier, mischt alles gut mit 1 Tasse heißem Wasser, thut es in eine Pfanne, fügt noch 1 Eßlöffel Butter, etwas Pfeffer und Salz bei, und läßt es unter fortwährendem Umrühren auf einem schwachen Feuer 15 Minuten dünsten.

Gebackenes Fleischmus (Baked Hash). 1 Pint in Scheiben geschnittene rohe Kartoffeln werden in einer Pfanne mit 1 Pint Wasser 5 Minuten gekocht; dann wird 1 Quart in kleine Stücke geschnittenes, gekochtes Rindfleisch mit noch etwas Wasser, um die Masse feucht zu halten, zugesetzt, und weitere 10 Minuten gedünstet. Hierauf wird es vom Feuer genommen, 2 geschlagene Eier, 1 Theelöffel Salz und 3 Prisen Pfeffer damit vermischt. Nun gibt man Alles in eine Backform und bäckt es 20 Minuten in einem heißen Ofen.

Fleischeierkuchen (Omelet of Beef). 2 Portionen. 1 Pfund Fleisch und 2 Zwiebeln werden fein gewiegt, mit kalt ein= geweichtem und wieder ausgedrücktem Weißbrot, dem nöthigen Salz, Pfeffer, etwas Senf und 3 Eiern gemischt und dann in der Eier= kuchenpfanne mit 1 Löffel Butter oder Fett auf beiden Seiten hell= braun gebraten. Die Masse muß etwas dünn sein. Benutzt man Reste gekochten Fleisches, so nimmt man auf 1 Pfund Fleisch 8 Eier. Gekochtes Fleisch ist trocken und würde daher die Masse ohne reich= liches Ei bröckeln. Fleischeierkuchen lassen sich schnell zubereiten; man gibt irgend einen Salat dazu.

Pökelfleisch (Corned Beef). 2 Portionen. 1½ Pfund Corned Beef vom Schwanzstück (Rump) wird gewaschen, mit kochendem Wasser aufgestellt und 1½ Stunden gekocht. Soll es kalt genossen werden, so läßt man es in der Brühe nahezu erkalten, thut es in eine irdene Schüssel und beschwert es mit einem Brett und darauf gelegtem Bügeleisen. Will man es warm essen, so thut man 2 halbirte Zwiebeln, sowie einen kleinen in 4 Stücke geschnittenen Kopf Weißkraut dazu und läßt ihn 1 Stunde mit dem Fleisch kochen. Je nach Geschmack kann man Kartoffeln mitkochen. Hat man ein großes Stück Fleisch, so rechnet man auf jedes Pfund Fleisch ½ Stunde Kochzeit. Kaltes Corned Beef kann man mit gehackten Zwiebeln und zerstoßenen Kartoffeln, unter Zusatz von etwas in Butter angeröstetem Weckmehl (geriebenem Brot) vermischen, in kleine Rollen oder Kuchen formen, diese wiederum in Weckmehl umdrehen und in heißem Schmalz oder Butter backen. Auch als Salat ist kaltes Corned Beef verwendbar. Je nach Quantität des Fleisches schneidet man Zwiebeln nicht allzu fein, hackt 1 oder 2 hartgekochte Eiweiße; die Dotter davon zerrührt man mit Salatöl, fügt langsam nach und nach Essig hinzu, ebenso Salz und Pfeffer und schüttet Letzteres über die feingeschnittene Masse. Auch ein Eßlöffel Tafelsenf dazwischengerührt schmeckt gut.

Geräucherte Rindszunge (Smoked Beef Tongue). Die Zunge wird 2 Stunden in lauwarmes Wasser gelegt. Man läßt sie dann in 2½ Stunden weich kochen, zieht die Haut ab und schneidet sie in Scheiben. Kalt oder warm ist dies eine vorzügliche Beilage zu Erbsen, Kohlrabi, Spinat und Winterkohl. Die Zungenschnitte werden kranzförmig auf eine Schüssel gelegt und mit Petersilie in der Mitte und im Kranze herum garnirt.

Rindszunge mit Sauce (Beef Tongue with Sauce). Eine frische Zunge wird mit etwas Salz zwei Stunden gekocht und dann abgezogen. 2 Löffel Butter läßt man in der Pfanne heiß werden, schwitzt darin 1 mittelgroße feingeschnittene Zwiebel und 2 Eßlöffel Mehl gelb, gibt von der eingekochten Zungenbrühe dazu, sowie einige Citronenscheiben (ohne Kerne), etwas Pfeffer, auch wohl ½ Glas Weißwein und legt die in Scheiben geschnittene Zunge in diese kochende Brühe. Nachdem sie ¼ Stunde langsam darin gekocht hat, richtet man an. Die Sauce, welche recht sämig sein muß, zieht man mit 1 Eidotter ab, schlägt sie durch und gibt sie über die Zunge. Dieses ist eine feine, wohlschmeckende Speise. Gibt man 1 Eßlöffel getrocknete Champignons und 1 kleine Messerspitze Paprika in die Sauce, so wird sie pikanter.

Gebratene Ochsenleber (Bullock's Liver Fried).

2 Portionen. 1½ Pfund Ochsenleber wird abgespült, die Haut ab=
gezogen, und in fingerdicke Scheiben geschnitten. Dann nimmt man
¼ Pfund Speck (Bacon), schneidet ihn in Streifen, bestreut dieselben
mit Pfeffer und Salz und steckt sie in die Leberscheiben, streut nun
etwas Mehl darüber und bratet sie in Butter und Schmalz auf
beiden Seiten braun. Es darf kein Wasser zugegossen werden, so
lange die Leber in der Pfanne bleibt. Die Sauce bereitet man,
indem man etwas kochendes Wasser in das Fett in der Pfanne
schüttet, aufkocht, etwas Mehl dazu rührt und mit Pfeffer, Salz
und etwas Citrone würzt.

Ochsenherz=Hachee (Hash of Beef's Heart). 2 Portio=

nen. ½ Herz wird gekocht, recht fein gehackt und mit 1 Lorbeerblatt,
3 Pfefferkörnern, 1 Prise Allspice, 1 Stück klein geschnittener Salz=
gurke, einem eigroßen Stück Butter, Essig, Zucker und Salz nach
Geschmack in 1½ Pint kochendem Wasser 1 Stunde gekocht. 10 Mi=
nuten vor dem Anrichten gibt man 1 Löffel Korinthen dazu, läßt
aufkochen, und macht die Sauce mit etwas Mehl sämig. Man gibt
Salz= oder geröstete Kartoffeln als Beilage.

Kuttelflecke, Kaldaunen (Boiled Tripe). 2 Por=

tionen. 1½ Pfund Kuttelflecke werden, nachdem sie gewaschen und
geputzt sind, mit heißem Wasser aufs Feuer gebracht und ½ Stunde
gekocht. Dann werden sie in kaltem Wasser abgekühlt und in 2 Zoll
lange, schmale Streifen geschnitten, hierauf in kochendem Salzwasser
mit 1 Zwiebel, Möhre und 1 Lorbeerblatt 2 Stunden lang gekocht.
Inzwischen bereitet man folgende Sauce: Man röstet 1 Löffel Mehl
mit 1 Löffel Butter, aber nur schwach, damit es nicht gelb wird,
schüttet 2 Schöpflöffel Fleischbrühe oder heißes Wasser dazu, gibt
ein wenig geriebene Citronenschale, den Saft von ½ Citrone und
etwas Muskatnuß daran; die geschnittenen Kuttelflecke läßt man
noch ¼ Stunde kochen, verrührt dann 2 Eigelb, gießt von der Sauce
unter fortwährendem Rühren dazu und gibt sie dann mit Kartoffeln
oder Nudeln zu Tische. Die in den größeren Städten der Ver. Staa=
ten käuflichen Kuttelflecke sind gereinigt und gebrüht, aber nicht gekocht.

Gedünstete Kuttelflecke (Stewed Tripe). 2 Por=

tionen. Kuttelflecke sollten niemals geröstet werden, da sie durch

Röſten nicht nur ſchwer verdaulich werden, ſondern auch an Wohl=
geſchmack verlieren. 1 Pfund gereinigte und gekochte Kuttelflecke
werden fein zerſchnitten und 1 Stunde lang in 2 Glas Weißwein
gelegt. Nachdem in einem Topf 1 Löffel Butter heiß gemacht und
1 fein geſchnittene Zwiebel darin ſchwach gebräunt worden iſt, wer=
den die Kuttelflecke (ohne den Wein, in welchem ſie lagen) beigeſetzt
und langſam ¼ Stunde gedünſtet. Sobald ſie gar werden, kommt
Salz und ein bohnengroßes Stück Fleiſchextrakt dazu. Erſt wenn
die Kuttelflecke vom Feuer genommen ſind, wird 1 Eßlöffel Wein=
eſſig und der Wein, in welchem ſie gelegen, zugerührt und die nö=
thige Menge Pfeffer darauf geſtreut. 1 Eßlöffel Kapern beigefügt,
macht die Speiſe zu einem vortrefflichen Mittel gegen —— Katzen=
jammer.

Kuheuter (Cow's Udder). Das Kuheuter iſt ſeiner mannig=
fachen Verwendung und Billigkeit wegen in der Küche ſehr nützlich.
Das Euter wird gewaſchen und in einem großen Topf mit Salz=
waſſer, 1 Zwiebel, 1 Lorbeerblatt und etwas Wurzelwerk langſam
4—5 Stunden gekocht. Dann nimmt man es aus der Brühe, läßt
es abkühlen, häutet es und ſchneidet es in dreifingerbreite Scheiben.
In Ei und etwas geriebenem Weißbrot gewälzt und dann in But=
ter gebraten und mit etwas Citronenſaft beträufelt, geben dieſe
Scheiben eine paſſende Beilage zu Sauerkraut, Grünkohl, Erbſen
und Linſen. Man kann auch die Scheiben in einer Sardellen=, Zwie=
bel= oder Tomatenſauce dünſten. Die Brühe, worin das Euter ge=
kocht wurde, kann man zu Reis=, Nudel= oder Gräupchenſuppe ver=
wenden.

Kalbfleiſch.

Das Kalbfleiſch iſt am beſten von einem Thiere, welches 6—8
Wochen alt iſt. Das Fleiſch jüngerer Thiere iſt wäſſerig und kraft=
los, dagegen das der 3 Monate alten Kälber grobfaſerig. Gutes
Kalbfleiſch ſoll eine zarte roſa Farbe und reichliches weißes Fett
haben. Obgleich es das ganze Jahr, beſonders in Bayern, gegeſſen
wird, ſchmeckt es doch vom Mai bis September am beſten.

Gebratener Kalbsſchlegel, Keule (Roast Leg
of Veal). Ein Stück vom Schlegel oder eine ganze Keule wird

gehäutet, mit einem feuchten Tuche gereinigt und mit Salz und
Pfeffer eingerieben. In einer Bratpfanne läßt man 2 Löffel Butter
und das abgeſchnittene Fett heiß werden, fügt 2 in Scheiben ge=
ſchnittene Zwiebeln und 1 Möhre hinzu, legt das Fleiſch in die
Pfanne, übergießt es ſofort mit der heißen Butter und bratet es in
einem heißen Ofen unter öfterem Begießen mit der geſchmolzenen
Butter ½ Stunde. Dann ſchüttet man 1 Taſſe heißes Waſſer zu
der Brühe, legt ein Stückchen Brotrinde und wo möglich einige ge=
trocknete Champignons bei, begießt den Braten öfters, und läßt ein
8—10 Pfund ſchweres Stück Fleiſch 2—2½, ein kleines Stück
1¼—1½ Stunden braten. In der letzten Viertelſtunde kann man
das Fleiſch mit einigen Löffeln ſaurem Rahm übergießen, wodurch
es eine ſchöne Kruſte bekommt. Das an der Pfanne Angeſetzte wird
mit einem Blechlöffel abgekratzt, noch einmal mit der Sauce aufge=
kocht, durchgeſeiht und in einer Saucenſchüſſel ſervirt. Als Bei=
lage dazu gibt man geröſtete Kartoffeln, einen der verſchiedenen
Arten Salate oder Compot.

Kalbsbraten im Topf (Pot Roast of Veal). Im
Sommer iſt es angenehm, auf einem Gas= oder Keroſinölofen zu
braten. Man häutet das Fleiſch, wiſcht es mit einem feuchten Tuche
ab, läßt in einem Topfe Butter, Fett und einige Streifen Speck
(Bacon) mit 1 Zwiebel heiß werden, legt den mit Salz beſtreuten
Braten hinein und läßt ihn an beiden Seiten hellbraun werden,
während man ihn öfter hin und her ſchiebt, ohne hinein zu ſtechen.
Dann gießt man ½ Taſſe Milch, ſowie nach und nach ½ Taſſe Waſſer
hinzu, fügt 1 Lorbeerblatt bei und läßt ihn gut zugedeckt, mit der
runden Seite nach oben, unter öfterem Begießen, wie beim Ofenbra=
ten, 1½ Stunde lang braten. Nimmt man ein größeres Stück Fleiſch,
ſo muß man es ¼ oder ½ Stunde länger dünſten laſſen.

Gedämpftes Kalbfleiſch (Stewed Veal). 2 Portio=
nen. 1½ bis 2 Pfund Kalbfleiſch wird in einem Topf, worin 2 Löffel
Butter heiß gemacht wurden, von beiden Seiten hellbraun gebraten,
geſalzen, mit einigen Löffeln Fleiſchbrühe oder Waſſer, worin vorher
Zwiebeln, Wurzelwerk und Pfefferkörner 1 Stunde lang gekocht
haben, übergoſſen und alsdann im zugedeckten Topfe 1 Stunde lang
gedünſtet. Das Weichdünſten muß mit wenig Brühe geſchehen, weil
dadurch das Fleiſch ſchmackhafter wird. Darum verzögert man das

Zugießen, bis der Bratenfaß ganz kurz eingeschmort ist. Das an=
gerichtete Fleisch wird mit Schmorkartoffeln garnirt und mit der
Sauce, welche man mit etwas Fleischbrühe oder Wasser wieder auf=
gekocht und durchgeseiht hat, übergossen. Dazu gibt man folgende
Gemüse: Sauerampfer, Spinat, Blumenkohl, Spargel, Möhren,
Sellerie und Kohlrabi; oder folgende Saucen: Tomaten=, Peterfilien=
und Meerrettigsauce. Ferner munden alle Arten grüner Salat dazu.

Gedämpfter Kalbsbraten in Buttermilch
(Stewed Veal with Cream Sauce). Durch Aufbewahren in But=
termilch, welche man einen um den anderen Tag erneuert, können
auch Familien auf dem Lande, die nicht immer frisches Fleisch er=
langen und dasselbe nur schwer vor unangenehmem Beigeschmack
schützen können, das Kalbfleisch im Sommer 4—5 Tage, im Winter
doppelt so lange bewahren. Zum Gebrauche wird es dann abge=
spült, abgetrocknet und in die heiße Butter gebracht, um darin 1
Stunde lang zu braten. Wenn etwas Schinken, einige Zwiebeln,
1 Lorbeerblatt, etwas Muskat und Wurzelwerk mit dem Fleische
gedünstet wird, so erhöht das den Wohlgeschmack bedeutend. In
die Sauce gibt man ½ Tasse Rahm, kocht sie auf und würzt mit
etwas Citronensaft.

Kalbsnierenbraten (Roast Loin of Veal, Kidney
Part). Für eine kleine Personenzahl, wo eine Keule zu viel wäre,
ist ein Nierenbraten sehr angenehm. Ein Nierenstück von 3 oder
mehr Pfund wird ausgebeint, das dünne Bauchfleisch innen mit
Salz und Pfeffer eingerieben, über die Nieren gerollt und mit Bind=
faden verschnürt. Man legt das Fleisch in heiße Butter und bratet
es unter fleißigem Begießen 1½ Stunde lang. Die Sauce macht
man wie beim Kalbsbraten. Man kann auch nach 1stündigem Braten
1 Tasse sauren Rahm darüber schütten, und unter öfterem Begießen
eine braune Kruste braten.

Gefüllte Kalbsbrust (Stuffed Breast of Veal). Die
Brust wird geklopft, die Rippenknochen kurz abgehauen und das
Fleisch von den Rippenknochen gelöst, so daß es blos noch an beiden
Enden zusammenhängt. Man muß die obere Haut zwischen Fleisch
und Knochen ausdehnen, ohne ein Loch darin zu machen. Einige
Semmeln (Rolls) weicht man in Wasser auf und drückt sie gut aus.

1 Löffel Butter läßt man in der Pfanne zergehen, röstet darin 1 Löffel fein geschnittene Zwiebeln, gibt 1 Löffel Mehl sowie die Semmeln dazu und röstet dies auf dem Feuer bis es sich von der Pfanne loslöst. Dann nimmt man die Masse vom Feuer, schlägt 4 ganze Eier hinein, gibt Salz, Pfeffer, Muskatnuß, gewiegte Petersilie, ein wenig Majoran und 1 Messerspitze feingeschnittene Citronenschale dazu und mischt Alles gut. Hiermit füllt man die Kalbsbrust, näht dieselbe sorgfältig zu, damit beim Braten die Füllung nicht herausfließen kann, gibt sie in eine Bratpfanne, deren Boden man mit einer geschnittenen Zwiebel, Nierenfett oder Speckscheiben belegt hat, schüttet Butter darüber und läßt sie unter fleißigem Begießen 1½ Stunde braten. Während des Bratens gibt man etwas heißes Wasser zu, damit die Sauce nicht verbrenne. Den Bratensatz kocht man los und gibt ihn als Sauce dazu.

Kalbsschulter (Roast Shoulder of Veal) wird in derselben Weise wie die Kalbsbrust zubereitet. Man läßt beim Einkauf der Schulter den Knochen herausnehmen, füllt den Platz, welchen der Knochen einnahm, mit der für die Kalbsbrust gebräuchlichen Fülle und bratet sie wie im vorhergehenden Recepte angegeben wurde.

Kalbs-Cotelets (Veal Chops). 2 Portionen. Für eine kleine Familie sind Cotelets vortheilhafter als Braten, weil letzterer nur in größeren Stücken wirklich saftig zubereitet werden kann. Brauchen Cotelets auch nicht so viel Zeit wie ein Braten, so brauchen sie desto mehr Aufmerksamkeit, wenn man sie nicht anbrennen oder saftlos auf den Tisch bringen will. 1½ Pfund vom Rippenstück läßt man sich beim Einkauf in 4 Stücke zurichten. Wer es ohne Knochen liebt, löst sie heraus, klopft das Fleisch und bereitet es zu einer schönen rundlichen Scheibe, bestreut es mit Salz und Pfeffer, wälzt sie in Ei und hierauf in gestoßenem Weißbrot oder Zwieback. 2 Eßlöffel Butter oder Schmalz werden in einer Pfanne heiß gemacht und die Cotelets hineingelegt. Während die untere Fläche der Cotelets in der Pfanne bratet, darf man dieselben nicht ruhig auf einem Flecke liegen lassen; man muß sie von Zeit zu Zeit hin- und herschieben, sonst brennen sie an und bekommen einen brenzlichen Geschmack. Ist die eine Seite braun gebraten, so wendet man die Stücke um und bratet sie dann noch unter öfterem Begießen mit der Sauce ungefähr 10 Minuten in der offenen Pfanne. Ein paar Tropfen Citronensaft darüber zu träufeln, ist sehr zu empfehlen. Blumenkohl, Erbsen und Spargel schmecken besonders gut dazu. Alle Cotelets kann man Tags zuvor zurecht machen, in zerlassene Butter tauchen oder vielmehr ganz damit bedecken, sodaß die Luft vom Fleisch abgeschlossen ist; so halten sie sich zugedeckt sogar einige Tage. Man vermeide es, die Cotelets mit der Gabel anzustechen, damit kein Saft verloren geht.

Wiener Schnitzel (Veal Cutlets, Viennese Style). Man schneidet dieselben aus einem Kalbsschlegel gegen den Fleischfaden von der Größe der Cotelets, klopft sie tüchtig und behandelt sie dann wie Cotelets. Man legt eine Citronenscheibe darauf, oder auch fein gewiegte Sardellen, einige Kapern oder Gurkenscheiben.

Kalbsrouladen (Roulade of Veal). 2 Portionen. 1½ Pfund Kalbfleisch von der Keule wird in fingerdicke, ungefähr 4 Zoll lange und breite, viereckige Scheiben geschnitten und breit geklopft. Alle Abschnitte von dem Kalbfleisch werden mit halb soviel Speck oder Schinken fein gewiegt; dann gibt man 1 Ei, Pfeffer, Salz, etwas gewiegte Petersilie und Muskatnuß darunter und streicht die Masse auf die Fleischscheiben, rollt dieselben zusammen, bindet sie mit Bindfaden und legt sie in einen Topf, dessen Boden man mit Nierenfett oder Butter nebst etwas Wurzelwerk belegt hat. Nun bratet man die Rouladen an, gibt einige Löffel Fleischbrühe oder heißes Wasser — und, so man hat, 1 Glas Weißwein — dazu und läßt sie 1 Stunde lang, gut zugedeckt, weich dünsten. Dann nimmt man den Faden ab, kocht den Bratensaft mit 2 Löffeln heißem Wasser oder Fleischbrühe los, gibt, wenn die Sauce zu dünn, noch etwas Mehl hinein und gießt sie über die Rouladen. Man gibt junges Gemüse und Salzkartoffeln dazu.

Kalbscotelets auf neapolitanische Art (Veal Chops with Maccaroni and Tomato Sauce). Die Cotelets werden mit Salz und Pfeffer gewürzt, in Ei getaucht und in einer Mischung, zur Hälfte von geriebenem Weißbrot und zur Hälfte von geriebenem Parmesankäse umgewendet, auf beiden Seiten schön braun gebraten und zu Maccaronis, die mit etwas Tomatosauce vermischt sind, gegeben.

Kalbs=Fricassee (Fricassee of Veal). 2 Portionen.

1½ Pfund Kalbfleisch, vom Bauche oder von der Brust, schneidet man in 1 Zoll lange und ebenso breite Stücke, macht 2 Löffel Butter in einem Topf heiß, fügt ½ Löffel Mehl bei, legt das mit etwas Salz bestreute Fleisch hinein und dünstet es ¼ Stunde. Dann gießt man so viel heißes Wasser hinzu, daß das Fleisch zur Hälfte bedeckt wird, gibt 3 Pfefferkörner dazu und läßt es 2 Stunden langsam dämpfen. Hat man Spargel oder Blumenkohl, so gibt man ersteren in Wasser zuvor halb gar gekocht dazu; der Blumenkohl wird, in kleine Stück=chen zerschnitten, in Wasser und Salz langsam gar gekocht, und be=hutsam auf ein Sieb gelegt, damit das Wasser abfließt und der Blumenkohl ein schönes Ansehen behält. Dann richtet man das Fleisch in der Mitte der Schüssel an, legt den Blumenkohl rings herum und gibt über das Fleisch die mit Eidotter, etwas Mehl und Citronensaft verdickte Fricasseesauce. Man kann auch Mark= oder Semmelklößchen in die Sauce geben.

Ein andere Art Fricassee bereitet man, indem man das Fleisch mit Salz und 1 Zwiebel in heißem Wasser aufstellt und ¼ Stunde kocht. Dann wird es in Stücke geschnitten und mit 2 Löffel Butter, etwas geschnittener Zwiebel, 1 Lorbeerblatt und ein wenig fein geschnittener Citronenschale in einen Topf gelegt und auf nicht zu starkem Feuer ¼ Stunde lang bei öfterem Umschwenken ge=dünstet. Hierauf nimmt man das Fleisch heraus, rührt 2 Löffel Mehl in die Sauce, füllt mit der Brühe, worin das Kalbfleisch gekocht wurde, in dem Maße auf, daß die Sauce dicklich bleibt, thut das nöthige Salz hinzu und läßt das Fleisch 1½ Stunde kochen. Vor dem Anrichten rührt man 2 Eidotter sowie den Saft einer halben Citrone in die Sauce. Man gibt Salzkartoffeln dazu.

Pfefferfleisch (Veal with Pepper Sauce). 2 Portionen.

1½ Pfund Kalbsbrust oder =Schulter werden in 2 Zoll große Stücke getheilt, mit heißem Wasser abgebrüht, mit frischem Wasser abge=kühlt und auf ein Sieb zum Abtropfen gelegt. Indeß läßt man 1 Löffel Butter in einem Topf heiß werden, dämpft eine gehackte Zwiebel darin, gibt das Fleisch hinzu, bestreut es mit Pfeffer, Salz, gehackter Citronenschale, 1 Lorbeerblatt, 1 Löffel Mehl, und läßt es gut zugedeckt ½ Stunde lang dünsten. Dann gießt man 1 Tasse heißes Wasser dazu und läßt noch ¼ Stunde dämpfen. Vor dem Anrichten gibt man in die Sauce den Saft einer halben Citrone.

Kalbfleisch-Klopse mit Peterſilienſauce (Veal Balls with Parsley Sauce). 2 Portionen.

¾ Pfund gehacktes Kalb- und Schweinefleisch vermengt man mit einer altbackenen, geriebenen Semmel (die Rinde davon wird eingeweicht und gut ausgedrückt), 1 feingeschnittenen Zwiebel, Pfeffer, Salz und ein wenig Muskat, sowie 2 Eiern, mischt Alles gut untereinander und formt Klopse von der Größe und Form eines Eies davon. Dann schwitzt man 1 Eßlöffel Butter mit etwas Mehl, verrührt es mit 1 Tasse heißem Wasser, gibt ½ Sellerieknollen, in Stücke geschnitten, dazu und läßt dieselben weich werden. ¾ Stunde vor dem Anrichten legt man die Klopse in die Sauce und läßt dieselben langsam gar kochen. Sollte die Sauce einkochen, so muß man einige Löffel heißes Wasser dazu geben. 5 Minuten vor dem Anrichten gibt man 1 Löffel fein gewiegte Petersilie in die Sauce.

Gebratene Kalbsleber (Calf's Liver Fried). 2 Portionen.

1 Pfund Kalbsleber wird abgespült, die Haut abgezogen, in 4 Scheiben geschnitten, mit Pfeffer bestreut und in Mehl gewälzt. Dann macht man 1 Löffel Butter in einer Pfanne heiß, gibt etwas gehackte Zwiebel und Petersilie dazu, bratet die Leber in 10 Minuten auf beiden Seiten braun und salzt sie. Längeres Braten oder zu frühes Salzen macht die Leber trocken. Man fügt 1 Tasse Wasser bei, deckt zu, läßt die Leber noch 2 Minuten dämpfen und richtet sie dann sofort in der Sauce an. 1 Theelöffel Tischsenf (Mustard) in die Sauce gerührt, nachdem die Leber aus der Pfanne genommen ist, macht dieselbe gewürzig. Man gibt Gemüse, Salat oder Kartoffeln dazu.

Gebratene Leber mit Speck (Liver and Bacon). 2 Portionen.

1 Pfund Leber wird in dünne Scheiben geschnitten und abgebrüht. Dann schneidet man ½ Pfund Speck (Bacon) in ebenso viele Scheiben wie man die Leber geschnitten hat. Diese Speckscheiben bratet man in der Pfanne braun, nimmt sie dann heraus, legt sie auf eine gewärmte Schüssel und hält dieselbe warm. Die Leberscheiben werden mit Mehl bestreut, gepfeffert und gesalzen und in dem ausgebratenen Speckfett 10 Minuten auf beiden Seiten

braun gebraten. Dann legt man die Leberscheiben auf die gewärmte Schüssel und 1 Scheibe Speck auf jede Scheibe Leber. In die Pfanne gibt man nun 1 Löffel Mehl zu dem Fett, mischt gut und rührt 1 Tasse heißes Wasser dazu, würzt mit Pfeffer und Salz und gießt die Sauce um die Leberscheiben.

Gebratene Kalbsleber mit Zwiebeln (Liver and Onions). 2 Portionen. 1 Pfund Kalbsleber wird gehäutet, in bleistiftstarke und fingerlange Scheiben geschnitten, in Mehl ge= wälzt und 8 bis 10 Minuten in Butter, Fett oder mit Speck ge= braten. 2 Zwiebeln werden nudelartig geschnitten und neben der Leber braun gebraten. Die gebratenen Leberscheiben werden zierlich auf eine gewärmte Schüssel gelegt, der zurückgebliebene Saft mit ein wenig Essig oder dem Saft einer halben Citrone an= gesäuert, etwas aufgekocht, über die Leber gegossen und mit den ge= bratenen Zwiebeln garnirt.

Gebratene Kalbsleber mit Aepfelscheiben (Liver and Apples). Die Leber wird behandelt wie vorher beschrieben, nur nimmt man statt der Zwiebeln Aepfelscheiben. Die Leberscheiben werden angebraten, dann läßt man sie zugedeckt auf schwachem Feuer 10 Minuten dünsten. Die Aepfelscheiben, fein ge= schnitten, dünsten mit der Leber.

Gedämpfte Kalbsleber (Stewed Liver). 2 Por= tionen. 1 Pfund gehäutete Kalbsleber wird in 2 Zoll lange finger= dicke Scheiben geschnitten. 2 Löffel Fett läßt man heiß werden, legt die Schnitte, nachdem sie mit etwas Mehl überstreut sind, mit einer geschnittenen Zwiebel hinein und läßt sie, gut zugedeckt, einige Minuten schmoren. Dann gibt man 1 Pint heißes Wasser oder Fleischbrühe, 1 Löffel Essig, 1 Lorbeerblatt, sowie einige Pfeffer= körner dazu und läßt Alles ½ Stunde dämpfen. 5 Minuten vor dem Herausnehmen salzt man, läßt dann die Sauce noch einmal aufkochen und gießt sie über die Leber. Man gibt Salzkartoffeln oder Kartoffelbrei dazu.

Gekochter Kalbskopf (Dressed Calf's Head). Man entfernt aus einem gut gereinigten frischen Kalbskopf die Augen und Oberlefzen, spaltet ihn in 2 Hälften und nimmt das Gehirn heraus, welches zu etwas Anderem verwendet wird. Der Kopf wird dann mit 2 Pfund Rindsknochen, 3 Möhren, 1 Selleriewurzel, 1 Zwiebel und etwas Petersilie 2 Stunden langsam gekocht. Nun löst man die Haut von den Knochen ab und schneidet sie in portionengroße Stücke, ebenso die Ohren. Die Zunge wird abgezogen und quer in fingerdicke Scheiben geschnitten. Hierauf legt man Alles in eine gewärmte Schüssel und hält es warm. In einem großen Topfe läßt man ein Stück Butter von der Größe eines Eies zergehen und rührt einen Löffel Mehl hinein. Dann gibt man 1 Pint von der Brühe, in welcher der Kalbskopf gekocht wurde, durch ein Sieb unter fleißigem Umrühren dazu, hierauf die Kalbskopf- und Zungenstückchen, 1 Kaffeelöffel Fleischextrakt, das in Bröckelchen geschnittene Eiweiß von 6 hartgekochten Eiern und 3 in Scheibchen geschnittene Essiggurken. Man läßt Alles 5 Minuten über gelindem Feuer unter öfterem Umrühren kochen, gibt dann 1 Kaffeelöffel Pfeffer, sowie den Saft einer halben Citrone dazu, rührt noch einigemal um und nimmt es sofort vom Feuer. Auf einer gewärmten Schüssel legt man die größeren Stücke in die Mitte, ringsherum die Zungenstückchen und als äußeren Rand Citronenscheiben mit Petersiliesträußchen. Ueber die Mitte der Schüssel gibt man etwas Sauce, die übrige in eine Saucenschüssel. Alles muß warm servirt werden. Dieses ist ein ausgezeichnetes Nachtessen für 6 bis 8 Personen; ein Gläschen leichter Weißwein ist der beste Trunk dazu.

Kalbsgehirnschnitten (Calf's Brain Fried). 2 Portionen. Das Kalbsgehirn wird enthäutet und mit Wasser, Salz, 1 Zwiebel, 1 Löffel Essig und einigen Pfefferkörnern $\frac{1}{4}$ Stunde lang gekocht. Sodann läßt man es abkühlen, trocknet es leicht ab und schneidet es in Scheiben. Diese werden gesalzen und gepfeffert, in Ei und Semmel gewälzt und an beiden Seiten gelbbraun gebraten. Statt des Kochens in Wasser kann man auch die mit Pfeffer und Salz bestreuten Scheiben des gereinigten Gehirns sofort in zerlassener Butter $\frac{1}{4}$ Stunde lang braten. In ersterem Falle macht man aus dem Wasser, in welchem das Gehirn gekocht hat, mit etwas Butter, Mehl und gehackter Petersilie oder Schnittlauch und etwas Citronensaft eine sämige Sauce oder gibt Gemüse als Beilage zu dem Gehirn.

Gebackene Kalbsmilch (Sweetbreads Fried). 2

Portionen. 4 Stück Kalbsmilch oder Bröschen werden, sobald sie vom Markt kommen, in kaltes Wasser gelegt, nach einer Stunde gereinigt, alle lappigen Theile und Häute entfernt und noch ¼ Stunde in lauwarmen Wasser gewässert. Nun kocht man dieselben mit Salz, Zwiebel und Wurzelwerk ¼ Stunde lang, schneidet sie dann in dicke Scheiben, taucht sie in Ei und dann in geriebenes Weißbrot und bratet dieselben in Butter auf beiden Seiten gelb= braun. Man kann auch folgende Sauce dazu geben: 1 Löffel Butter wird zu Schaum gerührt, ein Eigelb dazu gethan, 1 Messerspitze Salz, gleichviel Pfeffer, 1 Theelöffel Orangensaft und 4 Eßlöffel heißes Wasser zugesetzt und auf schwachem Feuer um= gerührt. Einige in Scheiben geschnittene Essiggurken und einige Kapern in einer säuerlichen Sauce bilden eine andere Zugabe. Kalbsmilch sind die Halsdrüsen der Kälber, ungemein leicht zu ver= dauen und sehr nahrhaft.

Gebackene Kalbsmilch mit Carotten [klei= nen Möhren] (Fried Sweetbreads with Carrots). Die

Kalbsmilch wird wie in dem vorhergehenden Recepte angegeben, zu= bereitet. Nach dem Herausnehmen aus der Pfanne rührt man das Zurückbleibende mit etwas Fleischbrühe zusammen, ein Theelöffel Mehl kommt hinzu und die Sauce wird durchgeseiht entweder zu der oder über die Kalbsmilch gegeben. Die Carotten werden gut geputzt, dann läßt man sie in siedendem Wasser einmal aufwallen. Nun nimmt man sie mit dem Schaumlöffel heraus, legt sie auf ein Tuch und reibt sie mit diesem trocken, worauf man sie in feine Scheiben schneidet. In einem Casserole gießt man nun kräftige Fleischbrühe darüber, fügt etwas Pfeffer, Salz und eine Prise Zucker hinzu und läßt sie langsam weich dämpfen. Zuletzt stäubt man etwas Mehl darüber, träufelt den Saft einer Citrone dazu, schwenkt gut durch und richtet sie mit Petersilie bekränzt an. Sie dürfen nur sehr wenige, gut gebundene Sauce haben.

Kalbsgekröse in Fricassee=Sauce (Fricassee of

Chitterlings). 2 Portionen. Man nimmt das Gekröse in eine Schüssel, reibt es stark mit einer Handvoll Salz, daß das Schleimige davon kommt, wäscht es nach diesem dreimal in warmem Wasser und siedet es in Salzwasser mit 1 Lorbeerblatt, Pfeffer= und Gewürz=

körnern in 2 bis 3 Stunden langsam weich. Zur Sauce schneidet man 1 Zwiebel, etwas Petersilie und ein wenig Citronenschale klein, röstet einen Kochlöffel Mehl in 2 Unzen Butter, dämpft das Geschnittene darin gelb, thut 1 Löffel Fleischbrühe, den Saft von einer Citrone, und Muskatnuß daran. Wenn das Gekröse weich ist, wird es in kaltes Wasser gelegt, fest ausgedrückt, in kleinen Stücken zu der Sauce geschnitten und kurz vor dem Anrichten mit 2 Eigelb legirt. Man gibt Kartoffeln, Nudeln oder Spätzle dazu.

Lungenmus (Hashed Calf's Lights). 2 Portionen.

Herz und Lunge werden in kochendem Salzwasser ¼ Stunde gekocht, dann fein gehackt. In einem Topfe schwitzt man Butter und Mehl zusammen, gibt kochendes Wasser oder Fleischbrühe dazu, fügt ein wenig Citronenschale, 1 Lorbeerblatt und einige Pfefferkörner bei und läßt Alles ½ Stunde schmoren. Dann thut man eine geriebene Semmel, 4 Löffel Essig oder den Saft einer Citrone hinzu, läßt Alles aufkochen und servirt mit Salzkartoffeln.

Ragout von Kalbsbraten (Hashed Veal). 2 Portionen.

Etwaige Bratenknochen werden mit 1 gehackten Zwiebel, etwas Pfeffer, 1 Lorbeerblatt und 1 Quart Wasser 1 Stunde lang gekocht und die Brühe durchgeseiht. Dann werden 2 Löffel Mehl mit 2 Löffel Butter geschmälzt und mit der Brühe verrührt. Hat man noch Bratensauce, so kann dieselbe auch hineingethan werden. Das Bratenfleisch schneidet man in Würfel und kocht es in der Brühe 5 Minuten; kurz vor dem Anrichten fügt man 1 Löffel fein gehackte grüne Petersilie sowie ein wenig Salz bei. Man gibt Kartoffelbrei dazu.

Kalbsbraten zu wärmen.

Der vorhandene Bratenrest wird in nicht zu dünne Scheiben geschnitten, auf eine irdene oder Porzellanschüssel gelegt, mit der Bratensauce übergossen, zugedeckt und in einen heißen Ofen oder auf kochendes Wasser gestellt, damit das Fleisch nur gut durchwärmt wird und nicht kocht. Durch Kochen würde dasselbe zähe werden. Ist Mangel an Bratensauce, so läßt man etwas Butter dunkelgelb werden und thut einige Löffel Rahm oder Milch, in welche man ein wenig Mehl gerührt hat, sowie etwas Fleischbrühe oder Fleischextrakt hinzu.

Hammelfleisch.

Das Hammelfleisch ist nächst dem Ochsenfleisch das kräftigste und gesündeste. Gutes Hammelfleisch ist leicht an seiner dunklen Farbe zu erkennen, während das weniger gute immer nur blaßroth aus= sieht. Bei Hammelfleisch ist es ein Haupterforderniß, daß man das= selbe nicht zu frisch geschlachtet kocht oder bratet. Das Fett vom Hammel gerinnt sehr leicht; deshalb sollen alle davon bereiteten Speisen auf erwärmtem Geschirr aufgetragen werden. Im Spät= sommer und Herbst ist das Fleisch besonders schmackhaft und der Gesundheit zuträglich. Zum Aufwärmen ist es nicht besonders ge= eignet, da es dadurch einen wenig angenehmen Fettgeschmack bekommt.

Hammelbraten (Roast Mutton). 2½ bis 3 Pfund Hammelfleisch vom Nierenstück oder der Keule sind genügend für einen kleinen Braten. Nachdem ein Theil des Fettes abgeschnitten und das Fleisch mit einem feuchten Tuche gereinigt worden ist, thut man das abgeschnittene, in kleine Stücke zertheilte Fett oder etwas Butter in den Brattopf, läßt das Fett heiß werden, legt das mit Salz und Pfeffer eingeriebene Fleisch hinein und bratet es von allen Seiten gelbbraun. Dann gibt man 2 Tassen kochendes Wasser, 2 in Viertel geschnittene Zwiebeln, 1 Lorbeerblatt, 1 kleine geschnittene Möhre, einige Gewürznelken und Pfefferkörner und 1 Stück Schwarzbrotrinde dazu und bratet das Fleisch 1½ Stunde unter öfterem Begießen mit der Brühe. Die Sauce seiht man durch, ent= fettet sie und gibt sie in einer Saucenschüssel zu dem Braten, den man mit Kartoffeln, Bohnengemüse, Gurken= oder Selleriesalat auftischt.

Gebratene Hammelkeule (Roast Leg of Mutton). Die Hammelkeule wird gereinigt und mit Salz und Pfeffer einge= rieben; 6—8 kleine Zwiebeln, oder nach Geschmack einige Knoblauch= zehen, werden je einen Messerschnitt tief in das Fleisch gesteckt und dasselbe mit 3 Tassen kochendem Wasser, 1 Lorbeerblatt und 8 Gewürz= körnern in den heißen Bratofen geschoben, woselbst der Braten bei fleißigem Begießen 2½ Stunde gebraten wird. Die Sauce wird mit 1 Löffel Mehl auf je 1 Tasse derselben verdickt und mit 1 Löffel Worcestershire Sauce und etwas Pfeffer und Salz gewürzt. Auf dem Ofen gebraten, muß der Topf während des Bratens gut zuge= deckt werden. Gurkensalat schmeckt gut dazu.

Hammelkeule auf Wildpretart (Mutton, Venison Style).

Die Keule wird ordentlich geklopft, von Haut und Fett befreit, in eine von gutem Wein- oder Eideressig durchnäßte Serviette eingeschlagen, und 4 bis 5 Tage in Zugluft aufgehängt, wobei man die Serviette täglich von Neuem anfeuchtet. Hierauf wird sie gut gespickt, 1 Tag in Milch gelegt, abgetrocknet, gesalzen und in $\frac{1}{4}$ Pfund Butter mit 6 Gewürznelken und 4 Pfefferkörnern in $2\frac{1}{2}$ Stunden, unter öfterem Begießen mit der Bratenbrühe, gebraten. Die Sauce wird mit etwas Milch oder Rahm verdickt. Man kann auch, will man den Braten recht pikant haben, das Fleisch vor dem Braten, im Sommer 6, im Winter 10 Tage, in Rothwein legen und täglich darin umwenden. Beim Anrichten schneidet man den Braten in schöne Stücke und begießt sie mit der entfetteten Brühe. Man kann Kartoffelbrei, Maccaroni oder Reis dazu geben.

Gedünstete Hammelschulter (Braised Shoulder of Mutton).

Die Hammelschulter gibt einen guten, kleinen Braten. Die Schulter wird ausgebeint, innen und außen gesalzen und gepfeffert, dann gerollt und zusammengebunden. 1 kleine Möhre, 1 Zwiebel, 2 Lorbeerblätter, etwas Citronenschale, 2 Nelken und 2 Wachholderbeeren werden zusammen fein gewiegt, das Fleisch damit tüchtig eingerieben, dann in einem irdenen Gefäß mit Essig und Wasser übergossen, 2 Tage an einen kühlen Ort gestellt und Morgens und Abends umgewendet. Mit 2 Tassen dieser Beize wird die Schulter, gut zugedeckt, gedünstet, bis sie weich und gebräunt ist. Dann nimmt man sie heraus, gibt 1 Löffel Mehl in die Sauce, gießt nach Bedarf etwas Fleischbrühe oder Rahm dazu, löst den Faden vom Fleisch und läßt die Sauce mit dem Fleisch noch einmal aufkochen.

Hammelrücken (Saddle of Mutton). 2 Portionen.

Von $2\frac{1}{2}$ Pfund Hammelrücken werden die Rippen über die Hälfte hinab ausgelöst, das Bauchfleisch nach innen zu aufgerollt und mit hölzernen Spießchen (skewers) befestigt. Dann spickt man das Fleisch mit Streifen von Speck, Sardellen und Essiggurken, salzt und dämpft es auf Speckscheiben mit feingeschnittener Zwiebel $1\frac{1}{2}$ Stunde. Ist es weich, so schneidet man es in schöne Scheiben, welche man wieder zusammen schiebt, mit Sauce übergießt und mit Kastanien garnirt. Eingemachte oder frische Bohnen, weiße Rüben, Johannis- oder Preißelbeeren-Compot sind passende Beilagen.

Hammelsrippen (Mutton Chops). 2 Portionen.

1 Pfund Hammelsrippen werden geklopft und in runde Form ge=
bracht, mit Pfeffer und Salz bestreut und in einer Pfanne, in
welcher 1 Löffel Butter heiß geworden ist, auf beiden Seiten schön
gelb gebraten. Junge Bohnen, grüne Erbsen, Wirsing, auch Senf=
oder Tomatensauce eignen sich als Beilage.

Hammelsrippen in der Sauce (Mutton Chops with Gravy). 2 Portionen.

1 Pfund Hammelsrippen werden
geklopft, mit Pfeffer und Salz bestreut, in Mehl gewälzt und auf
beiden Seiten gelb gebraten; dann bestreut man dieselben mit fein=
gehackter Zwiebel, fügt etwas abgeriebene Citronenschale bei, läßt
dies zusammen aufdämpfen, gibt 1 Glas Wein, 2 Löffel Fleisch=
brühe und 1 Lorbeerblatt dazu und läßt es nochmals aufkochen;
vor dem Anrichten muß das Fett sorgfältig abgeschöpft werden.

Hammelfleisch=Fricassee mit Semmelklößen (Mutton Fricassee). 2 Portionen.

1½ Pfund Hammelfleisch,
vom Bauch und Rippen, wird mit 2 Quart Wasser, etwas Lauch,
Sellerie, 1 Zwiebel, 2 Gewürznelken und 2 Pfefferkörnern 2 Stun=
den lang gekocht. Hat man Champignons, so fügt man einige
bei, sie erhöhen den Wohlgeschmack des Gerichtes. Dann wird
die Brühe durchgeseiht, das Fett abgenommen, und das Fleisch in
1 Zoll lange und breite Stücke geschnitten. Hierauf schwitzt man
mit Butter 1 Löffel Mehl gelblich, rührt es in die Brühe und läßt
das Fleisch noch ¼ Stunde darin kochen. Die Semmelklöße werden
in einem besonderen Topfe in ¼ Stunde gar gekocht und bei dem
Anrichten in das Fricassee gelegt.

Irish Stew. 2 Portionen. 1½ Pfund Hammelfleisch von
Brust, Schulter oder Hals wird von Fett und Knochen gelöst
und in viereckige Stücke geschnitten. Hierauf schält man 3 große
rohe Kartoffeln und schneidet sie in Scheiben, ebenso 1 Möhre, 2
Zwiebeln und einen halben, kleinen Weißkrautkopf (etwa ¼ Pfund
schwer). Nun thut man das Fleisch mit 1 Quart Wasser in
einen Topf, salzt und pfeffert es, gibt Möhren, Zwiebeln, Kraut
und Kartoffeln dazu und läßt es 2 Stunden dämpfen. Vor dem
Anrichten rührt man 1 Löffel Mehl mit Wasser an, läßt dies unter

beſtändigem Rühren hineinlaufen, gibt einige Kümmelkörner, Pfeffer und Salz dazu, kocht Alles einige Minuten und ſervirt. Man kann auch ein geſchlagenes Eigelb hineinrühren.

Gekochtes Hammelfleiſch (Boiled Mutton).

2 Portionen. 1½ bis 2 Pfund Hammelsbruſt läßt man in kleine Stückchen von 1½ bis 2 Zoll Größe zertheilen, ſetzt es mit kochen= dem, geſalzenem Waſſer und 1 Möhre, 1 Zwiebel, Sellerie, Lauch und einigen Kümmelkörnern aufs Feuer und läßt es 1½ Stunden kochen. Man gibt Kartoffelſtückchen, Zwiebeln, Bohnen, Rüben, auch alle Kohlarten dazu.

Hammelfleiſch=Pilau (Pillau of Mutton). 2 Por=

tionen. 1½ Pfund Hammelbruſt wird in zollgroße Stücke ge= ſchnitten und mit feingeſchnittenem Hammelfett oder 1 Löffel Butter ¼ Stunde gedämpft, dann kochendes Waſſer hinzugethan und das Fleiſch 1 Stunde darin gedünſtet. Nun wäſcht man ½ Pfund Reis in kaltem Waſſer und gibt ihn nebſt dem nöthigen Salz und Pfeffer zu dem Fleiſch, worauf die Speiſe höchſtens noch ¼ Stunde kochen darf. Der Reis muß ſeine Kernform behalten. Zuletzt miſcht man den durchgeſchlagenen Brei von 4 gekochten Tomaten bei und bringt das Gericht recht warm auf den Tiſch. Es muß ſo gekocht ſein, daß man es noch mit der Gabel eſſen kann — zu ſteif gekocht, verliert es an Wohlgeſchmack.

Ragout von Hammelfleiſch (Ragout of Mutton).

Man ſchneidet die Reſte übrig gebliebenen Hammelbratens oder ge= kochten Hammelfleiſches in zollgroße Stücke. Hat man Knochen übrig, ſo läßt man dieſelben in einem Topfe mit ſoviel Waſſer, daß ſie gerade bedeckt ſind, mit 1 geſchnittenen Zwiebel 1 Stunde kochen. 1 Löffel Butter ſchmälzt man mit einem Löffel Mehl, kocht es mit 1½ Taſſe Knochenbrühe oder Waſſer ein, fügt Pfeffer, Salz und 1 Theelöffel Worcestershire Sauce bei, und läßt das Fleiſch 2 bis 3 Minuten darin kochen, aber nicht länger, ſonſt wird es hart. Salzkartoffeln oder Kartoffelbrei, Kohlrabi oder Bohnen ſind paſſende Beilagen.

Chineſiſches Hammelfleiſch (Mutton, Chinese

Style). 2 Portionen. 1½ Pfund rohes Hammelfleiſch und etwas Fett

ſchneidet man fein, vermiſcht es mit einer gehackten Zwiebel, einem
kleinen, zerſchnittenen Kopf Salat (Lettuce), ½ Pint oder ¼ Kanne
grünen Erbſen, thut es in einen Topf, worin 1 Löffel Butter heiß
geworden iſt, gibt 1 Taſſe Waſſer oder Fleiſchbrühe, Pfeffer und
Salz dazu und dämpft es 1½ Stunden. Inzwiſchen kocht man 1
Taſſe Reis, gibt dann die Miſchung in die Mitte einer gewärmten
Schüſſel und den Reis im Kreiſe herum. Man kann auch übrig
gebliebenes Fleiſch dazu verwenden, darf dann aber nur 1 Stunde
lang dämpfen.

Lamm- und Ziegenfleiſch.

Lammfleiſch iſt am beſten von April bis September. Das
Fleiſch iſt ſchön weiß, zart und ſaftig und, gebraten, ſelbſt für den
ſchwächſten Magen verdaulich. Junge Ziegen im Alter von 5 bis 6
Monaten geben ebenſo zarten Braten wie die Lämmer und werden
erſtere auf dieſelbe Art zubereitet, wie Lammfleiſch.

Gedämpftes Lammfleiſch (Stewed Lamb). 2
Portionen. 1½ Pfund Lammfleiſch von der Schulter wird in 3
Zoll große Stücke geſchnitten und in geſalzenem Waſſer langſam
weich gekocht. Dann brüht und ſchält man 4 Tomaten, zerſchneidet
ſie in Viertel und gibt ſie mit 4 geſchälten und in Viertel getheilten
Kartoffeln dazu, würzt mit 1 Priſe Pfeffer und etwas Salz und läßt
Alles langſam dämpfen bis die Kartoffeln weich und die Tomaten
völlig zerkocht ſind. Das Fleiſch, die Kartoffeln und die einge=
kochte Brühe richtet man in einer gewärmten Schüſſel ſchön ge=
ordnet an.

Lammbraten (Roast Lamb). Hierzu nimmt man
entweder das Schulterſtück oder die Keule. Das Fleiſch wird mit
einem feuchten Tuche abgewiſcht und mit Pfeffer eingerieben. In
die Bratpfanne gibt man 1 Löffel Butter, 1 Theelöffel Salz, 1
kleine geſchnittene Zwiebel und 1 Taſſe Waſſer, legt das Fleiſch
hinein und läßt es ſchön braun braten. Es muß alle 10 Minu=
ten mit der Brühe begoſſen werden und darf nicht länger als 1
Stunde braten. Man rechnet 15 Minuten auf jedes Pfund.
Grüne Erbſen oder Spargel ſind paſſende Beilagen.

Lamm-Cotelets (Lamb Chops). Hübsch vorgerichtete Cotelets werden mit dem Messer leicht geklopft, mit Salz und Pfeffer bestreut, in zerlassene Butter getaucht, hierauf in geriebenem Weißbrot gewälzt und in heißer Butter oder Schmalz rasch gebacken. Beim Anrichten legt man um dieselben einen Kranz von Blumenkohl, grünen Erbsen, Rosenkohl oder Spinat.

Gebackenes Lamm- und Ziegenfleisch (Fried Lamb). Das weichgekochte Fleisch wird nach dem Erkalten in schöne viereckige oder herzförmige Stücke geschnitten. Man bestreut diese mit Salz und Pfeffer, taucht sie in zerlassene Butter oder geschlagenes Eiweiß, wendet sie in geriebenem Weißbrot um und bratet sie in heißem Schmalz auf beiden Seiten schön hellbraun, hierauf werden sie mit gewiegter Petersilie bestreut und mit Citronensaft beträufelt. Man gibt dies als Beilage zu Spinat, grünen Erbsen, Kohlrabi, Blumenkohl, jungen Bohnen oder Spargel.

Fricassee von Lammfleisch (Fricassee of Lamb). 2 Portionen. 1½ Pfund Lammfleisch wird in Stücke geschnitten, ein paar Augenblicke mit kochendem Wasser übergossen und in einem Topf, in welchem 1 Löffel Butter mit 1 Löffel Mehl verrührt wurde, mit 1 Tasse Wasser, einigen Citronenscheiben, Capern und etwas Salz 1 Stunde langsam gedünstet. Einige kurz vor dem Anrichten hinzugefügte, fein gehackte Sardellen machen das Gericht pikanter.

Ziegenbraten (Roast Kid). Man haut einer jungen Ziege nach dem Abziehen des Felles Kopf, Brust und Schultern ab, um dem Fleische die Gestalt eines Hasenbratens zu geben, schneidet die Füße ab und durchhaut auf der innern Seite der Keulen den Röhrknochen. Dann häutet und spickt man das Fleisch, legt es einige Stunden oder über Nacht in eine Beize von nicht zu scharfem Essig, Zwiebeln und Möhrenscheiben, Lorbeerblättern, Citronenscheibchen und Pfefferkörnern, bratet es 1—1¼ Stunde in ¼ Pfund Butter mit dem nöthigen Salz unter fleißigem Begießen und Nachschütten von etwas saurem Rahm und gibt die durchgeseihte Sauce dazu.

Ziegenfleisch-Ragout (Ragout of Kid). Die Schulterstücke, Hals, Brust, Leber und Nieren werden in Stücke zertheilt, in ¼ Pfund Butter mit Scheiben von Zwiebeln, Wurzelwerk und dem nöthigen Salz halb gar gedämpft, mit Mehl bestäubt und mit 1 Pint saurem Rahm übergossen, mit 1 Messerspitze Pfeffer oder

Paprika gewürzt und unter öfterem Umrühren weich gedünstet. Beim Anrichten gibt man die dickliche, entfettete und durchgeseihte Sauce über das Fleisch.

Pferdefleisch.

Das Pferdefleisch, welches von den alten Germanen sehr geschätzt und besonders bei ihren Opferfesten verzehrt wurde, hat einen großen Nährwerth. Erst gegen das Jahr 740 wurde der Pferdefleischgenuß, als heidnisch, den Deutschen verboten, aber noch im 11. Jahrhundert wurde in den Klöstern am Bodensee Pferdebraten verspeist.

Wo das Pferdefleisch behördlich untersucht wird, kann dasselbe unbedenklich genossen werden, nur sollte man es nicht gekocht, weil es dann am wenigsten angenehm schmeckt, sondern als Sauerbraten oder Gulasch zubereitet, genießen.

Geräuchert ist es dem Corned Beef und Büchsenfleisch vorzuziehen. Man benutzt für Pferdefleischgerichte die für das Rindfleisch angegebene Bereitungsweise, doch ist es vortheilhafter, es mit einer sauren Sauce zu geben, weil hierdurch die Faser weicher wird. Pferdefleisch läßt sich fast in jeder Weise wie Rindfleisch verwenden und sollte von sparsamen Hausfrauen, seiner Billigkeit wegen, bei Bereitung des Mittag- oder Abendessens mit verwendet werden. Welchen Aufschwung der Pferdefleischkonsum genommen hat, zeigt Paris, welches im Jahre 1894 23,186 Pferde, auf alle möglichen Weisen zubereitet, verspeiste.

Reisfleisch aus Pferdefleisch (Pillau of Horse Meat). 2 Portionen. 1 Pfund mageres Fleisch wird in fingerdicke Würfel geschnitten. In einem Topfe läßt man ein eigroßes Stück Fett heiß werden, gibt 1 in Scheiben geschnittene Zwiebel dazu, läßt dieselbe etwas gelb werden, schüttet die Fleischwürfel dazu und läßt das Fleisch, gut zugedeckt, weich dünsten, während man öfters einige Löffel heißes Wasser zusetzt. Ist das Fleisch weich, so gibt man ½ Theelöffel Salz, 1 Messerspitze weißen Pfeffer, 1 Tasse gewaschenen Reis und 5 Tassen heißes Wasser dazu, deckt den Topf zu und läßt die Speise langsam zerkochen. Der Reis muß weich und dick, aber doch saftig und fett sein.

Roſtbraten aus Pferdefleiſch (Horse Steak).

2 Portionen. 1½ Pfund gutes mageres Fleiſch wird in fingerdicke Scheiben geſchnitten, tüchtig geklopft, geſalzen und in heißem Fett auf beiden Seiten ſchön braun gebraten. Dann gibt man 1 in Scheiben geſchnittene Zwiebel und etwas heißes Waſſer dazu und läßt die Schnitten weich dünſten. Es muß ſtets ſoviel Saft um das Fleiſch ſein, daß daſſelbe beinahe davon bedeckt iſt. Entweder mit Kartoffeln umgeben, oder als Beilage zum Gemüſe, ſchmecken die Schnitten ebenſo gut, wie ſolche von Rindfleiſch, nur darf man nie friſches, ſondern etwas altſchlachtenes Fleiſch verwenden.

Schweinefleiſch.

		Preis P Pfund	
1. Rippenſtück, Rib,		12—14	Cents
2. Lende, Loin,	„ „	12—16	„
3. Keule, Leg,	„ „	10—12	„
4. Kamm, Neck,	„ „	8—10	„
5. Vorderkeule, Shoulder,	„ „	7—8	„
6. Kopf, Head,	„ „	2—3	„
7. Bauch, Belly (darunter liegen die Spare-ribs),	„ „	6—8	„
8. Dickbeine, Knuckles,	„ „	6—7	„
9. Spitzbeine, Feet,	„ „	1—2	„

Das Schwein wurde ſchon Jahrtauſende vor unſerer Zeitrechnung von den Chineſen als ungemein werthvoll erkannt und gezähmt;

es ist heute noch ein Beweis dafür, daß bei der Schöpfung für die Küche des armen sowie des reichen Mannes gesorgt wurde. Ist das Schweinefleisch auch weniger nahrhaft und im allgemeinen schwerer verdaulich, als Rind- oder Hammelfleisch, so ist doch ein Schweins-Cotelet, wenn es ordentlich gebraten wird, nicht schwerer verdaulich als ein Kalbs-Cotelet. Nur sollte man niemals rohes Schweinefleisch genießen, da es schwer verdaulich ist und dem Esser unwillkommene Einquartirung in Gestalt von Trichinen oder Bandwürmern bringen kann. Schweinebraten paßt nicht für heiße Sommertage, gibt aber eine vortreffliche Winterspeise. Gut geräuchertes Schweinefleisch ist sehr nahrhaft und am leichtesten verdaulich.

Schweins = Lendenbraten (Pork Tenderloins).

2 Portionen. 2 bis 3 Pfund Schweinslenden (Tenderloins) werden abgespült, abgetrocknet, mit Salz bestreut und mit einer Zwiebel in eine kleine Bratpfanne gethan, mit heißer Butter übergossen und unter fleißigem Begießen, indem man öfters etwas heißes Wasser in die Pfanne thut, im gut geheizten Ofen $\frac{3}{4}$—1 Stunde gebraten. Oder man schneidet die Lende wie Beefsteak, klopft sie mit dem flachen Messer, bestreut sie mit Pfeffer und Salz und bratet sie auf offenem Feuer auf beiden Seiten in Butter unter Zugabe von etwas Zwiebel und Citronenschale wie Beefsteak. Den Bratensaft kocht man mit etwas heißem Wasser los, gießt ihn zu den Lenden- stücken und garnirt den Rand der Schüssel mit kleinen Schmor- kartoffeln.

Schweins = Cotelets (Pork Chops). 2 Portionen.

1 Pfund Schweinsrippchen gibt gewöhnlich 3 Scheiben. Das Fleisch wird nur wenig geklopft, gesalzen, gepfeffert und aufeinander- gelegt. Nach $\frac{1}{2}$ Stunde werden die Cotelets in heißer Butter oder Schmalz braun gebraten. Man kann sie auch in Ei und dann in geriebenem Weißbrot wälzen und hierauf in heißer Butter auf beiden Seiten braun braten.

Schweins - Cotelets mit Kräutern (Pork Chops with Fine Herbs). 2 Portionen. 1 Pfund Schweins- cotelets werden geklopft und in schöne Form gebracht. 1 Löffel gehackte Petersilie, ebensoviel gehackte Zwiebel und Salbei werden mit etwas Butter unter beständigem Rühren geschwitzt, vom Feuer

genommen, dann ein wenig Pfeffer und Salz und 2 verrührte
Eier hinzugefügt. Man taucht die Cotelets zuerst in diese
Mischung, dann in geriebenes Weißbrot, läßt sie 10 Minuten
stehen und bratet sie in Butter auf beiden Seiten braun. Hat man
Fleischbrühe, so gießt man soviel davon hinzu, daß die Cotelets
¾ damit bedeckt sind und läßt sie noch 20 Minuten darin dünsten.
Man gibt Kartoffeln, Gemüse oder Salat dazu.

Schweinsrippen in Gallerte (Pork Chops in Jelly).

2 Portionen. Man hackt von 1½ Pfund Schweinsrippen
die Rippen kurz ab, schneidet sie so, daß je zwei an einander blei=
ben, kocht sie mit 2 Schweinsfüßen in halb Wasser, halb Essig,
unter Hinzufügung von 2 Lorbeerblättern, Gewürzkörnern, Salz,
Nelken und Citronenschale, schäumt sie beim Kochen gut ab und
läßt sie in 1—1½ Stunde gar werden. Dann legt man die
Rippen in einen Steintopf, seiht die Brühe durch, kocht sie noch
etwas ein und gießt sie abgekühlt über das Fleisch. Beim Gebrauch
gibt man das Fleisch mit einem Theil der Gallerte, worin es liegt,
nebst grünem Salat und Butterbrot als Abendessen zu Tisch.

Schweinefleisch auf böhmische Art (Stewed Pork, Bohemian Style).

2 Portionen. 1½—2 Pfund mageres
Schweinefleisch schneidet man in kleine Stückchen, legt dieselben in
einen Topf, fügt 1 Eßlöffel Salz, ebensoviel gestoßenen Kümmel,
eine Hand voll geriebenes Schwarzbrot und 1 Pint Bier dazu,
läßt das Fleisch gut zugedeckt darin in 1½ Stunde weich dämpfen,
und gibt es mit der Sauce zu Tisch.

Schweinefleisch mit Birnen [Schusterpfanne] (Roast Pork with Pears).

2 Portionen. 2—2½ Pfund Schweine=
braten, am besten vom Halsstücke, mit Speck und Schwarte darauf
(denn der Braten darf nicht zu mager sein) wird abgespült, abge=
trocknet und in eine Bratpfanne gelegt. Zur einen Seite des
Bratens schichtet man geschälte, frische Birnen, zur anderen Seite
geschälte Kartoffeln auf. Hierauf bestreut man das Fleisch mit
Pfeffer und Salz, das Ganze mit etwas Kümmelkörnern und läßt
Alles zusammen recht schön braun braten, indem man nach Bedarf
etwas Wasser zugießt.

Saure Schweinskeule auf bayrische Art (Leg of Pork, Bavarian Style).

Eine nicht zu fette frische Schweins=
keule von nicht mehr als 6—7 Pfund Gewicht wird abgehäutet und
in ein passendes Gefäß gelegt; man gibt Zwiebelscheiben, Citronen=
schale, Pfefferkörner, 3 Nelken oder einige Wachholderbeeren dazu,
gießt schwachen Essig darüber und läßt die Keule 4—5 Tage in
dieser Beize liegen, wendet sie aber täglich um. Sodann wird sie
gesalzen und gepfeffert und 2 Stunden hingestellt, worauf die Keule
in einer Bratpfanne oder in einem Topfe mit Fett oder Butter ¾
Stunde gebraten wird. Nun gießt man die Beize, mit 1 Tasse
Wasser verdünnt, darüber und dämpft die Keule in 1½ Stunde darin
weich. Wenn dies erreicht ist, nimmt man den Deckel des Topfes
ab und stellt den Braten noch ¼ Stunde in den Ofen, damit er
schön braun wird. Die durchgeseihte Brühe verdickt man mit etwas
geschwitztem Mehl, läßt sie dann etwas einkochen, damit sie sämig
wird, und gibt sie zu dem Braten, den man mit Kartoffelklößen und
Sauerkraut servirt.

Schweinebraten (Roast Pork).

Man nimmt dazu die
Keule, das Rückenstück oder die Schulter. Wenn das Thier jung ist,
läßt man die Schwarte auf dem Braten und schneidet sie mit einem
scharfen Messer kreuz und quer in schmale Streifen, so daß die Ober=
fläche in ½zöllige Vierecke getheilt ist. Mit 1 Eßlöffel Salz berie=
ben, legt man den Braten in die Pfanne, gießt 1 Tasse kochendes
Wasser dazu, legt 1 Zwiebel und ein Stückchen Brotrinde bei und
stellt den Braten in den gut geheizten Ofen. Der Schweinebraten
muß alle 10 Minuten mit seiner eigenen Brühe begossen werden;
kocht die Brühe ein, so gibt man löffelweise etwas heißes Wasser
dazu. Man rechnet 25 Minuten Bratzeit auf jedes Pfund Fleisch.
Die Bratensauce wird mit heißem Wasser oder Fleischbrühe losge=
kocht, entfettet, mit Pfeffer, Salz und 1 Löffel Tomato Catsup ge=
würzt, durchgeseiht und in einer Saucenschüssel dem mit etwas Pe=
tersilie garnirten Braten beigegeben. Als Beilage dienen Salat,
Sauerkraut, Erbsen oder Kartoffelbrei.

Spanferkel zu Braten (Roast Sucking Pig).

Ein
4 Wochen altes Spanferkel, welches 1 Tag vorher geschlachtet wor=
den ist, wird gereinigt, die Augen ausgestochen, die Haare abgesengt,

in kaltem Wasser abgewaschen, inwendig mit Salz und Pfeffer einge=
rieben und außen gut abgetrocknet. Dann biegt man die Vorder=
und Hinterfüße ein und legt es in knieender Stellung in die Brat=
pfanne. Hierauf salzt man es noch einmal von außen, gibt in den
Mund einen Stein oder Maiskolben, übergießt es mit heißer Butter
und läßt es unter fleißigem Begießen, jedoch ohne weiteren Zusatz
von Wasser 2 Stunden im heißen Ofen braten. Man muß Acht
geben, daß die Haut (infolge zu großer Hitze) keine Blasen bekommt;
zeigen sich Blasen, so muß man dieselben gleich durchstechen. Das
Spanferkel muß gelbbraun und knusprig werden. Ehe es auf den
Tisch kommt, steckt man ihm eine Citrone oder einen schönen rothen
Apfel in den Mund und garnirt es mit einem Kranze von Peter=
silie. Man servirt dazu Salat, Kartoffeln und Senf, sowie gerie=
benen Meerrettig. Nach Belieben kann man Leber, Herz und die
vorhergekochte Lunge fein hacken und in etwas Butter dünsten. Dann
röstet man mit 1 Löffel Mehl 1 fein gehackte Zwiebel, verrührt dies
mit Fleischbrühe zu einer dünnen Sauce, thut Salz, Citronensaft,
Pfeffer, Muskatnuß, sowie das Gehackte dazu, läßt Alles durchkochen
und servirt es mit dem Spanferkel.

Beim Zerlegen schneidet man zuerst den Kopf ab, theilt es
dann den Rücken entlang in Hälften, löst hierauf die Keulen und
Schultern und schließlich die Rippenstückchen ab.

Schweinefleisch und Bohnen (Pork and Beans).

2 Portionen. 1 Pint kleine weiße Bohnen werden in kaltem Wasser
über Nacht eingeweicht, mit erneutem kalten Wasser zum Kochen ge=
bracht, das Wasser abgegossen und dann mit frischem, kochendem
Wasser bedeckt. 1 Pfund gesalzenes, in Scheiben geschnittenes
Schweinefleisch wird den Bohnen beigefügt und langsam gekocht, bis
die Schalen der Bohnen sich lösen. Um dies zu erproben, thut man
3 oder 4 Bohnen in einen Löffel und bläst darauf; wenn die Schalen
Risse zeigen, sind die Bohnen gar. Hierauf nimmt man das Fleisch
heraus und gießt das Wasser ab. Die Bohnen gibt man in eine
irdene Bohnenschüssel, fügt 1 Theelöffel Salz und etwas Pfeffer
dazu, legt das Schweinefleisch in die Mitte der Schüssel, die Boh=
nen dicht herum, gießt über die Bohnen 1 Löffel Molasses, deckt zu
und läßt in einem nicht zu heißen Ofen 6 Stunden backen. Sind

die Bohnen für das Frühstück am Sonntag bestimmt, so kann man sie Samstag Abend spät in den Ofen thun und die Nacht über backen lassen. Benutzt man eine eiserne Backpfanne, so sollten die Bohnen nicht länger als 2 Stunden backen. Man servirt das Ge= richt in der Pfanne, in welcher es gebacken wurde.

Gefüllte Schweineschulter (Stuffed Shoulder of Pork).

Das Füllen des Fleisches verursacht etwas Mühe, ist aber gerade für einen sparsamen Haushalt sehr zu empfehlen, da man auf diese Weise mit dem Fleisch doppelt so weit kommt. Den Knochen läßt man heraus nehmen und zerhacken. Derselbe kommt mit in die Suppe oder wird besonders gekocht, um mit dieser Fleischbrühe die Sauce nachzufüllen. Die erforderliche Quantität trockenes Weißbrot wird eingeweicht, ausgedrückt und zart gerührt, auch ein Ei kommt hinzu. 1 Zwiebel wird fein geschnitten, in Butter weich (doch nicht dunkelgelb) gedünstet und hinzugegeben, ½ Pfund gehacktes Schweine= fleisch mag hinzukommen, darf aber auch wegbleiben; dann würzt man mit Pfeffer, Salz, etwas Muskatnuß, einer winzigen Quantität Nelken und einer Prise Majoran. Die Schulter wird mit etwas Salz ausgerieben, gefüllt und zugenäht. Auf den Boden der Pfanne werden die Scheiben einer Zwiebel und die Theile einer entzwei ge= brochenen, dünnen Scheibe Roggenbrot gelegt, das Fleisch darauf und eine Tasse kochenden Wassers darüber geschüttet. Man muß nun das Braten so reguliren, daß Brot und Zwiebel zwar Gelegen= heit haben, ein schönes Braun zu bekommen, aber daß sie nicht zu dunkel werden; da muß man eben ab= und zugeben. Zuletzt nimmt man das Fleisch heraus, läßt die Brühe einkochen, gießt das Fett ab, füllt Wasser nach, rührt Alles auf, läßt gut aufkochen und schlägt die Sauce durch.

Gebackene Schweinsnieren (Baked Pig's Kid-neys). 2 Portionen.

4 Schweinsnieren werden gewaschen, ge= salzen und mit etwas Butter und 1 Glas Rothwein, in gut zuge= decktem Topfe, weich gedämpft. Nach dem Erkalten werden sie in ½ Zoll dicke Scheiben geschnitten, in Ei und dann in geriebenem Weißbrot gewälzt und auf beiden Seiten braun gebraten. Man gibt Citronenviertel dazu. Kalbs= oder Hammelsnieren kann man auf die gleiche Weise zubereiten.

Saure Schweinsnieren (Stewed Pig's Kidneys).

2 Portionen. 1 Eßlöffel Butter wird mit 1 Eßlöffel Mehl und einer fein geschnittenen Zwiebel in der Pfanne gebräunt. Man gibt dann ½ Tasse Wasser, 2 Lorbeerblätter, etwas Pfeffer, 2 Eß= löffel Essig, etwas gehackte Petersilie und 1 Gewürznelke dazu, legt 3 in dünne Scheiben geschnittene Nieren hinein und läßt sie gut zugedeckt 10 Minuten lang dünsten. Erst einige Minuten vor dem Anrichten thut man das nöthige Salz dazu, um das Hartwerden der Nieren zu vermeiden.

Gebackene Schweinszungen (Baked Pig's Tongues). 2 Portionen. 1 Pfund Schweinszungen wird in Wasser mit Salz, Wurzelwerk, Lorbeerblättern und etwas Essig weich ge= kocht. Sodann zieht man die Haut ab, schneidet die Zungen in schräge fingerdicke Scheiben, wälzt sie, erst in Ei und dann in einer Mischung von geriebenem Weißbrot, gehackter Zwiebel, Petersilie, Pfeffer und Salz. Hierauf werden die Schnitten in heißer Butter oder Fett gebacken und mit Citronenscheiben garnirt.

Marinirte Schweinsfüße (Sauced Pig's Feet).

2 Portionen. 6 Stück Schweinsfüße werden gut gereinigt und geputzt, 2 bis 3 Stunden in kaltes Wasser gelegt, abgekratzt und an 2 oder 3 Stellen mit dem Hackmesser getheilt. Hierauf werden die Füße in einem Topfe mit gesalzenem Wasser bedeckt und 4 bis 5 Stunden langsam gekocht. ½ Pint guter Essig, 1 Dutzend Nel= kenkörner, 2 Lorbeerblätter und etwas Muskatblüthe (Mace) werden 1 Minute zusammen gekocht. Die mit Pfeffer und Salz bestreuten Schweinsfüße legt man mit der Sauce in eine irdene Schüssel, gießt den warmen, gewürzten Essig darüber und läßt das Gericht an einem kühlen Platz über Nacht stehen.

Gepökelte Schweinsknöchel (Salted Pork). Man läßt sich vom Fleischer ungefähr 4 Pfund Schweinefleisch vom Hals, Rüssel, Ohr und Bein (Knuckle) in Stückchen hacken, reinigt es, und vermischt es reichlich mit Salz und 1 Unze Salpeter. Dann wird das Fleisch in einen steinernen Topf gelegt, mit einem Holzdeckel, den man mit einem Stein beschwert, gut bedeckt, und wöchentlich zweimal umgewendet. Nach 14 Tagen kann man das Fleisch, ohne

Salz zu gebrauchen, mit Wasser weich kochen. Kartoffelklöße, Sauerkraut, Erbsen, Linsen, Weißkraut oder Grünkohl sind passende Beilagen.

Schweinefleisch=Röllchen (Rolled Pork). 2 Portionen.

1½ Pfund durchwachsenes, feingehacktes Schweinefleisch, Salz, Muskat, etwas geriebene Citronenschale, 1 fein gehackte Zwiebel, 2 Eier, etwas geriebenes Weißbrot und ein wenig Rahm werden gut vermengt, mit der Hand zu kleinen Würstchen gerollt, mit geriebenem Weißbrot bestreut und in Butter hellbraun gebacken. Man gibt grünen Salat dazu.

Geräucherten Schinken zu kochen (Boiled Ham).

Man legt den Schinken über Nacht in kaltes Wasser, entfernt dann alles Unreine mit einer Wurzelbürste, spült ihn ab und setzt ihn, mit kaltem Wasser bedeckt, die Schwarte nach oben, auf's Feuer. Eine Zugabe von 6 Nelken, 1 Lorbeerblatt und einigen Pfefferkörnern ist, wenn auch nicht gerade nothwendig, doch gut. Der Schinken muß schnell zum Kochen gebracht werden, dann aber vom starken Feuer zurückgezogen, langsam ungefähr 3½ Stunde (je nach dem Gewicht) weiterkochen, worauf man ihn vom Feuer nimmt und noch ½ Stunde in der heißen Brühe läßt. Dann hebt man ihn heraus, zieht die Schwarte ab, entfernt das überflüssige Fett und legt Petersilienblätter um den Rand der Schüssel. Wird der Schinken nicht auf einmal verbraucht, so bedeckt man den übrigen Theil mit der abgezogenen Schwarte. Sauerkraut, Erbsenbrei, Spinat oder Kartoffeln sind passende Beilagen. Schinkenreste verwendet man zu Schinkenkartoffeln oder Schinkennudeln.

Schinken in Cider zu kochen (Ham boiled in Cider).

Der Schinken wird gereinigt, 24 Stunden mit kaltem Wasser bedeckt und hierauf abgetrocknet. Dann wird er in einen emaillirten Topf oder Kessel gelegt und mit Cider ganz bedeckt. Man kocht ihn langsam, indem man 15 Minuten auf jedes Pfund rechnet, und läßt ihn dann in der Kochflüssigkeit abkühlen. Sodann zieht man die Schwarte ab, trocknet den Schinken mit einem Tuche, belegt ihn mit Scheiben von weichgekochten Möhren und 1 rothen Rübe und garnirt die Schüssel mit Petersilie.

Gebackener Schinken (Baked Ham). Der Schinken wird gereinigt, 24 Stunden mit kaltem Wasser bedeckt, abgetrocknet und dick mit einem steifen Brotteig überzogen. In einer Backpfanne läßt man ihn dann bei nicht zu heißem Ofen, 25 Minuten auf jedes Pfund gerechnet, backen. Oder man schiebt ihn zu gleicher Zeit mit großen Laiben Schwarzbrot in den Backofen; wenn diese ausgebacken sind, ist auch der Schinken fertig. Auf diese Art zubereitet bleibt der Schinken am saftigsten. Die Brotkruste gibt, mit Wasser aufgekocht, eine gute Suppe.

Schinkenschnitten (Ham Steaks). 2 Portionen. Man nimmt 3 oder 4 fingerstarke Scheiben geräucherten Schinken ohne Fett, legt sie einige Stunden vor dem Braten in Milch, trocknet sie ab, klopft sie etwas, streut etwas Pfeffer darüber, wälzt sie in Ei und dann in geriebenem Weißbrot und bratet sie über gelindem Feuer in Butter auf beiden Seiten gelbbraun. Gebratener Schinken ist eine angenehme Beigabe zu jungem Gemüse oder Saratoga-Kartoffeln.

Schinken mit Eiern (Ham and Eggs). 2 Portionen. ½ Pfund geräucherter Schinken wird in 4 hübsche Scheiben geschnitten. In einer Pfanne wird etwas Butter heiß gemacht und werden die Scheiben auf beiden Seiten leicht gebraten; indessen schlägt man 4 Eier behutsam auf, so daß die Dotter nicht zerreißen, und läßt mit Vorsicht auf jede Schinkenscheibe eins derselben hingleiten. Die Eier werden hierauf mit ein wenig Pfeffer, gehackter Petersilie oder fein geschnittenem Schnittlauch bestreut und das Ganze auf einer gewärmten flachen Schüssel angerichtet. Man gibt Kartoffelbrei oder Salat dazu.

Schinken-Croketts (Ham Croquettes). 2 Portionen. Man mischt 2 Tassen heiß zerquetschte Kartoffeln, 1 Eßlöffel Butter 2 Eidotter und 1 Prise Pfeffer unter fortwährendem Rühren zu einem Brei und läßt denselben abkühlen. 1 Tasse feingehackten Schinken und 1 Eidotter rührt man in einer Pfanne über dem Feuer 1 Minute lang und läßt es dann in einem Teller abkühlen. Sind die Kartoffeln kalt, so nimmt man 1 großen Eßlöffel von dieser Masse in die Hand, drückt ein Loch hinein, füllt dieses mit 1 Theelöffel Schinken und formt so eine Kartoffelkugel mit Schinkenfülle. Diese Kugel wälzt man in Ei und geriebenem

Weißbrot und bäckt sie in kochendem Fett. Grüner Salat ist eine passende Beigabe.

Schinken = Nudeln (Ham with Noodles). 2 Portionen.

1 Pfund gekochter Schinken, oder Schinkenreste — fett und mager — wird fein gehackt, mit 1 Pint saurem Rahm und 2 Eiern gut gemengt und mit etwas Muskatnuß und Pfeffer gewürzt. Aus 2 Eiern, dem nöthigen Mehl und 1 Prise Salz macht man einen Nudelteig, rollt ihn dünn aus und schneidet ihn nach dem Trock= nen in fingerbreite Nudeln. Dieselben werden in siedendem Salz= wasser einmal aufgekocht, in ein Sieb geschüttet und mit kaltem Wasser übergossen, damit sie abkühlen und nicht zusammenkleben. Eine Blech= oder Porzellanschüssel wird mit Butter ausgestrichen, eine Lage Nudeln hineingelegt; hierauf kommt abwechselnd eine Lage Schinkenmischung und eine Lage Nudeln, bis die Pfanne gefüllt ist, jedoch muß die obere Lage aus Nudeln bestehen. Man legt dann 1 Löffel Butter obenauf und bäckt die Speise 1 Stunde lang bis die Kruste schön braun ist. Hart gewordene Schinkenreste muß man vor dem Hacken etwas weich kochen, um sie hierzu verwenden zu können.

Frühstückswürstchen (Breakfast Sausages). 2 Por=

tionen. Wer morgens gern gebratene Würstchen ißt und sich die= selben selbst zubereiten will, verfahre in folgender Weise: 1 Pfund mageres Schweinefleisch muß recht fein gehackt (am besten und schnellsten mit einer Hackmaschine) und mit ½ Theelöffel Salz, ½ Thee= löffel pulverisirten Salbeiblättern und 1 Prise Pfeffer gut gemischt werden. Dann formt man auf einem mit geriebenem Weißbrot bestreutem Brett kleine Würstchen, läßt in der Pfanne 1 Löffel Bratenfett oder Butter heiß werden, legt die Würstchen hinein und bratet sie an beiden Seiten schön braun.

Bratwurst (Sausage). 2 Portionen.

1 Pfund Brat= wurst wird 10 Minuten bei einmaligem Umlegen in heißem Wasser gekocht, dann mit der Brühe aus der Pfanne genommen. 1 Thee= löffel Butter wird gebräunt und die Würste, ohne hineinzustechen, darin gelbbraun gebraten. Zur Herstellung der Sauce rührt man etwas Mehl in die Butter und verdünnt mit der Wurstbrühe. Man gibt die Würste zu Sauerkraut, Kohl, Erbsen, Linsen, Kar= toffelbrei und den meisten jungen Gemüsen.

Schweinefleisch=Sülze (Pickled Pork in Jelly).

Ein Schweinskopf wird gereinigt und mit einigen zuvor abgebrüh=
ten, gereinigten und eingehackten Kalbs= sowie einigen Schweins=
füßen mit kaltem gesalzenen Wasser aufs Feuer gesetzt. Sobald
die Masse kocht, gibt man ½ Pint Essig, 6 in Scheiben geschnittene
Zwiebeln, Nelken, Pfefferkörner und 2 Lorbeerblätter dazu und läßt
das Fleisch darin weichkochen. Nach dem Erkalten löst man die
Knochen aus und schneidet das Fleisch in kleine Würfel oder län=
gere schmale Streifen. Damit kann man auch Reste gekochten oder
gebratenen Fleisches, Schinken oder Cervelatwurst in Würfel ge=
schnitten, vermischen. Man seiht die Brühe durch und läßt sie, so=
wie auch das Fleisch, erkalten. Wenn die erkaltete Brühe noch
nicht steif steht, so muß sie ohne das Fleisch so lange eingekocht
werden, bis ein paar Tropfen davon, auf einen Teller gegossen,
gleich dicklich werden. Inzwischen bestreicht man eine Form mit
Salatöl, belegt sie mit kernlosen Citronenscheiben, kleinen Pfeffer=
gurken oder Maiskölbchen. Die Brühe entfettet man, reibt etwas
Citronenschale hinein und kocht das Fleisch noch 5 Minuten darin,
kostet die Brühe, ob genug gesalzen, fügt nach Geschmack noch Salz
und Pfeffer hinzu und gießt die dickflüssige Masse in die Formen.
Vor dem Gebrauche wird die Sülze am Rande mit dem Messer
losgelöst, umgestürzt und mit Essig und Oel zu Tisch gegeben.
Im Winter oder in der Eiskiste erstarrt die Masse in einigen
Stunden, im Sommer am kühlen Orte erst den nächsten Tag.
Diese Sülze schmeckt vorzüglich als Abendessen.

Wildpret.

Alles Wild zeichnet sich durch einen feinen, pikanten Geschmack und Leichtverdaulichkeit vor den zahmen, gemästeten Thieren aus. Es gehört zu den kräftig nährenden und vorzugsweise blutbildenden Fleischgattungen und ist daher Genesenden besonders zu empfehlen. Das Wildpret soll eine frische, dunkelrothe Farbe und noch nicht jenen Verwesungsgeruch angenommen haben, durch welchen der ihm eigene feine Geschmack verloren geht.

Das Fleisch soll nur ganz schnell abgewaschen, aber nicht gewässert werden. Die Braten müssen gut gehäutet, gespickt und in reichlich Butter oder Speck bei nicht zu starkem Feuer so behandelt werden, daß sie saftig bleiben. Ein Haupterforderniß ist fleißiges Begießen. Wenn man zum Zugießen saure Sahne nimmt, sobald der Braten halbgar ist, so erhöht dies den Wohlgeschmack bedeutend. Sobald das Wildpret auf dem Markt erscheint, sollte man es, schon der Abwechselung wegen, nicht unterlassen, mitunter aus wilden Kaninchen (rabbits) oder Hirschfleisch ein schmackhaftes und doch nicht kostspieliges Gericht zu bereiten.

Gebratener Hirschrücken (Saddle of Venison Roasted). Das Hirschfleisch ist am gelindesten und schmackhaftesten, wenn man es nicht beizt. Rücken, Keule, ja auch der Hals sind gebraten immer feiner, als dieselben Stücke mit der Essigbeize zubereitet, da der gekaufte Essig mitunter schlecht ist und dem Fleische auch noch den nahrhaften Saft entzieht. Man kann Rücken und Keule in den Städten pfundweise kaufen, sollte aber nie weniger, als 4 Pfund davon zum Braten nehmen, da das Fleisch sonst leicht trocken wird. Dasselbe wird gehäutet, gut gespickt, in eine Pfanne gelegt, worin man ¼ Pfund Butter und ¼ Pfund würflig geschnittenen Speck zerlassen hat, mit Salz bestreut, mit einem passenden Deckel oder butterbestrichenen Papier zugedeckt und in einen ziemlich heißen Ofen gethan. Man läßt den Braten 1 Stunde so zugedeckt, begießt ihn aber alle 10 Minuten mit Butter und schüttet von Zeit zu Zeit etwas heißes Wasser in die Pfanne. Gegen Ende der Bratzeit, die je nach der Größe des Stückes 1—2½ Stunden dauert, gießt man anstatt des Wassers 3 Löffel fetten, sauren Rahm zu und bestreicht auch den Braten, der nicht gewendet wird, damit. Der mit Wasser aufgekochte Bratensatz wird mit etwas Mehl sämig gekocht und in einer Saucenschüssel gereicht. Johannisbeeren-Gelee oder Preißel-beeren-Compot und Kartoffelklöße sind passende Beigaben. Das Halsfleisch des Hirsches ist billiger, als das vom Rücken oder Schle-gel, gibt aber doch einen wohlschmeckenden Braten.

Gedämpftes Hirschfleisch (Stewed Venison à la Byron). 2 Portionen. Der englische Dichter Byron war ein großer Liebhaber des Hirschfleisches und besonders schmeckte ihm die folgende Zubereitungsweise, welche deshalb seinen Namen erhalten hat. 2 Pfund Hirschfleisch vom Hals oder der Brust wird in dreifingerbreite und -lange und fingerdicke Stücke geschnitten, in zerlassener Butter und Speck auf beiden Seiten gebräunt, dann etwas heißes Wasser zugegossen und ¼ Stunde gedämpft, wobei man den Schaum ab-nimmt. Hierauf fügt man 1 Eßlöffel geriebene Schwarzbrotrinde, 2 Lorbeerblätter, 1 feingeschnittene Zwiebel, etwas geriebene Citro-nenschale, 3 Pfeffer- und 3 Nelkenkörner, 1 in Scheiben geschnittene saure Gurke und 6 Löffel Essig dazu. In dieser Brühe läßt man das Fleisch 1 Stunde langsam kochen, nimmt es dann heraus, gibt, so man hat, 1 Glas Rothwein und 1 Stückchen Zucker in die Sauce und schüttet sie durch ein Sieb über das Fleisch. Salzkartoffeln sind eine passende Beilage.

Gebratene Hirschschnitten (Venison Steak). 2 Por-tionen. 2 Pfund Hirschfleisch von der Keule wird in handgroße Scheiben geschnitten, geklopft, gepfeffert und in heißer Butter auf

beiden Seiten in 8 Minuten braun gebraten. Die Schnitten wer=
den erst, nachdem sie gebraten sind, auf jeder Seite gesalzen.

Wildpret=Ragout (Ragout of Venison). Kopf, Hals,
Brust, Leber und Herz des Hirsches geben ein angenehmes und bil=
liges Gericht. Ehe man das Fleisch in passende Stücke schneidet,
muß man es von allem geronnenen Blute und allen Haaren befreien
und dann waschen. Man läßt diese Fleischstücke einige Minuten mit
Speckwürfeln oder Nierenfett braten und fügt dann Folgendes hinzu:
Salz, Pfeffer, 2 Lorbeerblätter, 2 kleingeschnittene Zwiebeln, 1 Löffel
Senf, Citronenschale, je 1 Tasse Essig und kochendes Wasser, bis alles
Fleisch bedeckt ist; hierin läßt man das Fleisch weichkochen. Wenn
endlich die Fleischstücke herausgenommen, von allen Knochen befreit
und in einen andern Topf gelegt worden sind, bereitet man die
braune Wildpretsauce, indem man 2 Löffel Mehl in Nierenfett bräunt
und mit der durchs Sieb gegossenen Brühe gut durcheinander rührt.
Nachdem die Sauce dann über das Fleisch geschüttet und einige in
Scheiben geschnittene saure Gurken, sowie ein paar Löffel Kapern
dazu gegeben worden sind, läßt man das Ganze noch 10 Minuten
kochen. Vor dem Anrichten, mit Salzkartoffeln als Beilage, rührt
man aber noch in das Ragout ein wallnußgroßes Stückchen Butter,
1 Theelöffel Zucker und womöglich 1 Glas Wein.

Hasen und Kaninchen.

Die alten Griechen und Römer verehrten den Hasen, mit Recht,
als Symbol der Fruchtbarkeit, was aber die Römer nicht abhielt,
das heilige Thier, auf verschiedene Weise zubereitet, zu verspeisen,
denn sie glaubten, der Genuß des Hasenfleisches verleihe Schönheit.
Der in Europa heimische Hase, welcher oft ein Gewicht von 15
Pfund erreicht, ist in diesem Lande nur auf den Tafeln der feinen
Hotels und Speisehäuser zu finden, da sein amerikanischer Verwand=
ter, das wilde Kaninchen (rabbit), zwar nicht so groß und stark
wird, aber doch einen guten und viel billigeren Braten gibt. Das
wilde Kaninchen hat, wenn es jung ist, weiche, zarte Ohren, bei den
alten hingegen sind die Ohren hart und an den Ränden rauh. Die
Zubereitungsweise des wilden Kaninchens ist dieselbe wie die des
Hasen.

Abziehen des Hasen. Man hängt den Hasen an einen starken Haken, weidet ihn aus, indem man vom Schwanze aus den Leib auf= schneidet, die Eingeweide herausnimmt, die Galle von der Leber ab= schneidet und wegwirft und letztere nebst Herz und Lunge zurückbe= hält. Dann löst man das Fell vom Bauche, schneidet rings um die Pfoten die Haut ab und zieht das Fell nach und nach, mit dem Messer nachhelfend, über den Rücken und die Keulen hinunter, löst es von den Vorderläufen, schneidet die Ohren ab und zieht es voll= ends über den Kopf. Man kann auch den Hasen abziehen, ehe man ihn ausnimmt. Er wird an den Hinterläufen aufgehängt; darauf löst man das Fell des ersten Gelenkes von diesen, macht bei jeder Keule einen Einschnitt nach dem Schwanze zu, streift das Fell von den Keulen ab und zieht es, indem man mit dem Messer nachhilft, über den ganzen Körper herunter. Die Ohren und Pfoten läßt man am Fell. Die Augen sticht man aus.

Vor Allem hüte man sich, den Hasen bis zur Wahrnehmung auch des leisesten hautgoût (angehender Fäulniß) hängen zu lassen — mit ihm geht die Feinheit des Wohlgeschmackes, die dem Hasen eigenthümlich ist, verloren. Der Hase darf n i c h t g e w ä s s e r t wer= den, sonst büßt er den feinen Wildgeschmack ein. Wenn der Hase gefroren ist, hält er sich lange, muß aber bei eintretendem Thauwet= ter sofort verwendet werden. Namentlich feuchtwarmes Wetter ist dem Wild gefährlich. Es ist ein Irrthum, zu meinen, daß der Hase durch das Einlegen in Essig besser schmecke. Man sollte das nur als Noth= behelf, wo man ihn durchaus länger halten muß, anwenden, oder es höchstens, wenn man mehrere hat, der Abwechselung wegen thun.

Hasen zu braten (Roast Hare or Rabbit). Die Vor= derbeine, die Haut des Bauches, der Kopf, das Herz, Leber und Lunge werden abgeschnitten, mit Zwiebelscheiben, Nelken, Lorbeerblatt und Pfefferkörnern in einen kleinen Steintopf gelegt und Essig dar= über gegossen, um später als Ragout verwendet zu werden. Zum Braten wird blos der Rücken nebst Hinterläufen benützt. Man legt dies Stück mit der inneren Seite nach unten in die Pfanne. Daß das Fleisch vorher¹ gut enthäutet und mit Speckstreifen gespickt wurde, versteht sich von selbst. Zum Braten nimmt man Butter, Schmalz oder Speckwürfel. Diese läßt man vorher heiß werden, gibt 2 Zwie= beln und eine Gelberübe hinein und gießt eine Tasse Wasser hinzu.

Dann erſt legt man den Haſen in die Pfanne und begießt ihn, je
öfter, deſto beſſer. Es iſt gut, die Füße mit Speck zu bedecken, damit
ſie nicht hart braten. Sobald der Speck gelb geworden, iſt auch ge=
wöhnlich das Fleiſch gar, was je nach dem Alter des Haſen ¾ bis
1½ Stunden dauert. Sollte der Speck bei einem älteren Thiere zu
dunkel werden, ſo kann man ihn etwas abſchneiden. Zuletzt gießt
man ½ Taſſe ſauren Rahm in die Sauce, verdickt ſie mit angerühr=
tem Mehl und fügt, wenn man für das Säuerliche eine Vorliebe
hat, einen Löffel Eſſig hinzu. Man darf den Haſen nach dem Gar=
werden nicht im Backofen ſtehen laſſen, ſonſt wird er trocken und
geſchmacklos. Die Sauce darf nicht zu dunkel ſein. Man gibt Roth=
kraut, Salzkartoffeln oder Preißelbeeren=Compot dazu.

Mainzer Topfhaſen (German Potted Hare). Man
läßt ¼ Pfund Butter oder Speck heiß werden, macht dann aus dem
gut gereinigten, enthäuteten und in Portionen zerlegten Haſen und
1 Pfund geſalzenen und in fingergroße Streifen zerſchnittenen
Schweinefleiſch abwechſelnd Lagen, zwiſchen die man reichlich Zwie=
beln und auf die Haſenlage auch Salz und Pfeffer ſtreut. Die Zu=
gabe von 2 oder 3 Wachholderkörnern und einem kleinen Lorbeer=
blättchen ſchadet nichts, wenn man den Geſchmack mag. Das Alles
läßt man nebſt 1½ Taſſen Fleiſchbrühe ½ Stunde lang dämpfen,
gießt dann ein Glas Rothwein darüber und dämpft das Fleiſch völ=
lig weich. Der Topf muß ſehr feſten Verſchluß haben. Die Sauce
wird zuletzt mit etwas Mehl verdickt.

Haſenpfeffer (Stewed Hare or Rabbit). Die Klein=
theile des Haſens, die man nicht zum Braten verwendet, laſſen ſich
ganz gut einige Tage aufbewahren, wenn man ſie in Eſſig legt und
jeden Tag umwendet. Vor dem Gebrauch theilt man die Vorder=
beine nebſt Bauchhaut, ſpaltet den Kopf und wäſcht Alles ſammt
Herz, Leber und Zunge raſch ab. Dann kocht man es in dünner
Bouillon oder Waſſer mit einem Weinglas Eſſig, Lorbeerblatt, Pfef=
ferkörnern, Citronenſchale, Zwiebel und etwas Peterſilie ziemlich weich,
röſtet in Butter und etwas würfelig geſchnittenem Speck 2 oder 3
Löffel Mehl braun, verrührt es mit der durchgeſeihten Haſenbrühe,
gibt 1 Stückchen Zucker und 1 Glas Rothwein hinzu, thut das
Fleiſch hinein und dämpft es in der Sauce vollends weich. Das

in Essig verrührte Hasenblut kommt zuletzt hinzu, darf aber nicht älter, als drei Tage sein; überdies schmeckt das Gericht auch ohne Hasenblut ganz gut. Der Hasenpfeffer wird mit Salzkartoffeln oder Klößen angerichtet.

Hasenragout (Ragout of Rabbit). Man zerlegt die Keulen, den Rücken und die Vorderläufe eines jungen Hasens in passende Stücke, häutet und spickt sie, bestreut sie mit Salz, Pfeffer und Mehl und bratet sie mit einer gebräunten Zwiebel in 2 Löffel Butter und gewiegtem Speck auf beiden Seiten hellbraun. Dann stäubt man wieder Mehl darüber, ungefähr 1 bis 2 Löffel voll, gibt Bouillon und 1 Glas Weißwein hinzu, auch Citronenschale, geschnittene Champignons oder 1 kleine Messerspitze Paprika, etwas Capern und einige Löffel fetten, sauren Rahm und läßt das Ragout in der sämigen Sauce zugedeckt langsam vollständig weichdämpfen. Man kann die Schüssel mit kleinen Klößchen und Citronenrädchen garniren und Salzkartoffeln dazu geben.

Hasenragout auf andere Art. Die Hasen werden abgezogen, gehäutet und in Stücke zerhackt. Man legt die Stücke in einen Topf und bedeckt sie mit heißem Wasser. Sobald es kocht, gibt man 1 Tasse Essig, 1 Lorbeerblatt, 6 Pfeffer- und 3 Nelkenkörner, etwas Salz, 1 Zwiebel und 1 Messerspitze Paprika hinzu und läßt das Fleisch 1½—2 Stunden darin kochen. Dann fügt man 2 Eßlöffel gebräuntes Mehl bei und servirt das Ragout mit Salzkartoffeln und der Länge nach geschnittenen sauren Gurken.

Fricadellen von Kaninchenfleisch (Fricandelles of Rabbit). 2 Portionen. ¾ Pfund Kaninchenfleisch wird fein gehackt, mit 1 Ei, 4 Stück Zwieback oder 6 Löffel geriebenem Weißbrot, 1 geriebenen Zwiebel, gestoßenem Pfeffer und Salz nach Geschmack geknetet und in längliche Fricadellen geformt, in Ei und dann in Mehl gewälzt und in Butter oder Fett gebraten. Die Sauce wird mit 1 oder 2 Löffel saurer Sahne und etwas Mehl sämig gemacht. Man gibt dazu Salzkartoffeln und junge Gemüse.

Kaninchen zu braten. Das Kaninchen wird ebenso zubereitet, gespickt und gebraten wie der Hase. Nur sollte es ein männliches, nicht zu altes Thier sein. Alte Thiere sollte man zu Ragout oder

Kaninchenpfeffer verwenden, welches Gericht ebenso, wie unter Hasen=
pfeffer angegeben, zubereitet wird.

Kaninchen=Fricassee (Fricassee of Rabbit). 2 Por=
tionen. Ein in Stücke getheiltes Kaninchen wird nebst 4 Unzen
durchwachsenem, würflig geschnittenem Speck (bacon), 1 in Scheiben
geschnittenen Zwiebel, 1 Bündelchen Petersilie, 1 Lorbeerblatt, Salz
und Pfefferkörnern in einen Topf gelegt, mit Wasser übergossen, 20
Minuten langsam gekocht und dann mitsammt dem Speck herausge=
nommen. 1 Löffel Butter schwitzt man hellbraun mit 1 Löffel Mehl,
verkocht dies mit der durchgeseihten Kaninchenbrühe zu einer sämigen
Sauce, dämpft die Kaninchenstücke, den Speck und einige kleine
Zwiebeln darin weich, schöpft das Fett dann ab, mischt die Sauce
mit 2 in etwas Milch verrührten Eiern und gibt vor dem Anrichten
den Saft einer halben Citrone dazu.

Gedämpftes Kaninchen auf französische Art
(Stewed Rabbit, French Style). 2 Portionen. Ein in Stücke
zertheiltes Kaninchen legt man mit zerschnittenen Zwiebeln, Möhren,
Bohnen, Kartoffeln, Erbsen, etwas Sellerie, Petersilie, Salz, Pfeffer
und 2 Löffeln Butter oder Rindsfett in einen Topf, füllt denselben
mit Wasser, deckt gut zu und läßt das Fleisch 3 Stunden dämpfen.
Sodann nimmt man es heraus, schmort es 5 Minuten in zerlasse=
nem Speck, richtet die durch einen Durchschlag gestrichenen Gemüse
darüber an und garnirt das Ganze mit gerösteten Semmel= oder
Weißbrotschnitten.

Geflügel, zahmes und wildes.

Das Fleisch vom zahmen, ausgewachsenen Geflügel ist reich an Eiweißstoffen und eignet sich besonders als Nahrung für Vollblütige und Hämorrhoidalleidende. Man muß bei dem Einkauf von Geflügel die Unterscheidungszeichen der jungen und alten Thiere gut beachten, da die letzteren wohl gute Suppen geben, auch gehackt zu Füllungen verwandt werden können, aber als Braten nicht schmackhaft sind. Bei der Auswahl der jungen Thiere ist darauf zu sehen, daß sie möglichst fett sind. Die Merkmale, wodurch sich junge von alten Thieren unterscheiden, sind bei jeder Thierart verschieden. Junge **Hühner** erkennt man an den kurzen, hellrothen Kämmen, **junge Tauben** haben kleine Köpfe, dicke Schnäbel und unter den Flügeln Flaum; **junge Enten** und **Gänse** haben hellgelbe Füße und Schnäbel; bei alten sind sie dunkelgelb. Bei **jungen Truthühnern** sind die Lappen auf dem Kopfe und unter der Kehle nicht so dunkel geröthet, auch die Beine weniger roth, als bei den alten Thieren. Die Enten sind am besten von August bis December; die Gänse von Mitte October bis Mitte Januar, die alten Hühner im Winter, wenn sie keine Eier legen; die jungen vom Mai bis zum Herbst und die Kapaunen im Winter. Hühnern, Kapaunen und Truthühnern schneidet man mit einem scharfen Messer die Gurgel durch, der Taube wird der Kopf abgeschnitten, der Ente durchschneidet man das Genick oder haut ihr mit einem Beile den Kopf ab, die Gans tödtet man, indem man ihr das Genick durchschneidet. Das Blut wird gewöhnlich in etwas Essig aufgefangen, gequirlt und zu Gänseklein verwandt und die Wunde mit etwas Stroh verbunden, damit die Federn nicht blutig werden. Es ist am besten, die geschlachtete Gans sogleich zu rupfen, die Flaumfedern von den größeren abzusondern, die Kiele aus der Haut zu ziehen und die langen Haare abzusengen. Am Steiß macht man einen Einschnitt, so daß man mit der Hand durch kann und nimmt die Eingeweide aus, haut Kopf, Hals, Füße und die Flügel bis zu dem ersten Gelenk ab, zieht die Gurgel aus dem Halse, reinigt den aufgeschnittenen Magen und wässert das an den Gedärmen befindliche Fett gut aus. Alles Federvieh rupft sich am besten gleich nachdem es geschlachtet ist, nur Wildgeflügel muß in den Federn einige Tage hängen bleiben. Zahmes Geflügel wird von oben nach unten, wildes von unten nach oben gerupft; Gänse, Enten und Truthühner werden immer trocken gerupft. Nach dem Rupfen wird jedes Geflügel abgesengt, entweder über einer Spiritusflamme oder über angezündetem Papier oder Stroh. Hühner werden auch häufig einige Minuten in heißes Wasser gelegt, bis sich die Federn leicht loslösen, doch soll man sie nicht brühen. Dann macht man der Länge nach am Steiß einen Einschnitt, nimmt vorsichtig die Gedärme heraus, damit man nicht die Galle zerdrückt, schneidet den Ausgangsdarm dicht an dem Ende ab, trennt die Galle von der Leber, schneidet den Magen auf, zieht die innere harte Haut ab, sticht die Augen mit einem spitzen Messer aus, bricht die Hornhaut vom Schnabel, schneidet den unteren Kiefer sammt Zunge und die Füße am ersten Gelenk ab. Dann biegt man die Flügelenden nach dem Rücken zurück, drückt die Brustknochen flach und schiebt die Keulen zurück.

Will man Geflügel kochen, so läßt man Hals und Flügel daran und schneidet die Füße am Kniegelenk ab. Alte Hühner, Gänse und Truthühner, welche man braten will, werden viel zarter, wenn man sie $\frac{1}{2}$—$\frac{3}{4}$ Stunde mit 1 Tasse Wasser, gut zugedeckt, dämpfen läßt, ehe sie in den Backofen kommen; mit dem Safte begießt man nach und nach das bratende Geflügel.

Gebratenes junges Huhn (Roast Chicken). 2 Por=

tionen. (Das Haushuhn, dessen Heimath Ostindien ist, wurde durch
Columbus, auf dessen zweiter Reise (1493) nach Amerika, hier ein=
geführt.) Ein junges Huhn von 2—2½ Pfund wird gereinigt, ge=
sengt und ausgenommen, innen und außen mit Salz eingerieben und
mit einigen Speckscheiben (Bacon) umwickelt. In einer Pfanne,
in welche einige Scheiben Speck, 1 Löffel Butter und 3 Löffel Wasser
gethan wurden, wird es dann unter öfterem Begießen im heißen
Ofen in ¾ Stunde schön hellbraun gebraten. Man kann auch vor
dem Braten eine Mischung von 1 Tasse geriebenem Weißbrot, 1
Löffel geschmolzener Butter, 1 Löffel gehackter Petersilie und etwas
Pfeffer und Salz bereiten, das Huhn damit füllen und die Öffnung
zunähen. Die Sauce wird mit etwas Brühe oder heißem Wasser
losgekocht und besonders servirt. Das Huhn garnirt man mit etwas
Petersilie. Grüner= oder Gurkensalat und Compot sind passende Bei=
lagen.

Gebratenes Huhn mit Kastanien (Chicken
stuffed with Chestnuts). 2 Portionen. Ein junges Huhn von 2—2½
Pfund Gewicht wird gereinigt und ausgenommen. 1 Quart große
Kastanien werden geröstet, geschält und zerdrückt. Die Hälfte der
Kastanien wird in einer Schüssel mit 1 Löffel Butter, 1 Theelöffel
Salz und etwas Pfeffer gut gemischt, das Huhn damit gefüllt und
die Öffnung zugenäht. Nachdem die Brust des Huhnes mit Speck=
scheiben (Bacon) umwickelt ist, wird dasselbe in einer Pfanne, mit ½
Tasse Wasser, ½ Theelöffel Salz und 1 Scheibe Speck, in ¾ Stunde
unter öfterem Begießen braun gebraten. Dann gibt man die
übrigen Kastanien in die Pfanne, woraus zuvor das Huhn entfernt
wurde, mischt Alles gut, fügt eine Tasse Fleischbrühe dazu, läßt
die Sauce aufkochen, würzt mit Pfeffer und Salz und servirt sie
in einer Schüssel.

Wiener Backhändl, Backhühner (Fried Chick-
en, Vienna Style). 2 Portionen. Von einem ausgenommenen jun=
gen Huhn werden die Füße und der Hals entfernt; dann zerschneidet
man es in 4 Theile, salzt und pfeffert dieselben, wendet sie hierauf
zuerst in Mehl, dann in zerschlagenen Eiern um, bestreut sie mit
geriebener Semmel oder geriebenem Weißbrot, bäckt sie in Butter zu
schöner, goldgelber Farbe, tropft sie ab, legt sie auf eine Schüssel

und garnirt mit grüner Peterfilie. Hierzu gibt man Blumenkohl, Spinat, Erbsen, junge gelbe Rübchen, grünen oder Gurkenfalat.

Huhn mit Tomaten (Chicken with Tomatoes).

2 Portionen. Man zerlegt 1 größeres oder 2 kleine junge Hühner. Die einzelnen Fleischtheile werden in Butter angebraten, dann kommen 6—8 zerschnittene Tomaten, 2 feingehackte Zwiebeln, Salz, Pfeffer und etwas Peterfilie dazu. Nun dämpft man unter gelegentlichem Zugießen von Fleischbrühe Alles gar. Inzwischen kocht man 1 Tasse Reis in Fleischbrühe weich und dick. Beim Anrichten breitet man diesen Reis auf einer tiefen Schüssel als Unterlage aus, arrangirt auf derselben die Hühnerstücke und füllt die entfettete und verdickte Sauce darüber.

Pfefferfleisch von einem Huhn (Stewed Chicken, seasoned with Pepper).

2 Portionen. Ein fettes Huhn von 3 Pfund Gewicht, welches 2 Tage vor dem Gebrauch geschlachtet sein muß, wird gereinigt und in halbehandgroße Stücke zertheilt. Die Stücke werden einzeln in mit etwas Pfeffer und Salz gemischtem Mehl gewälzt. 2 Löffel Butter zertheilt man in kleine, nußgroße Stückchen, belegt den Boden eines Topfes mit einigen von diesen sowie einer Handvoll klein geschnittener Zwiebeln, thut darauf eine Lage Fleisch, dann wieder Butter und Zwiebeln und fährt abwechselnd so fort, bis das Fleisch verbraucht ist; den Schluß bilden Butter und Zwiebeln. Hierauf gießt man seitwärts 2 Tassen kochendes Wasser zu, schließt den Topf gut und schmort das Fleisch in 2 Stunden weich. Zu der durchgeseihten, wohlschmeckenden Sauce reicht man Salzkartoffeln oder, besser noch, Kartoffelklöße.

Gekochtes Huhn (Boiled Chicken).

2 Portionen. Man nimmt dazu 1 über ein Jahr altes, mittelfettes Huhn mit gelblicher Haut. Nachdem das Huhn ausgenommen und gewaschen ist, wird es innen mit Salz eingerieben; die Beine werden zusammengebunden, die Flügel auf den Rücken gebogen und der Brustknochen eingedrückt. So wird das Huhn mit Salz, Wurzelwerk und reichlich Wasser in 2—3 Stunden weich gekocht. Gleichzeitig wird der Magen, welcher vorher gut gereinigt worden ist, sowie das Herz dazu gethan, während die Leber erst 10 Minuten vor dem Anrichten hinzugefügt wird, damit sie nicht zerkocht. Sobald das Huhn weich ist, zerlegt man es

in zierliche Stücke und gibt diese mit Reis, Gräupchen, Spargel oder
Blumenkohl zu Tisch. Die Brühe, in welcher das Huhn gekocht
wurde, kann man als Suppe benutzen.

Huhn mit Paprika (Braised Chicken, Hungarian
Style). 2 Portionen. Man theilt ein gut gereinigtes Huhn von
2—3 Pfund Gewicht in 4 Theile und salzt es; inzwischen röstet
man 1 mittelgroße, gehackte Zwiebel in reichlicher Butter hellgelb,
gibt 1 Messerspitze echten Paprika und die Hühnerstücke hinzu und
läßt die letzteren etwa ¼ Stunde langsam dämpfen. Dann stäubt
man 1 Löffel Mehl darüber, gießt so viel kräftige Fleischbrühe hinzu,
daß sie die Hühner gerade bedeckt, läßt sie zu einer kurzen Sauce
einbämpfen, gibt dann 6 Löffel recht fetten sauren Rahm dazu, kocht
Alles noch 20 Minuten und richtet das Huhn entweder mit gekoch=
tem Reis oder Nudeln an.

Hühner-Fricassee (Fricassee of Chicken). 2 Portio=
nen. 2 kleine Hühner oder 1 größeres Huhn schneidet man in Stücke,
übergießt sie in einem Topf mit kochendem Wasser, gibt dazu 1
Theelöffel Salz, sowie ½ Theelöffel Pfeffer und dämpft Alles über
nicht zu starkem Feuer 1½ Stunde, indem man das Wasser bis auf
1 Tasse einkochen läßt. Dann schmilzt man 1 großen Löffel Butter
in einer Pfanne, gibt 2 Löffel Mehl dazu, mischt es gut mit der
Butter, aber ohne es braun werden zu lassen, fügt 1 Tasse Milch,
die Hühnerbrühe, sowie den Saft einer halben Citrone bei und läßt
es gut kochen. 1 Ei wird mit 1 Löffel kaltem Wasser vermischt und
unter fortwährendem Rühren zur Sauce gethan, worauf diese nicht
mehr kochen darf. Die Hühnerstücke legt man wieder auf einer
Schüssel hübsch zusammen, gießt die Sauce darüber und bestreut das
Gericht mit 1 Löffel gehackter Petersilie. Man kann auch an Stelle
der Milch 1 Glas Weißwein und 1 Tasse Champignons verwenden,
wodurch Geschmack und Geruch der Speise bedeutend verbessert wer=
den; jedoch sollten die Champignons und der Wein nicht länger, als
5 Minuten in der Sauce kochen. Eine andere Zubereitungsweise
ist die folgende: Ein Huhn wird in 4 Theile zerlegt; in einer Pfanne
macht man 2 Löffel Butter heiß, bratet die Hühnerviertel darin
braun, gibt dann 2 Tassen Wasser, sowie Zwiebeln, Wurzelwerk,
Pfeffer und Salz dazu und läßt es 1½ Stunde dünsten. Man läßt

die Brühe dann etwas einkochen, gibt den Saft einer halben Citrone dazu, streut 2 Löffel Mehl darüber, rührt 1 Ei hinein und gießt die Sauce über das Huhn. Semmelklößchen, Spargel oder Blumenkohl sind passende Beilagen.

Suppenhuhn mit Reis (Chicken with Rice). Ein altes, 3—4pfündiges Huhn wird gereinigt und mit 3 Pint Wasser, Salz und etwas Wurzelwerk weich gekocht. Wenn es sich am Flügel weich drücken läßt, ist es gar und man nimmt es heraus. 1 Tasse Reis kocht man in der Hühnerbrühe ½ Stunde und legt dann das zertheilte Huhn in den Reis. Noch besser schmeckt es, wenn man den Reis mit 2 Eidottern, 1 Theelöffel Mehl, etwas Rahm und 1 Theelöffel Butter vermischt und denselben über das Huhn anrichtet.

Hühner-Croketten (Chicken Croquettes). Auf ein Dutzend Croketten rechnet man: 1 Huhn, 1 Kalbshirn, ½ Tasse gehacktes Rindsfett, 1 kleinen Eßlöffel gehackte Zwiebeln, 1 Zweiglein gehackte Petersilie, Saft und geriebene Schale einer halben Citrone, 2 Löffel Mehl, ½ Tasse Milch oder Rahm, Salz und Pfeffer nach Geschmack. Das Huhn wird gekocht, bis sich die Knochen leicht daraus lösen; das Gehirn braucht nur wenige Minuten in kochendem Salzwasser aufzuwallen. Sodann wird jedes für sich sehr fein gehackt. Schließlich wird beides vermischt, alles oben Erwähnte hinzu gegeben und das Ganze mit Rahm in eine Consistenz gebracht, in der es sich gut in beliebiger Weise formen läßt. So rollt man es nun erst in Weißbrotkrumen, dann in Ei (weil das letztere an den Croketten selbst nicht gut anhaftet), und dann wiederum in Krumen, worauf man sie in heißem Schmalz oder Butter schön goldbraun bäckt. In einer kleinen Familie sollte das weiße Fleisch des Huhnes für Hühnersalat, das dunkle für Croketten benutzt werden. Mit einem Kalbshirn und einem 4pfündigen Huhn kann man 1 Quart gute Suppe, 8 Croketten und 1 Pint Hühner-Salat herstellen. Reste von gebratenem Huhn oder Truthahn können ebenfalls zu Croketten verwendet werden. Man garnirt mit etwas grüner Petersilie.

Gedämpftes Huhn mit grünen Erbsen (Braised Chicken with Green Peas). Ein 3—4pfündiges Huhn oder zwei kleine junge Hühner werden gereinigt und in 4 Theile zerlegt. Mit

1½ Quart jungen grünen Erbsen, 1 Löffel Butter, einer halben kleinen Möhre, 1 Lorbeerblatt, 4 Gewürznelken, 1 Bündelchen Petersilie, einer halben in Scheiben geschnittenen Zwiebel, 1 Theelöffel Salz und 1 Prise Pfeffer werden sie in eine Pfanne gelegt, mit 1 Tasse Fleischbrühe übergossen und, gut zugedeckt, 1½ Stunde bei viertelstündigem Begießen langsam gedämpft. Die durchgeseihte und entfettete Brühe gibt man über Hühnerstücke und Erbsen.

Gebratene Gans (Roast Goose). Beim Ankauf einer Gans achte man darauf, daß man eine solche mit klarem, rosafarbenem Fleisch bekommt; dann ist sie jung. Alte Gänse erkennt man an stärkeren Fußballen, dickeren Schwimmhäuten und härteren Schnäbeln; auch die Kiele sind stärker. Die Zartheit des Fleisches läßt sich erproben, wenn man einen Flügel hebt: bei einer zarten Gans reißt die Haut unter demselben leicht. Manches Gänsefleisch hat einen scharfen, etwas ins Thranige neigenden Geschmack. Dieser kommt oft bei Gänsen mit gelblichem Fleisch vor, doch kann man diesen Umstand durch den Geruch erkennen, welcher hervorgebracht wird, wenn man eine Hautstelle heftig reibt.

Die Gans wird sauber gerupft, über einer Spiritusflamme, brennendem Papier oder Gas gesengt, mit einem Tuche rein abgewischt und von den Stoppeln befreit. Nun wird die Haut an der Brust rings um den Hals durchschnitten, aus dieser Oeffnung der Schlund und die Gurgel gezogen, mit dem Finger die Eingeweide in der Brust losgemacht und mittelst eines Querschnittes durch den After entfernt. Dann haut man den Hals, die Flügel und die Füße ab, wäscht die Gans, trocknet sie innen und außen ab, reibt sie inwendig mit Salz ein und füllt sie mit geschälten oder ungeschälten Aepfeln und etwas gebrühtem Beifuß (mugwort), worauf man sie vorsichtig zunäht.

Das Ausnehmen und, wenn man will, auch das Füllen kann ohne Beeinträchtigung der Schmackhaftigkeit schon am Abend vor dem Gebrauche geschehen, jedoch sollte dann die Gans möglichst in kalte Luft gehängt werden.

Kopf, Hals, Herz, Lunge, Magen, Flügel und Beine benützt man zu Gänsepfeffer oder Gänseklein. Die knorpelige Haut von Schnabel und Füßen wird durch Uebergießen von kochendem Wasser

lösbar gemacht. Die stachelige Haut wird von der Zunge abge=
schält und die Augen entfernt. Beim Wegschneiden der Galle läßt
man lieber das ganze Stückchen Leber, welches mit der letzteren in
Berührung kam, mit fortfallen. Der Magen wird in der Richtung
der beiderseitigen Erhöhungen durchschnitten, abgespült und nochmals
gewaschen, nachdem die innere, dicke Haut abgezogen worden ist.
Dann streut man etwas Salz und träufelt etwas Essig über diese
Theile. So läßt man sie stehen bis zur Verwendung zu Gänse=
pfeffer. Die Leber findet übrigens sehr oft anderweitige Verwendung
und ist als Delikatesse so angesehen, daß Viele es als Barbarei be=
trachten, sie den übrigen Bestandtheilen des Gänsepfeffers beizufü=
gen. Das Fett wird erst in warmem, dann in kaltem Wasser tüch=
tig gewaschen und bis zum Ausbraten in frisches Wasser gestellt.
Die gefüllte Gans legt man in eine Bratpfanne, bestreut sie
mit Salz, gibt 1 Tasse Wasser und etwas von dem Gänsefett oder
auch Schweinefleisch dazu und bratet sie unter öfterem Begießen 2—3
Stunden. Bräunt sie schnell, so wird sie mit einem Fettpapier be=
deckt, nicht gewendet, aber fleißig begossen. Die Hauptaufgabe ist es,
das Fett vor dem Anbrennen zu schützen. Man schöpft davon
ab, sobald sich viel auf der Oberfläche der Bratenbrühe gesam=
melt hat. Wenn die Gans schön gelbbraun gebraten ist, wird sie
herausgenommen, der Bratensatz mit etwas kochendem Wasser los=
gekocht, das Fett abgenommen und ½ Löffel Mehl dazu gerührt.
Man gibt Salat, Salzkartoffeln und Compot dazu. Ganz junge
Gänse füllt man nicht und muß dieselben, weil sie kein Fett haben,
in heißer Butter braten. Man rechnet 15 Minuten Bratzeit für
jedes Pfund einer jungen Gans.

Wer einen Garten hat, sollte außer anderen Küchenkräutern auch
Beifuß säen. Es ist ein sehr gewürziges Kraut mit schmalen, spitzen
Blättern, die man abpflückt, um die grünlich weißen, noch nicht ge=
öffneten Blüthenträubchen allein an den Stengeln zu lassen, die man
dann trocknet und als Würze zu Gänse=, Enten= und Schweinebra=
ten benützt.

Fülle für Gänse und Enten. — Kartoffelfülle. Ein paar
Kartoffeln werden roh geschält und würflig geschnitten, indem man
hiervon auf eine Gans 1 Suppenteller voll rechnet. ½ Pfund Speck
schneidet man in Würfel, bratet ihn an, gibt etwas gewiegte Zwie=

bel und Petersilie dazu, hierauf die Kartoffeln, und läßt sie unter
öfterem Hin= und Herschütteln der Pfanne fast weich werden. Man
kann auch nach Belieben 4—6 Bratwürste gebraten, geschält und in
Stücke geschnitten, hinzufügen und, nachdem die Mischung etwas ab=
gekühlt ist, in die Gans füllen. — Kastanienfülle. 1 Pfund
Kastanien werden ¼ Stunde in Wasser gekocht, die äußere und innere
Haut abgeschält und die Kastanien in Fleischbrühe mit etwas Zucker
und Butter so lange gedünstet, bis sie weich sind, aber nicht zerfal=
len. Halb abgekühlt werden sie in die Gans gefüllt. — Semmel=
fülle. Man rührt 2—3 Löffel Butter weich, gibt 3 Eidotter, Mus=
katblüthe oder Citronenschale, Salz, ½ Pfund geriebenes Weißbrot
und das zu Schaum geschlagene Eiweiß hinzu. Ein Drittel dieser
Portion, mit etwas fein gehackter Petersilie vermischt, reicht hin, 4
Tauben zu füllen; das Ganze reicht für 12 Tauben oder eine Kalbs=
brust. Auch kann man Herz und Leber des Geflügels, fein zerhackt,
dazu nehmen. — Reis= und Rosinenfülle. Man kocht ½ Pfund
Reis halb weich, ebenso die Rosinen ¼ Stunde lang; dann rührt
man 2—3 Löffel Butter weich, nimmt 3 Eidotter, ein wenig Mus=
katnuß, Salz und etwas gestoßenen Zimmt und mischt es gut un=
tereinander.

Gans mit Sauerkraut (Goose stuffed with Sauerkraut). Die Gans wird wie vorher angegeben gereinigt, zugerichtet,
mit Sauerkraut gefüllt und zugenäht. Dann legt man sie in einen
Kessel oder Topf, gibt 2 Quart Sauerkraut darüber, füllt soviel
Wasser hinzu, daß Alles bedeckt wird und läßt das Gericht 3 Stun=
den langsam dämpfen. Hierauf legt man die Gans in eine Brat=
pfanne, übergießt sie mit zerlassener Butter, bestreut die Brust mit
Mehl und bräunt in einem heißen Ofen ¾ Stunden lang. Die zer=
legte Gans servirt man auf einer Unterlage von Sauerkraut.

Gans in Gallerte, Gansweißsauer (Goose in
Jelly). Man kocht 4 gut geputzte, zerhackte Kalbsfüße mit 3 Quart
Wasser in 2 Stunden langsam weich und seiht die Brühe durch.
Dann legt man eine gereinigte mittelgroße, fleischige Gans in eine
tiefe Bratpfanne, gießt die Kalbsfußbrühe, mit 1 Tasse Weinessig
und ebensoviel Wasser gemischt, darüber, bringt Alles zum Kochen
und schäumt ab. Nun fügt man 1 Theelöffel Salz, 10 weiße Pfef=

serförner, 2 kleine Zwiebeln, ½ in Scheiben geschnittene, entkörnte Citrone, 2 Lorbeerblätter, die Schale der Citrone, etwas Petersilien- und Selleriewurzel, sowie in der letzten Viertelstunde des Kochens auch die Gansleber bei und läßt die Gans unter stetigem Abschöpfen des Fettes weichkochen. Dann kann man nach Belieben die Brühe erst klären, gießt sie nun in eine Serviette und erprobt, ob die Gallerte genug eingekocht ist. Hierauf schneidet man die Gans und die Leber in zierliche Stücke, löst die Knochen heraus, gießt 1 Tasse von der warmen Brühe in eine mit Fett oder Salatöl ausge- strichene Schüssel oder Form, läßt die Gallerte bei öfterem Um- schwenken etwas erstarren, legt Citronenscheibchen und Leberstückchen hinein, gießt wieder etwas Brühe dazu und läßt dieselbe wieder steif werden. Dann kommt in die Mitte der Form die zerschnittene Gans, von welcher jede Schicht immer wieder durch eine Schicht er- starrter Gallertbrühe getrennt wird. Kurz vor dem Gebrauch wird die Form auf eine Schüssel gestürzt. Nach demselben Recepte kann man auch Enten und Hühner in Gallerte zubereiten.

Gänse-Schwarzsauer, Gänsepfeffer (Goose Gib- lets with Black Sauce). 2 Portionen. Die kleinen Stücke der Gans, wie Flügel, Hals, Kopf, Magen, Herz werden gereinigt, mit 2 Quart Wasser aufs Feuer gesetzt und zum Kochen gebracht; als- dann gibt man Salz, 1 Lorbeerblatt, 1 Möhre, 3 oder 4 Nel- ken und 3 Pfefferkörner dazu und läßt Alles 2 Stunden kochen. Eine halbe Stunde vor dem Anrichten gibt man das mit etwas Essig angerührte Gänseblut, 2 Eßlöffel Mehl, womöglich etwas geriebenen Lebkuchen (honey-cake) und Essig nach Geschmack unter stetem Rühren dazu und achtet darauf, daß die Brühe recht sämig wird. Man kann auch anstatt Gänseblut frisches Schweineblut nehmen. Will man das Gericht ohne Blut herstellen, so macht man Butter oder Gänsebratenfett heiß und röstet 2 Löffel Mehl darin braun, gibt Essig, Salz und Gewürz nach Geschmack dazu und rührt es kurz vor dem Anrichten zu der Brühe. Es muß recht kräftig und gewürzig schmecken und nicht zu dünn sein. Auch kann man ein Stück Schweinefleisch von der Brust dazu kochen. Kartoffelklöße sind eine passende Beilage.

Gänseklein mit Reis (Goose Giblets with Rice). 2 Portionen. Die kleinen Stücke einer Gans werden mit 2 Quart

Waſſer und etwas Salz in etwa 2 Stunden weich gekocht. Ehe ſie ganz gar ſind, reinigt man 2 Obertaſſen Reis erſt mit kaltem Waſſer, brüht ihn dann mit kochendem Waſſer ab, ſetzt ihn mit 2 Obertaſſen kaltem Waſſer bei, und gießt, wenn er gequollen iſt, nach und nach die nöthige Brühe von dem Gänſeklein dazu. Beim Anrichten reibt man ein wenig Muskat darüber. Man kann auch anſtatt Reis Gräupchen oder geſchälte, in Viertel getheilte Aepfel oder Birnen ⅛ Stunde vor dem Serviren beifügen.

Gedämpfte Gansleber (Braised Goose Liver). Man übergießt die Leber mit warmer Milch, beſtreut ſie mit etwas Pfeffer und läßt ſie 2 Stunden ſtehen. Vor der Zubereitung wäſcht man ſie mit Waſſer ab, beſtreut ſie mit Salz, wendet ſie in Mehl, betropft ſie gut mit Citronenſaft, dämpft ſie langſam zugedeckt ¼ Stunde in reichlicher Butter und gießt nach und nach 2—3 Eß= löffel Fleiſchbrühe hinzu. Die Leber darf nicht roth, aber auch nicht hart ſein und muß, ſobald ſie fertig iſt, ſervirt werden. Sauerkraut ſchmeckt gut dazu.

Gebratene Gansleber (Fried Goose Liver). Die Leber wird in mit etwas Pfeffer und Salz vermiſchtem Mehl ge= wälzt und auf beiden Seiten in heißer Butter ſo lange gelb gebra= ten, bis ſie inwendig nicht mehr roth iſt; bratet man ſie länger, ſo wird ſie hart und trocken. Man träufelt etwas Citronenſaft darüber und gibt ſie mit ihrer Sauce zu Tiſch.

Gänſefett auszulaſſen (Goose Grease). Man wäſſert alles Fett 24 Stunden unter öfterem Erneuern des Waſſers, ſchnei= det es in Würfel, gibt es mit etwas Salz in einen eiſernen Topf und rührt es während des Ausbratens auf dem Feuer öfters um. Wenn die Fettwürfel gelblich werden, gießt man das Fett, ohne es auszudrücken, durch einen Durchſchlag in einen Steintopf und läßt es darin 8 Tage ſtehen. Dann ſtellt man das Fett mit Ausnahme des Bodenſatzes wieder auf das Feuer und kocht es mit einigen in Viertel getheilten ſauren Aepfeln ſo lange, bis letztere weich ge= worden ſind. Hierauf gießt man es nochmals durch einen Durch= ſchlag in einen Topf, bindet letzteren am nächſten Tage mit Papier gut zu und bewahrt ihn an einem luftigen, kühlen Orte auf. Auf dieſe Art zubereitet iſt Gänſefett außerordentlich wohlſchmeckend und hält sich sehr lange. Es ist nicht nur auf Brot gestrichen außerordentlich schmackhaft, sondern auch zum Schmälzen von Sauerkraut und Kohl sehr passend, ebenso wird es zum Anmachen von Kartoffeln und Krautsalat verwendet.

Gebratene Ente (Roast Duck). 2 Portionen. Man nimmt eine junge, 4pfündige Ente, welche 1 Tag vor der Zubereitung geschlachtet worden ist, rupft und sengt sie sauber, schneidet Hals, Füße und Flügel ab, reibt sie inwendig mit Salz ein, und brät sie gefüllt oder ungefüllt mit Butter, indem man ab und zu etwas heißes Wasser zugießt, in $1—1\frac{1}{2}$ Stunden gar. Wenn man die Ente nicht füllt, so reibt man den Bauch gewöhnlich mit Thymian oder Salbei ein, oder steckt etwas Beifuß hinein. Die Fülle bereitet man von geriebener Semmel, dem gehackten Herzen, Magen und der Leber, 1 Löffel Butter, 2 Eiern, Salz und etwas Pfeffer; sie kann aber auch aus sauren Aepfeln und etwas Beifuß bestehen. Die Sauce kocht man mit heißem Wasser los, entfettet sie und servirt sie mit den Enten, welche man mit grünem Salat, Bohnen= oder Gurkensalat, Rothkraut oder Krautklößen zu Tisch gibt.

Alle Recepte, welche für die Zubereitung der Gans angegeben sind, kann man auch auf fette Enten, Entenklein, =Leber u. s. w. anwenden.

Gedämpfte Ente mit Rothwein (Braised Duck, French Style). 2 Portionen. Nachdem eine 3—4pfündige Ente in Butter hellbraun gebraten worden ist, fügt man 1 Tasse kochendes Wasser, 1 Zwiebel, 6 in Scheiben geschnittene Champignons, etwas Citronenschale, Gewürzkörner und Salz dazu, läßt die Ente 10 Minuten darin dämpfen, verdickt einen Theil der Brühe mit einer braunen Mehlschwitze, gießt 1 Tasse Rothwein dazu, würzt mit dem Saft einer halben Citrone und gießt sie über die Ente, sobald dieselbe genügend weich ist. Die Sauce muß bräunlich und recht sämig sein.

Gefüllte gebratene Tauben (Stuffed Pigeons). 2 Portionen. Man sollte zum Braten stets junge Tauben benutzen, die alten sind nur für Suppe zu verwenden. 2 junge Tauben werden gerupft, gereinigt, abgewaschen und Kropf sowie Leib gefüllt und zugenäht. Zu der Fülle nimmt man 1 Löffel Butter, rührt sie schaumig, gibt 1 Ei sowie Taubenleber und =Magen, fein gewiegt, etwas gehackte Petersilie, Pfeffer, Salz, und soviel geriebene Semmel dazu, daß es ein trockener Teig wird. Hiermit füllt man die Tauben und bratet sie in Butter unter öfterem Begießen und Zugeben von etwas kochendem Wasser oder dickem Rahm ½ Stunde. Man gibt grüne Erbsen, Compot oder Salat dazu.

Tauben in einer Sauce (Braised Pigeons). 2 Portionen. 3 junge Tauben werden ausgenommen und in Butter und Speck schön gelb gebraten. Dann röstet man Butter und Mehl hellgelb, gibt etwas Fleischbrühe, 1 Glas Wein, etwas Thymian, Zwiebel und Petersilie dazu, legt nun die Tauben mit dem gebratenen Speck in die Sauce, läßt sie gar kochen, schöpft das Fett von der Sauce ab und richtet dieselbe über die Tauben an, nachdem man vorher den Saft einer halben Citrone beigemischt hat.

Gebratener Truthahn (Roast Turkey). Der Truthahn ist in Amerika einheimisch, wurde 1505 in Europa eingeführt und ist jetzt noch häufig in den Vereinigten Staaten und in Mexico in wildem Zustande zu finden.

Die Hauptsache beim Ankaufe des Truthahns ist natürlich, daß man sich kein altes Thier aufhängen läßt. Die Kennzeichen eines alten Truthahns sind: rothe Beine und je nach dem Alter stärkere Fleischlappen auf dem Kopfe; ein untrügliches Probemittel ist, die Spitze des Brustknochens zu biegen; je elastischer derselbe ist, desto jünger das Thier; bei alten ist der Knochen hart. Ein junger Truthahn von 6—9 Pfund eignet sich zum Braten am besten.

Der Brustknochen wird eingeschlagen, doch muß man vorsichtig sein, daß dabei die Haut nicht reißt. Um dies zu verhüten, legt man ein gefaltetes Tuch auf denselben und schlägt den Knochen dann mit dem Kartoffelstößer ein. Bei dem Ausnehmen muß man sein Hauptaugenmerk darauf richten, daß die Galle nicht reißt. Beine und Kopf werden abgehackt und können zu Suppe gebraucht werden.

Nachdem der Puter ausgenommen, innen und außen gehörig gewaschen und durchgespült ist, hüllt man ihn in ein Tuch, damit er nicht eine unansehnliche Farbe bekommt, ehe man ihn füllt. Die Leber wird entweder geschabt und in die Fülle gemischt, oder sie gibt, besonders gebraten, einen leckeren Bissen für den Hausherrn. Herz und Magen werden gekocht und, in Scheibchen geschnitten, unter die

Fülle gemischt oder in der Sauce angerichtet. Will man den Trut=
hahn nicht auf die gewöhnliche Weise füllen, so kann man Herz,
Leber und Magen nebst einer kleinen Zwiebel und einigen Streifchen
Speck zwischen 2 ausgehöhlte Semmeln oder Brotenden einbinden
und in den Truthahn legen. So werden sie saftig und schmackhaft.
Das Fleisch des Truthahns hat dreierlei Geschmack, sodaß man es
mit Rind=, Kalb= und Schweinefleisch vergleichen kann; denn an den
Keulen ist es braun und ziemlich fest, an der Brust sehr zart und
weich, während es an den Seiten und am Halse sehr fett ist.

Das Zurichten des Truthahns geschieht, indem man die Beine
zu der Füllöffnung hinein und zu der (gut ausgeschnittenen) Darm=
öffnung heraussteckt. Dann befestigt man sie in dieser Lage mit
einem Holzpfeilchen oder einem Bindfaden, um sie gegenseitig festzu=
halten. Die Flügel dreht man in der Richtung des Kopfes herum und
legt sie flach auf den Rücken gegen einander. Man bindet einige dünne
Scheiben Speck über die Brust und gibt 1 Löffel Butter in die Pfanne.

Beim Braten des Truthahns ist, wie bei allen anderen Geflü=
gel= oder Fleischsorten, das häufige Begießen Hauptbedingung. Der
Ofen darf zu Anfang nicht allzu heiß sein, die Hitze kann aber spä=
ter verstärkt werden. Um zu verhüten, daß die Haut des Rückens
an der Pfanne festhängen bleibt, legt man einige sehr dünne Scheib=
chen Weißbrot und einige Zwiebelscheibchen unter den Truthahn.
Diese können später wieder herausgekratzt oder zusammen mit der
Sauce durch das Sieb getrieben werden. Wird der Truthahn zu
schnell braun, so kann man einen Pappdeckel oder ein mit Butter
bestrichenes dickes Papier darüber legen. Ein 12pfündiger Truthahn
muß 3 Stunden braten, denn man rechnet 15—20 Minuten auf
das Pfund. Für Truthennen sind jedoch 12—15 Minuten per Pfund
genügend; in jedem Falle muß man aber zuletzt noch 20 Minuten
zugeben. Im Allgemeinen bewirken geschlossene Pfannen ein schnel=
leres Garwerden als offene. Schon beim Einstellen kommt 1 Tasse
Wasser in die Pfanne; dieses muß, sobald es verdünstet ist, erneuert
werden. Weder Truthahn noch Sauce dürfen dunkel sein, sondern
müssen eine schöne goldbraune Farbe haben. Vor dem Anrichten
verrührt man 1 Löffel Mehl einige Minuten mit der Brühe, kratzt
das Angesetzte von der Pfanne los, gibt, wenn nöthig, noch etwas
Salz und Wasser dazu und macht die Sauce schön sämig.

Fülle für Truthahn. Man kocht das Herz und den Magen des Truthahns weich, hackt beide nebst der rohen, gut gereinigten Leber fein, rührt 2 Löffel Butter schaumig und mischt nach und nach 2 Eier, 1 Tasse geriebenes Weißbrot, Muskatnuß, Salz und das gehackte Fleisch darunter. Nach Belieben kann man auch eine fein gehackte, in Butter gedünstete Zwiebel hinzufügen. Die zum Füllen der Gänse und Enten angegebenen Mischungen sind auch für Trut= hahn verwendbar. Man muß jedoch berücksichtigen, daß sich die Füllung während des Bratens ausdehnt und, wenn das Geflügel zu voll gestopft worden ist, das Platzen der Haut verursacht. Die Oeff= nungen müssen mit starkem Zwirn zugenäht werden, doch darf man nicht versäumen, vor dem Auftragen des Geflügels alle Fäden dar= aus zu entfernen.

Gekochter Truthahn (Boiled Turkey). Der gerei= nigte und zugerichtete Truthahn wird mit Pfeffer, Salz und etwas Citronensaft eingerieben. Dann gibt man in einen reichlich großen Kessel 1 Löffel Butter, 1 Löffel gehackte Petersilie und 1 Theelöffel gehackte Zwiebel. Wenn über einem guten Feuer die Butter im Kessel geschmolzen ist, fügt man genug Wasser hinzu, um den Trut= hahn damit zu bedecken. Letzterer wird in ein innen mit Mehl be= stäubtes Handtuch eingewickelt, mit Garn umbunden und in dem kochenden Wasser langsam gekocht, indem man 15 Minuten auf das Pfund rechnet. Wenn der Truthahn gar ist, entfernt man das Tuch und servirt mit Austern= oder Eiersauce.

Truthahnklein mit Gemüse (Turkey Giblets with Vegetables). Man reinigt sorgfältig Flügel, Hals, Magen, Leber, Füße und Kopf, brüht und häutet die Füße, zieht die Haut von dem Magen und schneidet ihn in 4 Stücke. Dann theilt man den Hals und die Flügel, spaltet den Kopf, beseitigt Schnabel und Augen und kocht von dem Vorhergehenden, mit Ausnahme der Leber, eine Fleischbrühe. Diese verdickt man mit 1 Löffel Mehlschwitze, würzt mit Pfeffer, Salz und einem Sträußchen Petersilie, gibt einige in Würfel geschnittene, gedünstete Möhren und 1 in Butter weich ge= schwitzte Zwiebel dazu, läßt zuletzt die in Stücke geschnittene Leber darin gar kochen und servirt mit Kartoffeln in der Schale.

Gehäcksel von Truthahn (Hashed Turkey). Uebrig gebliebenes Truthahnfleisch wird von den Knochen gelöst und fein=

blätterig geschnitten. 1 Zwiebel und etwas Schinken, beides in feine Würfel geschnitten, schwitzt man in Butter gelb, dünstet etwas Mehl darin und rührt dies mit der Brühe, die aus den gehackten Knochen gewonnen wird, zu einer dicken Sauce. Dann kommt 1 Tasse süßer Rahm dazu. Nachdem Alles tüchtig gekocht hat, wird diese Sauce durchgeschlagen und das feingeschnittene Fleisch darin gut gewärmt. Dann salzt man, wenn nöthig, noch ein wenig, richtet die Speise gehäuft an, legt ausgeschlagene Eier darauf und Kartoffeln rundum.

Wilde Ente (Wild Duck). 2 Portionen. Die wilde Ente wird wie eine zahme vorgerichtet; man umbindet sie mit Speckscheiben, gibt 2 Citronenscheiben und 6 Wachholderbeeren dazu und bratet sie auf beiden Seiten unter Beigabe von etwas dickem Rahm oder Butter in 1—1¼ Stunde gar. Die Sauce wird mit 1 Eßlöffel Milch aufgekocht und durchgeseiht. Es ist besser, die Ente vor dem Braten mit kochendem Wasser zu überbrühen, so daß sie den Fischgeschmack verliert, der manchen Enten eigen ist.

Prairie-Hühner (Grouse). Die Hühner werden gereinigt, gesengt und recht schnell gewaschen. Dann trocknet man sie außen und innen ab, salzt und spickt sie. Mit Speckscheiben umbunden, werden sie im Ofen oder im Topfe gebraten. Es gehört reichlich Butter dazu und wenn sie hellbraun sind, legt man sie in ein sie möglichst eng umschließendes Casserol, gießt Wasser dazu, gibt einige Wachholderbeeren und 1 zerschnittene Zwiebel hinein und läßt sie unter häufigem Begießen 1 Stunde schmoren — wenn nöthig, etwas länger. Nach dem Entfernen des Specks läßt man noch die darunter hell gebliebenen Stellen schön bräunen, entfettet und verdickt die Sauce und seiht sie durch.

Feld- oder Rebhühner (Partridges). 2 Portionen. 2 gereinigte Hühner werden mit Salz eingerieben, mit Speckscheiben unwickelt, in eine mit Zwiebel- und Möhrenscheiben belegte Pfanne gethan, 1 Löffel Butter hinzugefügt und unter öfterem Begießen in 1—1¼ Stunde hellbraun gebraten. Dann gibt man 1 Löffel süße Milch dazu, um die Sauce zu verbessern, und reicht zu den heiß servirten Hühnern junge Erbsen, Compot und Salzkartoffeln.

Gebratene Wachtel (Roast Quail). 2 Portionen. (Man rechnet mindestens 2 Wachteln für 2 Portionen.) Die gereinigten Wachteln werden gesalzen, in jede etwas Thymian, Zwiebel und Petersilie gethan, mit Speckscheiben nmwunden und 1 Stunde lang in 1 Löffel Butter unter öfterem Begießen gelb gebraten. Man kann auch die gereinigten Wachteln über Nacht in 1 Glas Wein, etwas Zwiebel, ein paar Wachholderbeeren und etwas Essig legen und dann in Butter braten. Etwas von der Beize gibt man zu der Sauce, welche dann noch eingekocht wird.

Waldschnepfe (Woodcock). 2 Portionen. 2 gereinigte Waldschnepfen werden mit Salz eingerieben und mit Speckscheiben umwickelt. Man legt sie in die Bratpfanne auf 1 Scheibe geröstetes Brot und bratet sie 35—40 Minuten unter öfterem Begießen mit Butter und dem eigenen Safte. 5 Minuten vor dem Garwerden sind die Speckscheiben zu entfernen. Die Vögel werden nun nach nochmaligem Begießen im Ofen gebräunt. Beim Serviren gibt man die geröstete Brotscheibe darunter und garnirt mit etwas Petersilie.

Wilde Tauben (Wild Pigeons). 2 Portionen. 2 Tauben werden gereinigt, mit Salz eingerieben, mit Speckscheiben umwickelt und in 1 Löffel Butter hellbraun gebraten. Dann gießt man 2 Löffel Rahm in die Sauce, aber nicht an die Tauben, bratet letztere darin 1 Stunde lang und servirt Compot oder grünen Salat mit Salzkartoffeln dazu. Man kann auch die Tauben vor dem Braten über Nacht in eine Beize von 1 Glas Wein, Essig, 1 Lorbeerblatt, einigen Zwiebelscheiben und etwas Citronenschale legen. Preißelbeeren-Compot ist eine wohlschmeckende Beilage zu allerlei gebratenem Geflügel.

Das Tranchiren.

Das Zerlegen (Tranchiren) des Fleisches ist in doppelter Hin=
sicht wichtig. Es gewinnen kunstgerecht zerlegte Gerichte nicht nur
an Appetitlichkeit und Aussehen, sondern gutes Zerlegen der Speisen
ist auch für den Haushalt vortheilhaft, indem es durch Vermeidung
allzuvieler Abfälle bewirkt, daß von einem Gerichte Nichts verschwen=
det wird. Hierzu sind ein scharfes großes Messer und eine große
zweizinkige Gabel erforderlich. Allgemeine Regel beim Zerlegen von
Braten und Rindfleisch ist, die Fleischfasern immer quer zu durch=
schneiden. Die abgeschnittenen Stücke dürfen weder zerrissen noch
zersetzt, weder zu groß noch zu klein sein und müssen ein gutes
Aussehen haben.

Gänse, Enten, Truthühner, überhaupt alles große Geflügel
bringt man unzerlegt auf den Tisch. Dann löst man zuerst die
Keulen durch einen Schnitt und ein Drehen der Keule an den Ge=
lenken, desgleichen die Flügel in derselben Weise. Nun schneidet
man das Fleisch an den Brustknochen in schrägen feinen Scheiben
ab, worauf man die Stücke schön auf der gewärmten Schüssel
aufschichtet. Die Füllung, welche man vorher mit einem Löffel aus
dem Geflügel genommen hat, servirt man in einer gewärmten
Schüssel zu dem Fleische und der Sauce, oder man legt sie in
Schnitten neben die Bratenscheiben.

Junge Hühner, Rebhühner und Schnepfen werden der Länge
nach über die Brust zertheilt, dann jede Hälfte nochmals in der
Mitte quer durchschnitten, so daß man vier Stücke erhält.

Rindfleisch. Man schneidet dasselbe in halbfingerdicke Schei=
ben quer durch die Fasern, schiebt es wieder zusammen, ordnet es,
sodaß das Fett nach oben zu stehen kommt, bestreut das Fleisch
mit etwas Salz und gießt einen Löffel heiße Fleischbrühe darüber.

Tendenbraten, Rindsbraten, schneidet man quer durch in
halbfingerdicke Scheiben, ordnet ihn dann in seine frühere Form
auf einer gewärmten Schüssel und begießt ihn mit seinem eigenen
Safte.

Roastbeef darf erst bei Tisch zerlegt werden, weil sonst die Farbe zu leicht leidet und der Saft zu schnell heraussickert.

Nierenbraten. Das Rückgrat muß schon vom Fleischer durch= gehackt werden. Man schneidet dann zuerst die Nieren heraus und theilt sie in schöne Scheiben, dann löst man das lappige Fleisch ab und zerlegt es in kleinere Stücke; die Rippen werden tranchirt, indem man zwischen den Knochen durchschneidet. Von dem Fleische der größten Rippen kann man je zwei Cotelets erhalten. Beim Serviren legt man auf jede Bratenscheibe ein Stück Niere und träu= felt etwas Sauce darüber.

Gefüllte Kalbsbrust. Die Brust wird auf dem Tranchirbrett umgekehrt und, wo die Rippen an die Knorpeln anstoßen, der Länge nach in zwei Theile zerschnitten. Dann werden die Knorpeln stückweise abgeschnitten, ebenso die Rippen nach ihrer natürlichen Eintheilung mit der dazu gehörigen Fülle. Man muß das Messer nur leicht ansetzen, damit die Fülle sich nicht ablöst.

Kalbsschlegel. Man fängt an dem dünnen Ende an und schneidet dann stets in etwas schräger Linie, von außen gegen den Knochen. Die Scheiben dürfen nicht zu dick sein. Hammelschlegel zerlegt man in gleicher Weise.

Bei **Kalbs-, Hammel-, Hirsch-** und **Schweinerücken** trennt man das Fleisch mit einem Schnitt der Länge nach von dem Knochen und zertheilt es durch Querschnitte in längliche Streifen, wonach man Alles wieder in die frühere Form zusammenstellt.

Gekochter Schinken wird, nachdem die Schwarte entfernt wor= den ist, ebenso wie andere Keule behandelt: man schneidet ihn, am dün= nen Theile beginnend, in breite, nicht zu starke Scheiben, von denen womöglich jede einen schmalen Fettrand behält.

Hase. Man theilt den Rücken mit dem Küchenmesser querüber in zweifingerbreite Stücke. Die Läufe durchschlägt man an den Gelenken, die Hinterläufe außerdem noch einmal in der Mitte des oberen Gliedes. Dann schiebt man die Theile wieder in ihre frühere Lage, wenn der Hase als Braten auf den Tisch gebracht werden soll.

Fleischreste.

Uebrig gebliebenes Fleisch aller Art läßt sich ganz vortrefflich zu Würzfleisch (ragout), Fricadellen, Fleisch-Puddings und Fleisch-Salaten verwenden, wie auch schon bei den betreffenden Speisen bemerkt worden ist. Stets achte man darauf, daß zum Aufbewahren von kleinen Speiseresten nicht große Schüsseln und Teller verwendet werden, die bei der nächsten Mahlzeit womöglich wieder gebraucht werden sollen; man nehme zu diesem Zweck nur solche Gefäße, deren Größe den Resten entspricht.

Rindfleisch in Gurkensauce (Beef with Cucumber Sauce). 1 Löffel Butter oder Suppenfett läßt man heiß und mit 1 Löffel Mehl und ½ Theelöffel Zucker braun werden; dann gibt man 1 große, feingeschnittene Zwiebel dazu, röstet sie gelb, fügt langsam 2 Tassen Fleischbrühe bei, würzt mit etwas Pfeffer, 1 Lorbeerblatt, 6 feingeschnittenen kleinen Essiggurken und so viel Essig, daß es einen angenehmen säuerlichen Geschmack erhält, und läßt Alles zusammen ¼ Stunde kochen. Hierauf legt man das gekochte, in Scheiben geschnittene Rindfleisch in die Sauce, bis es darin einmal aufgekocht hat.

Rindfleisch mit Sardellen (Beef with Anchovies). Man gibt in die Pfanne, in welcher 1 Löffel Butter heißgemacht wurde, Scheiben von gekochtem Rindfleisch, und dazu Zwiebeln, Petersilie, Citronenscheiben und 1 Löffel Sardellen, alles feingewiegt. Dies läßt man unter Hinzufügung von saurem Rahm einmal aufkochen.

Bratenreste mit Spiegeleiern (Meat with Fried Eggs). Uebrig gebliebener Braten wird in dünne Scheiben geschnitten, etwas gesalzen und aufeinandergelegt. Nach einer halben Stunde läßt man in einer flachen Pfanne Butter heiß werden, und legt dann das Fleisch hinein, so daß es auf beiden Seiten warm wird. Nun schlägt man Eier darauf und bäckt sie langsam bis das Eiweiß hart, der Dotter aber noch weich ist. Sodann richtet man Alles auf einer gewärmten Schüssel, mit Petersilie verziert, an.

Fleischreste mit Sardellen und Kartoffeln
(Meat Pie). Man hackt Fleischreste mit Sardellen oder schneidet sie fein nudelartig, dünstet sie in heißer Butter oder Bratenfett mit etwas gewiegter Petersilie und Zwiebel und kocht sie mit saurem Rahm einmal auf. Dann bestreicht man eine Auflaufform oder eine Schüssel mit Butter, belegt dieselbe innen mit gekochten, in feine Scheiben geschnittenen Kartoffeln, die noch warm sind, gibt das gedünstete Fleisch darauf, dann wieder Kartoffeln, und fährt auf diese Weise schichtenweise fort, so daß die letzte Lage aus Kartoffeln besteht, die man noch mit saurem Rahm begießt. Man läßt das Gericht ½ Stunde im Ofen backen.

Bratenreste mit Reis (Casserole with Rice and Meat). 1 Tasse Reis wird weichgekocht; dann schneidet man ½ Pfund kaltes Fleisch irgend welcher Art in sehr kleine Stücke, würzt es mit ½ Theelöffel Salz, 1 Prise Pfeffer, je 1 Theelöffel fein gewiegter Petersilie und Zwiebel, 1 Prise Majoran und ebensoviel Thymian, fügt 1 gut verrührtes Ei, 2 Löffel zerdrückte Crackers und soviel Wasser oder Fleischbrühe dazu, daß die Masse gut zusammenhält. Nun bestreicht man eine kleine Schüssel oder Form mit Butter, belegt den Boden und die Seiten ½ Zoll dick mit dem gekochten Reis, gibt das Fleisch hinein, bedeckt es mit Reis und läßt es ¾ Stunden im Ofen auf einer Schüssel voll kochendem Wasser dünsten.

Braunes Ragout (Ragout of Cooked Meat). Man röstet Mehl in Fett oder Butter braun, kocht dies mit Wasser oder Brühe ¼ Stunde, würzt es nach Belieben mit gewiegten Sardellen, 1 Lorbeerblatt, auch einigen vorher weich gekochten Zwiebeln, thut Essig und Salz dazu, nebst in Scheiben geschnittenen sauren Gurken und gekochten Kartoffelstückchen, legt die in Scheiben geschnittenen Fleischreste hinein und stellt die Speise bis zum Anrichten heiß.

Schüssel-Ragout (Ragout of Veal). Ein wallnußgroßes Stück Butter wird zerlassen, etwas fein geschnittene Zwiebel sowie fein geriebenes Weißbrot und 2—4 feingehackte Sardellen hinzu gethan. Alles dies läßt man einige Minuten dünsten, so daß es ein sämiger Brei wird. Uebrig gebliebenes Kalbfleisch wird nun in Scheiben geschnitten und jede Scheibe mit dem Brei bestrichen;

diese werden dann zierlich in eine Schüssel gelegt, dazwischen hin und wieder nußgroße Stückchen Butter gegeben und die übrig gebliebene Bratensauce darüber gegossen. Dann wird die Schüssel fest zuge= deckt und 1½ Stunde auf einen Topf mit kochendem Wasser gestellt, der auf dem heißen Ofen steht. Man gibt Salzkartoffeln oder grü= nen Salat dazu.

Hammelfleisch=Curry (Curry of Mutton). Braten= reste werden in kleine Stücke geschnitten und mit reichlich kleinge= schnittener Zwiebel, Salz, Pfeffer, Butter und ½ Theelöffel Curry= pulver durchgeschwitzt, bis sie durch und durch heiß sind, worauf man 1 Löffel Mehl in Braten= oder Fleischbrühe glatt rührt und davon soviel an das erwärmte Fleisch gibt, bis man genügend Sauce er= hält. Das Gericht wird dann in einen Topf mit heißem Wasser gestellt, um es warm zu halten. Man richtet es in einer tiefen Schüssel an und umgibt es mit in Wasser ohne Gewürz gekochtem Reis.

Fricadellen (Fricandelles) s. Seite 88.

Rindfleisch mit Möhren (Inky-pinky Beef) s. Seite 89.

Kaltes Rindfleisch auf französische Art (Cold Beef, French Style) s. Seite 89.

Panirte Rindfleischscheiben (Slices of Baked Beef) s. Seite 90.

Fleischmus (Plain Hash) s. Seite 90.

Gebackenes Fleischmus (Baked Hash) s. Seite 90.

Fleischeierkuchen (Omelet of Beef) s. Seite 90.

Ragout von Kalbsbraten (Hashed Veal) s. Seite 103.

Schinkennudeln (Ham with Noodles) s. Seite 120.

Fiſche und Schalthiere.

Beim Einkaufen der Fiſche muß man darauf achten, daß dieſelben friſch ſind, denn ſie faulen und zerſetzen ſich ſchnell und ſind dann dem Magen ſchädlich. Fiſchfleiſch iſt leicht verdaulich und faſt jedem Kranken oder Geneſenden zu empfehlen, ſobald ihm vom Arzte Fleiſch erlaubt wird. Friſche Fiſche erkennt man an den rothen Kie= men und klaren Augen; ſind die Augen eingeſunken, ſo iſt der Fiſch ſchon zu lange tot. Während und kurz nach der Laichzeit ſollte man Fiſche nicht genießen, da ihr Fleiſch dann ſchädlich und außer= dem nicht ſchmackhaft iſt. Man ſchuppt die Fiſche mit einem Meſſer vom Schwanz gegen den Kopf. Stößt man hierbei auf Schwierig= keiten, ſo taucht man den Fiſch ſchnell einmal in kochendes Waſſer, worauf die Schuppen ſich leicht entfernen laſſen.

Beim Ausnehmen der Eingeweide macht man an der unteren Seite hinter dem Kopf einen Querſchnitt, ſchlitzt den Bauch bis zur Hälfte auf, nimmt die Eingeweide, ohne die Galle zu ver= letzen, heraus und wäſcht den Fiſch innen und außen ſchnell ab. Dann ſtreut man etwas Salz in das Innere und bewahrt ihn bis zum Gebrauch an einem kühlen Platze auf. Einen zerſchnittenen Fiſch ſoll man nicht wieder waſchen oder wäſſern, weil dann die

Eiweißſtoffe des Fleiſches ſich auflöſen würden. Fiſchſpeiſen ſind in
gekochtem Zuſtande am leichteſten zu verdauen, beſonders wenn
dazu eine ſäuerliche Sauce genoſſen wird.

Fiſche, welche man blau kochen will, dürfen nicht nur nicht ge=
ſchuppt werden, ſondern man muß ſich bemühen, den Schleim auf
den Schuppen zu erhalten, indem man das Bret, auf dem ſie ge=
ſchlachtet werden, recht naß hält. Zum Blauen übergießt man den
ausgenommenen Fiſch mit kochendem Eſſig und ſiedet ihn dann im
Fiſchſud gar.

Wann ſind Fiſche und Schaltjiere am beſten und geſündeſten?

Aal, Eel, (in jeder Jahreszeit)	12—15 Cts.	per Pfund
Barſch, Perch, (September bis Mai)	10—12 „	„
Braſſe, Porgy, (April bis October)	8—14 „	„
Butterfiſch, Butterfish, (April bis October)	8—14 „	„
Flunder, Flounder, (in jeder Jahreszeit)	6—10 „	„
Forelle, Trout, (Mai bis Auguſt)	75 „	„
Heilbutte, Halibut, (October bis April)	16—25 „	„
Hering, Herring, (März bis April)	20 „	per Dutzend
Hecht, Pike, (September bis Januar)	8—15 „	per Pfund
Maifiſch, Shad, (Frühjahr)	im März $1.00 / im Mai 0.25	per Stück
Karpfen, Carp, (October bis Mai)	12—14 „	per Pfund
Makrele, Mackerel, (April bis October)	5—25 „	per Stück
Salm, Lachs, Salmon, (Mai bis September)	18—22 „	per Pfund
Seebarſch, Seabass, (Mai bis October)	8—14 „	„
Stockfiſch, Codfish, (October bis April)	8—12 „	„
Schellfiſch, Haddock, (October bis April)	6—8 „	„
Stint, Smelt, (September bis März)	10—18 „	„
Stutzkopf, Bluefish, (Mai bis October)	7—15 „	„
Weißfiſch, Whitefish, (October bis April)	14 „	„
Weakfish, (April bis November)	8—14 „	„
Auſter, Oyster, (September bis Mai)	35—40 „	per Quart
Muſchel, Clam, (in jeder Jahreszeit)	20—30 „	„
Krabbe, Crab, (Mai bis September)	50—90 „	per Dutzend
Hummer, Lobster, (März bis November)	10—18 „	per Pfund

Fischsud. Zu diesem braucht man Wasser, 2 Löffel Essig, 1 Lorbeerblatt, 1 Zwiebel, 4 Pfefferkörner, etwas Petersilie, Sellerie, und zu jedem Quart Wasser 2 Theelöffel Salz. Man läßt dies Alles gut durchkochen und gibt dann die Fische hinein, welche aber nicht darin kochen, sondern nur langsam sieden dürfen.

Soll der Fisch ganz gekocht werden, so setzt man ihn sammt den Gewürzen mit soviel kaltem Wasser auf, daß er 1—2 Zoll von demselben überdeckt wird. Sobald dies zu kochen beginnt, stellt man den Fisch auf die Seite des Ofens, wo er, gut zugedeckt, bis zum Anrichten im Sude liegen bleibt. Auf jedes Pfund eines großen Fisches rechnet man 5—8 Minuten zum Garwerden. Der Fisch ist gar gekocht, sobald er im Sude oben bleibt und die Flossen sich leicht ausziehen lassen. Soll derselbe nach dem Garwerden nicht sogleich angerichtet werden, so gießt man 1 Tasse kaltes Wasser darüber und zieht den Topf vom Feuer zurück; dies verhindert, daß der Fisch zu weich wird. Fische, welche mit Essig und Oel servirt werden, muß man aus dem Sude nehmen sobald sie gar sind, und erkalten lassen, ehe man sie weiter zubereitet.

Zu gekochten Fischen reicht man meistens Salzkartoffeln. Das Wasser, worin die Fische gekocht wurden, sowie die Brühe, welche sich noch aus dem Kopf und den Gräten der Fische gewinnen läßt, kann vortheilhaft zu Suppen oder Saucen verwendet werden; man gebraucht Reste von gekochtem Fisch zu Salat oder Croketten.

Gekochte Lachsschnitten (Boiled Salmon Steaks). 2 Portionen. 1½ bis 2 Pfund Lachs wird in 2 Zoll dicke Scheiben geschnitten, mit ein wenig Salz bestreut, in eine Serviette eingeschlagen und in kochendem Wasser 20 Minuten langsam gesotten. In das Wasser gibt man 1 Theelöffel Salz, 1 Löffel Essig und einige Gewürzkörner. Man servirt Essig und Oel oder heiße geschmolzene Butter mit gehackter Petersilie dazu. Halibut Steak kocht und servirt man auf dieselbe Art.

Marinirter Lachs (Pickled Salmon). 2 Portionen. 2 Pfund des in Blechbüchsen käuflichen Lachses wird in 1 Quart Essig gelegt, der mit 1 Löffel Salz, 2 Citronenscheiben, 2 Lorbeerblättern und 8 weißen Pfefferkörnern gekocht wurde. Erst wenn diese Mischung abgekühlt ist, gießt man sie auf den Lachs. Gut zugedeckt, kann man denselben längere Zeit aufbewahren.

Eingemachter Lachs (Canned Salmon). 2 Portionen. Um den Lachs gekocht zu serviren, setzt man die Blechkanne, welche 2 Pfund enthält, 20 Minuten in kochendes Wasser. Unterdessen gibt man 1 Löffel Butter in eine Pfanne und fügt nach dem Zerschmelzen 1 Löffel gehackte Petersilie und 2 hartgekochte und fein geschnittene Eier hinzu. Nachdem man das Fleisch in die Schüssel gethan hat, gießt man die Buttersauce darüber. Auf diese Art zubereitet und mit Kartoffelbrei als Zugabe schmeckt eingemachter Lachs ähnlich wie frischer.

Lachs-Croketten (Salmon Croquettes). 2 Portionen. Aus einer 1 Pfund Lachs enthaltenden Blechbüchse wird das Oel abgegossen, das Lachsfleisch mit 1 Pfund kalten, zerquetschten Kartoffeln gemischt, und 1 kleine, fein gehackte Zwiebel, sowie etwas Pfeffer, Salz und Thymian hinzugefügt. Aus dieser Masse formt man Croketten oder kleine Bällchen, die man in Ei tunkt und dann in heißer Butter hellbraun bratet.

Gebackene Forelle (Fried Trout). 2 Portionen. 1½ bis 2 Pfund Forellen werden gereinigt, geschuppt, in passende Stücke geschnitten und gesalzen. Hierauf tunkt man die Stücke in Ei, wälzt sie in geriebenem Weißbrot und bratet sie in Butter schön gelb. Man legt die Stücke auf einer gewärmten Schüssel zierlich zusammen und garnirt mit Petersilie.

Karpfen, blau gesotten (Boiled Carp). 2 Portionen. Der Karpfen wurde 1850 aus Deutschland nach den Vereinigten Staaten gebracht und findet hier dieselbe Anerkennung wie in Europa. Ein 2pfündiger Karpfen wird ausgenommen, der Länge nach gespalten, innen gewaschen und jede Hälfte in 3 oder 4 Theile zerschnitten. Nun gießt man heißen Essig darüber, läßt ihn ½ Stunde ruhig stehen und siedet ihn dann in kochendem Salzwasser. Sobald sich die Flossen leicht herausziehen lassen, ist der Fisch gar, worauf er mit heißer Butter und fein gehackter Petersilie zu Tisch gegeben wird.

Blaugesottene Forellen (Boiled Trout) werden ebenso zubereitet; nur bleibt der Fisch ganz und kann nach Belieben gekrümmt werden, indem man den Schwanz mittelst eines Fadens im Rachen befestigt.

Karpfen auf böhmische Art (Boiled Carp, Bohemian Style). 2 Portionen.

Man bereitet aus 1 Pint Wasser, 1 Pint Rothwein und 1 Pint nicht zu bitterem Bier oder Ale, 2 Nelken, 1 Zwiebel, etwas Citronenschale und Salz einen Fischsud, läßt ihn zum Kochen kommen, thut den geschuppten, in Stücke geschnittenen 2—3pfündigen Fisch hinein und siedet ihn zugedeckt ganz langsam weich. Dann nimmt man ihn aus der Brühe und hält ihn heiß. Hierauf schwitzt man 2 oder 3 gehackte Zwiebeln, thut 1 Löffel Mehl, 4 oder 5 fein gewiegte schöne Sardellen und 2 Eßlöffel Kapern hinzu, verrührt Alles gut, gibt es zu der Karpfenbrühe, drückt den Saft einer halben Citrone hinein, läßt Alles noch einmal aufkochen und servirt diese Sauce zu dem Fisch.

Karpfen auf polnische Art (Stewed Carp, Polish Style). 2 Portionen.

Ein Karpfen von 3 Pfund Gewicht wird geschuppt, ausgenommen, gespalten und in Stücke zertheilt. Dann schneidet man 2 gelbe Rüben, 1 Pastinake, 2 Petersilienwurzeln, 3 Zwiebeln und ¼ Sellerieknolle in Scheiben, thut diese nebst etwas Ingwer, einigen Nelken, Pfefferkörnern und etwa 2 Lorbeerblättern in ein Casserol, gießt halb Wasser, halb Bier, welch' letzteres nicht zu bitter sein darf, dazu und läßt es ¼ Stunde kochen. Dann legt man den Karpfen hinein, streut das nöthige Salz darauf, gibt 3 Löffel Butter, ½ Citrone, woraus die Kerne entfernt sind, und 1 Weinglas Essig hinzu und läßt Alles fest zugedeckt noch ¼ Stunde kochen. Sind die Karpfenstücke weich, so nimmt man sie aus der Brühe, hält sie heiß, thut Pfefferkuchen oder geriebenes Weißbrot und 1 Glas Rothwein in die Sauce, rührt diese durch ein Sieb und gibt sie über den Karpfen. Es werden Kartoffeln oder Rothkraut dazu gereicht.

Gebackener Karpfen (Fried Carp). 2 Portionen.

Ein 2—3pfündiger Karpfen wird geschuppt, gereinigt, gespalten, in 2 Zoll dicke Stücke geschnitten, gut gesalzen und 1 Stunde stehen gelassen. Dann vermischt man Mehl und feingeriebene Semmel, panirt die Fischstücke damit vollständig trocken und bäckt sie in heißem Schmalz goldgelb.

Paprika-Karpfen (Carp, Hungarian Style). 2 Portionen.

Einen 3pfündigen Karpfen wäscht und schuppt man, schnei-

det ihn in nicht zu große Stücke und entfernt alle Gräten. Dann
reibt man ihn mit Salz, welchem man 1 Messerspitze Paprika bei=
gemischt hat, gut ein und läßt ihn 1 Stunde stehen. In eine
Pfanne gibt man 1 Löffel Butter, wenn diese steigt, legt man die
Fischstücke, welche man einmal in Mehl gewälzt hat, hinein, bratet
sie ein wenig, übergießt sie mit einigen Löffeln saurem Rahm, läßt
es einmal aufkochen und dann ½ Stunde am Rande des Ofens
dünsten. Sodann richtet man den Fisch mit der Sauce in eine
runde Schüssel an und gibt ungarische Nocken dazu. Letztere bereitet
man wie folgt: 1 Löffel Butter, 4 Löffel süßen Rahm und 2 Eier
rührt man mit Weizenmehl zu einem nicht zu festen Teige, sticht mit
dem Löffel kleine Klöschen ab und läßt dieselben 5 Minuten in Salz=
wasser kochen. Man kann auch Hecht (Pike) oder Barsch (Perch) zu
diesem Gericht benutzen.

Gebratener Aal (Fried Eel). **2 Portionen.** Ein 1½=
pfündiger Aal wird mit dem Kopf auf einen Haken oder Nagel ge=
hängt, sodann die Haut rings um den Kopf eingeschnitten und mit
einem Male nach dem Schwanze zu abgezogen. Dann werden die
Eingeweide ausgenommen, der Aal sauber gewaschen, in 3 Zoll lange
Stücke geschnitten, mit Salz bestreut und 1 Stunde stehen gelassen.
Hierauf wird jedes Stück mittelst eines Fadens in ein Salbei= oder
Weinblatt gebunden, in halb Butter und halb Schmalz 10 Minu=
ten gebraten, dann, nachdem die Fäden entfernt worden sind, an=
gerichtet und mit Citronenvierteln umlegt. Beim Speisen wird der
Aal noch reichlich mit Citronensaft beträufelt. Man kann auch, an=
statt Salbei zu verwenden, die Aalstücke in Ei und Brotkrumen
wälzen und auf diese Weise braten. Kartoffelsalat oder Kartoffel=
brei sind passende Beilagen.

Gekochter Aal (Boiled Eel). **2 Portionen.** Ein Aal
von 1½—2 Pfund Gewicht wird gut gereinigt, die Haut mit Salz
abgerieben, in Stücke geschnitten, mit 1 in Scheiben geschnittenen
Zwiebel, Pfeffer, Salz, 1 Lorbeerblatt, etwas Essig und Salbei in
einen Topf gethan, mit Wasser überdeckt und in 20 Minuten ge=
kocht. Die Sauce kann man mit etwas Mehl verdicken und den
Aal mit in der Schale gekochten Kartoffeln zu Tisch geben. — Soll
der Aal kalt verspeist werden, so kocht man ihn wie angegeben, jedoch

mit mehr Wasser, gar, läßt ihn in der Brühe kalt werden und richtet ihn mit Petersilie und Citronenscheiben an. Man servirt Essig und Oel dazu.

Aal in Sülze (Eel in Jelly). 4 Kalbsfüße kocht man 3 Stunden in Wasser, schöpft das Fett ab und gießt die Brühe durch ein Tuch (jelly bag). Ein 3pfündiger Aal wird ausgenommen, mit Salz abgerieben, die Flossen abgeschnitten, in Stücke getheilt und in einem Topf mit einigen Zwiebeln, Salz, 2 Lorbeerblättern, Pfefferkörnern, etwas Citronenschale und Thymian, der Kalbsfuß= brühe und etwas Weinessig langsam $\frac{1}{4}$ Stunde gekocht. Dann nimmt man den Aal heraus, entfernt die Mittelgräte, zieht die Haut ab und stellt ihn kalt. Die abgefettete Brühe gießt man durch ein Haarsieb, fügt das zu Schaum geschlagene Eiweiß von 4 Eiern dazu, läßt Alles noch einmal aufkochen, seiht es durch und gibt etwas davon in eine Form oder Schüssel. Wenn die Sülze halbfest ge= worden, legt man in die Mitte des Bodens eine Rosette von einem in Scheiben geschnittenen hartgekochten Ei, bedeckt sie mit etwas Brühe, gibt, wenn dieselbe fest geworden, die Aalstückchen sowie einige halbe Citronenscheiben hübsch geordnet in die Form, übergießt Alles mit der übrigen Sülze und läßt das Ganze kalt werden. Beim Anrichten wird die Form bis zum Rande in warmes Wasser getaucht und dann sorgfältig umgestürzt. Die Schüssel wird abwechselnd mit in Scheiben geschnittenen harten Eiern und Sträußchen von schöner, grüner Petersilie garnirt.

Gekochter Hecht (Boiled Pike). 2 Portionen. $1\frac{1}{2}$—2 Pfund Hecht wird geschuppt, ausgenommen, gewaschen und gesalzen. Sodann kocht man ihn 10—15 Minuten, bis die Flossen sich lösen, und bringt ihn mit einer Senfsauce oder geschmolzener Butter nebst Salzkartoffeln zu Tisch. Man garnirt den Fisch mit Petersilie.

Gebackener Hecht mit Sauerkraut (Baked Pike with Sauerkraut). 2 Portionen. Ein $1\frac{1}{2}$ Pfund schwerer Hecht wird geschuppt, ausgenommen, mit Salz bestreut und 1 Stunde stehen gelassen. Dann schlägt man 1 Eiweiß zu Schaum, bestreicht den Fisch damit, wälzt ihn in geriebenem Weißbrot und läßt ihn liegen, bis das Eiweiß trocken ist und das Brot daran haften bleibt.

Hierauf bratet man ihn auf beiden Seiten in Butter bräunlich und gibt Sauerkraut dazu.

Hecht, in Butter gedünstet (Braised Pike). 2 Portionen.

Ein 2pfündiger Hecht wird ausgenommen, sauber geputzt und 1 Stunde stehen gelassen. 1 Löffel Butter läßt man in einem Topfe zergehen, gibt fein gewiegte Peterfilie mit Zwiebel hinein, dann den Fisch und läßt ihn 1 Stunde dämpfen. Nun thut man 1 Glas Weißwein oder nach Belieben Citronensaft daran, legt den Fisch auf eine Platte, macht die Sauce mit einem Eidotter sämig und gießt sie darüber.

Stör zu braten (Sturgeon Steak). 2 Portionen.

Das sogenannte Störsteak am Schwanzstück eignet sich am besten zum Braten. Das Fleisch wird in zweifingerdicke Scheiben geschnitten, gesalzen, gepfeffert, in Ei getunkt, in Brotkrumen gewälzt und in halb Butter, halb Schmalz dunkelgelb gebraten. Man gibt Kartoffelsalat dazu. 1 Pfund Stör genügt für 2 Personen.

Stör mit grünen Erbsen (Sturgeon with Green Peas). 2 Portionen.

1 Pfund Stör wird ½ Stunde gewässert, sodann mit kaltem Wasser, Salz, 4 Nelken und 1 Lorbeerblatt gar gekocht. Hierauf richtet man die gekochten grünen Erbsen darüber an.

Schellfisch mit Buttersauce (Haddock). 2 Portionen.

Der Schellfisch wird geschuppt, ausgenommen und in kochenden Fischsud gelegt. Wenn letzterer wieder zu kochen beginnt, ist der Fisch gar. Man läßt ihn noch 5 Minuten im Sude und legt ihn dann auf eine heiße Platte. Nun läßt man 1 Löffel Butter gelb werden, gibt etwas Mehl und fein gewiegte Peterfilie hinein und verdünnt die Mischung mit etwas Fischsud; die Sauce muß jedoch dicklich bleiben. Man servirt Salzkartoffeln zu diesem Fisch, wovon 2 Pfund auf 2 Personen gerechnet werden.

Schellfisch mit Linsen (Haddock with Lentils). 2 Portionen.

2 Pfund Schellfisch wird in Salzwasser mit Wurzelwerk gekocht, entgrätet, zerpflückt und mit in Fleischbrühe weich gekochten und mit einigen Nelken sowie etwas Zwiebel gewürzten Linsen vermischt. Ebenso wohlschmeckend ist der Schellfisch, wenn mit Sauerkraut zubereitet.

Gekochter Maifisch (Boiled Shad). 2 Portionen. Man kocht den gut gereinigten 2pfündigen Fisch im Fischsude langsam gar, zu gleicher Zeit auch den herausgenommenen Rogen, und servirt mit Salzkartoffeln und zerlassener Butter, indem man den Rogen auf die Platte neben den Fisch legt.

Maifisch, kalt (Cold Shad). 2 Portionen. 1 Tasse Weinessig, 2 Lorbeerblätter, 2 in Scheiben geschnittene Zwiebeln, einige Pfefferkörner und 2 Löffel Salz werden mit 2 Tassen Wasser zum Kochen gebracht. Man legt nun den in Scheiben geschnittenen, gereinigten Fisch hinein, kocht ihn gar, läßt ihn in der Brühe erkalten und servirt denselben mit Essig und Oel.

Gebratener Maifisch (Fried Shad). 2 Portionen. Man reinigt, schuppt und trocknet einen 1½—2pfündigen Maifisch, spaltet ihn und theilt jede Hälfte in 4 Stücke, schneidet Kopf und Schwanzflossen ab, salzt und wälzt die Stücke in Mehl. 2 Löffel Schmalz wird in der Pfanne heiß gemacht und der Fisch dann auf beiden Seiten braun gebraten. Den Rogen bratet man auf dieselbe Weise, legt die Fischstücke in die Mitte der Schüssel, den Rogen herum und garnirt mit Petersilie oder Brunnenkresse.

Gebratener Weißfisch (Fried Whitefish). 2 Portionen. Für 2 Personen sind 1½—2 Pfund genügend. Der Fisch wird geschuppt, ausgenommen, gewaschen und abgetrocknet, hierauf gespalten und mit Pfeffer und Salz bestreut. Kurz vor dem Braten werden die Fischstücke in Mehl gewälzt. 2 Löffel Schmalz wird in der Pfanne heiß gemacht und der Fisch auf beiden Seiten darin gebräunt; dann legt man ihn vorsichtig auf eine erwärmte Schüssel, garnirt mit Petersilie und gibt Tomatensauce oder Citronenstückchen dazu.

Seebarsche (Sea Bass), Brassen (Porgies), Flundern (Flounders), Stinten (Smelts), Barsche (Perch), Weakfish und Bluefish werden auf dieselbe Art zubereitet.

Makrelen (Mackerels). Die Makrelen sind weichliche fette Fische. Man nimmt sie möglichst nahe am Kopfe aus, wäscht sie und legt sie eine Stunde in starkes Salzwasser. Sie werden gewöhnlich ganz in kochendes Salzwasser gegeben, worin man sie 10

Minuten kochen oder ¼ Stunde an der Seite des Feuers ziehen läßt. Nach Belieben kann man sie auch in Salzwasser mit Essig, Zwiebeln und Pfefferkörnern sieden. Beim Anrichten garnirt man sie mit Brunnenkresse oder Petersilie und gibt geschmolzene Butter mit Senf und gehackter Petersilie dazu.

Gekochter Stockfisch (Boiled Codfish). 2 Portionen.

1½ Pfund Stockfisch wird über Nacht in kaltes Wasser gelegt und 1 Stunde vor dem Essen in kleine Stücke zerpflückt. Man setzt ihn, mit kaltem Wasser bedeckt, auf den Ofen und läßt ihn nicht kochen, sondern nur wallen. (Starkes Kochen macht den Stockfisch hart.) Ist der Fisch weich, so gießt man das Wasser ab und ersetzt es durch Milch, läßt einmal aufkochen, rührt 1 Löffel Mehl in kalter Milch glatt, fügt dies bei, sowie 1 Löffel Butter und 2 gut geschlagene Eier; Pfeffer und Salz nach Geschmack. Man gibt Salzkartoffeln oder junge Erbsen dazu.

Stockfischklöße (Codfish Balls). 2 Portionen.

2 Tassen Stockfisch werden zerpflückt, 1 Stunde in kaltem Wasser eingeweicht, letzteres dann abgegossen, kochendes Wasser aufgefüllt und der Fisch 20 Minuten darin schwach gesotten. Hierauf wird alles Wasser von dem Fische durch Abgießen und Ausdrücken entfernt. Nun mischt man 2 Tassen Kartoffelbrei oder gequetschte Kartoffeln, 1 Löffel Butter, ¼ Tasse Milch oder Rahm und 1 gute Prise Pfeffer dazu, mengt Alles gut untereinander und formt Klöße. Man rollt dieselben in Ei, dann in Brot- oder Crackerkrumen und bratet sie in kochendem Schmalz schön braun.

Stockfisch mit Rahm (Codfish with Cream Sauce).

2 Portionen. 2 Tassen zerpflückter Stockfisch wird in kaltem Wasser 2 Stunden eingeweicht, sodann letzteres abgegossen, warmes Wasser aufgefüllt und der Fisch 1 Stunde auf dem warmen Ofen, ohne zu kochen, stehen gelassen. Hierauf gießt man das Wasser ab und drückt den Fisch gut aus. 1 Löffel Butter wird in der Pfanne geschmolzen, 2 Löffel Mehl hinein gegeben, 1 Pint Milch dazu gegossen und unter fortwährendem Umrühren zum Kochen gebracht. Hierauf gibt man Fisch, Pfeffer und Salz dazu und mischt dies, bis Alles heiß ist. Dann nimmt man es vom Feuer, rührt 1 Eigelb hinein und gibt das Gericht mit Kartoffeln in der Schale zu Tisch.

Fisch-Croketten (Fish Croquettes). 2 Portionen.

½ Pfund Fischüberreste werden enthäutet und entgrätet. Dann zerpflückt man sie fein, gibt 1 Eigroß geschmolzene Butter daran, sowie 1 feingeschnittene und in Butter weich gedünstete Zwiebel, Salz, Cayenne-Pfeffer und soviel Rahm, daß die Masse die richtige Consistenz zum Formen von Croketten erhält. Diese letzteren werden dann mit etwas zerkläppertem und gesalzenem Ei überstrichen, in Semmelkrumen umgedreht und schön goldbraun gebacken.

Fisch-Pie (Fish Pie).

Die Fischreste werden gehäutet, entgrätet und zerstückelt; dann mit Salz, Pfeffer und Rahm vermischt, so daß es eine dickliche Masse wird. Frisch gekochte oder übrig gebliebene Kartoffeln werden in Scheiben geschnitten. Nun buttert man eine Auflaufpfanne und füllt sie mit abwechselnden Lagen von Fisch und Kartoffeln, auf welch' letztere man immer einige Stückchen Butter legt. Auf die letzte Lage wird Weckmehl gestreut und Butter vertheilt. Man kann auch zwischen die Lagen je 1 in Scheiben geschnittenes, hartgesottenes Ei legen. Das Gericht wird im Ofen gebacken, bis die Kruste hellbraun ist.

Frische, gebratene Heringe (Fried Herrings).

2 Portionen. 4—6 Stück sind für 2 Personen genügend. Der Hering ist, frisch aus dem Meere gefangen, eines der feinsten Thiere seiner Gattung. Man schuppt und reinigt die Fische, entfernt Kopf und Haut, trocknet mit einem Tuche ab und salzt. Nun wälzt man die Heringe in Mehl, oder in Ei und dann in Semmelkrumen und bäckt sie in heißem Schmalz schön braun. Man gibt Kartoffeln oder grünen Salat dazu.

Gebackene Heringe (Baked Herrings). 2 Portionen.

Man zieht die Haut ab, schneidet den Kopf und halben Schwanz weg, nimmt die Mittelgräte heraus (wodurch die Fische halbirt werden), legt die Theile wieder zusammen und überdeckt sie einen Tag mit Milch. Dann thut man die Heringe zum Abtropfen auf ein Sieb, bestreicht sie mit Butter, wälzt sie in Mehl oder Brotkrumen, bäckt sie auf dem Roste oder in der Pfanne und servirt sie mit Kartoffelbrei oder Linsen.

Heringe mit Kartoffeln (Herrings with Potatoes).

2 Portionen. Man wäſcht 3 oder 4 Matjes=Heringe, zieht die Haut
ab, entfernt die Eingeweide (legt jedoch Milch oder Rogen wieder
hinein), theilt die Heringe in 4 Stücke, fügt dieſelben auf einer mit
gewaſchenen friſchen Weinblättern belegten Platte wieder dicht anein=
ander und gibt Kartoffeln in der Schale dazu.

Gefüllte Heringe (Stuffed Herrings). 2 Portionen.

4 geſalzene Heringe legt man den Abend vor dem Gebrauche ins
Waſſer; bei der Zubereitung werden ſie längs des Rückens aufge=
ſchnitten und Rückgrat ſowie Eingeweide vorſichtig herausgenommen,
Kopf und Schwanz jedoch nicht entfernt. 4 Löffel ungeſalzene But=
ter wird mit 2 Eiern, 5 Löffeln geriebenem Weißbrot, 1 kleinen, in
Butter gedünſteten Zwiebel, etwas Pfeffer, 1 Theelöffel gehackter Pe=
terſilie und 1 Priſe Thymian verrührt, dieſe Miſchung in die Heringe
gefüllt und letztere ſorgſam zuſammengeklappt. Dann wird jeder
Hering in ein ganz leicht mit Butter beſtrichenes Papier nach ſeiner
natürlichen Form eingewickelt und im Ofen 5 Minuten langſam gar
gebraten. Kartoffeln, Linſen, Sauerkraut oder Erbſen ſind paſſende
Beigaben.

Heringe, mit Kartoffeln gebacken (Baked Her-

rings with Potatoes). 2 Portionen. 3 geſalzene Heringe werden
gewäſſert, ausgenommen, entgrätet und in kleine Würfel zertheilt.
1 Teller gekochte, kalte Kartoffeln werden ebenfalls in Würfel oder
Scheiben geſchnitten. Dann wird eine Form mit Butter ausge=
ſtrichen, mit geriebenem Weißbrot beſtreut, die Hälfte der Kartof=
feln, hierauf Hering, ſodann die übrigen Kartoffeln hineingethan,
etwas Butter und Pfeffer dazu gefügt und das Gericht im Ofen ½
Stunde gebacken

Marinirte Heringe (Pickled Herrings). Schöne,

große Heringe (Milchner) werden gewaſchen und 24 Stunden in
Waſſer gelegt. Dann trocknet man ſie ab, häutet ſie, ſchneidet einen
ſchmalen Streifen vom Bauche ab, nimmt die Milch heraus, entfernt
die Eingeweide und legt die Fiſche in einen irdenen Topf. Die
Milch zerrührt man mit etwas Eſſig recht fein und thut ſie zu den
Heringen in den Topf. Hierauf kocht man die erforderliche Menge

Effig (2 Theile Effig mit 1 Theil Waffer verdünnt), legt auf die
Heringe einige in Scheiben geschnittene Zwiebeln, Lorbeerblätter,
Pfeffer=, Gewürz= und Senfkörner und gießt den Effig lauwarm dar=
über; wenn erkaltet, bindet man den Topf gut zu. Nach 24 Stun=
den sind sie zum Gebrauch fertig und halten sich 6 Wochen. Kar=
toffeln in der Schale sind die beste Beilage.

Fleischreste mit Hering (Hash with Herring).
2 Portionen. 1 Pfund Fleischreste schneidet man würfelig und ebenso
1 oder 2 ausgewässerte und entgrätete Heringe; dann wird beides
vermischt, in brauner Butter gedünstet und mit Pfeffer gewürzt.
Auch kann man gekochte und in Scheiben geschnittene Kartoffeln
darunter nehmen. Dies ist ein kräftiges und billiges Nachtessen.

Sardinen anzurichten (Sardines). Man öffnet die
Büchsen vorsichtig, nimmt die Sardinen heraus, legt sie abwechselnd
mit Kapern sternförmig auf einen Teller und gießt sodann das Oel
der Sardinen oder frisches Oel darüber.

Gekochter Hummer (Boiled Lobster). 2 Portionen.
Ein 2½pfündiger Hummer genügt für 2 Personen. Man sollte
eigentlich nur lebendige Hummern kaufen, da sie, abgekocht, sich nicht
lange halten und verdorbenes Hummerfleisch sehr schädlich ist. Bei
Feststellung der Genießbarkeit muß man sich theilweise auf den Ge=
ruch verlassen; außerdem überzeugt man sich, ob der gekochte Hummer
frisch ist, indem man am Schwanze zieht. Schnappt derselbe nach
dem Ziehen wieder in seine vorige Stellung zurück, so ist der Hum=
mer brauchbar. Die lebenden Hummern werden gewaschen, gebürstet,
mit dem Kopf voraus in kochendes Salzwasser geworfen, wodurch sie
augenblicklich getödtet werden, und dann je nach der Größe 20—30
Minuten, in fest schließendem Casserol, gekocht. Sind die Hummern
gar, so bestreicht man sie, sobald sie trocken sind, mit etwas Oel,
damit sie ein schönes, glänzendes Aussehen bekommen. Dann bricht
man die Scheeren ab, entfernt auf der einen Seite die Schale, spal=
tet Rumpf und Schwanz der Länge nach, setzt den Hummer wieder
zusammen oder legt ihn geschmackvoll auf eine Platte und garnirt
ihn mit Petersilie. Man gibt zu warmem Hummer frische Butter,
zu kaltem, Effig und Oel.

Gekochte Krabben (Boiled Crabs).

Krabben mit har= ter Schale werden wie Hummern gekocht. Sie brauchen ¾ Stunden zum Garwerden. Wenn kalt, nimmt man die obere Schale ab und entfernt den schwammigen Theil. Man servirt sie mit Essig, Oel, Pfeffer und Salz.

Weiche Krabben (Soft-Shell Crabs).

Dieselben werden gut geputzt und gewaschen. Die an der unteren Seite befindliche kleine Schale (apron) wird mit dem Daumennagel herausgezogen und der schwammige Theil entfernt. Hierauf wird die Krabbe ab= getrocknet, in Ei getaucht, sodann in Brotkrumen oder Mehl (welchem etwas Pfeffer und Salz beigemischt ist) gewälzt und in recht heißem Fett in 8—10 Minuten braun gebraten. Man läßt sie nun ab= tropfen, legt jede Krabbe auf ein Stückchen Toast und gibt in Viertel getheilte Citronen dazu.

Clam Chowder.

2 Portionen. Man schneidet ½ Pfund Speck (bacon) in kleine Würfel und röstet ihn in einer Pfanne 5 Minuten. Dann gibt man 1 in Scheiben geschnittene Zwiebel dazu und dünstet sie gelb. Hierauf schüttet man Speck, Zwiebel und das ausgebratene Fett in einen eisernen Topf, füllt 1 Tasse in kleine Würfel geschnittener roher Kartoffeln, 1 Tasse kleingeschnittenes Weiß= kraut, dann wieder 1 Tasse Kartoffeln dazu, fügt 1 Prise Thymian, 1 Prise Majoran und den Saft von 12 clams bei, füllt soviel Wasser auf, daß Alles gut bedeckt ist, und läßt es im geschlossenen Topfe ½ Stunde kochen, ohne umzurühren. Dann schüttet man die zerhackten 12 clams, 1 Theelöffel gehackte Petersilie, einige zerdrückte Wasser=Crackers und etwas catsup dazu und läßt Alles noch 10 Minuten kochen. Nimmt man kein Weißkraut dazu, so gießt man kurz vor dem Serviren 1 Tasse warme Milch daran. Will man den Chowder feiner machen, so gibt man zu den Kartoffeln noch ¼ Pfund in kleine Würfel geschnittenes Kalbfleisch und läßt es mit= kochen.

Fish Chowder.

2 Portionen. ½ Pfund Speck (bacon) wird in Würfel geschnitten und hellbraun geröstet; wenn man rohen Schinken vorzieht, bräunt man denselben, nachdem er klein geschnit= ten, in etwas Fett. Dann nimmt man die Würfel aus der Pfanne

und läßt 1 in Scheiben geschnittene Zwiebel gelb dünsten, schneidet 3 mittelgroße rohe Kartoffeln in Würfel und theilt 2 Pfund Fisch (Haddock oder Codfish) in 3zöllige Stücke. Nun gibt man in einen eisernen Topf 1 Lage Kartoffeln, dann 1 Lage Fisch, hierauf Zwiebel und Speck, 1 Prise Majoran, 1 Prise Thymian, Pfeffer und Salz, dann wieder Kartoffeln und Fisch, bis Alles verwendet ist; die oberste Lage muß aus Kartoffeln bestehen. Dies bedeckt man mit 1 Pint kochendem Wasser und läßt es ½ Stunde langsam kochen, ohne umzurühren. Kurz vor dem Anrichten rührt man 3 Löffel Mehl oder 3 zerdrückte Wasser=Crackers in 1 Pint Milch, gießt es zu der kochenden Masse und läßt Alles noch einmal aufkochen.

Rohe Austern (Oysters on the Half Shell). Man rechnet 6 Austern auf jede Person. Die Schalen werden reinge= waschen, behutsam geöffnet und die obere Schale abgenommen. Dann löst man die Auster mit dem Messer von der unteren Schale, läßt sie aber darauf liegen. Hiervon legt man 6 Stück auf einen Teller und gibt in die Mitte das Viertel einer Citrone.

Gedünstete Austern (Stewed Oysters). 2 Portionen. Die Flüssigkeit von 1 Quart Austern mischt man mit 1 kleinen Tasse heißen Wassers, fügt etwas Salz, Pfeffer und 3 Theelöffel mit der Nudelwelle fein zerdrückter Crackers bei und läßt dies einmal auf= kochen. Hierzu gibt man 1 Quart Austern und fügt, sobald nach einigen Minuten die Austern anfangen sich zu kräuseln, 1 Eßlöffel Butter bei; sowie diese geschmolzen ist, gießt man 1 Tasse heiße Milch dazu, nimmt das Gericht vom Feuer und servirt es. Austern werden hart, wenn sie zu lange kochen.

Gebackene Austern (Fried Oysters). 2 Portionen. 12 Stück schöne große Austern schlägt man in ein reines, trockenes Tuch ein, um so die Flüssigkeit zu entfernen. In einer Pfanne er= hitzt man 1 Löffel Butter, taucht jede Auster in Ei, wälzt sie dann in fein gestoßene Crackers und bäckt sie goldgelb.

Auster-Pfannkuchen (Oyster Fritters). 2 Portio= nen. Die Flüssigkeit von 12 Austern wird mit der gleichen Quan= tität Milch, 2 Eiern, etwas Salz und genug Mehl, um einen nicht zu festen Teig zu bilden, vermischt. Die Austern werden fein gehackt und dazu gethan. In einer Pfanne macht man 1 Löffel Butter oder Fett heiß, sticht mit einem Löffel von dem Teig aus, legt ihn in das heiße Fett und bäckt ihn schön hellbraun. Clam Fritters kann man auf dieselbe Art zubereiten.

Gebackene Froschschenkel (Fried Frog's Legs).

Die Froschschenkel werden gewaschen, die Zehen abgestutzt, die Füßchen nach innen gebogen, gesalzen, gepfeffert, mit etwas gewiegter Petersilie bestreut und zugedeckt eine Weile stehen gelassen. Dann wälzt man sie in Mehl, hierauf in Ei, zuletzt in geriebenem Weißbrot und bäckt sie in heißem Schmalz gelbbraun. Man gibt grünen oder Krautsalat dazu.

Saucen oder Tunken.

❧

Die Bereitung der Saucen, auf welche man kaum genug Sorg=
falt verwenden kann, nimmt in der Kochkunst eine wichtige
Stelle ein. Die Sauce ist die Grundlage des Wohlgeschmackes vieler
Speisen, und manche Gerichte verdanken derselben allein ihr schönes
Aussehen und ihre Vollkommenheit. Eine gute, helle Fleischbrühe
oder, in Ermangelung derselben, etwas Fleischextract gibt der Sauce
die nöthige Kraft und Würze.

Die Bereitung der Einbrenne, d. h. die Verbindung von But=
ter oder Fett, in welchem Mehl geröstet wird, darf nicht zu schnell
vor sich gehen, am besten geschieht dies am Rande des Feuers.
Man läßt die Einbrenne erst ein wenig erkalten, ehe man sie mit
Brühe u. s. w. verrührt. Zuerst gibt man sehr wenig von der zu=
zugießenden Flüssigkeit hinein, rührt dies glatt, damit sich keine
Klümpchen bilden, fügt dann wieder etwas Brühe hinzu, und so
fort, bis die Verbindung von Flüssigkeit und Mehl eine vollkom=
mene ist; Klümpchen, die beim Anrühren nicht vermieden wurden,
lassen sich auch beim Kochen nicht ganz entfernen und geben der
Sauce ein unschönes Aussehen. Die Saucen dürfen nicht zu dick,
sollten jedoch so sämig sein, daß sie die Speisen bedecken und nicht
dünn davon herabfließen.

Alle Saucen müssen sorgfältig gewürzt und, so lange sie auf
dem Feuer sind, beständig gerührt werden, um einen angenehmen,
feinen Geschmack zu erzielen. Besonders mit dem Pfeffer sei man
sparsam; ein Zuviel davon verdirbt die beste Sauce. Die von den
Engländern fabricirten und in den Handel gebrachten pikanten Sau=
cen sind im Wesentlichen gewaltsame Appetitreizer, welche von Ma=
genschwachen durchaus gemieden werden sollten. Von diesen genügt
für die einfache Küche die Worcestershire Sauce allen Zwecken.
Ein Theelöffel davon ist in den meisten Fällen hinreichend, um die
Sauce gewürziger zu machen.

Grundsauce (Cullis, Stock). Abfälle von allerlei gekoch=
tem, gebratenem oder rohem Fleisch, sowie auch Knochen, sollten in
einem steinernen Topfe, gut zugedeckt, an einem kühlen Orte aufbe=
wahrt und wöchentlich zweimal (da sie nicht länger als 3 Tage
stehen dürfen) mit etwas Wurzelwerk zu einer Grundsauce gekocht
werden. Eine ökonomische Hausfrau hat dann immer, ohne einen
Cent extra dafür auszugeben, das Hauptmaterial zu einer guten
Sauce fertig.

Warme Saucen.

Rahmsauce (Béchamel Sauce). Diese Sauce macht
ihrem Erfinder, Marquis de Béchamel, Haushofmeister Ludwigs XIV.,
alle Ehre. Man schwitzt 1 Löffel Butter, verrührt 1 Löffel Mehl
damit (Butter und Mehl dürfen aber nicht braun werden), schüttet
½ Tasse Fleisch= oder Geflügelbrühe und ½ Tasse Rahm dazu und
rührt fortwährend, bis es kocht. Dann nimmt man es vom Feuer
und mischt ½ Theelöffel Salz, 1 Prise Pfeffer, 1 schaumig geschlage=
nes Eigelb und ein wenig geriebene Muskatnuß darunter. Diese
Sauce gibt man über Hühner= oder Kalbfleischstücke und zu gekoch=
tem Fisch. Für Suppenfleisch fügt man etwas Citronensaft zu der
Sauce.

Buttersauce (Drawn Butter). Ein Eßlöffel Mehl wird
mit 2 Eßlöffeln Butter in der Pfanne geschwitzt. Dann werden 2
Tassen Brühe unter fortwährendem Umrühren langsam dazu gegossen
und gekocht, bis die Sauce dicklich wird. Schließlich wird ½ Thee=
löffel Salz beigefügt, worauf sie gleich servirt werden muß. Diese
Sauce wird zu Blumenkohl, Spargeln und Fisch verwendet; gute
Butter ist dazu ein Haupterforderniß. Zum Auffüllen benutzt man
die Brühe, worin das betreffende Gericht gekocht wurde.

Eiersauce (Egg Sauce). Zu ½ Pint Buttersauce mischt
man 2 hartgekochte, fein zerhackte Eier.

Holländische Sauce (Sauce Hollandaise). Man macht
eine Buttersauce, nimmt sie vom Feuer, mischt langsam 2 zu Schaum
gerührte Eigelb, den Saft einer halben Citrone und 1 Löffel gehackte
Petersilie dazu. Man gibt sie zu gebackenem oder gekochtem Fisch
und zu Fisch=Croketten.

Kapernsauce (Caper Sauce). Man bereitet eine Buttersauce und rührt 1 Eßlöffel Citronensaft sowie 2 Eßlöffel Kapern dazu. Diese Sauce schmeckt gut zu gekochtem Lamm und Hammelfleisch oder zu Fisch.

Petersiliensauce (Parsley Sauce). Zu einer Buttersauce rührt man einige Minuten vor dem Wegnehmen vom Feuer 1 Eßlöffel gehackte Petersilie und gibt sie über Suppenfleisch oder Kartoffeln.

Petersiliensauce für gekochte Fische (Parsley Fish Sauce). Man wäscht 1 Bündelchen Petersilie in kaltem Wasser, hackt sie sehr fein und kocht sie 10 Minuten in etwas gesalzenem Wasser, rührt 1 Löffel Mehl und 1 Löffel Butter zu einem Klößchen zusammen, zerbröckelt letzteres in das kochende Petersilienwasser, läßt es einmal aufkochen und richtet an.

Meerrettigsauce (Horseradish Sauce). Der Meerrettig wird gerieben; dann kocht man Fleischbrühe mit etwas Essig, 1 Messerspitze Zucker, Salz, 1 haselnußgroßen Stückchen Butter, einigen gestoßenen Zwiebacken, sowie etwas Muskatnuß und rührt den Meerrettig hinein. Die Sauce muß ziemlich dick sein und wird als Beilage zu gekochtem Kalb, Rind oder Rauchfleisch gegeben.

Tomatensauce (Tomato Sauce). 6 Tomaten werden gewaschen, in Stücke geschnitten, mit 1 kleinen, zerschnittenen Zwiebel, 1 Lorbeerblatt und ein wenig Petersilie ½ Stunde gekocht und dann durchgeschlagen. In einer Pfanne wird 1 Löffel Mehl mit 1 Löffel Butter geschwitzt; hierzu gibt man die Tomaten und läßt dies aufkochen. Nun fügt man Pfeffer und Salz, 1 Löffel Essig und 1 Löffel Zucker bei und kocht Alles noch einmal. Diese Sauce schmeckt ausgezeichnet zu Rind, Schweine und Kalbfleisch, sowie zu Beefsteak.

Sardellensauce (Anchovies Sauce). ¼ Pfund Sardellen werden gewaschen und entgrätet. Die Gräten kocht man mit 1 Pint Wasser, 1 Zwiebel, 1 Lorbeerblatt, 6 Pfefferkörnern und 1 Prise Muskatblüthe ¾ Stunde lang; sodann schwitzt man 1½ Löffel Mehl mit 1½ Löffel Butter, rührt dies langsam dazu, läßt Alles gut kochen, streicht es durch ein Sieb und bringt es wieder zum Kochen. Nun gibt man die feingehackten Sardellen dazu, rührt 1

Eidotter hinein und servirt die Sauce zu Fleischpudding, gekochtem Fleisch oder gekochten Eiern mit Salzkartoffeln.

Braune Sardellensauce (Brown Anchovies Sauce).

¼ Pfund Sardellen werden gewaschen, entgrätet und die Gräten mit 1 Pint Wasser, 1 Eßlöffel Champignons und 3 weißen Pfefferkörnern ½ Stunde gekocht. Sodann bräunt man 1½ Löffel Mehl mit einer fein gehackten Zwiebel und 1½ Löffel Butter und rührt dies zu der Brühe, woraus man aber zuvor die Champignons entfernt hat. Hierauf gibt man Essig nach Geschmack dazu, kocht die Sauce sämig, rührt sie durch ein Sieb und fügt die gehackten Sardellen sowie die Champignons bei. Zu Klopsen und zu gekochtem Fleisch servirt man diese wohlschmeckende Sauce nebst Salzkartoffeln.

Braune Zwiebelsauce (Robert Sauce).

Speck wird klein gehackt und mit fein gehackten Zwiebeln langsam gelb gebraten, etwas Essig, Salz, Pfeffer, Zucker und Fleischbrühe oder Braten= sauce beigefügt, Alles gekocht und dann durchgeschlagen. Nach Be= lieben kann man auch etwas Senf dazu rühren. Diese Sauce ist für Cotelets, Bratwürste und Wildpret zu empfehlen.

Zwiebelsauce (Onion Sauce).

Man läßt etwa 4 in Würfel geschnittene Zwiebeln mit einem Stückchen Nierenfett gelb werden, fügt 1 Eßlöffel Mehl bei und rührt, sobald das Mehl sich hebt und kraus geworden, so viel Wasser hinzu, als zu einer gebun= denen Sauce erforderlich ist, läßt sie eine Weile langsam kochen und streicht sie durch ein Sieb. Dann bringt man dieselbe mit fein= gestoßener Muskatblüthe und Salz nochmals zum Kochen, nimmt die Sauce vom Feuer und rührt sie mit einem Stück frischer Butter, einer großen Messerspitze Fleischextrakt und einem Eidotter ab. Zu jedem gekochten Fleisch passend, auch über Kartoffeln anzurichten.

Senfsauce (Mustard Sauce).

In 1½ Tasse kochendes Wasser gibt man 1 Theelöffel Mehl, 2 Theelöffel Tafelsenf, Essig nach Geschmack und einen Stich Butter. Dies wird unter beständi= gem Rühren zu einer Sauce gekocht und zuletzt 2 schäumig gerührte Eidotter hinzugefügt. Das Mehl rührt man vor dem Gebrauche mit etwas kaltem Wasser glatt. Diese Beilage eignet sich besonders zu Suppenfleisch.

Heringsauce (Herring Sauce). Ein gut gewässerter Hering wird entgrätet und fein gehackt. Dann schwitzt man 1 feingehackte Zwiebel in Butter, läßt darin 1 Löffel Mehl gelb werden und rührt soviel Wasser hinzu, daß es eine recht sämige Sauce wird. Diese läßt man mit 1 Lorbeerblatt, 2 oder 3 Citronenscheiben, 4 Pfefferkörnern und etwas Essig ½ Stunde kochen. Hierauf wird sie durchgeschlagen, der Hering hinzugefügt und mit 2 Eidottern abgerührt. Man reicht diese Sauce zu Suppenfleisch, gekochten Eiern oder Fisch; auch wird sie über Kartoffelsalat gegeben.

Braune Sauce zu Kartoffeln (Brown Sauce). Speck und Zwiebeln bratet man, ganz klein geschnitten, in der Pfanne gelb; sodann gibt man ½ Löffel Mehl dazu, rührt dasselbe so lange, bis es hellbraun ist, fügt etwas Wasser, Senf und Salz bei und bringt die Sauce heiß zu Tisch.

Braune Sauce zu Fleisch (Brown Sauce). 1 Löffel Butter wird gebräunt, 1 Löffel Mehl dazu gemischt und glatt gerührt, 1 Tasse kochendes Wasser langsam dazu gegossen und unter fortwährendem Rühren zum Kochen gebracht. Dann gibt man 1 gehackte Zwiebel, 1 klein geschnittene Möhre, 1 Lorbeerblatt, 1 Prise Muskatblüthe und etwas Petersilie dazu und läßt Alles 15 Minuten gelinde kochen. Hierauf gießt man es durch ein Sieb, fügt ½ Theelöffel Salz, 1 gute Prise Pfeffer und 1 Löffel Worcestershire Sauce bei und rührt ordentlich durch. Diese Sauce ist ausgezeichnet für aufgewärmtes Fleisch und Beefsteak.

Braune Champignonsauce (Mushroom Sauce). In Butter schwitzt man feingehackte Petersilie und Champignons mit Salz und Citronensaft kurz ein, gibt Fleischbrühe und, wenn man ihn hat, Bratensatz und etwas geröstetes Mehl dazu und läßt es sämig kochen. Vor dem Anrichten fügt man einige Kapern, feine Pfeffergurkenscheibchen und 2 gehackte Sardellen bei. Man servirt die Sauce zu Beefsteak, Cotelets u. s. w.

Citronensauce (Lemon Sauce). 1 Löffel Butter wird mit 2 Löffel Mehl und Wasser glatt gerührt und soviel kochende Fleischbrühe dazu gethan, bis eine dicke Sauce entsteht. Dieselbe wird dann mit 2 Eigelb, dem Saft einer Citrone und etwas Weißwein gemischt und 1 Messerspitze fein gewiegte Citronenschale hinzugefügt. Man gibt sie zu Hühnern und Kalbfleisch.

Sauerampfersauce (Sorrel Sauce). Man streift einige Handvoll jungen Sauerampfer von den Stielen ab, wäscht ihn, dünstet ihn in etwas Butter auf gelindem Feuer weich, stäubt 1 Löffel Mehl darüber, gießt Fleischbrühe hinzu und kocht dies in ¼ Stunde zu einer sämigen Sauce. Nach Belieben kann man etwas Zucker beimischen. Diese Sauce schmeckt zu Lammfleisch gut.

Reste von Bratensauce mit Petersilie. Hat man Bratensauce übrig behalten, so gießt man sie zusammen und läßt sie aufkochen. Sollte sie nicht salzig und sämig genug sein, so fügt man etwas Salz und Kartoffelmehl hinzu; vor dem Anrichten mischt man gehackte Petersilie bei, welche der Sauce einen angenehmen Geschmack gibt. Man kann kaltes Fleisch darin aufwärmen; auch paßt diese Sauce zu Fricadellen.

Obst-, Wein- und Milchsaucen.
Zu Puddings, Eierkuchen u. s. w.

Blau- oder Heidelbeerensauce (Whortle- or Huckleberry Sauce). ½ Pfund Heidelbeeren wäscht man sauber ab, entfernt die grünen und schlechten Beeren, gibt die anderen mit 3 Tassen kochendem Wasser in einen emaillirten Topf, läßt Alles gut kochen, fügt Zucker, Zimmet und etwas Citronenschale nach Geschmack hinzu und kocht es noch ¼ Stunde. Sodann macht man die Sauce mit etwas in Wasser aufgelöster corn starch sämig. Dies ist eine passende Beigabe zu Eierkuchen und Klößen.

Citronensauce (Lemon Sauce). 1 Löffel Stärke (corn starch), 1 Ei, 1 Löffel Butter und ½ Tasse Zucker werden in einer Schüssel gut verrührt. Hierauf werden 2 Tassen kochendes Wasser langsam dazu gegossen und die Masse in einem emaillirten Topf auf dem Feuer umgerührt, bis sie dick wird. Dann nimmt man sie vom Feuer und rührt den Saft und die geriebene Schale einer Citrone dazu. Diese Sauce wird in einer Schüssel zu warmem Pudding gereicht.

Apfelsinensauce (Orange Sauce) wird auf dieselbe Art zubereitet, nur nimmt man den Saft von 2 und die Schale von 1 Apfelsine dazu, anstatt der Citrone.

Pfirsichsauce (Peach Sauce). 4 schöne Pfirsiche werden geschält, entkernt, mit ⅓ Tasse Wasser und ⅓ Tasse Zucker weich gekocht und dann durchgeschlagen. 1 Tasse Milch wird zum Kochen gebracht und 1 Löffel corn starch, welche in etwas kaltem Wasser aufgelöst wurde, dazu gerührt, bis die Sauce dick wird. Dann rührt man die Pfirsiche und das zu Schaum geschlagene Weiße von 2 Eiern dazu und läßt die Sauce bis zum Gebrauch erkalten.

Einfache Puddingsauce (Plain Pudding Sauce). 1 Tasse Zucker und 1 eigroßes Stück Butter werden zusammen zu Schaum geschlagen, dann das steif geschlagene Weiße von 1 Ei und 1 Glas Wein oder Wasser dazu gerührt und die Sauce mit etwas Vanille=Essenz gewürzt.

Milchsauce (Cream Sauce). 4 Eidotter werden mit 1 Messerspitze Mehl, etwas kalter Milch, 1 Prise Salz und etwas Zimmet gut verrührt, 1½ Tasse kochende Milch und 1 Theelöffel Zucker, mit etwas Citronensaft angefeuchtet, langsam zu den Eiern gegossen und dies in einem emaillirten Topfe auf dem Feuer so lange gerührt, bis es zu kochen anfängt; dann wird es gleich weg= gestellt. Diese Sauce ist ausgezeichnet für Puddings.

Chocoladensauce (Chocolate Sauce). 2½ Unzen Cho= colade kocht man mit 2 Tassen Milch, 3 Unzen Zucker und 1 klei= nen Stückchen Vanille, rührt 1 Theelöffel corn starch dazu, kocht noch einmal auf und gießt die Sauce durch ein Sieb. Benutzt man Vanille=Essenz, so wird dieselbe nach dem Kochen beigefügt.

Vanillesauce (Vanilla Sauce). Man legt 1 Stück Va= nille 1 Stunde in 1 Pint frische Milch; dann wird letztere aufge= kocht und 1 Theelöffel corn starch dazu gerührt. 4 Eidotter, welche mit 2 Löffel Zucker zu Schaum geschlagen wurden, werden der kochenden Milch beigefügt, Alles noch 2 Minuten gut gerührt, dann vom Feuer genommen und das ausgekochte Stückchen Vanille ent= fernt. Benutzt man Vanille=Essenz, so mischt man 1 Theelöffel da= von nach dem Kochen zu der Sauce.

Schaumsauce (Foam Sauce). Das Weiße von 2 Eiern wird zu Schaum geschlagen, dann mischt man langsam unter fort= während em Rühren 1 Tasse powdered sugar und, wenn Alles gut verrührt ist, den Saft einer Citrone dazu. Hierauf verrührt man das Ganze langsam mit 1 Tasse kochender Milch. Diese Sauce muß sogleich servirt werden, sonst verliert sie an Güte. Nimmt man anstatt der Milch Wein, so hat man dann eine feine Weinsauce (Wine Sauce).

Aepfelweinsauce (Cider Sauce). 1 Tasse Zucker wird mit 1 Stück Butter von der Größe eines Hühnereies zu Schaum gerührt und 6 Löffel gekochter Aepfelwein langsam beigemischt. Kurz vor dem Serviren wird das Gefäß, welches diese Mischung enthält, in einen Topf mit kochendem Wasser gestellt, denn die Sauce soll heiß sein, darf aber nicht gekocht werden.

Fruchtsauce (Fruit Sauce). Man drückt 1 Pint reife Erd= oder Johannisbeeren durch ein Sieb. Diesen Fruchtsaft mischt man mit ½ Theelöffel corn starch, 2 Löffel Zucker und dem Saft von 1 Citrone, schlägt Alles schaumig und kocht es dann. Man kann noch 1 Glas Madeirawein beifügen und die Sauce kalt oder warm serviren.

Fruchtsyrupsauce (Fruit-Syrup Sauce). Man kann Kirschen, Quitten, Erdbeeren, Aprikosen, Pfirsiche oder irgend einen anderen Fruchtsyrup dazu benutzen. 1 Theelöffel in etwas kaltem Wasser aufgelöste corn starch wird mit ½ Tasse Zucker vermischt, dann 1 Tasse Fruchtsyrup beigefügt und 5 Minuten gekocht. Zuletzt gibt man 1 Theelöffel Butter dazu.

Mandelsauce (Almond Sauce). 1 Pint Milch setzt man mit 8 abgebrühten, fein gestoßenen, bitteren Mandeln und 8 süßen, fein gehackten Mandeln nebst etwas Zucker aufs Feuer. Wenn die Milch heiß ist, gibt man 1 Theelöffel aufgelöste corn starch hinein, läßt es kochen und rührt 2 Eigelb dazu. Das zu Schaum gerührte Weiße der 2 Eier gibt man in die Suppe, kocht sie unter fortwährendem Rühren etwas sämig, stellt sie vom Feuer und läßt sie erkalten. Zu Chocoladen=Pudding paßt diese Sauce besonders, auch zu kalten Speisen.

Rum= oder Punschsauce (Punch Sauce). Man macht eine Schaumsauce, nur gibt man statt Citronensaft ½ Weinglas Rum oder Arrak dazu. Diese Sauce kann warm oder abgekühlt zu warmen Puddings gegeben werden.

Salate.

Salat (wörtlich übersetzt „Gesalzenes", vom lateinischen salare, salzen) ist ein Mischgericht aus rohen oder gekochten Fleisch= oder Pflanzentheilen, Essig, Oel und Salz. Sein Gebrauch reicht bis in das graue Alterthum zurück, da nach dem Zeugniß des Pro= pheten Daniel schon Nebucadnezar der Große von Babylon (604 bis 561 v. Chr.) „Gras aß wie ein Ochse", d. h. sich jenes Würz= gericht aus Nesselsprossen munden ließ, das heute noch am Euphrat bekannt und beliebt ist. Ein altes spanisches Sprüchwort sagt, daß die Herstellung eines klassischen Salats fünf Personen erfordert: einen Geduldigen, der die Kräuter verliest; einen Verschwender, der das Oel spendet; einen Geizigen, der den Essig zumißt; einen Wei= sen, der das Salz abwägt, und einen Narren, der Alles gründlich durcheinander mengt.

Der richtig zubereitete und vollkommene Salat soll und muß die Zunge kitzeln, ohne zu brennen, den Gaumen erfrischen, ohne zu kratzen, und den Magen anregen, ohne zu überreizen.

Beim Einkaufen des Salats wählt man nur die frischen, festen Köpfe mit zarten Blättern. Alle grünen Salate müssen, sobald sie zubereitet sind, zu Tische gebracht werden, denn sie verlieren durch längeres Stehen an Aussehen und Geschmack. Man sollte zu allen Salaten nur das beste Mohn=, Baumwollsamen= oder Oliven=Oel benutzen; als Ersatz kann indessen geschmolzene Butter genommen werden, die aber nur zerlassen, nicht kochend heiß oder braun sein darf; sie muß von allem Bodensatz geklärt sein. Mit Essig sei man sparsam; nie darf der Salat darin schwimmen, sondern nur leicht davon durchdrungen sein. Alle grünen Salate müssen sorgfältig ge= waschen werden, aber nicht Stunden lang im Wasser liegen bleiben, und gut abgetropft sein, ehe man sie anmacht. Beim Anmachen streut man zuerst Salz und grob gestoßenen Pfeffer über den Salat, fügt dann Oel und zuletzt Essig hinzu und mengt gründlich durcheinander, wozu sich Holzgabel und Holzlöffel am besten eignen.

Salatkräuter, besonders Estragon, junge Zwiebelspitzen und Pfeffer=
kraut, geben dem Salat eine feine Würze. Salz wendet man bei
allen grünen Salaten sparsam an — sie können leicht versalzen wer=
den. Für eine Salatsauce, wozu hartgekochte Eier verwendet wer=
den, reibt man die Dotter möglichst fein, rührt etwas Essig und
dann das Oel nach und nach dazu, weil die Sauce sich so mit den
übrigen Theilen besser verbindet.

Fleisch=, Fisch= und Heringssalate müssen, wenn irgend möglich,
einige Stunden vor dem Gebrauche zubereitet werden.

Als Ersatzmittel für Eidotter zur Salatsauce für Feld=, Kopf=
und Endiviensalat kann man 1 oder 2 weichgekochte, fein geriebene Kar=
toffeln benutzen. Man rührt dieselben mit Essig, Milch, Oel, Salz
und etwas gehackter Petersilie zu einer Sauce. Für schwache Magen
sollte 1 Theelöffel Zucker beigefügt werden.

Pikante Salatsauce (Mayonnaise Dressing). 2 rohe
Eigelb werden 1 Minute lang in einer kalten Suppenschüssel gut
gerührt, dann mischt man $\frac{1}{2}$ Theelöffel Salz, 1 Prise Pfeffer, 1
Theelöffel Tafelsenf (mustard) und $\frac{1}{2}$ Theelöffel Zucker dazu. Nun
wird tropfenweise, unter stetem Schlagen, soviel Oel zugesetzt, daß
die Masse so dick wie saurer Rahm aussieht. Schließlich gibt man
den Saft von 1 Citrone oder 1 Löffel Essig dazu. Diese Sauce
ist zu irgend einer Sorte Salat passend und hält sich, gut verkorkt,
längere Zeit; man kann dieselbe im Voraus bereiten, wenn man ge=
rade Eigelb von anderen Gerichten übrig behält. Während des
Schlagens der Mischung sollte das Gefäß, in welchem sie enthalten
ist, in sehr kaltem Wasser stehen.

Salatsauce ohne Oel (Mayonnaise Dressing with-
out Oil). Während der heißen Jahreszeit kann man, wenn Abnei=
gung gegen den Genuß von Oel vorhanden sein sollte, eine Salat=
sauce ohne Oel auf folgende Weise herstellen: Ein Löffel Tafelsenf
wird mit etwas kochendem Wasser glatt verrührt, 1 Theelöffel Salz
und 1 Theelöffel Zucker beigefügt. Dann werden 3 Eier schaumig
gerührt, etwas Pfeffer hinzugethan und das Ganze mit $\frac{1}{2}$ Tasse
Wasser unter fortwährendem Rühren zum Dickwerden gebracht. Nun
nimmt man den Topf vom Feuer, gibt, so lange die Sauce noch
heiß ist, 1 Löffel Butter und, nach Belieben, etwas gehackten Schnitt=
lauch dazu und läßt sie erkalten.

Speckſauce. Zur Abwechſelung kann man für Kartoffel=, Bohnen= oder Krautſalat folgende Sauce benutzen: ¼ Pfund in kleine Würfel geſchnittener Speck wird gelb gebraten, 1 Löffel Mehl wird mit Waſſer angerührt, 2 rohe Eigelb ſowie Pfeffer nnd Salz nach Ge= ſchmack dazu gethan. Dies wird zu dem Speck geſchüttet und gerührt, bis es dicklich wird. Nach Bedarf wird etwas Waſſer beigefügt. Die Sauce darf nicht breiig, ſondern ſoll blos gebunden ſein.

Einfache Salatſauce (Plain Dressing). ½ Theelöffel Salz und ¼ Theelöffel ſchwarzer Pfeffer werden in einer Schüſſel mit 3 Löffeln Oel ſo lange gemiſcht, bis das Salz aufgelöst iſt. Hierauf gibt man 1 Löffel Eſſig dazu und rührt 1 Minute lang Alles ordentlich durch; dann iſt die Sauce zum Gebrauch fertig.

Blumenkohlſalat (Cauliflower Salad). 2 Portionen. Ein kleiner, oder die Hälfte eines großen Blumenkohlkopfes wird ge= reinigt, in kleine Sträußchen geſchnitten und vorſichtig in Salzwaſſer weich gekocht. Dann nimmt man die Stückchen heraus, ſchwenkt ſie in kaltem Waſſer und läßt ſie gut abtropfen. Sie werden hierauf mit Salz, ein wenig Pfeffer, Oel und Eſſig angemacht.

Bohnenſalat (Salad of String Beans). 2 Portio= nen. ½ Quart Brechbohnen werden von den Faſern befreit und der Länge nach fein geſchnitten. Dann kocht man ſie in Salzwaſſer ¾ Stunden, gibt ſie in einen Durchſchlag und kaltes Waſſer darüber, läßt ſie abtropfen und miſcht ſie mit fein gewiegtem Pfefferkraut, Peterſilie, Pfeffer, Salz und Eſſig.

Brunnenkreſſeſalat (Water-Cress Salad). 2 Por= tionen. 1 Büſchel (bunch) Brunnenkreſſe wird ſauber verleſen, ge= waſchen und mit einfacher Salatſauce und 1 feingehackten Zwiebel an= gemacht; auch kann man gekochte Kartoffelſcheiben darunter miſchen. Man ſervirt ihn zu Braten, Mehl= und Eierſpeiſen. Löwenzahnblätter (Dandelion Leaves), Sauerampfer (Sorrel) und Kapuzinerblu= men (Nasturtium Blossoms) werden als Salat auf die gleiche Art zubereitet.

Endivienſalat (Endive or Chicory Salad). 2 Portio= nen. 2 Stauden, welche lichtgrün oder hellgelb ſein müſſen, ſind genügend. Die Blätter werden, nachdem man die Rippen ſorgfältig

abgezogen, über einander gelegt und zu langen dünnen Streifen ge=
schnitten, sodann gewaschen, abgetropft und mit etwas gehackter
Zwiebel und einfacher Salatsauce angemacht. Man kann 2 gekochte,
in Scheiben geschnittene Kartoffeln darunter mischen.

Gurkensalat (Cucumber Salad). 2 Portionen.

Eine
ziemlich große, grüne Gurke wird an der Spitze abgeschnitten. Zu=
weilen trifft man bittere Gurken an; das Bittere befindet sich aber
nur in der Spitze der Gurken, theilt sich jedoch beim Schälen der=
selben auch den anderen Stellen mit. Man schneidet darum ein
gutes Stück von der Spitze ab und schält immer vom Stengel ab=
wärts. Die geschälte Gurke wird recht fein in Scheiben geschnitten;
dann wird Oel, Salz und Essig gemischt, die Gurkenscheiben hinein=
gelegt und mit Pfeffer und fein gehackter Petersilie bestreut.

Eine andere Zubereitungsart ist folgende: Die Gurke wird ge=
schält und fein geschnitten. Dies muß aber unmittelbar vor dem
Gebrauch geschehen. Dann gießt man Oel darüber, vermengt die
Gurkenscheiben damit und gibt nachher noch 1 Theelöffel Zucker und
den Saft von 1 Citrone daran. Der Salat sollte gleich gegessen
werden, da er sonst zuviel Brühe zieht. Man kann die geschnittenen
Gurken auch mit Kopfsalat zusammen anmachen, was sehr gut
schmeckt.

Gurkensalat mit Rahm.

Nachdem die Gurke ge=
schält und geschnitten worden ist, thut man 2 Eßlöffel sauren Rahm,
etwas gestoßenen Zucker, Salz, Pfeffer sowie Essig hinzu und mengt
vor dem Serviren Alles gut durcheinander. Zu allen Braten, be=
sonders gebratenem Geflügel und kleinem gebratenen Fleisch ist Gur=
kensalat eine angenehme Beigabe.

Kopfsalat (Lettuce Salad). 2 Portionen.

1 großer oder
2 kleine Salatköpfe werden von den äußeren Blättern befreit, die
inneren Blätter zerlegt, kurz vor dem Gebrauch einigemal in kaltem
Wasser abgewaschen und zum Abtropfen in einen Durchschlag gege=
ben. Im Wasser liegen bleiben darf derselbe durchaus nicht, da
sonst der Saft zu sehr ausgezogen würde. Zum Anmachen benutzt
man die einfache Salatsauce, auch kann man etwas gehackten Schnitt=
lauch dazu geben.

Kopfsalat mit saurem Rahm. Der gereinigte, gewaschene und abgetropfte Salat wird mit einer Sauce angemacht, welche aus 4 Löffeln saurem Rahm, etwas Essig, Zucker und Salz vorher gut gemischt wurde.

Kopfsalat mit Eiern. Man kocht 2 Eier ziemlich hart, zerrührt das Gelbe derselben mit 2 Löffel Salatöl, ein wenig Salz und Essig, einer Kleinigkeit Zucker und Pfeffer und vermischt dies mit dem Salat. Das Weiße der Eier zerhackt man in kleine Würfel und streut es darüber.

Selleriesalat (Celery Salad). 2 Portionen. 2 Büschel (bunches) Sellerieknollen werden gewaschen und in Salzwasser gar, aber nicht zu weich gekocht. Dann schält man sie, schneidet sie in Scheiben, macht dieselben mit einfacher Salatsauce an und servirt sie kalt. Etwas ungekochtes Rothkraut darunter geschnitten, schmeckt gut und sieht gut aus.

Aus dem hier sehr beliebten Stangensellerie (Table Celery) macht man Salat auf folgende Weise: Die weißen, abgezogenen Stengel des Sellerie werden in ½ Zoll große Stücke geschnitten. Zu 1 Pint dieser Salatstücke gibt man 1 Tasse Mayonnaise. Die Selleriestücke werden mit etwas Salz und Pfeffer bestreut, mit der Mayonnaise gemischt, auf einer kalten Schüssel aufgehäuft, mit den Selleriespitzen garnirt und sofort servirt.

Rotherübensalat (Beet Salad). 2 Portionen. 2 Büschel (bunches) rothe Rüben werden geputzt, gewaschen, weich gekocht, warm geschält, in dünne Scheiben geschnitten, in einen Steintopf gethan, noch warm mit gutem Essig bedeckt, etwas Kümmel und einige würflig geschnittene Meerrettigstückchen darunter gemischt und erst beim Gebrauch mit Oel, Pfeffer und Salz angerichtet. Inzwischen bewahrt man den Salat an einem kühlen Orte auf.

Spargelsalat (Asparagus Salad). 2 Portionen. 1 Bündel (bunch) Spargeln werden geschält, der untere Theil, soweit er hart ist, abgeschnitten und das Uebrige in kochendem, gesalzenem Wasser 15 Minuten gekocht. Dann schüttet man die Spargeln auf einen Durchschlag, läßt sie abtropfen und erkalten. ½ Stunde vor dem Serviren wird die einfache Salatsauce darüber gegossen.

Feiner Krautsalat (Cold Slaw). 2 Portionen.

1 Quart fein in Streifen geschnittenes weißes Kraut (cabbage) legt man in eine Schüssel. 2 Eier werden schaumig gerührt, ½ Tasse Rahm und 1 Theelöffel Butter dazu gemischt, sodann 2 Löffel Essig, welche man zum Kochen gebracht hat, sowie 1 Theelöffel Salz und etwas Pfeffer beigefügt. Dies Alles wird noch einmal unter stetem Rühren aufgekocht und über das Kraut gegossen; wenn es erkaltet ist, servirt man den Salat.

Roher Krautsalat (Cabbage Salad). 2 Portionen.

Ein kleiner Krautkopf (viele ziehen hierzu das rothe Kraut dem weißen vor) wird von den schlechten Blättern und starken Rippen befreit, recht fein geschnittten und mit Salz bestreut. Dann drückt man das gesalzene Kraut recht fest in eine Schüssel, beschwert es und läßt es so 2 Stunden stehen, damit es mürbe wird. Nun macht man es mit der einfachen Salatsauce an und läßt es noch 1 Stunde durchziehen, ehe man es anrichtet. Man kann auch einige fein gehackte saure Aepfel dazwischen mengen, jedoch dürfen sie nicht vorschmecken. Dieser Salat hält sich in einem Steintopf 1 Woche. Man gibt ihn zu Braten oder kaltem Abendessen.

Tomatensalat (Tomato Salad).

6 Tomaten werden abgebrüht, geschält und kalt gestellt; dann macht man ½ Tasse Mayonnaise und stellt diese ebenfalls kalt. Kurz vor dem Anrichten schneidet man die Tomaten quer durch in Hälften, legt schöne, frische Kopfsalatblättchen auf einer Platte 12mal nestförmig zusammen, gibt in jedes „Nest" ½ Tomate und darüber 1 Löffel Mayonnaise und servirt gleich.

Eine einfachere Art, Tomatensalat anzurichten, ist folgende: 4 schöne, reife Tomaten schneidet man in Scheiben. In Essig läßt man etwas Zucker und Salz auflösen und gießt dies über die Scheiben, die mit etwas Pfeffer bestreut worden sind. Dieser Salat muß kalt servirt und darf erst kurz vorher angemacht werden.

Feldsalat (Lamb's Lettuce Salad).

Der rein verlesene und gewaschene Salat wird mit etwas gehackter Zwiebel und einfacher Salatsauce allein, oder mit der gleichen Menge Endiviensalat, angemacht.

Feiner Kartoffelsalat (Potato Salad). 2 Portionen.

3 große oder 6—8 kleine Kartoffeln werden mit der Schale in Salz=
wasser gar gekocht, noch warm geschält und in Scheiben geschnitten,
mit 1 Theelöffel Salz und 1 Prise schwarzem Pfeffer bestreut und
mit 1 Tasse kochender Fleischbrühe begossen. Die Sauce bereitet
man, indem man 6 Löffel Oel mit 2 rohen Eigelb verrührt, 3 Löffel
Essig, 1 geriebene Zwiebel, etwas gehackte Petersilie und 1 Thee=
löffel Zucker vermischt und dies mit den Kartoffelscheiben gut ver=
mengt, aber nicht verrührt.

Einfacher Kartoffelsalat (Plain Potato Salad).

2 Portionen. 3 große oder 6—8 kleine Kartoffeln werden, nach=
dem sie weich gekocht sind, noch warm geschält, in Scheiben geschnit=
ten und gleich mit gutem Oel vermengt, dann mit 3 Löffeln Essig,
worin 1 Theelöffel Salz und ½ Theelöffel Zucker aufgelöst wurden,
vermischt, mit schwarzem Pfeffer bestreut und mit Feldsalat um=
kränzt. Hat man keinen Feldsalat, so kann man einige in Scheib=
chen geschnittene kleine Gurken und 1 gewiegtes hartgekochtes Ei zur
Garnirung benutzen.

Kartoffelsalat mit Speck (Potato Salad with Ba-

con). 2 Portionen. ¼ Pfund Speck (bacon) wird in feine Würfel
geschnitten, mit einigen feingeschnittenen Zwiebeln goldgelb gebraten,
dann Zwiebeln und Speckwürfel entfernt und für andere Verwen=
dung zurückgestellt. Nun gibt man zu dem Speckfett Salz, 1 Prise
Pfeffer, 2 Löffel sauren Rahm — oder in Ermangelung des letzteren
etwas Wasser — und läßt dies unter stetem Rühren heiß werden,
schüttet die gekochten, geschälten und in Scheiben geschnittenen Kar=
toffeln noch warm in die Brühe, schwenkt den Salat mehrmals um
und bringt ihn lauwarm auf den Tisch. Eierkuchen oder kalter Bra=
ten sind passende Beigaben.

Kartoffelsalat mit Hering (Potato Salad with

Herring). 2 Portionen. 1 Quart Kartoffeln werden gekocht, ge=
schält, in dünne Scheiben geschnitten, mit etwas Salz bestreut und
mit etwas Essig übergossen. 2 Heringe werden abgezogen, entgrätet
und nebst 2 geschälten Aepfeln in kleine Würfel geschnitten. 1 Zwie=
bel wird kleingehackt, 1 Gurke kleingeschnitten, Alles zu den Kar=

toffeln gegeben und das Ganze dann mit Oel, etwas Pfeffer und Zucker gemischt.

Salat von weißen Bohnen (Salad of White Beans). 2 Portionen.

1 Pint weiße Bohnen werden über Nacht eingeweicht, dann mit frischem Wasser und etwas Salz weichgekocht und zum Abtropfen auf ein Sieb geschüttet. Hierauf werden sie in eine Mischung von Essig, Salz und gehackten Zwiebeln gelegt, worin man sie durchziehen läßt. Beim Anrichten gibt man Oel darüber und garnirt mit Brunnenkresse, Feld= oder Endiviensalat.

Heringsalat (Herring Salad).

Etwa 3 Pfund in der Schale gekochte Kartoffeln schneidet man in kleine Würfel, vermischt sie mit 3 in erbsengroße Würfel geschnittenen Aepfeln, 3 feingehack= ten Heringen, gehackten eingemachten rothen Rüben, etwa ¼ Pfund fein gehackten trockenen Baumnüssen (Wallnüssen) und 2 oder 3 gehack= ten Zwiebeln. Hierzu fügt man Pfeffer und Salz und vermengt Alles mit dem nöthigen Oel und Essig, in welchem man die Milch der 3 Heringe verrührt hat. Die Nüsse geben dem Salat einen be= sonders kräftigen und angenehmen Geschmack. Will man den Salat noch feiner machen, so schneidet man von Kalbsbraten, geschälten sauren Gurken, Pfeffergurken und Cervelatwurst je die gleiche Quan= tität wie vom Hering dazu. Man garnirt den Salat mit gehackten Pfeffergurken, rothen Rüben, dem Weißen und Gelben von hartgekochten Eiern, oder man verziert ihn mit dünnen Scheibchen Wurst, in Sechstel geschnittenen hartgekochten Eiern, Citronenscheiben, Sardellen und etwas grünem Salat. Mit etwas Schinken zubereitet, wird dieser Salat auch italienischer Salat (Italian Salad) genannt.

Fischsalat (Fish Salad). 2 Portionen.

1 Pfund Fisch wird mit einigen Pfeffer= und Gewürzkörnern und einigen Salbei= blättern gar gekocht. Sodann nimmt man den Fisch aus der Brühe, läßt ihn erkalten, entgrätet ihn, schneidet ihn in zollange Stückchen und gibt eine Mayonnaise darüber. Die Salatschüssel garnirt man mit Kapern, Sardellen, kleinen Gurken und Citronenscheiben.

Fischsalat von Fischresten.

Man schneidet die Fisch= reste in kleine Stücke, gibt gestoßenen Pfeffer, gehackte Zwiebeln, Essig und Oel, mit etwas Senf verrührt, darüber, läßt Alles gut durchziehen und servirt diesen Salat zum Abendessen.

Hummersalat (Lobster Salad). 2 Portionen. Ein 2—2½pfündiger Hummer wird gekocht, gespalten und das Fleisch in ½ Zoll lange Stückchen zertheilt. Die einzelnen Blätter eines Salatkopfes wäscht und trocknet man und legt sie dann in 2—3 Lagen rings um die Salatschüssel, gibt das Hummerfleisch in die Mitte, 1 Tasse Mayonnaise darüber und garnirt mit in Scheiben geschnittenen Radieschen, rothen Rüben oder hartgekochten Eiern.

Hühnersalat (Chicken Salad). 2 Portionen. Das weiße Fleisch eines kleinen, gekochten Huhns wird, nachdem Haut und Knochen entfernt sind, fein gehackt. Weiße Stangensellerie wird in dünne, halbzolllange Stückchen geschnitten. Man rechnet auf 1 Pint Hühnerfleisch ¾ Pint Sellerie, mischt Alles mit ein wenig Salz, Pfeffer und 2 Löffeln Essig, gibt 1 Tasse Mayonnaise darüber und garnirt mit Sellerieblättchen und einigen Citronenscheiben. Die Hühnerbrühe kann man zur Suppe verwenden und das dunkle Hühnerfleisch zu Croketten.

Hühnersalat auf andere Art. Ein kleines, gekochtes Huhn wird fein gehackt, ebenso 2 kleine grüne Essiggurken, 2 hart gekochte Eier, ½ Zwiebel, 2 Unzen Käse, 2 mittelgroße saure Aepfel; dies Alles wird gut miteinander vermischt, Salz, Pfeffer, Essig und Oel darüber gegeben und mit einem Kranze fein gehackter Petersilie verziert.

Ochsenmaulsalat (Ox-Muzzle Salad). Das rein geputzte und in Salzwasser mit 2 Kalbsfüßen 4—5 Stunden weich gekochte Ochsenmaul wird, so lange es noch warm ist, ausgebeint; ist es erkaltet, so wird es in feine, kleine Stücke geschnitten, mit Salz, Pfeffer und klein geschnittenen Zwiebeln bestreut und mit Essig und Oel vermischt. In einem gut verwahrten steinernen Topfe an einem kühlen Orte hält das Gericht sich 8 Tage.

Rindfleischsalat (Beef Salad). Uebrig gebliebenes Suppenfleisch, Roastbeef oder Bratenreste schneidet man in Streifen oder Würfel. 2 Löffel Tafelsenf, 1 fein gewiegte Zwiebel, 3 Löffel Oel, 1 Prise gestoßenen Pfeffer, das nöthige Salz, 1 Löffel gewiegte Petersilie und ¾ Tassen Essig rührt man zusammen, gießt es über das Fleisch und läßt es 1 Stunde durchziehen. Man kann den Salat mit einem Kranze von Kopf- oder Endiviensalat nebst hartgesottenen Eiern serviren.

Compotte.

Compot nennt man jede Art frisches oder getrocknetes Obst, wel=
ches mit Wein und Zucker oder Wasser und Zucker, wohl auch
mit Gewürz, wie Citronenschale, Zimmet und dergleichen, weich ge=
kocht wurde. Die Früchte, welche man dazu verwendet, müssen in
gut glasirtem irdenen oder in emaillirtem Geschirr, dessen innere Gla=
sur unbeschädigt ist, gekocht werden, denn selbst die geringste Eisen=
stelle würde dem Compot einen unangenehmen Geschmack geben und
sein Aussehen verderben. Die Früchte dürfen weder hart bleiben,
noch breiartig gekocht werden, sondern müssen möglichst in ihrer Form
erhalten und dabei doch weich sein. Beerenobst wird fast ohne
Wasser, blos mit Zucker, in seinem eigenen Saft gekocht; zu Stein=
obst, wie Kirschen, Pflaumen, Pfirsichen, kommt nur wenig Wasser,
um den Zucker zu Syrup zu kochen, in welchen dann das ausge=
kernte Obst geschüttet wird, damit es darin — nicht zu weich —
kocht. Das Rühren muß stets mit einem silbernen oder porzellane=
nen Löffel bewerkstelligt werden. Im Winter stellt man Compot,

das Tags vorher gekocht wurde, einige Stunden vor dem Genusse in das warme Zimmer; es soll wohl kühl sein, jedoch allzugroße Kälte beeinträchtigt den Geschmack des Compots und schadet Magen und Zähnen des Genießenden. Alle Compotte werden am besten in Glasschüsseln aufgetragen und zu jedem Gedecke in zierlichen Frucht= schüsselchen hingestellt.

Gedünstete Aepfel (Stewed Apples). 2 Portionen.

6 schöne Aepfel werden geschält, in Viertel geschnitten und das Kernhaus entfernt. Dann legt man sie in ein irdenes oder emaillir= tes Gefäß, gibt den Saft von ½ Citrone und ein wenig von der Citronenschale, sowie etwas Zimmet und Zucker und genug Wasser dazu, daß sie gerade bedeckt sind. Wenn sie in 10—15 Minuten weich gekocht, aber nicht zerkocht sind, hebt man sie mit dem Schaum= löffel heraus, läßt in dem Saft 1 Löffel sauber gewaschene Korin= then aufkochen, gibt diese sammt ersterem über die Aepfel und stellt. sie bis zum Serviren kalt.

Apfelmus (Apple Sauce). 2 Portionen.

1 Quart Aepfel werden geschält, in Viertel geschnitten und das Kernhaus entfernt. Hierauf läßt man sie in einem Casserol mit ein wenig Wasser — oder halb Wasser und halb Weißwein — etwas Zucker, ganzem Zim= met und Citronenschale, ohne zu rühren, völlig zerkochen. Dann nimmt man das Gewürz heraus und schlägt die Aepfel durch ein reines Sieb oder einen Durchschlag. Man kann nach Belieben auch 1 Löffel Rum darunter rühren. Wenn das Mus kalt ist, wird es in einer Schüssel angerichtet und mit kleinen Rosinen verziert. Fei= nes Aepfelmus muß hell aussehen; die Aepfel sollten nicht früher ge= schält werden, als bis man sie zum Feuer bringt, sonst werden sie roth und das Mus verliert an Aussehen und Geschmack. Will man das Aroma der Aepfel beibehalten, so schält man dieselben nicht, denn gerade an und unter der Schale befindet sich das Aromatische dieser Frucht.

Birnen=Compot (Compote of Pears). 2 Portionen.

1 Quart mittelgroße, nicht überreife Birnen werden geschält und in dem Casserol mit den Stielen nach oben aufgestellt. (Große Bir= nen theilt man.) Man bringt sie mit Wasser, Zucker, in Stücke gebrochenem Zimmet und, so man hat, 1 Glas Rothwein zum Feuer

und läßt sie langsam gar kochen. Sind die Birnen weich, so richtet man sie mit einem Schaumlöffel an, läßt den Saft noch etwas ein= kochen und gießt ihn darüber. Wünscht man die Birnen sehr roth zu haben, so gibt man anfangs einige Löffel Himbeer= oder Johan= nisbeersaft dazu.

Weintrauben=Compot (Compote of Grapes). Die Trauben werden gut in Wasser gespült und dann von den Stielen ge= pflückt. Auf je 2 Pfund Traubenbeeren rechnet man ¾ Pfund Zucker. Am besten wählt man Stückzucker, den man klar kocht, mit einer Prise Salz und etwas Vanille würzt und abschäumt. Die Beeren werden 10 Minuten lang in den siedenden Zucker gelegt, dürfen jedoch nicht kochen. Man nimmt sie dann mit dem Schaumlöffel heraus, kocht den Saft dick ein und gießt ihn nach dem Abkühlen über die Beeren.

Pflaumen=Compot (Compote of Plums). 2 Portio= nen. 1 Quart reife Pflaumen (Zwetschgen) werden mit kochendem Wasser gebrüht, die Haut abgezogen und die Stiele abgenommen. Nachdem sie geschält, kocht man 1 Tasse Zucker mit etwas Wasser und ganzen Zimmet, legt die Pflaumen hinein, läßt sie aufkochen, hebt sie mit dem Schaumlöffel heraus und kocht den Fruchtsaft noch dicklich ein, ehe man ihn über die Pflaumen gießt. Die geschälten Pflaumen müssen sehr vorsichtig gekocht werden, da sie leicht zerfallen und unansehnlich werden.

Kirschen=Compot (Compote of Cherries). 2 Portio= nen. 1 Pfund Herzkirschen werden von den Stielen gepflückt, abge= waschen und mit 1 Tasse Wasser, 2 Löffeln Zucker, 1 Theelöffel Citronensaft, etwas ganzem Zimmet und einigen Nelken 5 Minuten weich gedünstet. Die Kirschen müssen voll und rund bleiben und nicht so lange dünsten, bis sie zusammenfallen. Man nimmt sie mit dem Schaumlöffel heraus, läßt den Saft noch mit 1 Theelöffel in etwas Wasser aufgelöster corn starch einkochen und gibt ihn dann über die Kirschen, die kalt servirt werden. Saure Kirschen werden auf ähnliche Art gekocht, doch nimmt man etwas mehr Zucker und läßt den Citronensaft weg.

Johannisbeeren-Compot (Compote of Currants).

2 Portionen. 1 Quart rothe Johannisbeeren pflückt man von den Stielen, wäscht sie und läßt sie auf dem Sieb abtropfen; inzwischen kocht man 1 Tasse Zucker mit 1 Tasse Wasser zu Syrup, schüttet dann die Beeren hinein, läßt sie 10 Minuten darin ziehen, nimmt sie mit dem Schaumlöffel heraus, legt sie in die Compotschüssel, läßt den Saft noch etwas einkochen, gießt ihn über die Beeren und läßt Alles erkalten.

Himbeeren-Compot (Compote of Raspberries) wird auf dieselbe Art zubereitet.

Heidelbeeren-Compot (Compote of Huckleberries).

2 Portionen. 1 Quart Heidelbeeren werden, nachdem sie ausgesucht, gewaschen und auf einem Durchschlag abgetropft sind, mit 1 Tasse Zucker, 1 Tasse Wasser und etwas Zimmet 10 Minuten gekocht, doch nicht länger, weil sonst zu viel Saft entsteht. Dann legt man entweder einige Zwiebacke in eine Schüssel und richtet die Heidel= beeren mit dem Saft darauf an, oder man nimmt die Heidelbeeren heraus und läßt den Saft noch etwas einkochen, oder man kocht die Heidelbeeren nur mit Zucker und Zimmet und rührt beim Anrichten 1 Löffel dicke Sahne oder etwas aufgelöste corn starch durch. Man servirt dies Compot kalt.

Preißelbeeren-Compot (Compote of Cranberries).

2 Portionen. 1 Quart Preißelbeeren werden verlesen, die unreifen Beeren entfernt, die übrigen gewaschen, mit 1 Tasse Zucker, etwas Citronenschale und einigen Stücken Zimmet bei gelindem Feuer ¼ Stunde gekocht und dann durchgeschlagen.

Rhabarber-Compot (Compote of Rhubarb). 2 Por=

tionen. Ein Bündel (bunch) Rhabarber wird zertheilt und den einzelnen Stengeln die Haut abgezogen; dann schneidet man sie in zolllange Stücke und kocht sie hierauf mit ½ Tasse Wasser weich. Nun fügt man 2 Tassen Zucker bei, läßt noch einmal aufkochen, rührt 2 Löffel in kaltem Wasser aufgelöste corn starch dazu und servirt es kalt.

Pfirsich-Compot (Compote of Peaches). 2 Portionen.

Von 1 Quart Pfirsichen wird die Haut abgezogen, dann werden die=

selben durchgeschnitten und entfernt, hierauf mit Zucker, 1 Glas Weißwein und einigen der abgezogenen Kerne 5—10 Minuten ge= kocht. Nun legt man die runde Seite nach oben in eine Schüssel, kocht den Saft noch etwas ein und richtet an.

Stachelbeeren=Compot (Compote of Gooseberries).

2 Portionen. 1 Quart nicht ganz reife Stachelbeeren werden von Stiel und Blume befreit; sodann bringt man 1 Pint Wasser zum Kochen, gibt die Stachelbeeren hinein und läßt sie so lange darin, bis sie sich an die Oberfläche des Wassers heben, was nach einigen Minuten erfolgt. Während dies geschieht, läßt man 1 Tasse Zucker mit 6 Löffeln Wasser in einem Topfe zusammen kochen, schüttet die Beeren dazu und läßt sie eine Weile mehr ziehen als kochen. Nach Belieben kann man den steif geschlagenen Schnee von 2 Eiweiß dar= unter mischen, doch ist dies Geschmacksache.

Apfelsinen= und Bananen=Scheiben (Sliced Oranges and Bananas).

2 Portionen. 2 Apfelsinen und 2 Ba= nanen schält man, schneidet sie in Scheiben, gibt außerdem noch den Saft von 1 Apfelsine daran, sowie Zucker nach Geschmack, mischt die Früchte sorgfältig und servirt sie kalt. Um recht große Bananen= scheiben zu erhalten, schneidet man dieselben in schräger Richtung.

Ananas=Würfel (Pine Apple cut in Cubes).

2 Por= tionen. 1 Ananas wird geschält, die Augen ausgeschnitten, die Frucht der Länge nach getheilt, das Holzige im Innern entfernt und alles Andere in kleine Würfel zerschnitten. Man sollte hierzu kein stäh= lernes Messer benutzen, weil es dem Geschmack der Ananas schaden würde. Die Stückchen werden mit Zucker überstreut und vor dem Serviren 1 Stunde lang an einen kühlen Platz gestellt.

Erdbeeren mit Rahm (Strawberries with Cream).

2 Portionen. 1 Quart schöne Erdbeeren überspült man vor dem Abpflücken der Blumen mit Wasser und läßt sie abtropfen; nachdem sie verlesen sind, gibt man reichlich Zucker darüber, vertheilt sie in Fruchtschüsselchen und gießt vor dem Serviren frischen süßen Rahm darüber.

Getrocknetes Obst zu kochen.

Getrocknete Früchte dürfen nicht mit Zucker gekocht werden, denn derselbe würde das Weichwerden des Obstes verhindern. Wohl aber muß das Gewürz sogleich am Anfang dazu gethan werden. Je 1 Pfund Obst erfordert ein 1 Zoll langes Stück Zimmet und die Schale einer halben Citrone. Alles getrocknete Obst gewinnt durch Zusatz von 1 Glas Wein, den man aber erst nach dem Kochen beifügt.

Getrocknete Aepfel (Evaporated Apples). 2 Portionen. ¼ Pfund getrocknete Aepfel werden schnell abgewaschen, 1 Stunde mit 1 Tasse Wasser eingeweicht und dann mit diesem und etwas Citronenschale 15 Minuten gekocht. Sie müssen weich sein, dürfen aber nicht zerfallen; nun gibt man 1 Tasse Zucker dazu und, wenn die Sauce zu dünn ist, 1 Theelöffel in etwas kaltem Wasser aufgelöste corn starch, läßt noch einmal aufkochen und dann erkalten.

Getrocknete Pfirsiche (Evaporated Peaches) werden auf dieselbe Art zubereitet, nur benutzt man keine Citronenschale.

Apfelmus (Apple Sauce) aus getrockneten Aepfeln bereitet man, indem man ½ Pfund Aepfel schnell abwäscht, 1 Stunde lang mit 1 Tasse Wasser einweicht, dann die Aepfel in demselben 10 Minuten kocht, zu Mus rührt, 1 Tasse Zucker und etwas Citronenschale dazu gibt, nochmals aufkocht und dann durchschlägt.

Getrocknete Pflaumen=(Zwetschgen=)Compot (Compote of Prunes). 1 Pfund Pflaumen werden mehrere Mal in kaltem Wasser gewaschen und über Nacht mit soviel davon, daß es die Früchte bedeckt, eingeweicht. Dann läßt man sie in einem emaillirten Topfe mit dem Wasser, ein wenig Zimmet und Citronenschale langsam weichkochen und gibt 1 Löffel Zucker dazu. Sollte die Sauce zu dünn sein, so läßt man 1 Theelöffel aufgelöste corn starch zuletzt mit durchkochen.

Getrocknete Kirschen und Birnen (Evaporated Cherries and Pears) werden ebenso behandelt; nur gebraucht man beim Kochen derselben etwas mehr Wasser als zu den Pflaumen nöthig ist.

Klöße.

In der Zubereitung der Klöße übertrifft die deutsche Küche die aller anderen Nationen; auch den Amerikanern sind außer den Apple Dumplings kaum andere ähnliche Gerichte bekannt. Sind Klöße leicht und verdaulich zubereitet, so bilden sie nicht nur eine nahrhafte und kräftige Speise, sondern auch eine angenehme Beilage zu Braten und Compotten; als Einlage in Suppen sind dieselben gleichfalls immer willkommen. Hat man einen Kloßteig nach Angabe bereitet, so ist es immer rathsam, zuerst nur einen Kloß zu kochen, um zu probiren, ob derselbe nicht zu weich oder zu hart ist. Fällt der Kloß beim Kochen auseinander, so muß man dem übrigen Teig etwas mehr Mehl, geriebene Semmel oder Eidotter zusetzen; wird dagegen die Probe zu fest, so sollte man die ganze Masse durch Zufügen von Milch, Wasser, Butter oder Schnee von Eiweiß locker machen. Eine Hauptbedingung des Gelingens ist, die Klöße nur in stark wallendes Wasser einzulegen. Der Löffel, den man dazu benutzt, muß vor dem Aufnehmen eines jeden rohen Kloßes in die kochende Flüssigkeit getaucht werden. Man deckt den Topf, in dem die Klöße kochen, nicht zu. Kartoffel=, Mehl= und Weißbrotklöße sind gar, wenn sie inwendig trocken geworden sind; Fleischklöße, wenn sie innen nicht mehr roth aussehen. Das Wasser, in welchem Klöße gekocht werden, muß immer etwas gesalzen sein. Das Einlegen der Suppenklöschen in die Schüssel geschieht mit einem Schaumlöffel in die vorher mit Suppe gefüllte Schüssel. Sobald die Klöße fertig sind, sollten dieselben aufgetragen werden; ist man aber genöthigt, sie aufzubewahren, so stellt man das Gefäß mit den Klößen, gut zugedeckt, bis zum Anrichten in heißes Wasser. Das Mehl muß recht trocken sein. Weißbrot weicht man nicht in warmem, sondern in kaltem Wasser auf und drückt es fest aus. Uebrig gebliebene Klöße schmecken gebraten sehr gut, wenn mit Kartoffeln und Aepfelscheiben gemischt, oder allein in Scheiben geschnitten.

Die Brühe, worin man Klöße gekocht hat, gibt mit etwas ge=
rösteter Zwiebel, Butter, Muskatnuß, Salz und gerösteten Weißbrot=
schnitten eine schmackhafte Suppe.

Klöße als besonderes Gericht.

Aepfelklöße (Apple Dumplings). 2 Portionen. ½ Pfund
Mehl, 2 Eier, 1 kleine Tasse Milch, etwas geriebene Citronenschale
und etwas geriebenes Weißbrot werden zu einem steifen Teig verar=
beitet. Dann mischt man 1 Untertasse feinwürfelig geschnittene Aepfel
darunter, sticht mit einem Eßlöffel Klöße davon ab, gibt sie in das
kochende Wasser, läßt dieselben 15 Minuten kochen, nimmt sie mit
dem Schaumlöffel heraus und gibt etwas Zucker und Zimmet sowie
hellgebräunte Butter darüber. Man servirt Milch=, Wein= oder
Obstsauce dazu.

Aepfelklöße. Eine andere Art. 2 Portionen. ¾ Pfund
Mehl wird mit 2 Theelöffeln Backpulver gut vermischt, 3 Unzen
fein geschabtes oder gehacktes Nierenfett, 1 Theelöffel Salz und 1
Tasse Milch dazu gemengt und dieser Teig halbzolldick ausge=
rollt. 6 große Aepfel werden geschält, geviertheilt und vom Kern=
haus befreit, an dessen Stelle man etwas Zucker und Zimmet streut
und dann die Viertel wieder als Ganzes zusammen legt. Hierauf
schneidet man den Teig in runde Stücke von der Größe einer Unter=
tasse, umgibt damit je einen Apfel, hüllt jeden Kloß in ein Stück
weißes, mit Mehl bestreutes Zeug (indem man darin ein wenig Raum
zum Aufgehen läßt) und bindet es zu. Dann legt man die Klöße
in kochendes Wasser und läßt sie 30 Minuten kochen. Man gibt
Rahm und Zucker oder Ahornsyrup (maple syrup) dazu.

Pfirsichklöße (Peach Dumplings) werden ebenso zube=
reitet.

Mehlklöße (Flour Dumplings). 2 Portionen. ½ Pfund
Mehl, 2 Eier, 2 oder 3 Löffel kalte Milch, etwas Salz und 1 Löffel
geschmolzene Butter rührt man zu einem festen Teig, setzt die Klöße
mit einem Theelöffel in das kochende gesalzene Wasser und läßt sie
in 15 Minuten gar kochen. Man nimmt sie dann mit dem Schaum=
löffel heraus, gibt ausgebratenen Speck darüber und servirt sie mit

Backobst oder Grünkohl. Man kann auch in den Teig etwas gerö=
steten Speck und Weißbrotwürfel mischen.

Mehlklöße. Eine andere Art. 2 Portionen. 3 Löffel
Butter wird zu Schaum gerührt, nach und nach 3 Eidotter dazu
gegeben, 1 Tasse eingekochte Milch und soviel Mehl damit verrührt,
wie zu einem losen Kloßteig erforderlich ist. Nachdem etwas Salz,
1 Messerspitze gestoßene Muskatblüthe (mace) und der Schnee von
3 Eiern dazu gemischt worden, sticht man mit einem Löffel Klöße
ab, die in schwach gesalzenem Wasser gar gekocht werden.

Maisklöße (Corn Dumplings). 2 Portionen. Man
kocht aus 2 Tassen Maismehl, etwas Salz und Wasser einen Brei,
läßt ihn erkalten, rührt 2 Eier und etwas Mehl hinzu, sticht Klöße
davon ab und bäckt sie in Butter oder gutem Fett. Dieses Gericht
ist als Abendessen zu einer Tasse Thee passend.

Hefeklöße (Yeast Dumplings). 2 Portionen. Zu ½
Pfund Mehl nimmt man 1 Tasse gewärmte Milch, löst in derselben
¼ Täfelchen Preßhefe auf und gibt dies mit etwas Salz zu dem
Mehl. Man läßt den Teig ½ Stunde stehen, formt dann Klöße
von dem Umfange eines mittelgroßen Apfels, legt dieselben auf ein
mit Mehl bestreutes Kuchenbret und läßt sie in der Nähe des Ofens
noch 1 Stunde gehen. Inzwischen setzt man in einem nicht zu klei=
nen Kessel (da die Klöße sehr aufgehen und viel Raum bedürfen)
Wasser auf, salzt es und legt, wenn es kocht, die Klöße hinein, die
man öfters niederdrücken muß, damit sie gleichmäßig gar werden.
Sie brauchen 15—20 Minuten Kochzeit. Sticht man sie mit einem
Hölzchen und es bleibt kein Teig mehr daran, so sind sie gar.
Man läßt sie auf einem Durchschlag abtropfen, richtet sie auf einer
erwärmten Schüssel an und begießt sie vor dem Serviren mit brau=
ner Butter.

Kartoffelklöße (Potato Balls). 2 Portionen. Zu ½
Pfund auf dem Reibeisen geriebenen kalten gekochten Kartoffeln nimmt
man 1 Milchbrot (milk roll), schneidet es in kleine Würfel, welche
mit Butter oder Speck geröstet werden, mengt dieselben mit den Kar=
toffeln gut durch, gibt 1 Ei, 2 Eidotter und so viel Mehl, wie nö=
thig ist, dazu, damit es ein fester Teig wird; dann formt man auf

einer mit Mehl bestreuten Unterlage apfelgroße Klöße, legt sie in das kochende, etwas gesalzene Wasser, kocht sie in 20—25 Minuten gar und gibt sie heiß mit gekochtem Obst, Sauerbraten oder Gulasch zu Tisch.

Kartoffelklöße aus rohen Kartoffeln (Potato Balls). 2 Portionen. Rohe Kartoffeln werden geschält, mit kaltem Wasser gewaschen und auf dem Reibeisen fein gerieben. Dann legt man die Kartoffeln in eine Serviette oder einen Beutel und drückt alle Flüssigkeit heraus. Zu ½ Pfund dieser Masse gibt man 3 Eidotter und etwas Salz, formt davon Klöße, mit gerösteten Semmelbröckchen in der Mitte, und läßt sie in kochendem Salzwasser in ½ Stunde gar werden.

Krautklöße (Cabbage Dumplings). 2 Portionen. Von einem kleinen oder der Hälfte eines großen Weißkrautkopfes werden die äußeren Blätter entfernt, die dicken Rippen herausgeschnitten und das Uebrige in Salzwasser weichgekocht. Hierauf läßt man es abtropfen, drückt es gut aus und hackt es dann recht fein. Dann werden 2 Eier, 1 Löffel Butter, etwas Salz, Pfeffer, geriebene Citronenschale, Muskat und soviel geriebenes Weißbrot oder Semmel dazu gemischt, daß Klöße geformt werden können, welche in Mehl gewälzt und in kochendem Salzwasser 8—10 Minuten gekocht werden. Die Klöße schmecken vortrefflich zu Enten-, Kalbs- und Hammelbraten, Rauchfleisch und Schinken

Semmelknödel nach Wiener Art (Dumplings, Vienna Style). 2 Portionen. Man schneidet 3 altbackene, doch nicht zu harte Semmeln, von welchen man erst die Rinde abgerieben hat, in kleine Würfel, gießt 1 Tasse Milch darüber und läßt sie 1 Stunde stehen. Dann rührt man 2 Löffel Butter schäumig, fügt 1 Ei und 1 Eigelb hinzu, verrührt Alles tüchtig mit den Semmelwürfeln, gibt 1 Theelöffel Salz und soviel Mehl als nöthig, sowie auch etwas geriebene Semmel daran und formt apfelgroße Klöße davon, die man in Salzwasser 8—10 Minuten kocht, mit braun gerösteter geriebener Semmel bestreut und zu Pflaumenmus oder anderen Obstspeisen anrichtet.

Semmelklöße einfacher Art (Plain Dumplings). 1 Löffel Butter rührt man schäumig, mischt 1 Ei bei und gibt nach und nach 1 Tasse geriebene Semmel, 1 Prise Zucker und 4 Löffel Milch dazu. Ist der Teig recht gut gerührt, so bestäubt man sich die Hände mit Mehl und formt kleine Klöße, die man in kochendem Wasser gar kocht. Man gibt sie zu Fricassee oder Ragout.

Speckklöße (Bacon Dumplings). 2 Portionen. ¼ Pfund in Würfel geschnittener Speck wird in der Pfanne heiß gemacht und darin 1 gewiegte Zwiebel, etwas Petersilie und 1 Tasse würflig geschnittene Semmel gelb gebraten. Dann schüttet man ½ Pfund Mehl in eine Schüssel, gibt 1 Tasse Milch oder Rahm, 2 Eier, 4 Eßlöffel geriebene Semmel oder Weißbrot, etwas Salz und Muskatnuß dazu, fügt die gebratenen Speck- und Semmelwürfel hinzu, rührt Alles gut durcheinander, formt runde Klöße und läßt sie in kochendem Wasser, je nach der Größe 10—15 Minuten, kochen. Beim Anrichten begießt man sie mit brauner Butter und streut geröstete Semmel darüber.

Schinkenklöße (Ham Dumplings) werden auf dieselbe Art zubereitet, nur nimmt man anstatt Speck die gleiche Portion Schinken.

Leberklöße (Liver Dumplings). 2 Portionen. 1 Pfund frische Kalbsleber wird gehäutet, ausgeputzt und fein gehackt. Dann mischt man 4 gerührte Eier, 2 Löffel fein gehackten Speck, 3 in feine Würfel geschnittene und in Butter geröstete Milchbrötchen, 2 gewiegte, in Butter geschwitzte Zwiebeln, Salz und Pfeffer, etwas gehackte Petersilie und soviel Mehl, als zum Zusammenhalten der Klöße nöthig ist, was man durch allmäliges Hinzufügen versucht. Ist Alles gut durcheinander gerührt, so kocht man einen Probekloß; hält dieser gut zusammen und erweist sich beim Auseinanderbrechen innen trocken und locker, so sticht man mit einem nassen Löffel Klöße ab und kocht diese in gesalzenem Wasser 10—15 Minuten. Beim Anrichten bestreut man sie mit in Butter gerösteten Semmelkrumen und servirt dazu braune Butter, oder man macht eine Sauce aus heißer Butter, Wasser, Salz und 1 Theelöffel Mehl. Nach Belieben kann man auch etwas fein geriebenen Majoran oder Thymian zu den Klößen mischen. Kleingeformte Leberflöschen benutzt man als Suppeneinlage.

Spätzle, Wasserspatzen (Suabian Flour Dumplings).
2 Portionen. 1 Pfund Mehl mischt man mit 4 Eiern, 1 Theelöffel
Salz und 1 Glas Wasser zu einem nicht zu steifen Teig. Derselbe
wird ¼ Stunde gerührt und muß so fest bleiben, daß, wenn ein
Löffel voll auf ein schmales Brettchen genommen wird, der Teig
nicht von demselben abläuft. Sollte er zu steif sein, so gibt man
noch etwas Milch oder Wasser dazu. Dann schneidet man mit einem
scharfen Messer halbfingerlange dünne Streifen davon ab und legt
sie gleich in siedendes Wasser. Nachdem sie 10 Minuten gekocht,
werden sie mit dem Schaumlöffel herausgenommen und mit heißer
Butter und geröfteter, geriebener Semmel angerichtet.

Lungenklöße (Dumplings of Calf's Lungs). 2 Portionen. ½ Kalbslunge kocht man halbweich, hackt sie sehr fein und
dämpft sie einige Minuten in ausgebratenem Speck oder Butter,
fügt geriebenes Weißbrot, 3 Eier, etwas süßen Rahm, Salz, Pfeffer,
Muskat und ein wenig Mehl hinzu, formt Klöße davon und kocht
sie in siedendem Salzwasser.

Griesmehlklöße (Farina Dumplings). 2 Portionen.
Man rührt 3 Löffel Butter zu Schaum, fügt nach und nach 4 Eier,
¼ Pfund feinen Gries, 1 Prise gestoßene Muskatblüthe, Salz und
2 oder 3 Löffel Wasser hinzu, läßt den Teig 1 Stunde stehen und
formt dann entweder mit der Hand, die man mit Mehl bestäubt
hat, eigroße runde Klöße, oder sticht solche mit einem in kochendes
Wasser getauchten Löffel ab und läßt sie in einem offenen Topf mit
mindestens 2 oder 3 Quart kochendem Wasser in ½ Stunde gar
werden. Bei dem Anrichten bestreut man sie mit geriebener, in Butter gerösteter Semmel, übergießt sie mit brauner Butter oder gibt
sie zu Backobst, Braten, Schinken, Ragout oder Fricadellen.

Weißbrotklöße (Bread Dumplings). 2 Portionen.
1 Pfund altbackenes Weißbrot weicht man in Wasser ein, drückt es
aus und vermischt es mit 2 Löffeln zerrührter Butter, 2 Eigelb, etwas
Muskatblüthe und fein gehackter Peterfilie, 1—2 Löffel Mehl und
den 2 zu Schaum geschlagenen Eiweiß. Die Klöße werden in kochendem Salzwasser in 5 Minuten gar gekocht.

Kirschenklöße (Cherry Dumplings). 2 Portionen.
1 Pfund ausgesteinte schwarze Kirschen werden mit 1 Tasse Zucker,

etwas Zimmet, 3 Nelken und 1 Tasse Wein oder Cider langsam weichgekocht und zum Abkühlen in eine andere Schüssel gethan. Hierauf fügt man 1 Löffel zerlassene Butter, 1 Messerspitze Salz, 4 Eier und soviel geriebenes Weißbrot oder Semmel hinzu, daß das Ganze nach gehöriger Vermischung einen steifen Teig bildet, aus dem man mittelgroße runde Klöße formt, die dann in kochendes Wasser eingelegt und 8 Minuten gekocht werden. Am besten versucht man dies erst mit einem Probekloß, um zu sehen, ob er im Wasser zusammen hält; sollte dies nicht der Fall sein, so muß man noch 1 Ei und etwas mehr geriebene Semmel hinzuthun. Die fertig gekochten Klöße überstreut man beim Anrichten mit Zucker und Zimmet und gibt eine Weinsauce dazu.

Reisklöße mit Fleisch (Rice Dumplings). 2 Portionen. ¼ Pfund gewaschener Reis wird mit etwas Nierenfett und Fleischbrühe halbweich gedünstet und abgekühlt. ¼ Pfund rohes, fein gehacktes Rindfleisch und womöglich einige feingehackte Bratwürste mischt man mit dem Reis, 2 Eigelb, Salz, geriebener Citronenschale und Pfeffer, formt Klöße aus der Masse und läßt sie in kochendem Salzwasser oder Fleischbrühe gar kochen. Man gibt sie zu Ragout und Fricassee oder mit Sardellensauce zu Salzkartoffeln.

Zwetschgenknödel (Plum Dumplings). 2 Portionen. Aus 1½ Pfund Mehl, 3 Eiern und warmer Milch mischt und knetet man einen weichen Nudelteig, läßt ihn rasch abtrocknen, bedeckt ihn dann mit einer recht warmen Schüssel und nimmt nach und nach immer ein so großes Stück Teig davon ab, daß man in die ausgerollte Fläche eine ausgekernte Pflaume einschlagen kann. Diese kleinen Knödel legt man dann in kochendes Wasser, läßt sie einige Minuten darin aufwallen, nachher ablaufen, rollt sie in Weckmehl, legt sie in heißes Schmalz und bäckt sie schön goldbraun. Beim Anrichten werden sie mit Zucker und Zimmet bestreut.

Man kann auch anstatt der Zwetschgen Pfirsiche, welche nicht allzu groß sind, benutzen.

Klöße zu Fleisch- und Obstsuppen.

Griesklößchen (Farina Balls). 2 Portionen. 1 Thee-tasse Wasser, 1 Theelöffel Butter und 1 Prise Salz läßt man in einem kleinen Topfe aufkochen und gibt unter stetem Rühren soviel feinen Gries hinein, wie das Wasser aufnimmt. Wenn sich die Masse vom Boden des Topfes löst und ein Ball sich davon rollen läßt, nimmt man den Topf vom Feuer, legt den Teig in eine Schüssel und läßt denselben abkühlen. Sodann gibt man 2 Eigelb dazu und rührt das Ganze gehörig durch, bis es eine glatte Masse ist. Dann sticht man mit einem Theelöffel kleine Klößchen davon ab und läßt sie in der Suppe 10 Minuten langsam kochen.

Schwammklößchen, Nockerln (Sponge Balls). 2 Portionen. 1 Theetasse Wasser, 1 Löffel Butter und etwas Salz bringt man zum Kochen. Dann nimmt man Mehl, gibt davon all-mählig unter beständigem Rühren soviel hinein, als das Wasser auf-nimmt und bis sich die Masse von dem Topfe löst. Sodann legt man den Teig in eine Schüssel und läßt denselben etwas abkühlen, gibt nach und nach 2 Eigelb, von 1 Ei das steif geschlagene Weiße, so-wie etwas Muskatblüthe hinzu, rührt Alles zu einem gleichmäßigen Teig, sticht kleine Klößchen davon in die nur mäßig kochende Suppe und läßt dieselben 8—10 Minuten kochen, worauf sie sofort servirt werden.

Semmelklößchen (Bread Balls). 2 Portionen. 1 alt-backene Semmel wird gerieben; dazu fügt man 1 Ei, 1 Löffel ge-schmolzene Butter, etwas Muskatblüthe und Salz, rührt Alles gut durcheinander, legt die Klößchen mittelst eines Löffels in die kochende Suppe und läßt sie 5 Minuten darin kochen. Man versäume aber nicht, erst einen Probekloß zu kochen; sollte der Teig zu weich sein, so fügt man ein wenig Gries oder geriebene Semmel hinzu.

Markklößchen (Marrow Balls). 2 Portionen. Man nimmt 1 gehäuften Theelöffel frisches Ochsenmark, entfernt die Fa-sern daraus, indem man es mit einem Messer schabt; sodann stellt man das geschabte Mark etwas warm, verrührt es mit 2 Eigelb, etwas Salz, fein gewiegter Petersilie, Muskatblüthe nach Geschmack und der fein geriebenen Kruste einer altbackenen Semmel. Sollte das Ganze noch zu hart sein, so gibt man 1 Löffel abgekühlte Fleisch= brühe dazu. Man kocht zuerst einen Probekloß. Die Klößchen legt man dann mittelst eines Theelöffels in die Suppe und läßt sie 5—8 Minuten kochen.

Eierklößchen mit Fleisch (Egg Balls with Meat). 2 Portionen. 2 Eier rührt man recht glatt, fügt 2 Löffel geschmol= zene Butter, Salz und Muskatblüthe dazu und rührt Alles gut durcheinander. Sodann gibt man 1 Löffel fein gehacktes Rind= oder Kalbfleisch, 1 gestoßenen Zwieback, sowie 1 Löffel Milch oder Wasser hinzu. Dann sticht man die Klößchen mit einem Theelöffel in die kochende Suppe und läßt sie 10—12 Minuten kochen.

Gehirnklößchen (Calf's-Brain Balls). 2 Portionen. 2 Löffel Butter und 1 in Salzwasser abgekochtes, fein gewiegtes Kalbsgehirn rührt man zu Rahm und gibt nach und nach 2 Eier und 1 Eigelb hinzu. Dann fügt man etwas Muskatnuß, Salz, Pfeffer und soviel geriebenes Weißbrot bei, bis sich Klößchen formen lassen. Diese läßt man 2—3 Minuten in der Suppe kochen.

Eierstich (Eggdrops, Soup Custard). 2 Portionen. 1 fri= sches Ei rührt man mit etwas Muskatblüthe und Salz ganz glatt; dann mischt man 1 Löffel Milch dazu, bestreicht eine Tasse innen mit Butter und gibt die gerührte Eiermasse hinein. Die Tasse stellt man in einen Topf, in welchem das kochende Wasser so hoch reicht, wie die Tasse gefüllt ist, thut einen Deckel über das Ganze und läßt den Eierstich ½ Stunde in dem Topfe stehen; kochen darf der Inhalt jedoch nicht. Diese feste Masse sticht man mit einem Theelöffel in halbzoll breite Stückchen und gibt sie in die Suppe, nachdem letztere angerichtet ist.

Klöße von Herz, Leber und Magen von Geflügel (Giblet Balls). 2 Portionen. Alle drei Theile wer= den 10 Minuten gekocht; dann hackt man sie sehr fein, gibt etwas Salz, Muskatblüthe, Pfeffer, 2 Eigelb, 2 gestoßene Zwiebacke oder 1 altbackene, geriebene Semmel und 1 Löffel geschmolzene Butter

daju, knetet Alles gut durch, formt kleine runde oder längliche Klöße
als Beilage für Fricassee oder Suppe und läßt dieselben 12—15
Minuten kochen.

**Klöße von übriggebliebenem Hasenbraten
oder sonstigem Wildfleisch** (Game Balls). 2 Portionen.
Man hackt die Bratenreste recht fein, gibt etwas gehackte Zwiebel,
Pfeffer, Salz, 2 Eigelb, 1 oder 2 gestoßene Zwieback oder feinen Gries
dazu, knetet Alles gut durch, rollt längliche Klößchen davon, wälzt
sie in Weißbrotkrumen und bratet sie in gelbbrauner Butter hellbraun. Beim Anrichten werden die Klöße in die fertige Suppe gegeben.

Rindfleischklößchen (Force-Meat Balls). 2 Portionen. ¼ Pfund fein gehacktes Rindfleisch ohne Sehnen, 1 oder 2 gestoßene Zwieback, 1 Löffel geschmolzene Butter, etwas gehackte Zwiebel und Petersilie, ein wenig Pfeffer, Muskat, Salz nach Geschmack
und 1 Eigelb knetet man gut durcheinander, formt kleine runde
Klößchen und kocht sie 10 Minuten in der Suppe.

Kalbfleischklößchen (Veal Balls). 2 Portionen. Man
bereitet dieselben wie Rindfleischklößchen, nur nimmt man weder
Zwiebeln noch Pfeffer dazu. Will man anstatt der Zwieback ein-
geweichtes und gut ausgedrücktes Weißbrot verwenden, so muß man
1 Eigelb mehr dazu nehmen.

Reisklößchen (Rice Balls). 2 Portionen. 3 Löffel
Reis kocht man mit Fleischbrühe zu einem steifen Brei. 1 Löffel
Butter wird schaumig gerührt, 1 Ei, etwas fein gewiegter Schinken,
der Reis und 1 Löffel Mehl dazu gerührt, worauf kleine Klößchen
daraus geformt und 5 Minuten in der Suppe gekocht werden.

Zwiebackklößchen (Zwieback Dumplings). 2 Portionen. 4 fein gestoßene Zwieback, 1 Ei und 1 Eigelb, 3 Theelöffel
Butter, 1 Prise Salz und ein wenig Muskatblüthe knetet man zu
einem festen Teig, formt kleine Klößchen davon und läßt dieselben
5—6 Minuten in der Suppe kochen.

Eierspeisen.

Die alten Römer, welche jede Mahlzeit mit Eiern begannen, kannten schon eine große Anzahl aus Eiern zubereiteter Gerichte. Im Jahre 1803 beschrieb ein Franzose schon 543 Eierspeisen nnd heute gibt es deren mehr als 600.

Das einfachste Mittel, Eier in Bezug auf ihre Frische zu untersuchen, ist, dieselben gegen ein starkes Licht oder die Sonne zu halten; erscheint das Eigelb rund und das Eiweiß klar, so ist das Ei brauchbar. Nur frische Eier sind durchsichtig.

Rohe Eier sind leicht verdaulich, aber nicht nach Jedermanns Geschmack; die weichgekochten schmecken besser, hartgekocht sind sie besonders schwer zu verdauen. Die zweckmäßigste Zugabe zu Eiern ist Salat, weil Essig- und Citronensäure das geronnene Eiweiß verdauen helfen. Am leichtesten verdaulich ist das Ei in folgender Form: Man nimmt das Weiße von 2 Eiern, rührt es mit 1 Tasse abgekochtem, erkaltetem Wasser, fügt etwas Salz oder Zucker dazu und gibt es dem Kranken oder Genesenden zu trinken. Besonders bei Brechdurchfall der Kinder (summer complaint) ist dies ein vorzügliches Mittel.

Gekochte Eier (Boiled Eggs). Bei dem Kochen der Eier, selbst unverletzter, dringt immer etwas Eiweiß durch die Schale und dafür Kochwasser in das Ei; deshalb soll man hierzu nur reines Wasser nehmen. Werden Eier in der nächsten besten Brühe, die man gerade hat, gekocht, so nehmen sie den Geschmack derselben an. Alle Eier, welche man kochen will, sollten vorher abgewaschen und einige Minuten im Wasser liegen bleiben, ehe man sie behutsam in das kochende Wasser thut. Will man weiche Eier (soft-boiled eggs) haben, so läßt man sie 3 Minuten kochen, wachsweiche Eier (half-done eggs) 4 Minuten und hartgekochte Eier (hard-boiled eggs) 5 Minuten. Hartgekochte Eier lassen sich besser schälen, wenn sie in kaltem Wasser abgekühlt werden. Wachsweiche Eier werden meistens zu jungem grünen Salat gegeben.

Rührei (Scrambled Eggs). 2 Portionen. 4 oder 5 frische Eier werden mit 4 Löffeln Milch oder Rahm, etwas Salz, Pfeffer und ein wenig Muskatnuß in einer Schüssel verrührt. Dann gibt man 1 Löffel Butter in die Pfanne, rührt die Eier darin auf dem Feuer, bis sie sich nach 2 Minuten verdicken, und servirt sie auf einer erwärmten Schüssel. Will man Eier sparen, so nimmt man auf 2 Eier 2 Löffel corn starch und 5 Löffel Milch.

Rührei mit Schinken (Scrambled Eggs with Ham). 2 Portionen. Unter die wie vorher angegeben behandelten Eier, Milch u. s. w. mischt man ¼ Pfund feingeschnittenen Schinken. Man kann auch Sardellen oder Bücklinge zu Rührei verwenden; erstere werden sauber gewaschen und letztere abgezogen, beide entgrätet und in kleine Würfel geschnitten; man nimmt nur 2 Eßlöffel von jedem und rührt es unter die Eier. Ebenso kann man geräucherten Lachs oder Cervelatwurst benutzen.

Rührei mit Speck (Scrambled Eggs with Bacon). 2 Portionen. 4 Eier, 2 kleine Löffel Mehl, 4 Löffel Milch und etwas Pfeffer und Salz rührt man gut durcheinander und gibt etwas gehackten Schnittlauch dazu. Dann schneidet man ¼ Pfund Speck in kleine Würfel, breitet letztere in einer tiefen Pfanne aus, gibt die Masse dazu und läßt sie unter öfterem Umrühren gar, aber nicht hart werden.

Rührei mit Schnittlauch (Scrambled Eggs with Chives). In das wie vorher angegeben zubereitete Rührei mischt man kurz vor dem Herausnehmen aus der Pfanne 1 Löffel recht fein geschnittenen Schnittlauch. Man servirt Rührei zu Kartoffeln, grünem Salat oder Schinken.

Verlorene Eier (Poached Eggs). 2 Portionen. In einem großen flachen Topfe wird 1 Quart Wasser und 1 Weinglas Essig zum Kochen gebracht. Man gibt etwas Salz hinein und rückt den Topf vom Feuer. Dann schlägt man 1 Ei vorsichtig in eine Untertasse, läßt es langsam in das Wasser gleiten und fährt so fort, bis alle Eier im Wasser sind. Nun schiebt man den Topf auf das Feuer und, sobald das Wasser wieder kocht, nimmt man die Eier vorsichtig mit dem Schaumlöffel heraus, schneidet die zackigen Ecken ab, streut etwas Salz darauf und gibt die Eier, auf Spinat oder geröstete Brotschnitten gelegt, zur Tafel, indem man 3 oder 4 Stück für einen Herrn und 2 oder 3 für eine Dame rechnet. Das Eigelb muß noch weich sein. Man kann diese Eier auch mit einer Sardellen=, Herings= oder Senfsauce und Salzkartoffeln zu Tisch geben.

Setzeier, Spiegeleier, Ochsenaugen (Fried Eggs).

2 Portionen. Hat man eine Pfanne mit Vertiefungen, so gibt man in jede derselben ein wenig Butter; wenn letztere sehr heiß geworden ist, schlägt man in jede Vertiefung ein Ei, streut etwas Salz und Pfeffer darüber und läßt die Eier vorsichtig backen; der Eidotter muß aber noch pflaumenweich sein. Alsdann löst man die Ränder vorsichtig mit dem Messer los und richtet die Spiegeleier auf einer gewärmten Schüssel an. Für Herren rechnet man 3 oder 4, für Damen 2 oder 3 Stück auf eine Portion. Man kann Spiegeleier aber auch in der gewöhnlichen Eierkuchenpfanne bereiten. Man läßt etwas Butter darin heiß werden, schlägt die Eier vorsichtig hinein, eins neben das andere, streut etwas Salz und Pfeffer darüber und bäckt sie, bis das Eiweiß sich verdichtet hat. Dann schneidet man den Rand etwas ab und richtet sie an.

Gefüllte Eier (Stuffed Eggs). 2 Portionen.

Man kocht 6 frische Eier hart, entfernt die Schale und schneidet sie in Hälften, der Länge oder der Breite nach, entfernt die Dotter, vermischt dieselben mit Pfeffer, Salz und etwas trockenem Senf — auch kaltem Hühnerfleisch, Schinken oder fein zerhackter Zunge —, füllt die Höhlung und legt die Hälften wieder aufeinander. Für Picnics kann man diese Eier in dünnes Papier wickeln, um die Hälften zusammen zu halten.

Saure Eier (Sour Eggs). 2 Portionen.

1 Löffel Butter thut man in die Pfanne, läßt unter beständigem Rühren 2 Löffel Mehl darin braun werden, rührt etwas heißes Wasser dazu, fügt ¼ Tasse Essig, etwas Zucker, Citronenschale, Salz und 1 Glas Weißwein oder Cider bei und kocht davon eine sämige Sauce. Alsdann bereitet man 6 Spiegeleier, richtet diese in einer etwas tiefen Schüssel an und gibt die Sauce recht heiß darüber. Statt in Butter, kann man das Mehl in feinwürflig geschnittenem Speck bräunen, was von Vielen vorgezogen wird. Man servirt Salzkartoffeln dazu.

Eier mit pikanter Sauce (Eggs à la Tripe).

2 Portionen. 2 Löffel kleingeschnittene Zwiebeln dünstet man mit 1 Löffel Butter hellgelb, gießt 2 Löffel Fleischbrühe hinzu und verrührt dies mit 1 Löffel Mehl. Dann legt man in diese Sauce 3 hart= gekochte und in Scheiben geschnittene Eier, fügt Pfeffer, Salz, 1 Löffel feingehackte Petersilie, 1 Theelöffel Essig, sowie nach Geschmack auch ein wenig Senf hinzu, läßt die Eier einige Minuten in der Sauce warm werden und richtet sie an. Ein billiges und schmack= haftes Gericht.

Eierauflauf (Egg Soufflé). Eine sehr feine Eierspeise.

2 Portionen. ½ Tasse feiner Zucker (powdered sugar) wird mit 4 Eigelb und der auf einem Reibeisen abgeriebenen Schale einer halben frischen Citrone tüchtig durcheinander gerührt, bis er fast weiß aussieht. Dann rührt man 1 Theelöffel feines Weizenmehl und den Saft einer Citrone, aber ohne Kerne, hinein, sodann 1 Theelöffel Arrak; zuletzt kommt das zu Schaum geschlagene Eiweiß der 4 Eier dazu, welches man rasch unter die Masse mengt, aber nicht rührt. Man füllt dieselbe dann in eine hübsche Form von Porzellan, die Raum genug zum Aufgehen der Speise gewährt, und bäckt sie bei ziemlich starker Hitze im Ofen genau 20 Minuten, aber ja nicht länger, indem man ein starkes Blech darunter und ein we= nig starkes Papier darüber legt, falls der Ofen sehr heiß ist. Die Probe, ob der Ofen zu heiß ist, macht man mit etwas Briefpapier, welches man einige Augenblicke zuvor hinein gelegt hat. Brennt es, so ist der Ofen zu heiß, wird es aber nur braun, so hat er den richtigen Hitzegrad. Man bringt die Speise in der Backform zu Tisch.

Eierkuchen, Omeletten, Pfannkuchen u. s. w.

Zum Backen nimmt man eine glatte, eiserne, nicht zu tiefe Pfanne; die emaillirten sind nicht zu empfehlen, weil die Glasur zu sehr leiden würde. Bevor man Etwas bäckt, erwärmt man die Pfanne, gibt 1 Prise Salz hinein und reibt erstere mit einem Stück Papier gut aus. Dies ist hauptsächlich nothwendig, wenn man die Pfanne auch noch zu anderen Speisen verwendet, was wohl bei kleinen Familien meistens der Fall sein wird. Kann man daher nicht für jede Speise eine bestimmte Pfanne haben, so ist das angeführte Mittel sehr zu empfehlen.

Hat man die Masse eingerührt, so läßt man ½ Löffel Schmalz in der Pfanne steigen, vertheilt dieses durch Hin= und Herschwenken der Pfanne gleichmäßig darin, schüttet so viel Teig, wie zu einem Kuchen erforderlich ist, hinein und stellt die Pfanne auf nicht zu starkes Feuer. Dann stößt man mit dem Messer an verschiedenen Stellen auf den Grund, bis die Masse oben trocken ist und sich an der Seite von der Pfanne löst. Sollte es den Anschein haben, als ob der Eierkuchen sich nicht gut lösen wollte, oder an einer Stelle festhänge, so hebt man mit dem Messer den Rand in die Höhe und läßt ein wenig Butter darunter laufen, worauf das Loslösen sehr bald erfolgt. Nun wird der Eierkuchen gewendet und auf der anderen Seite gebacken. Wer darin nicht sehr geübt ist, um durch eine geschickte Schwenkung der Pfanne den Kuchen herumzuwerfen, bedient sich dazu eines Tellers, stellt diesen auf die linke Handfläche, läßt den Kuchen darauf gleiten, legt ein Stückchen Butter darauf, deckt die Pfanne darüber, kehrt beides schnell um, nimmt den Teller ab und bäckt den Eierkuchen auch auf dieser Seite schön braun. Mit Zucker und Zimmet bestreut, bringt man ihn sofort zu Tisch. Ein guter Eierkuchen darf nicht fest und steif, sondern muß locker, weich und dabei so haltbar sein, daß er umgewendet und auf eine Schüssel geschoben werden kann, ohne zu zerreißen. Das Fett, welches zum Backen benutzt wird, sei es Butter, Speck, Cottolene oder Schmalz, darf nicht zu stark erhitzt oder gar braun geworden sein, ehe der Teig hinein gegeben wird.

Wird das Eiweiß zu Schnee geschlagen, so darf der Schnee erst unmittelbar vor dem Backen mit dem Teige vermischt werden. Um das Eiweiß schnell steif zu schlagen, gibt man 1 Prise Salz hinein; je kühler die Eier sind, desto schneller geben sie Schnee.

Feiner Eierkuchen, Pfannkuchen (Pancake).

2 Portionen. 3 Löffel Mehl werden mit 1 Tasse Milch nebst 3 Eigelb, etwas Salz und Zimmt verrührt, dann mit dem zu Schnee geschlagenen Eiweiß der 3 Eier vermischt. Von diesem Teige bäckt man 3 oder 4 Eierkuchen. Nachdem sie gebacken sind, legt man sie aufeinander auf eine Platte und streut nach Belieben Zucker darüber. Man gibt Compot oder grünen Salat dazu.

Gewöhnlicher Eierkuchen (Plain Pancake). 2 Portionen.

2 Tassen Mehl rührt man mit 2 oder 3 Tassen Milch, 2 Eigelb und Salz nach Geschmack, schlägt das Weiße von den 2 Eiern zu Schaum, mengt es dazwischen und bäckt 4 Eierkuchen davon. ¼ Theelöffel Backpulver unter das Mehl gesiebt, verbessert den Geschmack der Speise.

Aepfelpfannkuchen (Apple Pancake) 2 Portionen.

Nachdem der Teig (wie unter Eierkuchen beschrieben) angerichtet worden, schält man einige saure Aepfel, schneidet dieselben in 4 Theile, diese wieder in dünne Scheiben und legt dieselben auf den Teig, sobald er in die Pfanne gethan ist. Man bratet die Pfannkuchen, wie angegeben, und servirt dieselben recht warm, mit Zucker überstreut.

Citroneneierkuchen (Lemon Pancake). 2 Portionen.

Man bäckt dünne Eierkuchen, beträufelt einen jeden mit Citronensaft, bestreut ihn mit feingeriebener Citronenschale und Zucker und schichtet einen auf den andern, damit der Citronengeschmack sie durchzieht.

Aepfelplätzchen (Apple Fritters). 2 Portionen. Man

macht einen Eierkuchenteig, gibt 1 Löffel Butter oder Schmalz in die Pfanne, legt auf 3 oder 4 Stellen je 1 Löffel Teig hinein und darauf 1 Theelöffel Aepfel, die ½ Stunde vor dem Gebrauch geschält, klein geschnitten, mit Zucker bestreut und mit etwas Rum befeuchtet worden sind. Hierauf gibt man noch ein wenig Teig darüber, damit die Aepfel zugedeckt sind, und bratet auf beiden Seiten gelbbraun. Man servirt recht warm und streut Zucker darüber.

Schinkeneierkuchen (Ham Pancake). 2 Portionen.

Ueberreste von Schinken oder ¼ Pfund gekochter Schinken wird fein gehackt, mit dem Eierkuchenteig gemischt und in nicht zu dünne Eierkuchen gebacken. Zucker bleibt weg. Man kann auch einen entgräteten und fein gehackten Bückling (bloater) oder anderen gut geräucherten Fisch verwenden.

Petersilieneierkuchen (Parsley Pancake). 2 Portionen.

Man mischt in den Teig 1 Löffel feingehackte Petersilie, welche man etwas in heißer Butter geschwitzt hat. Auf gleiche Weise kann man Schnittlaucheierkuchen durch Hinzufügung von 1 Löffel fein geschnittenen Schnittlauch bereiten. Diese Eierkuchen werden ohne Zucker zu Salat verspeist.

Speckeierkuchen (Bacon Pancake). 2 Portionen.

¼ Pfund in feine Würfel geschnittenen Speck (bacon) bratet man in der Pfanne hellbraun. Ohne die Grieben herauszunehmen, bäckt man darin aus Eierkuchenteich ziemlich dicke Eierkuchen, die man ebenfalls ohne Zucker zu Salat verspeist.

Omeletten.

Omelette ist fast dasselbe wie Eierkuchen, nur daß zu der Omelette viel weniger oder gar kein Mehl genommen wird. Vielfach werden sie mit Fruchtgelee bestrichen, zusammengerollt und mit Zucker servirt. Die feinsten Omeletten, zu denen gar kein Mehl genommen wird, werden nur auf einer Seite gebacken.

Einfache Omelette (Plain Omelet). 2 Portionen.

4 Eier werden in eine Schüssel gebrochen und 10—12 mal mit einer Gabel geschlagen, dann 2 Löffel kalte Milch und ½ Theelöffel Salz dazu gerührt. Die Pfanne muß heiß sein, wenn man 1 Löffel Butter hineingibt und den Teig dazu gießt. Man schüttelt die Pfanne, bis die Eier anfangen sich zu verdicken, und läßt dann die Masse einige Sekunden stehen. Nun schiebt man rasch ein Messer unter den Kuchen, um ihn aus der Pfanne zu lösen, klappt ihn schnell

auf einander und legt ihn auf eine gewärmte Schüſſel. Er muß
ohne Verzug ſervirt werden. Es iſt leichter und ſicherer, kleine
Omeletten zu backen, als eine große.

Gelee-Omelette (Fruit Omelet). 2 Portionen. Ehe
man die Omelette zuſammen klappt, beſtreicht man ſie mit Frucht=
gelee, doch iſt Johannisbeer= oder Weinbeer-Gelee allen anderen vor=
zuziehen.

Biscuit-Omelette (Biscuit Omelet). 2 Portionen.
4 Eigelb werden mit 3 Löffeln Zucker ſchaumig geſchlagen, dann 3
Löffel Mehl durchgerührt und zuletzt die zu Schnee geſchlagenen 4
Eiweiß dazu gemiſcht. Hierauf wird in der Pfanne 1 Löffel Butter
flüſſig gemacht, 1 Suppenlöffel von der Maſſe hinein gegeben, licht=
gelb gebacken und mit Zucker und Zimmt beſtreut.

Schaum-Omelette (Omelette Soufflée). 2 Portionen.
8 Eidotter werden mit 2 Löffeln Zucker und dem Saft einer Citrone
zu Schaum gerührt, mit dem ſteifen Schnee von 5 Eiweiß gemiſcht
und in einer kleinen, mit Butter beſtrichenen Pfanne zu ziemlich
dünnen Omeletten verbacken, die man auf eine Schüſſel ſchiebt und
jede meſſerrückendick mit Johannisbeer=, Himbeer=, Pfirſich= oder einer
anderen Marmelade beſtreicht. Nachdem alle Omeletten fertig und
übereinander aufgeſchichtet ſind, ſchlägt man die übrigen 3 Eiweiß
zu ſteifem Schnee, ſtreicht denſelben über die aufgeſchichteten Ome=
letten, beſtreut mit Zucker, beſprengt leicht mit Waſſer und läßt
dann in einem mäßig warmen Ofen den Schnee gelblich backen.

Plinſen.

Plinſen ſind dünne Kuchen, die man aus Milch, Mehl und
Eiern bereitet, auf beiden Seiten bäckt und entweder auf einer
Schüſſel übereinanderſchichtet, oder mit Fülle oder Syrup beſtreicht.
Für die ſogenannten Griddle Cakes dürfen die Griddle-Pfannen
nur eben gut mit Fett eingerieben werden, daſſelbe darf nicht darauf
ſchwimmen. Sie müſſen ſo heiß ſein, daß man, ſobald der letzte
Kuchen aufgegoſſen iſt, den erſten ſchon wenden muß und daß
dieſer fertig iſt, ſobald man den letzten gewendet hat. Sie müſſen
ſofort nach dem Aufgießen ſchon voller Poren, und dürfen nicht größer,

als eine kleine Untertasse sein; auch müssen sie sofort (mit Butter und Syrup nebenher) servirt werden. Der Teig dazu muß so be= schaffen sein, daß er dickflüssig aus einem Kruge auf die Pfanne läuft (die beste Art, schnell und ohne nebenhinaus zu tropfen, die Kuchen aufzulegen).

Hefenplinsen, Hefenpfannkuchen (Yeast Pancake). 2 Portionen.

Man rührt 1 Löffel Butter in 1 Pint warme Milch, daß sie darin zerschmilzt, gibt 2 Eier, ein wenig Salz, 2 Eßlöffel Hefe und 2 Tassen Mehl hinzu, um einen nicht zu dün= nen Pfannkuchenteig herzustellen. Hat der Teig 3 Stunden an einem warmen Platze zum Aufgehen gestanden, so bäckt man ihn zu kleinen Pfannkuchen, bestreicht sie, noch warm, mit Butter und bestreut sie mit Zucker und Zimmt.

Buchweizenpfannkuchen mit Hefe (Buckwheat Cakes). 2 Portionen.

Der Teig zu diesen Pfannkuchen muß mehrere Stunden vor dem Backen angemengt und zum Aufge= hen hingestellt werden; es ist daher am vortheilhaftesten, ihn des Abends anzurühren, um die Pfannkuchen am nächsten Morgen für das Frühstück backen zu können. Zum Anrühren nimmt man 1 Pint Wasser, 2 Tassen Buchweizenmehl und 1 Theelöffel Salz. Wenn Alles gut verrührt ist, mischt man ⅓ Tasse Hefe oder ½ Stückchen aufgelöste Preßhefe darunter. Der Teig darf nicht zu dünn sein. Zugedeckt stellt man ihn in ein warmes Zimmer (65° Fahr.). Vor dem Backen löst man ½ Theelöffel Saleratus oder Soda in 2 Löffel hei= ßem Wasser auf, gießt es zu dem Teig und mengt gut durch. Durch Beimischung von Saleratus erhalten die Kuchen einen feine= ren Geschmack. Mit einer Speckschwarte, die noch einen dicken Speckstreifen an sich hat, reibt man vor dem Backen die Pfanne aus. Man kann auch Schmalz benutzen. Man bäckt unter ein= maligem Umwenden Pfannkuchen von der Größe einer Untertasse. Hebt man 1 Tasse dieses Teiges auf, so kann man denselben am näch= sten Tage anstatt der Hefe zum Anmachen des neuen Teiges be= nutzen. Beim Anrichten gibt man Butter oder Syrup zum Ueber= streichen dazu.

Buchweizenpfannkuchen auf andere Art.

2 Theetassen Buchweizenmehl, 1 Theelöffel Weizenmehl, 4 Theelöffel

Backpulver (baking powder) und 1 Theelöffel Salz werden gut vermischt. Dann gießt man genug frische Milch oder Wasser hinzu, um einen dünnen Teig herzustellen. Sobald derselbe angemengt ist, muß er gebacken werden.

Reispfannkuchen (Rice Griddle Cakes). 2 Portionen. 1 Tasse Reis kocht man mit etwas Salz in Wasser weich. Wenn abgekühlt, fügt man 3 gut geschlagene Eier, etwas Milch und Mehl hinzu. Diese Masse bäckt man als kleine Pfannkuchen in Butter oder Schmalz. Preißelbeeren schmecken gut dazu.

Maiskuchen mit Eiern (Light Corn Cakes). 2 Portionen. 2 Tassen frische Milch, 2 gut geschlagene Eier, ½ Theelöffel Salz, 2 Tassen Maismehl (corn meal) und 1 Tasse Weizenmehl (letzteres mit 1½ Theelöffel Backpulver gesiebt) rührt man zu einem ziemlich dünnen Pfannkuchenteig an und bäckt schnell daraus Kuchen, entweder in der Pfanne oder in gebutterten kleinen Formen. Man servirt recht warm und gibt Butter dazu.

Flanellpfannkuchen (Flannel Cakes). 2 Portionen. 1 Theelöffel Backpulver und 2 Tassen Weizenmehl werden mit 1 Löffel Butter mit der Hand gut vermischt, dann wird ½ Theelöffel Salz beigefügt. Nun verrührt man 2 Eigelb ordentlich und gibt sie in 1½ Tasse Milch, fügt das Mehl hinzu und mengt Alles gut durch. Zuletzt mischt man das gerührte Eiweiß hinzu und bäckt schnell in der Pfanne kleine Pfannkuchen.

Brotkrumenpfannkuchen (Stale Bread Griddle Cakes). 2 Portionen. 1 Tasse Brotkrumen werden in 1 Pint süßer oder saurer Milch ½ Stunde eingeweicht. Dann schlägt man 2 Eier zu Schaum und mischt die Brotkrumen, ½ Theelöffel Salz und genügend Mehl, um einen steifen Brei zu erhalten, dazu. In das Mehl muß vorher 1 Theelöffel Backpulver gesiebt worden sein. Wenn der Teig fertig ist, bäckt man schnell Kuchen davon und servirt recht warm.

Grahampfannkuchen (Graham Griddle Cakes). 2 Portionen. Hierzu gebraucht man 2 Tassen Grahammehl, 1 Tasse Weizenmehl, 2½ Tassen Milch, 1 Löffel Zucker, 1 Theelöffel Salz, 1½ Theelöffel Backpulver und 2 Eier. Die Hälfte der Milch kocht man, übergießt damit das Grahammehl und rührt es glatt; fügt dann die kalte Milch bei und läßt es auskühlen. Nun siebt man das Mehl mit dem Backpulver dazu, schlägt die Eier hinein, fügt Zucker und Salz dabei, mengt gut durch und bäckt davon kleine Pfannkuchen.

Milchpfannkuchen (Sweet Milk Griddle Cakes).

2 Portionen. Hierzu nimmt man 2 Tassen Mehl, 2 Tassen Milch, 2 Eier, 1 Löffel Butter, 1 Theelöffel Salz und 2 Theelöffel Backpulver. Mehl, Salz und Backpulver mischt man gut zusammen, gibt Milch und Butter und zuletzt die zu Schaum geschlagenen Eier dazu, und bäckt davon kleine Pfannkuchen.

Hominypfannkuchen (Hominy Cakes).

2 Portionen. 2 Löffel feiner Hominy, ½ Theelöffel Salz und 1 Löffel Butter wird mit ½ Tasse kochendem Wasser übergossen und auf den hinteren Theil des Ofens gestellt, bis das Wasser eingezogen ist. Dann gießt man 1 Tasse kochende Milch über 1 knappe Tasse Maismehl (corn meal) und fügt 2 Löffel Zucker sowie den Hominy hinzu. Wenn es abgekühlt ist, mischt man 2 Eier (das Gelbe und Weiße davon jedes für sich gut geschlagen) und 1 gehäuften Theelöffel Backpulver dazu und mengt gut durch. Man bäckt kleine Pfannkuchen oder auch den Teig in mit Butter bestrichenen kleinen Formen (gem pans) ungefähr 20 Minuten.

Kartoffelpfannkuchen, Kartoffelpuffer (Potato Puffs).

2 Portionen. Man reibt große rohe Kartoffeln fein und läßt sie dann auf dem Durchschlag abtropfen. Zu 2 Tellern geriebenen Kartoffeln gibt man 3 Eier, 2 Löffel kalte Milch oder sauren Rahm, 1 Messerspitze Backpulver und etwas Salz, mengt Alles gut durcheinander und bäckt sofort in einer Pfanne mit viel heißem Fett kleine runde Kuchen. Man legt drei Häufchen von der Kartoffelmasse in die Pfanne, drückt dieselben mit dem Löffel gleichmäßig auseinander und bäckt sie auf beiden Seiten hellbraun. Alles muß sehr schnell geschehen, wenn die Puffer gut werden sollen. Preißelbeeren-Compot schmeckt gut dazu.

Pfannkuchen von gekochten Kartoffeln (Potato Pancake). 2 Portionen.

Kartoffeln, tags vorher gekocht, werden auf dem Reibeisen gerieben. Auf 1 Teller geriebene Kartoffeln nimmt man 4 Eigelb, 2 Löffel Butter, 1 Löffel Mehl, etwas Salz, 2 Löffel Milch oder sauren Rahm und 2 Löffel Zucker, verrührt Alles zu einem geschmeidigen Teig, gießt den steifen Schnee der 4 Eier darunter und bäckt dann in Butter Pfannkuchen von beliebiger Dicke. Sie werden reichlich mit Zucker und Zimmt bestreut.

Pfannkuchen mit Johannisbeeren, Kirschen oder Heidelbeeren (Fruit Pancake). 2 Portionen.

2 Tassen Mehl mischt man mit ½ Theelöffel Backpulver und rührt dann 3 Tassen Milch, 4 Eier, ein wenig Zucker, Zimmt und Salz mit dem Mehl recht gut durcheinander. In der Pfanne läßt man 2 Löffel Schmalz heiß werden, schüttet die Hälfte des Teiges hinein und gibt 2 Tassen gut verlesene, abgebeerte Johannis- oder Heidelbeeren oder ausgesteinte Kirschen, welche vorher mit 2 Löffel Zucker vermischt wurden, darüber. Nachdem der Kuchen auf der Unterseite gelb gebacken ist, streut man 1 Tasse gestoßenen Zwieback oder Weißbrot über die Beeren, läßt dies in wenigen Minuten zu einer festen Masse backen, wendet den Kuchen dann um und bräunt ihn mit etwas frisch hinzugefügtem Schmalz oder Butter auch auf der anderen Seite, die jedoch beim Anrichten nach oben kommt und mit Zucker bestreut wird. Will man Zwetschgen benutzen, so entfernt man den Stein, schneidet die Frucht in Scheiben und streut 3 Löffel Zucker darüber. Man bäckt aus dem Teig 2 Pfannkuchen, welche, heiß servirt, ein gutes Dessert oder Abendessen bilden.

Brötchen.

Brötchen (Sandwiches) sind nicht nur auf dem Familientische als Frühstück oder Abendessen eine angenehme Abwechslung, sondern auch bei Ausflügen, Picnics oder auf Reisen eine leicht transportable Speise, welche, wenn dieselbe in Wachspapier (wax paper) eingewickelt ist, sich längere Zeit frisch erhält. Gewöhnliche Sandwiches bestehen je aus 2 dünnen, mit Butter bestrichenen Weiß- oder Roggenbrotschnitten, zwischen welche man feine Fleischscheiben legt, die mit Salz und Pfeffer bestreut und mit etwas Senf oder Pfeffergurkenscheiben bedeckt worden sind. Man bringt dieselben zu Tische, nachdem man sie in zierliche viereckige Stücke geschnitten, auf einer Serviette, die über eine Schüssel gelegt worden ist, kranzförmig angerichtet, und mit etwas Petersilie verziert hat.

Caviarbrötchen (Caviar Sandwiches). Geröstete Semmel- oder Weißbrotschnitten werden erst mit Butter, dann mit Caviar bestrichen, auf einem Teller aufgerichtet und mit Citronenscheibchen und rothen Radieschen garnirt, wenn sie als Vorspeise dienen.

Schinkenbrötchen (Ham Sandwiches). Gekochter, magerer Schinken wird fein gewiegt, Semmelscheibchen mit Butter bestrichen, mit dem Schinken gut überstreut und dieser mit der Messerklinge leicht darauf gedrückt. Zungen-, Hühner-, Turkey- und Sardinenbrötchen werden auf dieselbe Art zubereitet.

Eierbrötchen (Egg Sandwiches). Hartgekochte Eier werden in Scheiben geschnitten und mit Pfeffer und Salz gewürzt. Die mit Butter bestrichenen Brotscheiben bestreut man mit etwas gehackter Petersilie und legt die Eierscheiben dazwischen.

Sardellenbrötchen (Anchovies Sandwiches). Semmel- oder Brotscheiben ohne Rinde, welche auf einer Seite geröstet wurden, bestreicht man auf der ungerösteten Seite messerrückendick mit Butter, legt feingeschnittene Streifchen von Sardellen gitterartig darauf und gibt, mit den Farben abwechselnd, kleine Häufchen von gehackten, hartgesottenen Eiern, Capern, Schinken oder rothen Rüben und Schnittlauch in die Zwischenräume.

Oder: Man bestreicht die Semmelscheiben, geröstet oder auch frisch, mit Butter und belegt sie gitterartig mit fein geschnittenen Sardellenstreifchen.

Käsebrötchen (Cheese Sandwiches). ¼ Pfund Amerikanischer- oder Schweizerkäse wird fein gerieben und mit 2 Löffeln schaumig gerührter Butter gut vermischt. Dann bestreicht man geröstete Semmelscheiben damit und streut etwas Salz und Pfeffer darüber.

Appetitsbrötchen (Mixed Sandwiches). In die Mitte eines Tellers legt man eine Scheibe Schweizerkäse und darauf eine mit einem Theelöffel Caviar oder einer als Ring geformten Sardelle belegte Citronenscheibe. Rechts und links legt man einige Salatblättchen, auf dieselben je ein Schinken- und Zungenbutterbrötchen und im Kranze herum mehrere Cervelat-, Leber- und Blutwurstscheiben, welche man mit einigen Oliven, Radieschen und Gurkenscheiben garnirt. Mit Butter bestrichene Schwarz- und Weißbrotscheiben werden dazu servirt.

Salzstangen theilt man in der Mitte mit einem scharfen Messer, bestreicht sie mit Butter und geriebenem Käse oder mit frischer Leberwurst.

Pumpernickel wird in feine Scheiben geschnitten, mit Butter bestrichen und sowohl zum Thee, wie auch als Nachtisch zum Käse servirt. Zum Thee kann er auch mit fein geschnittenem Schweizerkäse belegt oder mit Butter bestrichenen Weißbrot- oder Semmelscheiben bedeckt werden.

Käsegerichte.

Der Käse besitzt sehr viel Nährwerth, ist aber schwer verdau=
lich. Am gesundesten und leichtesten verdaulich sind die frischen, oder
die gekochten und geschmolzenen Käse und Quark; die alten und
verschimmelten Käse reizen die Magenschleimhaut und sind geradezu
schädlich. Bei stinkendem Käse kann man jederzeit annehmen, daß
er bereits in Fäulniß übergeht.

Käse hält sich am besten in einem festschließenden Porzellan=
oder Steingutgeschirr, in mit Salzwasser angefeuchteter Leinwand
eingeschlagen. Geriebener Parmesan=, Schweizer= oder Amerikani=
scher Käse ist eine gute Beigabe zu Butterbrot, Kartoffeln, Mehl=
brei, Hafergrütze, Reis, Maccaroni und Nudeln.

Schmierkäse (Cottage Cheese). Von 2 Quart dicker,
saurer Milch nimmt man den Rahm ab, und läßt sie auf dem
warmen Ofen stehen, bis sie allmählich erwärmt ist. Wenn sich der
Käse von der Molke abgesondert hat, füllt man denselben in einen
aus cheesecloth gefertigten Beutel und läßt ihn über Nacht ab=
tropfen. Hierauf wird der Käse durchgeknetet, gesalzen, etwas Rahm
dazugegeben und je nach Geschmack mit Pfeffer, Schnittlauch oder
Kümmel gemischt. Dieser Käse, mit in der Schale gekochten Kar=
toffeln dazu servirt, gibt ein nahrhaftes und billiges Abendessen.

Kochkäse (Cooked Cheese) als Nachtisch. Dicke, saure
Milch wird warm gestellt und sobald die Molke sich von der Käse=
masse scheidet, läßt man letztere in einem Beutel abtropfen und ver=
wahrt dann den trockenen Käse in einem Topfe gegen Staub und
Fliegen an einem kühlen Orte, bis er in Gährung übergegangen ist,
was im Sommer in ungefähr 6 Tagen, im Winter in 10—12 Ta=
gen erreicht wird. Alsdann mischt man nach Geschmack Salz und
Pfeffer sowie ¼ Pfund Butter darunter, läßt etwas Butter in der
Pfanne heiß werden, gibt die Käsemasse hinein, läßt sie unter
fortwährendem Rühren aufkochen und gießt sie dann zum Er=
kalten in eine Schüssel.

Käſeauflauf, Fondemin (Cheese Fondu).

¼ Pfund geriebener Schweizer= oder Amerikaniſcher Käſe (store cheese) wird mit 1 Taſſe Milch vermiſcht, in welcher man ¼ Theelöffel doppeltkohlen= ſaure Pottaſche (bi-carbonate of potash) auflöſte. Dann fügt man noch ¼ Theelöffel Senf oder 1 Theelöffel Senfmehl, ½ Theelöffel weißen Pfeffer, 1 Löffel Butter, etwas geriebene Muskatnuß und 2 Löffel mit etwas Butter geſchwitztes Mehl hinzu. Dieſe Maſſe erwärmt man vorſichtig, bis der Käſe zergeht, fügt dann 3 gut geſchlagene Eier hinzu und rührt, bis die Maſſe zu ſteigen beginnt. Sodann füllt man die Miſchung in eine erwärmte, mit etwas heißer Butter be= ſtrichene Pfanne oder in kleine für jede Perſon beſtimmte Papierkäſt= chen, bäckt ſie in heißem Ofen 20 Minuten und ſervirt ſofort.

Walliſer Leckerbiſſen (Welsh Rarebit).

Schwarz= brotſcheiben, deren Rinde man entfernt hat, werden geröſtet, wenn noch warm mit Butter beſtrichen, in warmes Waſſer getaucht und auf einen gewärmten Teller in den Ofen geſtellt. Dann bringt man in einem Granit= oder Steingutgeſchirr ½ Taſſe Milch zum Kochen, miſcht damit 2 Taſſen geriebenen Käſe und rührt, bis der= ſelbe geſchmolzen iſt, fügt dann Salz, Pfeffer und 2 Eidotter hinzu und gießt dieſe Maſſe über die gewärmten Brotſchnitten. Man ſervirt dieſelben zu Fleiſchbrühe oder Thee.

Golden Buck wird wie **Welsh Rarebit** zubereitet, nur legt man auf jede Brotſchnitte 1 halbweich gekochtes Ei.

Käſeſtangen (Cheese Straws).

1 Taſſe Mehl miſcht man mit ¼ Taſſe geriebenem Parmeſan=, Schweizer= oder Ameritani= ſchem Käſe, 1 Priſe Pfeffer, ¼ Theelöffel Salz, 1 Eigelb und genü= gend Waſſer, um einen Teig zu machen, welcher ſich ausrollen läßt. Auf einem Nudelbret rollt man den Teig zu ¼ Zoll dick aus, ſchneidet denſelben in lange, ſchmale Streifen, legt dieſe in eine mit Butter oder Fett beſtrichene Pfanne und bäckt die Streifen im Ofen in ungefähr 10 Minuten hellbraun. Dieſes Gericht, welches ſich mehrere Tage hält, vor dem Gebrauch aber ſtets zu wärmen iſt, ſchmeckt ausgezeichnet zu grünem Salat.

Mehlspeisen,
in Schmalz gebacken.

Zu Schmalzbäckereien ist vor Allem gutes, geruchloses Schweineschmalz oder eine Mischung von Schmalz und Butter nöthig; auf
1 Theil Butter nimmt man 2 Theile Schmalz. Butter allein bräunt
zu schnell und die ausgebackenen Speisen erhalten eine zu dunkle
Farbe. Mit dem Fett darf man nicht sparen, will man das Backwerk locker und wohlschmeckend herstellen. Man nimmt gewöhnlich
soviel Fett, daß der Boden der Pfanne 2 Zoll hoch damit bedeckt
ist und läßt es langsam heiß werden. Das Schmalz hat den rech-
ten Hitzegrad, wenn die Luft über demselben zu zittern scheint.
Wenn es raucht, ist es schon zu heiß; ist dies der Fall, so zieht
man die Pfanne etwas zurück und gibt etwas kaltes Schmalz dazu.
Die zu backenden Kuchen läßt man vorsichtig an der Seite des
Topfes hineingleiten; wenn sie auf der einen Seite gebräunt sind,
kehrt man sie um, bäckt sie auf der anderen Seite, hebt sie mit einem
Schaum- oder Drahtlöffel aus dem Fett, läßt dieses etwas abtropfen
und servirt die Kuchen warm, mit etwas Zucker und Zimmt bestreut.
Bäckt man viele Kuchen, so ist es nöthig, daß man von Zeit zu Zeit
etwas frisches Fett dazu gibt, damit das Backschmalz nicht zu dunkel
wird. Ist man mit dem Backen fertig, so kann man das Backschmalz
reinigen, indem man es, noch warm, vorsichtig in ein Gefäß mit warmem Wasser schüttet und gut umrührt, wodurch sich alle Abfälle zu
Boden setzen und das Schmalz nach dem Erkalten als dicke feste
Scheibe abgenommen und mit einem Zusatz von frischem Fett
wieder zum Backen oder zum Kochen verwendet werden kann. Mit
Backpulver zubereitete Teigmasse darf erst unmittelbar vor
dem Backen gemengt werden und das Backpulver muß schon dem
trockenen Mehl beigefügt worden sein. Benutzt man Self-Raising
Flour, so unterläßt man das Beifügen von Salz oder Hefe, da
beides in dem Mehl schon enthalten ist. Man rührt den Teig mit

Wasser oder Milch oder einer Mischung von gleichen Theilen derselben an.

Berliner Pfannkuchen (Berlin Doughnuts).

1 Pfund erwärmtes, durchgesiebtes Weizenmehl wird mit 1 Tasse Milch verrührt. Sodann werden 3 Löffel Zucker und 1 Stückchen in etwas lauer Milch aufgelöste Preßhefe, nebst ¼ Pfund zu Schaum gerührte Butter, sowie 1 Theelöffel Salz und die geriebene Schale einer Citrone hinzugefügt und Alles zu einem glatten Teig verarbeitet, sodaß derselbe Blasen wirft und nicht mehr am Gefäß kleben bleibt. Hierauf wird derselbe mit Mehl bestäubt und eine Stunde lang zum Aufgehen an einen warmen Ort gestellt. Sodann muß der Teig noch einmal durchgeknetet werden, ehe man ihn auf mehlbestreutem Brette zu einem bleistiftdicken Kuchen ausrollt, um 3fingerbreite, gleich große Platten mit dem Backrädchen zu schneiden oder solche mit einem Trinkglase auszustechen. Die Hälfte dieser Platte belegt man mit einem Theelöffel Himbeeren-, Johannisbeeren-, Weinbeeren-, Kirschen- oder anderem Fruchtgelee; dann schlägt man die andere Hälfte der Platte als Decke darüber und drückt die Ränder der beiden Platten fest zusammen, damit die Fülle nicht herausquellen kann. Die so vorbereiteten Pfannkuchen müssen dann erst noch ½ Stunde aufgehen, ehe sie in kochendem Fett gebacken werden.

Hefenkrapfen, Fastnachtsküchelchen (Yeast Crullers).

Der für Berliner Pfannkuchen zu verwendende Pfannkuchenteig wird dünner ausgerollt; die mit dem Backrädchen oder einem Weinglase ausgeschnittenen Platten werden dann einfach, nicht doppelt übereinander gelegt, also auch ungefüllt, in Backfett gebacken. Wenn sie, noch heiß, mit Zucker und Zimmt bestreut werden, geben sie eine recht schmackhafte Kuchenart.

Fastnachtsküchelchen auf andere Art (Rose Crullers).

4 Tassen Mehl vermischt man mit 2 Theelöffeln Backpulver, fügt 1 Tasse Zucker, 1 Tasse süße Milch, 2 Eier, 2 Löffel geschmolzenes Fett oder Butter und etwas Salz hinzu, mengt Alles gut durcheinander zu einem Teig, rollt diesen aus, schneidet daraus Vierecke, Ringe oder Streifen und bäckt sie goldbraun. Man bestreut die Küchelchen mit Zucker, dem etwas Zimmt beigemischt worden ist.

Brotkrapfen (Bread Crullers). Uebrig gebliebenes Weißbrot legt man in Milch, oder in Milch und Waſſer, bis es gründlich durchweicht iſt, ſtampft es fein, gibt 2 Eier, ½ Löffel Backpulver, Salz nach Geſchmack und genug Mehl dazu, daß man die Maſſe löffelweiſe in das kochende Fett ſetzen kann. Sobald die Krapfen ſchön gebräunt ſind, nimmt man ſie heraus und beſtreut ſie mit Zucker.

Rahmküchelchen (Cream Crullers). 1½ Taſſe Zucker wird mit 2 Eiern zu Creme gerührt, dann kommen 2 Taſſen ſüßer Rahm hinzu. Nun miſcht man 2 Theelöffel Backpulver unter 2 Taſſen Mehl, ſiebt dieſes und verrührt es mit obiger Maſſe. Iſt der Teig dann noch zu dünn, ſo kommt mehr Mehl hinzu, ſodaß er glatt wird. Man rollt ihn dann fingerdick aus, bildet beliebige Figuren und bäckt die Crullers ſofort.

Einfache Fritters (Plain Fritters). 2 Portionen. 2 Eier werden zu Schaum gerührt; dann miſcht man 1 Taſſe Milch, ½ Theelöffel Salz und 2 Theelöffel Backpulver, welches mit ½ Taſſe Mehl geſiebt wurde, hinzu. Nun rührt man Alles zu einem dünnen Teig, welcher ſo beſchaffen ſein muß, daß er vom Löffel läuft. Sollte er zu dünn ſein, ſo fügt man noch etwas Mehl hinzu. Den Teig muß man, ohne ihn ſtehen zu laſſen, löffelweiſe in einer Pfanne mit heißem Fett auf beiden Seiten braun backen. Man nimmt die Fritters mit einem Schaumlöffel heraus; mit einer Gabel durchſtochen, würden ſie zuſammenfallen.

Mais-Fritters (Corn Fritters oder Mock Oysters). Zu ½ Quart jungen grünen, von den Kolben abgeriebenen und dadurch zerquetſchten Maiskörnern miſcht man 3 Eßlöffel Milch, 1 knappe Obertaſſe Mehl, 1 nußgroßes Stück Butter, 1 Ei, 1 Theelöffel Salz, 1 Priſe Pfeffer, mengt Alles gut durcheinander und legt die Maſſe theelöffelweiſe in heiße Butter oder kochenden Speck, um ſie auf beiden Seiten goldbraun zu backen und dann ſofort heiß zum Thee oder Lunch zu ſerviren. Dieſe Mock Oysters ähneln im Ausſehen und Geſchmack gebackenen Auſtern und haben deshalb jenen Namen erhalten.

Reis-Fritters (Rice Fritters). 2 Portionen. Hierzu nimmt man 1 Tasse gekochten kalten Reis, 1 Tasse Milch, 2 Eier und genügend Mehl, um einen steifen Teig zu machen. Vor dem Gebrauche siebt man in das Mehl 1½ Theelöffel Backpulver. Zu den in Fett oder Cottolene gebratenen Reis-Fritters gibt man Butter, Syrup oder Fruchtmarmelade.

Hominy-Fritters bereitet man auf dieselbe Art.

Apfel-Fritters (Apple Fritters). 2 Portionen. 3 schöne Aepfel, 2 Eier, 1 Tasse Milch, ½ Theelöffel Salz, 1½ Tasse Mehl und ½ Theelöffel Backpulver werden dazu verwendet. Die Aepfel werden geschält, das Kernhaus entfernt, sodann querdurch in Ringe geschnitten und mit Zucker und Zimmt bestreut. Die zu Schaum gerührten Eier mischt man mit der Milch, dem Salz und dem Mehl, welchem das Backpulver beigefügt worden ist, zu einem Teig. Jeder Apfelring wird in den Teig getaucht, in kochendem Fett braun gebraten und warm, mit Zucker überstreut, servirt. Wenn man an Stelle der Milch zum Teigmachen 1 Tasse Bier und 1 Löffel Zucker benutzt, erhalten die Apfel-Fritters einen angenehmen, pikanten Geschmack. Der Teig wird kurz vor dem Gebrauch angerührt und das Backpulver weggelassen.

Bananen-, Birnen-, Pfirsich- und Apfelsinen-Fritters werden auf die gleiche Art hergestellt.

Hobelspäne (Shavings). 2 Portionen. 2 Eier verrührt man mit einem wallnußgroßen Stück Butter, ein wenig Salz und soviel Mehl, daß der Teig sich gut ausrollen läßt. Mit einem Kuchenrädchen schneidet man aus dem dünn ausgerollten Teige Streifen in der Breite von Hobelspänen und läßt sie in kochendem Schmalze braun backen. Man bestreut sie, noch heiß, mit Zucker und Zimmt.

Arme Ritter (Spanish Toast). Altbackenes Milchbrot, Zwieback oder feines Weißbrot wird in nicht zu dünne Scheiben geschnitten, nebeneinander auf eine Schüssel gelegt und mehreremal mit Milch, worin man 1 Ei und etwas Zucker gerührt hat, übergossen. Wenn die Scheiben ordentlich eingeweicht sind, zieht man sie durch gerührtes Ei, wälzt sie in geriebenem Weißbrot, bäckt sie in heißem Fett braun und bestreut sie mit Zucker und Zimmt. Man gibt sie mit gekochtem Obst oder Compot zu Tisch.

Windbeutel aus Kartoffeln (Potato Eclairs).

Zu gekochten und zerſtampften Kartoffeln nimmt man etwas Milch und zu je 1 Taſſe der Maſſe 2 Eier, wovon das Weiße zu Schnee geſchlagen wird. Etwas Salz, Muskatnuß und 1 Meſſerſpitze Back-pulver wird hinzugethan, Alles gut gemiſcht und dann mit einem Löffel wallnußgroße Stückchen abgeſtochen, die, in heißem Fett ſchwimmend, gebacken werden. Sie blähen ſich zu hohlen, goldgel-ben Bällen auf, die, noch heiß, mit Zucker und Zimmt beſtreut werden.

Karthäuſer-Klöße (German Toast). 2 Portionen.

Von altbackenen Milchbrötchen reibt man die äußere Rinde ab, ſchneidet erſtere in der Mitte durch und legt ſie in eine flache Schüſ-ſel. Dann rührt man unter 3 Taſſen Milch 2 Eier, 1 Löffel Zucker, 1 Priſe Salz, etwas geriebene Citronenſchale und Muskatnuß und gießt dies über die Brötchen, die 2 Stunden damit durchweicht wer-den. Man probirt mit einer Gabel, ob dies in genügendem Maße geſchehen iſt, dreht ſie dann in der vorher abgeriebenen und fein durchgeſiebten Rinde um und bäckt ſie, in heißem Fett ſchwim-mend, raſch dunkelgelb. Man ſervirt ſie mit Frucht- oder Weinſauce.

Waffeln.

Dies Gebäck wird in eigens dazu beſtimmten Eiſen, die beweg-lich und zum Umwenden eingerichtet ſind, gebacken. Beim Ankauf eines Waffeleiſens gebe man Acht, ein ſolches zu erhalten, welches nicht zu flache Vertiefungen hat. Man muß das Eiſen, ehe man darin bäckt, gleichmäßig erhitzen, mit Papier auswiſchen und dann jedes-mal, ehe man den ziemlich flüſſigen Teig mit einem Löffel hinein-gießt, mit einem auf eine Gabel geſteckten Stück Speck beſtreichen. Man läßt den Teig gleichförmig verlaufen, ſchließt die Form und läßt die Waffeln über einem Kohlen- oder Holzfeuer goldgelb backen. Die Waffeln werden mit Zucker und Zimmt beſtreut und, noch warm, verſpeiſt.

Gewöhnliche Waffeln (Plain Waffles). Hierzu ver-

wendet man 1 Quart Mehl, 2 Löffel Butter, 3 Eier, 1½ Pint Milch, 1 Theelöffel Salz und ⅓ Stückchen Preßhefe oder ⅓ Taſſe flüſſige Hefe. Man miſcht die Butter in das Mehl, fügt dann das Salz, hierauf die Milch und ſchließlich die Hefe hinzu; mengt es 3 Minu-

ten lang, deckt zu und läßt es 2 Stunden an einem warmen Platze
stehen. Dann schlägt man die Eier (das Gelbe und Weiße derselben
jedes für sich) zu Schaum, mischt zuerst das Eigelb und dann das
Eiweiß zu dem Teig, läßt diesen 15 Minuten stehen und bäckt wie
vorher angegeben.

Reis-Waffeln (Rice Waffles) werden wie gewöhnliche
Waffeln zubereitet, nur mischt man 1 Tasse gekochten Reis unter
das Mehl.

Soda-Waffeln (Soda Waffles). 1 Pint saure Milch
vermischt mit man mit 1 Quart Mehl, 2 Eiern, 1 Löffel geschmol=
zener Butter, 1 Prise Salz und 2 Theelöffeln Backpulver.

Muffins.

Muffins sind kleine runde Kuchen, welche in dazu bestimmten
Formen oder Ringen (Muffin Rings) gebacken werden. Man gibt
sie zu Kaffee oder Thee.

Englische Muffins (English Muffins). Man nimmt
dazu 2 Tassen Mehl, ½ Theelöffel Salz, 1½ Theelöffel Backpulver
und 1 Tasse Milch. Die Teigmasse wird hierzu etwas dicker, als
zu Griddle Cakes gemacht. Auf die heißen und wohl eingefette=
ten Griddle=Pfannen werden mit Fett bestrichene Muffin Rings ge=
legt, dieselben halb voll gegossen, und die Kuchen gewendet, sobald
sie auf der einen Seite braun sind. Sie dürfen blos hellbraun sein.
Man kann Muffins auch in einem heißen Ofen in Formen (Gem
Pans) braun backen. Wenn fertig, löst man die obere von der un=
teren Hälfte, bräunt die inneren Seiten leicht über dem Feuer (Toast-
ing), streicht Butter hinein, schließt sie wieder und servirt sofort.

Milch-Muffins (Cream Muffins). 2 Theelöffel Back=
pulver und ½ Theelöffel Salz werden mit 2 Tassen Mehl gemischt.
Dann schlägt man das Gelbe von 2 Eiern zu Schaum, gibt ½ Tasse
Milch dazu und rührt es in den Teig, hierauf 2 Löffel geschmolzene
Butter und schließlich die 2 zu Schaum geschlagenen Eiweiß. Die
eingefetteten Muffinformen (Muffin Pans) werden zu ⅔ gefüllt und
im recht heißen Ofen 15 Minuten gebacken.

Reis=Muffins (Rice Muffins). 1 Tasse gekochter, kalter Reis, 1 Tasse Milch, 2 Eier, 2 Löffel geschmolzene Butter, 1 Theelöffel Zucker, 2 Theelöffel Backpulver und genügend Mehl, um einen Teig daraus zu machen, sind dazu erforderlich. Alles muß recht gut gemischt, und das Backpulver, mit etwas Mehl gesiebt, zuletzt beigefügt werden. Der Teig wird in Formen gebacken.

Pop Overs. Man nimmt 1 Tasse Milch, 1 Tasse Mehl, 1 Prise Salz und 1 zu Schaum geschlagenes Ei. Das Ei wird mit der Milch und dem Salz gemischt und unter fortwährendem Rühren langsam in das Mehl geschüttet. Die Formen (Gem Pans), welche vorher eingefettet und heiß gemacht worden sind, werden zur Hälfte gefüllt und der Teig im heißen Ofen 20 Minuten gebacken. Dieses Gericht schmeckt gut zum Frühstück.

Sally Lunn Muffins. 2 Tassen Mehl, 2 Theelöffel Backpulver und ½ Theelöffel Salz werden gut vermischt, 2 Eidotter mit ½ Tasse Milch verrührt und mit dem Mehl vermengt. Sodann kommen 2 Löffel geschmolzene Butter und endlich die geschlagenen Eiweiß hinzu. Die eingefetteten Muffinformen werden zu ⅔ mit der gut gemischten Masse gefüllt, welche im heißen Ofen 15 Minuten gebacken wird.

Hefen=Muffins (Yeast Muffins). 1 Theelöffel Salz wird in 3 Tassen Mehl eingemengt. 2 Tassen Milch werden erwärmt und mit einem Theil davon wird ½ Stück Preßhefe verrührt. In den Rest der Milch rührt man 3 Theelöffel Butter. Sobald diese zergangen, wird die Hälfte des Mehles mit der Milch vermischt, die Hefe hinzugegeben und die Masse 5 Minuten lang gerührt. So läßt man sie gehen bis zum Morgen, dann rührt man die andere Hälfte Mehl dazu. Nun formt man so große Ballen, daß sie die Muffinringe halb füllen. So bleiben sie auf mehlbestreutem Brette liegen, bis sie wiederum aufgegangen sind. Dann nimmt man sie sammt den Ringen auf und läßt sie auf die Griddlepfanne gleiten. Man kann sie auch im heißen Ofen backen.

Milch- und Mehlspeisen.

Gute Milch ist schwerer, als Wasser; ein Tropfen gute Milch in einem Glase Wasser sinkt unter, leichte, verdünnte Milch zerfließt sofort. Ein Tropfen, auf den Daumennagel gegossen, soll seine Form behalten, nicht zerfließen. Gute Milch hat keinen Bodensatz, wenn sie gestanden hat. Ist die Luft gewitterschwül, so thut man gut, beim Abkochen der Milch eine Prise Back-Soda zuzusetzen. Das Milchgeräthe muß mit kochendem Wasser gereinigt werden. Töpfe, worin Milch gekocht wird, sollten zu keinem andern Zweck, höchstens noch zum Kochen von Pellkartoffeln benutzt werden, da Kartoffelschalen reinigend wirken. Sobald sie in's Haus kommt, sollte die Milch gekocht werden, da dadurch alle Krankheitskeime zerstört werden. Man lasse die Milch in einem irdenen oder Porzellan-Topfe abkühlen und stelle sie dann gut zugedeckt in kaltes Wasser oder in einen Refrigerator. Saure Milch sollte nicht fortgeschüttet werden, da sie auf mancherlei Weise verwendet werden kann. Zu Pfannkuchen, Maisbrot und Schmalzkuchen kann man anstatt süßer Milch sowohl Buttermilch wie auch Sauermilch verwenden.

Allen Schwächlichen ist zu rathen, täglich Hafergrütze und Haferschleim zu genießen. Magere und schwächliche Personen kann man mit dieser Kost (in Milch gekocht) sehr kräftigen. Bleichsüchtige junge Mädchen und Wöchnerinnen sollten neben Beefsteaks und Eiern sich mit Haferbrei nnd Hafermilchsuppen nähren; Kindern sind Haferspeisen vortheilhafter, als die von anderen Getreidearten. Eine gesunde und nahrhafte Speise liefern die unter dem Namen Cracked Wheat käuflichen Weizenkörner. Reis ist eins der leichtverdaulichen Nahrungsmittel, enthält jedoch weniger Nahrstoff, als Weizen.

Bei der Zubereitung der Mehlspeisen muß darauf geachtet werden, daß dieselben nach dem Backen locker sind, damit der Magensaft gehörig eindringen kann. Eine Speise, welche nicht porös genug, sondern, wie man im Volksmund sagt, klitschig oder speckig ist, macht dem Magen Beschwerden und ist zum Theil unverdaulich.

Gerührt muß die Masse stets nach einer Seite werden, weil dabei immer Luft mit eingerührt und der Teig dadurch feiner wird; das Gelingen einer Speise hängt oft vom guten Rühren ab.

Das Verrühren von Zucker mit Eidotter sollte nie weniger, als ¼, sondern lieber ½—1 Stunde dauern. Das zu Schnee geschlagene Eiweiß darf nicht stehen gelassen, sondern muß sogleich verwendet werden, wenn die Speise gelingen soll; es wird dann nur leicht unter den Teig gehoben und nicht mehr umgerührt. Alles zu Mehlspeisen verwendete Mehl sollte gut durchgesiebt werden.

Hafergrützebrei (Oatmeal Porridge). 2 Portionen. Dieses beliebte Frühstücksgericht ist besonders allen Personen, welche im Wachsen begriffen sind, sehr zu empfehlen. Man muß die Grütze vor aller Feuchtigkeit bewahren; auch sollte das Gefäß, in welchem man den Brei kocht, nur zu diesem Gerichte benutzt werden, da die Grütze sehr geneigt ist, fremde Gerüche und „Geschmäcker" anzunehmen. Auf 3 Tassen kochendes Wasser rechnet man 4 gehäufte Löffel Hafergrütze. Man streut sie langsam unter fortwährendem Umrühren in das kochende Wasser, läßt sie, mit 1 Theelöffel Salz vermischt, noch 1 Stunde auf dem Ofen simmern und bringt sie heiß zu Tisch. Nach Belieben gibt man frische, süße Milch und Zucker dazu. Will man die Hafergrütze zum Frühstück serviren, so nimmt man am Abend 1 Quart Wasser, 4 gehäufte Löffel Hafergrütze und 1 Theelöffel Salz, rührt Alles gut um, und läßt es über Nacht auf dem hinteren Theile des Ofens in einem Topfe aufquellen und am Morgen noch 1 Stunde kochen.

Weizenschrotbrei (Cracked Wheat Porridge) wird auf dieselbe Art zubereitet, nur nimmt man auf 1 Quart Wasser 6 Löffel Weizenschrot.

Griesmehlbrei (Farina Porridge). In 1 Quart Wasser oder Milch gibt man 1 Theelöffel Salz, läßt 3—4 Unzen Griesmehl langsam hineinlaufen und kocht unter fortwährendem Rühren 20 Minuten. Man streut beim Anrichten etwas Zucker und Zimmt darüber oder reicht (wenn nur in Wasser gekocht) Milch dazu.

Milchbrei (Flour Porridge). ½ Taffe gefiebtes Weizen= mehl wird mit kalter Milch zu einem dünnflüffigen Teige gerührt; hierauf kocht man 1 Pint mit Zucker verfüßte gute Milch einmal auf, läßt den Teig unter Rühren hineinlaufen und hinten auf dem Ofen unter öfterem Umrühren 20 Minuten langfam kochen. Beim Anrichten bestreut man ihn mit Zucker. Er wird meistens nur für kleine Kinder bereitet.

Reisbrei (Rice Porridge). 2 Portionen. ½ Pfund Reis wird gewaschen und mit 1 Quart frischer Milch aufs Feuer gesetzt, 1 Stückchen ganzer Zimmt dazu gegeben, und unter stetem Rühren zum Kochen gebracht. Sodann fügt man 1 Theelöffel Salz und 2 Löffel Zucker bei, deckt gut zu und stellt den Topf in den heißen Bratofen (sofern man einen solchen hat) und läßt den Brei 2 Stunden darin garkochen. Der Reis, auf diese Art gekocht, bleibt stets ganz und man braucht nicht besorgt zu sein, daß der= selbe anbrennt. Steht kein Bratofen zur Verfügung, so muß der Reis bei nicht zu starkem Feuer auf dem Herde gargekocht werden. Man gibt ihn, mit Zucker und Zimmt bestreut, zu Tische und fer= virt gekochte Pflaumen oder Himbeerfauce dazu.

Reis mit Aepfeln (Canton Rice). 2 Portionen. ¼ Pfund Reis wird gewaschen und mit 3 Tassen Wasser, 1 Thee= löffel Butter, etwas Zucker, Zimmt und Salz unter stetem Rühren zum Kochen gebracht. Alsdann läßt man denselben im Bratofen 2 Stunden oder auf dem Herde bei gelindem Feuer ¾ Stunden langfam garkochen. ½ Stunde vor dem Anrichten gibt man 1 Teller fein= geschnittene, geschälte, etwas säuerliche Aepfel in den Reis und rührt vorsichtig durch, damit der Reis ganz bleibt. Der Reis muß süß= säuerlich schmecken und wird mit Zucker und Zimmt bestreut. Man kann dieses Gericht auch mit Tomaten zubereiten. Man läßt die= selben halbweich kochen und gibt dann erst den abgebrühten Reis hinzu. Dieses Gericht ist ein billiges und gutes Abendessen.

Reis mit Rosinen (Rice with Raisins). 2 Portio= nen. Der Reis wird gekocht, wie vorher angegeben. ½ Stunde vor dem Anrichten mischt man 1 Löffel sauber gewaschene, große Rosi= nen dazwischen.

Gebratener Maismeßlbrei (Fried Corn Meal Mush). 2 Portionen.

2 Tassen Maismehl (corn meal), 1 Thee=
löffel Salz und 1 Löffel Mehl werden mit 2 Tassen kalter Milch
vermischt, langsam in 1 Quart kochendes Wasser gerührt und unter
öfterem Umrühren ½ Stunde gekocht. Dann schüttet man Alles in
eine mit Wasser ausgeschwenkte Bratpfanne und läßt es erkalten.
Hierauf schneidet man es in ½ Zoll dicke Streifen, theilt diese in
der Mitte und tunkt sie in Mehl. ¼ Pfund Speck (bacon) wird
in schmale, längliche Stücke geschnitten und in einer Pfanne gebra=
ten. In dem so gewonnenen Speckfett bratet man die Streifen
und servirt sie mit dem Speck.

Maccaroni gekocht (Boiled Macaroni). 2 Portionen.

Diese röhrenförmige, dicke Nudelart stammt aus Italien und ist
ein sehr nahrhaftes und gesundes Nahrungsmittel. Die feinsten
Maccaroni sind weißgelb und platzen beim Kochen nicht auf. Auch
in den Vereinigten Staaten sind Fabriken, welche gute Maccaroni
herstellen. Man bricht ½ Pfund Maccaroni in Stücke, wirft sie in
kochendes Salzwasser, läßt sie langsam 20 Minuten kochen und dann
auf einem Sieb abtropfen; nun zerläßt man in einer Pfanne 1
Löffel Butter, schüttet die Maccaroni hinein, salzt und pfeffert sie
ein wenig, streut 1 Löffel geriebenen Parmesan= oder Storekäse
darüber, schwenkt das Ganze einigemal über dem Feuer und servirt.
Man gibt Maccaroni zu Rinder= oder Kalbsbraten, besonders aber
zu Pökelbraten, Zunge oder Schinken.

Maccaroni mit Roastbeef (Macaroni with Hash).

Reste vom Roastbeef werden gewiegt, in Butter mit etwas gehackter
Zwiebel und Petersilie verrührt und ein wenig geröstet, dann mit
in Salzwasser gekochten Maccaroni gemischt, mit etwas geriebenem
Käse überstreut und servirt.

Maccaroni mit Kastanien (Macaroni with Chest-nuts). 2 Portionen.

Man röstet 12—15 schöne Kastanien, schält
sie und zerstampft sie zu Brei, gibt einen knappen Theelöffel Salz
dazu und mischt den Brei mit einem halben Pfund in Salzwasser
abgekochten und gut abgetropften Maccaroni, fügt noch 2 Eßlöffel
Butter und eine geschälte, aber nicht zerschnittene Zwiebel hinzu,

schwenkt und verrührt Alles über dem Feuer, feuchtet es mit 2 Eß=
löffel Milch an, beseitigt die Zwiebel, häuft die Maccaroni auf
eine Schüssel, überstreut sie mit geriebenem Weißbrot und Käse,
begießt sie mit etwas Butter und bräunt sie im Ofen. Anstatt
der Maccaroni kann man auch Nudeln benutzen.

Nudeln (Noodles). 2 Portionen. 2 frische Eier verrührt
man recht gut und gibt 1 Prise Salz dazu. Auf dem Nudelbret
mischt man sodann zu den Eiern 2 Löffel Mehl und fügt soviel von
dem letzterem nach und nach bei, bis die Masse einen festen Teig
bildet, der sich mit einem Rollholz so fein wie ein Kartenblatt aus=
rollen läßt. Das Ausrollen geschieht, indem man zuerst das Bret
mit etwas Mehl bestreut, auch das Rollholz mit etwas Mehl ab=
reibt und dann den in 2 oder 3 Stücke getheilten Teig recht fein
rollt. Nach halbstündigem Trocknen schneidet man zweifingerbreite
Streifen, legt sie übereinander, schneidet Nudeln davon (für Mehl=
speisen ½ Zoll breit, für Suppeneinlage sehr fein) und streut die
Nudeln auseinander. Für den aufzubewahrenden Vorrath müssen
sie ganz trocken sein und in Glas oder Porzellan gethan werden. Je
mehr der Nudelteig durchgearbeitet ist, desto besser werden die Nudeln.

Schinkennudeln (Noodles with Ham). 2 Portionen.
Man macht, wie vorher angegeben, einen Nudelteig, schneidet Nu=
deln, läßt sie in Salzwasser 15 Minuten kochen und dann auf dem
Durchschlag abtropfen. Hierauf hackt man ¾ Pfund Schinken
recht fein, vermengt ihn mit 2 geschlagenen Eiern, etwas Pfeffer,
2 Löffel Milch und etwas Muskatblüthe. Nun nimmt man eine
Form oder sonstige Schüssel, bestreicht sie mit Butter und etwas
zerstoßenem Zwieback oder Weißbrot und gibt stets abwechselnd je
eine Lage Nudeln und Schinken hinein. Die oberste Lage muß aus
Nudeln bestehen. Diese bestreut man mit gestoßenem Zwieback und
1 Löffel geschmolzener Butter, und läßt das Gericht, welches ein
gutes Abendessen ist, im heißen Ofen ½ Stunde backen.

Russische Käsenudeln oder Pirogen (Noodles
with Cheese, Russian Style). 2 Portionen. Man bereitet von
4 Eiern einen Nudelteig, rollt denselben recht fein aus, drückt
mit einem Glase oder einer Obertasse, 3—4 Zoll im Durchmesser,

runde Platten aus und füllt dieselben auf folgende Weise: Man nimmt 1 Teller frischen Quark (Schmierkäse, welcher auf einen Durchschlag etwas abgesickert hat), vermengt diesen mit 3 Eigelb, Zucker, Zimmt und Corinthen nach Geschmack und rührt die Masse gut durcheinander. Hierauf wird auf je ein Stück Teig 1 gehäufter Eßlöffel von dieser Käsemasse gethan, eine andere Teig= platte darüber gelegt und durch Umlegen und Festdrücken des Teig= randes die Pirogen fest verschlossen, damit die Füllung nicht heraus= quellen kann. Hat man die Pirogen alle fertig, so legt man dieselben in einen flachen Topf mit kochendem, etwas gesalzenem Wasser. Es dürfen aber nur soviel auf einmal hineingethan wer= den, daß sie nicht aufeinander zu liegen kommen. Sodann rührt man zuweilen im Topfe, damit die Pirogen sich nicht ansetzen kön= nen, was sehr leicht geschieht. Wenn dieselben oben schwimmen, nimmt man sie mit einem Schaumlöffel heraus und legt sie auf einen Durchschlag. Hierauf macht man reichlich Butter gelbbraun, legt die Pirogen in eine gewärmte, passende Schüssel, bestreut sie mit Zucker und gießt die Butter darüber. Dieses Gericht, wenn recht warm servirt, schmeckt sehr gut.

Dampfnudeln (Bavarian Puffs). 2 Portionen.

Man thut 1 Pfund Mehl in eine Schüssel, macht in der Mitte des Mehls eine Vertiefung, rührt 2 Eßlöffel Bierhefe oder ein Stück= chen aufgelöste Preßhefe mit 1 Tasse lauwarmer Milch an und macht damit einen Vorteig in der Mitte des Mehls. Wenn dieser aufgegangen ist, mischt man ¼ Pfund zerlassene Butter, 3 Eier, Salz, Citronenschale, Zucker und etwas lauwarme Milch in den Teig und knetet ihn so lange in der Schüssel, bis er sich losschält, läßt ihn dann wieder gehen, macht auf einem Bret runde Laibchen — etwas größer, als ein Hühnerei — und setzt sie in ein mit Butter bestrichenes Blech. Wenn sie noch einmal aufgegangen sind, werden sie mit zergangener Butter oder verrührtem Ei bestrichen und ½ Stunde im Ofen gebacken. Man gibt gekochte Zwetschgen, Vanilla= sauce oder Compot dazu.

Salzdampfnudeln (Salted Bavarian Puffs).

Die wie vorher angegeben zubereiteten Dampfnudeln läßt man auf einem mehlbestreuten Bret aufgehen, gießt in einen Topf oder in ein Blech 1

Tasse Wasser und thut 2 Löffel Butter und ziemlich viel Salz dazu; wenn das Wasser siedet, setzt man die Dampfnudeln hinein; das Wasser darf dabei nicht höher als bis an die Hälfte der Dampfnudeln gehen. Nun wird ein passender Deckel darauf gesetzt und die Dampfnudeln auf Kohlengluth ¼ Stunde gekocht, bis man sie braten hört. Dann müssen sie sofort aus dem Topf gehoben und mit einer Frucht- oder Vanillensauce servirt werden.

Wiener Aepfelstrudel (Vienna Strudel). 2 Portionen.

1½ Tasse Mehl wird mit 1 Ei, 1 Löffel Butter, etwas Salz und 1½ Tasse lauwarmem Wasser auf dem Nudelbrett zu einem Teig verarbeitet, den man gut durchknetet, bis er Blasen bekommt. Dann deckt man ihn mit einem gut erwärmten Topfe zu, wechselt diesen so oft er kalt geworden, und läßt den Teig so ½ Stunde ruhen. Dann breitet man ein Tischtuch über den Tisch, streut Mehl darüber, und legt den Teig, den man mit dem Rollholz etwas ausgetrieben und dann mit beiden Händen ausgezogen, bis er ganz dünn geworden, darauf. Besser ist es, wenn sich zwei Personen daran betheiligen; sie nehmen dann von den beiden entgegengesetzten Seiten den aufgerollten Teig in die Höhe, ziehen ihn sorgfältig, bis er recht dünn ist, legen ihn auf das Tuch und ziehen ihn nun gegenseitig mit den Fingern am Rande, bis er dünn wie Papier wird. Der Teig wird mit etwas geschmolzener Butter bestrichen und mit einigen recht feinblätterig geschnittenen Aepfeln, etwas Zucker, Zimmt und kleinen Rosinen bestreut. Nun schlägt man den Teig handbreit um und fährt so fort, indem man das Tuch auf der einen Seite hochhebt, bis der Strudel ganz aufgerollt ist. Man legt denselben in eine mit Butter oder Schmalz ausgestrichene Bratpfanne, bestreicht ihn mit etwas Butter und Eigelb und bäckt ihn in nicht zu stark geheiztem Ofen ¾ Stunde. Wenn er gar ist, legt man ihn auf eine gewärmte Schüssel, streut Zucker darüber und gibt ihn warm auf die Tafel. Ein Glas Wein mundet vortrefflich dazu.

Anstatt der Apfelscheiben kann man auch ausgesteinte Kirschen oder Pflaumen benutzen, welche man mit etwas gestoßenem Zucker versüßt hat. Den Pflaumen mischt man einige feingehackte Mandeln und ½ Tasse geriebene Semmel oder Zwieback bei.

Aufläufe.

Auflauf oder Soufflée ist die leichteste und zarteste Art von Mehlspeisen. Man muß die Zeit ganz genau berechnen, wann der Auflauf servirt werden soll, da er kurz nach dem Fertigwerden zusammenfällt und dadurch an Ansehen und gutem Geschmack verliert. Zum Auflauf braucht man nur eine geringe Hitze und meist ½—¾ Stunde Backzeit; den Ofen streut man, wenn die Hitze zu groß ist, mit Sand aus. Man füllt die Form, da die Masse beim Backen steigt, nur ¾ voll. Noch mehr, als bei anderen Mehlspeisen hängt das Gelingen des Auflaufs von dem richtigen Schlagen des Eiweißschnees ab, er muß so fest wie möglich sein und darf nur kurz vorher, ehe man den Auflauf in den Ofen setzen will, geschlagen werden. Man verhütet das Gerinnen des geschlagenen Eiweißes, wenn man während des Schlagens 1 Löffel powder sugar zusetzt. Hat man keine Formen, so kann man eine feste Schüssel, welche die Hitze verträgt, dazu benutzen. Umgestürzt darf ein Auflauf nicht werden; man servirt ihn in der Schüssel oder Form, worin er gebacken worden ist, indem man diese in eine mit einer Serviette belegte Schüssel stellt.

Apfelreisauflauf (Apple and Rice Soufflée). 1 Tasse Reis wird in Milch weichgekocht, doch müssen die Körner ganz bleiben. Unterdessen schält man 6 schöne Aepfel, schneidet sie in dünne Scheiben und kocht sie mit etwas Zucker weich; dann wird eine Schüssel mit etwas Butter ausgestrichen und abwechselnd eine Lage Reis und eine Lage Apfelschnitte übereinandergelegt und stark überzuckert; von 6 Eiweiß wird ein fester Schnee geschlagen, ¼ Pfund powder sugar dazu gemischt, der Apfelreis damit überdeckt, in einem nicht zu heißen Ofen goldgelb gebacken und sofort servirt.

Brotauflauf (Bread Soufflée). 6 Theelöffel powder sugar werden mit 6 Eigelb gerührt; dazu kommen 6 Löffel fein gestoßenes, etwas geröstetes Weißbrot, etwas geriebene Citronenschale, ein wenig gestoßener Zimmt und zuletzt der steife Schnee der

6 Eiweiß. Eine Form oder Schüssel wird mit Butter ausgestrichen und mit geriebenem Weißbrot bestreut. Sodann wird die Masse eingefüllt und ½ Stunde im Bratofen gebacken. 2 Glas Rothwein wird mit etwas Zucker und einem Stück Zimmt über dem Feuer heiß gemacht und dann über den Auflauf geschüttet, der kalt oder warm gleich gut schmeckt.

Käseauflauf (Cheese Soufflée). Man vermischt 4 Löffel dicken, süßen Rahm, 4 Löffel weißen Käse (pot cheese), 4 Eigelb, 1 Löffel Zucker, etwas Muskatblüthe und den Schnee von 4 Eiweiß. Backzeit ¼ Stunde.

Reisauflauf (Rice Soufflée). ¼ Pfund Reis brüht man, wäscht ihn kalt ab, kocht ihn einige Minuten in Wasser, gießt letzteres ab, kocht ihn mit 3 Tassen Milch, 1 Löffel Butter, etwas Vanille und Salz unter stetem Rühren weich und dick, und läßt ihn abkühlen. Sodann werden 2 Löffel Zucker, 4 Eigelb und 1 Theelöffel Butter schaumig gerührt, etwas geriebene Citronenschale dazugegeben und der Reis löffelweise beigemischt. Dann gibt man das zu Schnee geschlagene Eiweiß der 4 Eier dazu, füllt die Masse in eine mit Butter ausgestrichene und mit geriebenem Weißbrot bestreute Form und bäckt sie im Ofen ½ Stunde. Dieser Auflauf wird mit einer Obstsauce servirt.

Chocoladenauflauf (Chocolate Soufflée). ¼ Pfund geriebene Chocolade wird mit ¼ Pfund Zucker und 1 Tasse kalter Milch recht gut verrührt. Nach und nach gibt man 6 Löffel Mehl und 2 Löffel Butter dazu, mischt ½ Tasse kochende Milch damit und läßt es auf dem Feuer einmal aufwallen. Wenn es etwas abgekühlt ist, vermischt man 4 Eidotter damit, rührt 5 Minuten tüchtig durcheinander und zieht zuletzt den Schnee von 4 Eiern darüber. Das Ganze wird in einer mit Butter ausgestrichenen und mit geriebenem Weißbrot bestreuten Form ½ Stunde lang gebacken.

Citronenauflauf (Lemon Soufflée). 5 Eidotter werden mit ½ Tasse Zucker gerührt, darunter der Saft und die abgeriebene Schale einer Citrone sowie der steife Schnee der 5 Eiweiß gemischt und die Masse in einer mit Butter bestrichenen Form 15—20 Minuten gebacken.

Vanilleauflauf (Vanilla Soufflée). Man kocht 1½ Tasse Milch, 3 Löffel Mehl und 1½ Löffel Butter unter fortwährendem Rühren, bis es vom Topf losläßt; dann gibt man 2 Löffel Zucker, 4 Eigelb, Vanille und zuletzt den festen Schnee der 4 Eier hinzu und bäckt in mittelmäßiger Hitze ½ Stunde. Der Auflauf wird dann noch etwas mit Zucker bestreut.

Schwarze Magister (Black Friar's Soufflée). 4 Unzen Weißbrot werden in Scheiben geschnitten und in Butter gebraten. ½ Pfund Pflaumen (Prunes), die man am Abend vorher gewaschen und abgekocht hat (man kann sie mit Wasser über Nacht in den Bratofen stellen), werden ausgesteint und mit dem Weißbrot lagen= weise in eine Porzellanschüssel gelegt; dann wird 1 Tasse Milch mit etwas Pflaumenbrühe gemischt, 2 Eier dazu gerührt, darüber gegossen und 1 Löffel Butter, in kleine Stückchen getheilt, darüber gelegt. Man bäckt im Backofen ¾ Stunde.

Nudelauflauf (Noodle Soufflée). Von 2 Eiern macht man einen Nudelteig, rollt ihn aus und schneidet denselben in fin= gerbreite Streifen. In kochendem, wenig gesalzenen Wasser läßt man dieselben 5 Minuten aufkochen, nimmt sie mit dem Schaum= löffel heraus, legt sie in einen Durchschlag, schüttet kaltes Wasser darüber und läßt sie abtropfen. Während dies geschieht, rührt man 3 Löffel Butter weich, gibt 4 Eigelb, die abgeriebene Schale einer halben Citrone, ½ Tasse Zucker und die gut abgetropften Nudeln dazu, vermischt Alles gut durcheinander und zieht zuletzt den steifen Schaum der 5 Eiweiß durch die Masse. Man füllt dieselbe in eine mit Butter ausgestrichene Form und bäckt den Auflauf bei Mittel= hitze 1 Stunde.

Puddings.

Pudding oder Serviettenkloß gilt im Allgemeinen für eine eng=
lische Erfindung, obgleich schon die alten Römer ein ähnliches
Gericht unter dem Namen botulus kannten. (Der größte Pudding
wurde in Wien bei dem Volksfest am 18. August 1864 verspeist.
Dieses Ungeheuer wog 1260 Pfund, wurde 5 Tage und 5 Nächte
gekocht und war in ¾ Stunden vertilgt.)

Mit den Tugenden der Kaubarkeit und Leichtverdaulichkeit ver=
bindet der Pudding den Vorzug, daß seine Nahrhaftigkeit und sein
Wohlgeschmack auf das Mannigfaltigste verändert werden können.
Obgleich im Allgemeinen als Nachtisch benutzt, kann man aus Suppe,
Salat und einem der folgenden Puddings ein sehr gutes Mittag=
essen herstellen. Gewöhnlich werden Puddings gekocht, doch kann
man einige derselben ebenso gut in einer mit Butter oder Schmalz
bestrichenen Form im Ofen backen.

In Ermangelung einer Puddingform füllt man den Pudding in
eine vorher gebrühte und in der Mitte tellergroß mit Butter ausge=
strichene Serviette, welche, nachdem man sie mit der Puddingmasse ge=
füllt hat, derart zugebunden wird, daß noch etwas freier Raum zum
Aufgehen bleibt. Beim Kochen im Backofen legt man einen alten
Teller in den Topf, bringt das Wasser zum Sieden, hängt dann die
mit dem Pudding gefüllte Serviette an einen quer über den Topf
gelegten Stock, damit das Wasser nicht oben hineinfließen kann, und
läßt die Masse unter beständigem Kochen, wobei das verdampfte
Wasser ersetzt werden muß, gar werden.

Will man den Pudding auf dem Herde kochen, so gibt man
das Wasser in einen großen Topf mit gut schließendem Deckel, bringt
es zum Kochen, stellt die gefüllte Form hinein, bedeckt den Topf mit
dem Deckel und kocht den Pudding ebenso lange wie im Ofen; der
Deckel darf jedoch so wenig wie möglich gelüftet werden. Im All=
gemeinen ist das Kochen des Puddings in der Form dem Kochen

in der Serviette vorzuziehen. Fühlt sich der Pudding fest an, so ist er fertig, doch sollte er nicht eher angerichtet werden, als bis er verspeist wird. Wenn man Gäste hat, ist es besser, den Pudding-Beiguß, mit Ausnahme der Weinsauce, nicht über die verschiedenen Portionen zu geben, sondern besonders zu serviren, da Manchem der Pudding durch unbeliebten Beiguß verdorben werden kann. Bei der Herstellung eines Puddings rechnet man 1½ Ei auf die Person, vorausgesetzt, daß noch andere Gerichte auf den Tisch kommen. Beschränkt sich die Mahlzeit auf Suppe, Braten und Pudding, so rechnet man für letzteren 2 Eier auf die Person. Ehe der Pudding aus der Form genommen wird, muß man denselben mit einem Tischmesser von allen Seiten lösen, und dann erst auf einen passenden, vorher erwärmten Teller stürzen. Wird der Pudding in der Form servirt, so umgibt man dieselbe mit einer Serviette.

Brotpudding (Bread Pudding). 2 Tassen Milch, 1 Tasse Brotkrumen, 1 Löffel Zucker, 2 Eigelb, ⅛ Theelöffel Vanille und ½ Theelöffel Salz. Die Brotkrumen werden in der Milch eingeweicht, dann glatt gerührt, die anderen Bestandtheile beigefügt und in eine mit Butter ausgestrichene Puddingform gegeben, welche man in eine Schüssel mit heißem Wasser stellt und im Ofen 15— 20 Minuten kochen läßt. Nun gibt man eine Lage Fruchtgelée darüber, in die Mitte das zu Schnee geschlagene Weiße von einem Ei, bestreut mit etwas Zucker, stellt es einige Secunden in den Ofen um das Eiweiß zu bräunen und servire warm oder kalt ohne Sauce oder Beiguß. Anstatt der Vanille kann man auch Citronensaft benutzen.

Butterbrotpudding (Bread and Butter Pudding). Man schneidet altes Weißbrot in dünne Scheiben, entfernt die Rinde, bestreicht die Scheiben mit Butter, tunkt sie in eine geschlagene Mischung von Eiern und Milch und legt sie dann schichtweise in eine Puddingform; streut auf jede Schicht etwas Zucker, Zimmt und einen Löffel gewaschene Korinthen, gibt schließlich noch eine Tasse voll von der Milch und Eiermischung darüber und kocht ¾ Stunden. Man servirt eine Frucht- oder einfache Puddingsauce dazu.

Hafergrützepudding (Oat meal Pudding).

4 Löffel Hafergrütze läßt man in 2 Tassen Wasser einige Stunden erweichen, fügt 2 große, saure, geschälte Aepfel, in Scheiben geschnitten, dazu, sowie 1 Tasse Zucker, 1 Löffel Mehl und ½ Theelöffel Salz. Alles wird gut vermengt und in einer mit Butter ausgestrichenen Form ½ Stunde gebacken. Kann warm oder kalt gegessen werden.

Kartoffelpudding (Potato Pudding).

½ Pfund gekochte, kalte Kartoffeln werden auf dem Reibeisen fein gerieben, mit 5 gestoßenen Zwiebäcken oder 5 Löffeln geriebenem Weißbrot, 6 Stück geriebenen bitteren und 6 Stück süßen Mandeln mit einem Löffel leicht vermengt. 2 Löffel Butter rührt man schaumig, gibt nach und nach 4 Eigelb, 3 Löffel Zucker und etwas geriebene Citronenschale dazu und mischt es zu den Kartoffeln. Sobald das geschehen, fügt man das zu Schnee geschlagene Weiße von 4 Eiern dazu, rührt es durch und kocht den Pudding in einer mit Butter ausgestrichenen Form 2 Stunden. Man gibt eine Fruchtsauce dazu.

Deutscher Pudding (German Pudding).

3 hartgekochte Eigelb, 3 frische Eier, 2 Unzen geriebene Mandeln, die abgeriebene Schale von ½ Citrone, 2 Unzen geriebene Semmel oder Zwieback, 4 Löffel Zucker und das von 5 großen Aepfeln fein durchgerührte Apfelmus. Die hartgekochten Eigelb werden auf dem Reibeisen gerieben, 3 frische Eigelb dazu gegeben, Zucker, abgeriebene Citronenschale und Mandeln 10 Minuten zusammengerührt, das sehr steife Apfelmus und die geriebene Semmel dazu gegeben, zuletzt der steife Eierschnee von 3 Eiern leicht damit vermischt und in einer mit Butter ausgestrichenen Form 1 Stunde gekocht. Man servirt Wein- oder Fruchtsauce dazu.

Reispudding (Rice Pudding).

½ Pfund abgebrühten Reis läßt man in 1 Quart kochender Milch ausquellen aber nicht ganz gar kochen, fügt einen Löffel Butter, etwas Vanille, 1 Prise Salz und 2 Löffel Zucker hinzu und läßt den Reis in einer Schüssel abkühlen. Dann rührt man nach und nach 4 Eidotter, etwas fein gehackte Citronenschale und zuletzt das zu Schnee geschlagene Eiweiß der 4 Eier dazu. In der mit Butter ausgestrichenen Form kocht man den Pudding 1 Stunde. Man gibt Himbeer- oder eine andere Fruchtsauce dazu.

Griespudding (Farina Pudding). Derselbe wird wie Reispudding zubereitet und mit Wein= oder Fruchtsauce servirt.

Maispudding (Corn Pudding). Von 6 großen Mais=kolben werden die Körner abgeschnitten und fein gehackt, 3 Eidotter werden gut verrührt, mit dem Mais vermischt und 1 Löffel geschmol=zene Butter hinzugefügt. Dann gießt man unter beständigem Rüh=ren 2 Tassen Milch dazu, fügt 1 Löffel Zucker und 1 Theelöffel Salz bei, mischt Alles gut, gibt hierauf die 3 zu Schnee geschlagenen Eiweiß dazwischen und läßt die Speise in der mit Butter ausge=strichenen Form, zugedeckt, bei langsamem Feuer 1 Stunde backen. Nun deckt man den Pudding auf und läßt ihn braun werden. Dies Gericht schmeckt zum Thee gut und kann man übrig Gebliebenes sehr gut zum Frühstück aufwärmen, indem man es, unter Zusatz von etwas Milch, in einem Topfe wieder aufkochen läßt.

Heidelbeerpudding (Huckleberry [Whortleberry] Pudding). 3 Milchbrödchen werden in Flocken gezupft und 3 Tassen Milch übergegossen. Man bringt Beides zum Kochen und läßt dann abkühlen. Nachher mischt man hinzu 3 geschlagene Eier, 1 Tasse Zucker, 1 Prise Salz, etwas Zimmt, sehr wenig Nelken und schließ=lich 2 Tassen Heidelbeeren. Diese Masse wird vermischt und in gut gebutterter Puddingpfanne 45 Minuten gebacken. Man kann auch eine andere Beerensorte oder Weinbeeren in den Teig rühren. Milchbeguß oder Rahm und Zucker wird dazu servirt.

Kirschpudding (Batter Pudding with Cherries). Man rührt 1 Tasse süße Milch, 1 Löffel geschmolzene Butter, 2 Eier und 2 Tassen Mehl, welche mit 2 Theelöffel Backpulver gesiebt wurden, zu einem nicht zu steifen Teig; dazu mischt man 2 Tassen entkernte Kirschen. Man bäckt diesen einfachen, wohlschmeckenden Pudding in einer etwas mit Butter ausgestrichenen Form 40 Minuten und ser=virt ihn mit einem süßen Milchbeguß oder nur mit Rahm und Zucker. Man kann auch eine andere Obst= oder Beerensorte in die=sen Teig rühren.

Apfelpudding (Apple Pudding). Zu 1 Tasse Mehl siebt man 1 Theelöffel Backpulver, mischt dann 1 Löffel Butter dazu, hierauf ½ Tasse süße Milch, wozu 1 zu Schaum geschla=

genes Ei gerührt wurde, sowie 1 Prise Salz, mischt Alles gut zusammen und füllt damit eine mit Butter ausgestrichene Pfanne 1 Zoll hoch. 4 schön geschälte, in Viertel geschnittene säuerliche Aepfel legt man auf den Teig, streut Zucker darüber und bäckt im heißen Ofen 30 Minuten. Man gibt Milch und Zucker dazu.

Zu **Pfirsichpudding** (Peach Pudding) benutzt man anstatt der Aepfel 6 große Pfirsiche.

Tapiokapudding (Tapioca Pudding). 1 Eßlöffel gut gewaschene Tapioka wird in 1 Tasse Milch 2 Stunden lang eingeweicht. Dann rührt man 1 Eigelb, ein wenig Salz, etwas Citronensaft und geriebene Citronenschale sowie 1 Löffel Zucker darunter und bäckt die Masse 15 Minuten. Hierauf gibt man das zu Schaum geschlagene, mit Zucker vermischte Eiweiß darüber und läßt es im Ofen etwas braun werden.

Sagopudding wird auf dieselbe Art zubereitet.

Cottage Pudding. 1 Löffel Butter, 1 Tasse Zucker und 2 Eigelb werden zu Schaum gerührt, dann ½ Tasse Milch und hierauf 1½ Tasse Mehl, mit 1 Theelöffel Backpulver vermischt, hinzugefügt und gut verarbeitet. Die zu Schaum geschlagenen 2 Eiweiß mischt man darunter und bäckt in einer gebutterten Form ¾ Stunde. Man gibt Citronensauce dazu.

Kabinetspudding (Cabinet Pudding). 3 Eier werden zu Schaum gerührt, 3 Tassen Milch und 3 Löffel Zucker dazu gemischt. Den Boden einer gebutterten Form belegt man mit 1 Löffel Rosinen und gibt dann eine Lage von in Stücke gebrochenem, altbackenen Weißbrot oder Kuchen hinein; dann wieder Rosinen und wieder Brot, bis 5 Tassen Weißbrotstückchen verbraucht sind. Nun mischt man 1 Theelöffel Vanille und ¼ Theelöffel Salz zu der Milch, schüttet sie in die Form, deckt letztere zu und läßt sie ¼ Stunde stehen. Hierauf stellt man die Form in einen Topf mit kochendem Wasser und kocht die Masse 1 Stunde. Man gibt Citronen- oder Weinsauce dazu.

Chocoladepudding (Chocolate Pudding). 2 Löffel Butter werden schaumig gerührt und mit 3 Eigelb, 2 Löffel Zucker,

2 Unzen geriebener Chocolade, 2 Unzen geriebenem Pumpernickel, 4 Löffel Milch und ein wenig feingestoßenem Zimmt und Gewürznelken gemischt. Nun wird das zu Schnee geschlagene Eiweiß der 3 Eier leicht darunter gerührt. Mit diesem Teig wird eine mit Butter ausgestrichene und mit geriebenem Semmel bestreute Puddingform zu ¾ angefüllt und 50 Minuten im Dampfbade gekocht. Mandel- oder Chocoladensauce wird dazu gegeben. An Stelle des Pumpernickel kann man 4 Löffel Mehl, welche in 4 Löffel Milch glatt gerührt wurden, benutzen.

Englischer Pudding (Plum Pudding). ¼ Pfund feingehacktes Nierenfett wird mit 1 Tasse Mehl vermengt, sodann mit 4 gerührten Eigelb und dem zu Schaum geschlagenen Weißen derselben und mit 1 Tasse Milch oder Rahm gehörig durchgerührt. Nun fügt man ¼ Pfund gewaschene Corinthen und ¼ Pfund ausgesteinte Rosinen hinzu, ferner ¼ einer feingeschnittenen Orangenschale, 2 Löffel Zucker, 2 Löffel feingehackte Mandeln, sowie 1 Theelöffel Salz und mischt Alles gut durcheinander. Dann läßt man den in eine gebutterte Form gegossenen Teig 4 Stunden in einem Topf mit kochendem Wasser gar werden, worauf der Pudding mit Rum übergossen und brennend zu Tische gebracht wird. Man gibt eine Citronen-Schaumsauce dazu.

Fleischpudding. ½ Pfund feingehacktes Rind- und ½ Pfund gehacktes Schweinefleisch wird mit 1 Tasse geriebenem, altbackenem Weißbrot vermengt. Hierauf gibt man 4 Eigelb, Pfeffer, Salz, 1 geriebene Zwiebel, etwas Muskatblüte, 3 Löffel geschmolzene Butter und das zu Schaum geschlagene Eiweiß hinzu, rührt Alles gut durcheinander, füllt den Teig in eine Form und läßt ihn in einem Topf mit kochendem Wasser 2½ Stunden kochen. Man servirt mit Sardellensauce. Das Gericht gibt ein gutes Abendessen.

Mehlpudding (Batter Pudding). 3 Eier werden zu Schaum gerührt, sodann 1 Pint lauwarme Milch, 1 Löffel Zucker, ½ Theelöffel Salz und etwas geriebene Citronenschale hinzugegeben und nach und nach 1 Tasse Mehl mit 1 Theelöffel Backpulver vermischt, dazugerührt. In einer gebutterten Form kocht man den Pudding 1 Stunde und gibt Wein- oder Fruchtsauce dazu. Man kann diesen Pudding je nach Geschmack verändern, indem man entweder 1 Theelöffel Vanille oder 2 Löffel sauber gewaschene, kleine Rosinen oder auch 2 Löffel feingehackte, süße Mandeln dem Teig befügt.

Rollpudding (Roly Poly Pudding). 1½ Tasse Mehl, 1 Theelöffel Backpulver, 2 Löffel feingeschabtes Nierenfett, ¼ Theelöffel Salz und 1 Theelöffel Zucker werden mit etwas kaltem Wasser zu einem Teig verarbeitet. Auf einem mit Mehl bestreuten Nudelbrett rollt man denselben ¼ Zoll dick aus und belegt ihn mit Johannisbeeren, ausgesteinten Kirschen, Pflaumen oder Pfirsichen, welche man mit etwas Zucker bestreut. Oder man bestreicht den Teig mit jedem beliebigen Eingemachten oder Compot, schlägt die Teigränder etwas über die Frucht, damit der Saft der letzteren nicht entweicht, rollt dann das Ganze der Länge nach auf, schlägt ein in heißem Wasser gebrühtes Puddingtuch oder eine Serviette darum, näht es mit einigen Stichen zusammen und kocht es in kochendem Wasser 1½ Stunde. Man gibt Wein=, Rahm= oder Frucht= sauce dazu und schneidet den Pudding in ½ Zoll dicke Scheiben. Kalt kann er als Kuchen servirt werden, doch sollte man dann anstatt Nierenfett, Butter zum Teig benutzen.

Apfelsinenpudding (Orange Pudding). Man schält und schneidet 4 große Apfelsinen in Scheiben, legt sie in eine Porzellanschüssel und streut 4 Löffel Zucker darüber. Dann kocht man 1 Pint Milch, rührt 1 Löffel in etwas Wasser aufgelöste cornstarch dazu, mischt hierauf 2 gut geschlagene Eigelb mit ½ Tasse Zucker verrührt, darunter, läßt Alles 1 Minute kochen und schüttet es über die Apfelsinen. Das Eiweiß der 2 Eier und 2 Löffel powder sugar schlägt man zu Schaum, bedeckt das Ganze damit und stellt den Pudding zum Bräunen einige Minuten in den Backofen.

Bananenpudding (Banana Pudding) wird auf dieselbe Art zubereitet.

Kalte süße Speisen.

Flammeris und Cremes.

In der Küche werden als Crêmes solche Speisen bezeichnet, welche aus Milch oder Rahmschnee mit Chocolade, Vanille, Erdbeeren, Eigelb u. s. w. gemischt, bestehen und kalt servirt werden. Man befeuchtet die Form, ehe man die kochende Masse hineinfüllt, mit Wasser, damit die Masse sich leichter von der Form löst. Bei Vermischung der Crême mit dem Eierschnee hat man darauf zu achten, daß die Crême nicht kochend, aber auch nicht zu sehr abgekühlt ist. Im ersteren Falle gerinnt der Schnee und wird fest; im anderen Falle wird der Schnee nicht gar und verbindet sich nicht mit der Masse.

Rahmschnee, Schlagsahne zu bereiten.

(Whipped Cream). 1 Pint süßer Rahm wird 1 Stunde kalt gestellt und dann in einem hohen Topfe, der nur zur Hälfte gefüllt sein darf, mit der Schneeruthe (Eggbeater) so lange geschlagen, bis sich der Rahm in steifen Schaum verwandelt hat, so daß, wenn man den Topf umkehrt, der steife Rahm sich darin hält. Länger darf er aber nicht geschlagen werden, sonst wird er butterig. Dann versüßt man den Rahm mit gesiebten Zucker und würzt nach Belieben mit Vanille, Citronen- oder Apfelsinenzucker. Auf 1 Pint Rahm rechnet man 4 Löffel Zucker und 2 Löffel gewürzten Zucker.

Schlagsahne mit Erdbeeren oder Himbeeren.

(Whipped Cream with Strawberries or Raspberries). 1 Pint reife, gewaschene und auf einem Siebe abgetropfte Erdbeeren oder Himbeeren werden mit Zucker bestreut und nach ½ Stunde mit 1 Pint steifgeschlagenem Rahm vermischt. In eine Glasschale gefüllt, garnirt man die Speise mit den schönsten Erdbeeren, welche man vorher zu diesem Zwecke ausgesucht hat.

Chocoladecreme (Cornstarch Chocolate). 1 Pint Milch wird mit 4 Löffel Zucker versüßt, gekocht und dann 1 Unze geschabte Chocolade sowie zwei gehäufte Löffel cornstarch, in etwas kalter Milch aufgelöst, hinzugefügt. Man rührt die Masse in einem Topfe auf dem Feuer, bis es anfängt dick zu werden, füllt damit kleine, mit Wasser ausgeschwenkte Tassen und läßt sie darin erkalten. Kurz vor dem Serviren werden dieselben umgestürzt und versüßte Milch dazu gereicht.

Vanillecreme in Dunst (Baked Custard). 2 Portionen. 3 zu Schaum geschlagene Eier werden mit 3 Eßlöffel Zucker nud 1 Prise Salz gut vermischt und langsam in ein Pint gekochte Milch gerührt. Hierauf fügt man 12 Tropfen Vanille-Essenz hinzu und gießt es in eine Puddingform oder in Tassen. Dann stellt man die Form oder die Tassen in einer Pfanne mit heißem Wasser in einen nicht zu heißen Ofen und läßt sie 30—35 Minuten dünsten. Steckt man ein Messer in die Mitte und es bleibt beim Herausziehen rein, so ist der Crême fertig; ist es jedoch noch milchig, so muß derselbe noch länger backen. Nachdem die Masse sich abgekühlt hat, stellt man die Form oder die Tassen in kaltes Wasser oder auf Eis und servirt kalt. Anstatt der Vanille kann man auch etwas geriebene Muskatnuß, oder den Saft einer Citrone oder Apfelsine benutzen.

Apfelcreme (Apple Meringue). 6 große, schöne Aepfel werden auf einen alten Teller gelegt und im Backofen so lange gebraten, bis sie aufplatzen, worauf man das Mus herausdrückt und die Haut und das Kernhaus zurückläßt. Dieses heiße Mus rührt man durch einen Durchschlag, vermengt es heiß mit 3 Löffel Zucker und etwas geriebener Citronenschale, fügt das zu einem steifen Schnee geschlagene Eiweiß von 2 Eiern mit etwas Vanille bei, deckt die Schüssel zwei Minuten zu, damit der Schnee in dem heißen Mus gar wird, füllt die Masse in eine Glasschüssel und stellt sie bis zum Auftragen kalt. Kleine Biscuits schmecken gut dazu.

Flammeri von Sagomehl (Rote Grütze) [Flummery of Sago]. Flammeri nennt man kalte süße Speisen aus Stärkemehl, Gries, Grütze oder Sago. Der Name ist von dem

englischen Worte Flummery hergeleitet, welches Hafer= oder Mehl=
brei bedeutet. ½ Pfund Himbeeren und ⅓ Pfund Johannisbeeren
kocht man mit 1 Quart Wasser ¼ Stunde und preßt den Saft
durch ein Tuch. Der Saft wird mit 3 Löffel Zucker, etwas
Vanille, 1 Löffel feingehackten Mandeln ins Kochen gebracht und
dann ¼ Pfund in Wasser aufgelöstes Sagomehl unter Rühren dazu
gegeben. Hierauf läßt man Alles so lange kochen, bis die Masse
klar ist, gibt sie in eine mit kaltem Wasser ausgespülte Form und
stellt dieselbe zum Erkalten hin. Man stürzt dann die Speise auf
einen Teller und reicht sie mit Vanillesauce.

Flammeri von frischen Kirschen (Flummery of Cherries).

1 Pfund süße und 1 Pfund saure Kirschen, von den
Stielen befreit, kocht man in 1 Quart Wasser mit 1 Stück Zimmt
weich und streicht sie durch ein Sieb, wodurch man ungefähr 1½
Quart Flüssigkeit erhält. Diese bringt man mit 1 Tasse Zucker
abermals zum Kochen, streut ¼ Pfund grobkörnigen Gries hinein
und läßt diesen unter häufigem Umrühren darin ausquellen. 10
Stück geriebene Mandeln unter die Masse gerührt, bevor man sie in
die mit Wasser ausgespülte Form schüttet, geben der Speise einen
feinen Geschmack. Für 6 Personen.

Griesflammeri (Flummery of Farina).

3 Pint Milch
läßt man mit etwas Citronenschale und einem Stückchen Zimmt
zum Kochen kommen, streut 6 Unzen grobkörnigen Gries hinein
und läßt denselben unter häufigem Umrühren aufquellen, versüßt
den Griesbrei mit ¼ Pfund Zucker, mischt den Schnee von 5 Eiern
darunter und läßt die Masse in einer mit Wasser ausgespülten
Form erkalten. Gestürzt bringt man den Flammeri mit einer
Fruchtsauce zu Tisch.

Backwerk.

Regeln beim Backen.

Zum Gelingen jeder Art von Backwerk ist es Haupterforderniß, daß alle dazu verwendeten Bestandtheile, namentlich Butter, Eier und Milch recht frisch und von tadellosem Geschmack sind. Das Mehl muß gesiebt und alle zum Backen bestimmte Geschirre und Zuthaten, namentlich im Winter, erwärmt werden, sowie man auch den Teig im warmen Zimmer oder in der Nähe des Ofens einrührt und aufgehen läßt, d. h. mit Ausnahme von Butter- und Blätterteigen, welche man kalt stellt. Die Eier schlägt man nie über den Teig auf, sondern zuvor in ein anderes Gefäß, da ein schlechtes Ei, dem Teige beigemischt, das ganze Gebäck verdirbt. Formen und Bleche werden vor dem Backen mit reinem Papier abgerieben, mit Butter ausgestrichen und nun die Formen mit etwas geriebener Semmel, die Backbleche aber mit etwas Mehl bestreut und dann umgestürzt, damit das Überflüssige herausfällt. Den erforderlichen Hitzegrad des Ofens erprobt man, indem man ein Stück Papier hineinlegt; wird dasselbe schnell gelb, so kann man

Brot, Hefe= und Blätterteigbackwerk in den Ofen setzen, am besten für die anderen Backwerke ist der zweite Grad, wenn das hinein= gelegte Papier langsam gelb wird; nimmt das Papier schnell eine dunkelbraune Farbe an, so ist der Ofen für Alles zu heiß. Eine andere Art, die Ofenwärme zu bestimmen, besteht darin, daß man 1 Theelöffel Mehl in den Ofen schüttet. Bräunt sich dasselbe innerhalb 5 Minuten, so ist die Hitze für das Brotbacken erreicht. Hat man eine Form mit zu backendem Teig im Ofen, so muß die Ofenthüre möglichst wenig geöffnet werden, und es darf keinerlei Topf mit Wasser oder sonst etwas dabei im Ofen stehen, weil der Dampf das Bräunen des Gebäckes verhindern würde. Kuchen sollten nicht länger, als nöthig im Ofen gelassen werden, da dieselben sonst an Wohlgeschmack verlieren. Aufbewahren läßt sich Backwerk am besten in mit gut schließenden Deckeln versehenen Suppenschüsseln oder in blechernen Brotkästen, doch müssen dieselben öfters mit heißem Wasser ausgewaschen werden. Will man wissen, ob ein Kuchen gar ist, was nie ganz genau durch die Zeit zu bestimmen ist, so nimmt man ein glatt geschnittenes Stückchen Holz von der Stärke einer Stricknadel und sticht damit in den Kuchen. Bleibt das Hölzchen trocken, so ist der Kuchen durchgebacken, bleibt jedoch etwas Teig an dem Hölzchen kleben, so muß er noch weiterbacken. Am leichtesten verdaulich ist Hefenbackwerk und frischer Obstkuchen, hingegen verursacht fetter Blätterteig sehr leicht Sodbrennen, wäh= rend der Genuß verschimmelten Brotes oder Kuchens zu ernsten Krankheiten führen kann.

Hefenbackwerk.

Alle zum Hefenteig erforderlichen Zuthaten müssen etwas er= wärmt werden. Das gesiebte Mehl stellt man den Tag vor dem Backen an einen warmen Ort, rührt es öfters um und läßt es auf diese Art lauwarm werden. Die Milch muß gleichfalls lauwarm, jedoch nicht heiß sein. Als Hefe wird jetzt fast ausschließlich Preß= hefe verwendet, welche überall zu haben ist.

Zu allem Hefenbackwerk bereitet man ein Hefenstück, indem man etwas gesiebtes Mehl in eine Backschüssel schüttet, eine Ver=

tiefung in das Mehl drückt und dann die in ½ Tasse lauem Wasser aufgelöste Hefe darunter mischt, 10 Minuten mit einem Holzlöffel fest schlägt, und mit einem Tuch zugedeckt an einem warmen Ort 1½ bis 2 Stunden aufgehen läßt. Dann gibt man die übrige Milch, Butter, Zucker, Eier, Salz und das Mehl dazu und knetet den Teig, bis er von den Händen und der Backschüssel sich lösend, Blasen wirft, mischt nun Mandeln, Rosinen, Citronat u. s. w. darunter, bedeckt den Teig mit einem Tuche und läßt ihn in der Nähe des Ofens 1½ bis 2 Stunden aufgehen. Ein langsames Gähren macht den Teig milde, ein zu rasches und starkes Treiben aber trocken und zähe. Geht das Hefenstück in einem Zeitraum von spätestens einer Stunde nicht auf, so muß man, will man nicht den Teig verderben, ein frisches Stück anrühren. Die Schüssel stellt man zum Gehen nie unmittelbar auf den warmen Ofen, son= dern lege einige Holzstückchen darunter. Von mehr oder weniger Eiern oder Butter hängt die verschiedene Feinheit des Teiges ab. Die Quantität der Milch läßt sich nicht ganz genau bestimmen, da sie von der Trockenheit des Mehles abhängt. Heiße Milch zerstört den Hefenpilz. Bei festem Teig (für Kaffeekuchen) macht man ein festes Hefenstück und gibt die Butter in Stücken dazu, bei weichem und lockerem Teig (für Napfkuchen) ein weiches Hefenstück und benutzt zerlassene Butter.

Gute Hefe ist fett, rein und speckig, alte Hefe ist bröcklich. Preßhefe hält sich im Sommer 3 Tage lang, im Winter 6 Tage zum Gebrauch. Für 2 Personen genügt 1 Pfund Mehl, doch ist es für Hefenkränze oder dergleichen besser, eine größere Masse zu bereiten, da man den Kuchen einige Tage aufbewahren kann.

Weizenbrot (White Bread). Um 2 kleine Laibe herzu= stellen, macht man aus 2 Tassen lauwarmen Wasser, 1 Theelöffel Salz, ½ Stück Preßhefe und 6—7 Tassen Mehl einen Teig, wie vorher angegeben, formt 2 Laibe davon, legt dieselben neben ein= ander in die Backpfanne, läßt den Teig in der Nähe des Ofens noch einmal aufgehen, jedoch nicht mehr, als bis zur doppelten Größe des Teiges, bestreicht sie mit lauwarmer Milch oder Wasser und bäckt sie in einem gut geheizten Ofen 1 Stunde. Ein ein= maliges Umsetzen der Backpfanne (etwa um die Hälfte der Backzeit)

ist bei den meisten Oefen wünschenswerth, doch muß dieses mit
Vorsicht und Behendigkeit geschehen. Ist das Brot gar (was daran
zu erkennen ist, daß, wenn man 2 Laibe auseinander bricht und
mit dem Daumen auf den Seitenrand drückt, das Brot an der
Stelle wieder in die Höhe schnellt), so umwickelt man es mit einem
Tuche, und legt es auf ein Backbrett zum Abkühlen. Mischt man 1
Löffel Zucker und 1 Löffel Butter oder Fett in den Teig, so verbessert es den Geschmack. Um Milchbrod (Milk Bread) herzustellen,
benutzt man anstatt des Wassers lauwarme Milch oder halb Milch
und halb Wasser.

Kartoffelbrot (Potato Bread). Zu dem vorher angegebenen Teig mischt man eine mittelgroße gekochte und geriebene
Kartoffel.

Roggenbrot (Rye Bread). Um 2 Laib herzustellen
braucht man 3 Pfund Roggenmehl, 1 Quart Wasser, 2 Theelöffel
Salz und 1 Unze (1 Stückchen) Preßhefe. Aus der in einer Tasse
lauwarmen Wasser aufgelösten Hefe macht man mit der genügenden
Menge Mehl einen festen Teig als Hefenstück, läßt es, mit einem
Tuche gut zugedeckt, in der Nähe des Ofens $\frac{1}{2}$ Stunde gähren,
mischt das in etwas lauem Wasser aufgelöste Salz, das Mehl und
genug lauwarmes Wasser dazu um einen steifen Teig herzustellen.
Der 5—10 Minuten gut geknetete Teig wird in 2 Laibe geformt,
in mit Schmalz oder Butter bestrichenen Backpfannen in der Nähe
des Ofens, mit einem Tuche zugedeckt, innerhalb $\frac{3}{4}$ Stunde bis zur
doppelten Höhe des Teiges zum Aufgehen gebracht und in $1\frac{1}{4}$—$1\frac{1}{2}$
Stunden im mäßig heißen Ofen gebacken. Man kann auch $\frac{1}{4}$ oder
$\frac{1}{3}$ Weizenmehl unter das Roggenmehl oder etwas Kümmelsamen
unter den Teig mischen, welcher 2 Stunden vor dem Backen angerührt wird.

Grahambrot (Graham Bread). Man macht ein Hefenstück oder nimmt von gut aufgegangenem Weizenbrotteige 2 Tassen
voll heraus, fügt 2 Löffel Molasse, 1 Theelöffel Schmalz, 1 Theelöffel
Salz und soviel Grahammehl hinzu, wie sich mit einem Löffel zu
einem nicht zu steifen Teige verarbeiten läßt. Der Teig wird in
Laibe geformt und in eine mit Fett ausgestrichene Pfanne gelegt.
Man läßt ihn innerhalb 2 Stunden sehr gut aufgehen und bäckt

das Brot in mäßig heißem Ofen 1 Stunde. Anstatt der Molasse kann man auch 1 Tasse lauwarme, süße Milch beifügen.

Maisbrot (Corn Bread). Man überbrüht 1 Quart Maismehl mit heißem Wasser, läßt es abkühlen, fügt dann 1 in lauem Wasser aufgelöstes Stückchen Preßhefe (1 Unze), 1 Theelöffel Salz und 1 Tasse Weizenmehl hinzu und mengt dies alles mit warmer Milch oder warmem Wasser zu einem Teige, der sich gut kneten und formen läßt. Wenn derselbe gut aufgegangen ist, bäckt man das Brot in mäßig heißem Ofen 1¼ Stunden.

Biscuit von Brotteig (Bread Rolls). Man benutzt 4 Tassen Brotteig (fertig zum Formen der Laibe), 1 Tasse Zucker, 2 Löffel Butter, 2 Eier und Mehl genug, um den Teig etwas steif zu machen. Die geschlagenen Eier vermischt man mit dem Brotteig, wärmt Milch, Butter und Zucker und mengt es zu dem Teige, den man 10 Minuten knetet. Dann formt man Ballen von der Größe eines Eies, schneidet mit dem Messer die Oberfläche kreuzweise ein, legt dieselben nebeneinander in die Pfanne, läßt sie aufgehen und bäckt dieselben 20—30 Minuten. Nach dem Backen reibt man ein wenig Butter über die Kruste oder pinselt etwas in Milch aufgelösten Zucker darüber und stellt sie noch einen Augenblick zum Trocknen in den Ofen zurück.

Blechkuchen, Butterkuchen (Butter Cake). 2 Pfund Mehl, ½ Pfund Butter, wovon ¾ Theil in den Teig und der Rest zum Belegen des Kuchens verwendet wird, ½ Tasse Zucker, die abgeriebene Schale einer Citrone, 2 Eier, 1 Pint warme Milch und 1 Unze Preßhefe. Die Hefe löst man in 1 Tasse Milch auf und läßt in der übrigen warmen Milch die für den Teig bestimmte Butter schmelzen. Das gewärmte Mehl schüttet man in eine Schüssel, macht in der Mitte eine Vertiefung, gießt die Milch mit der Butter und Hefe, die geriebene Citronenschale, Eier, Zucker und 1 Theelöffel Salz dazu, knetet Alles zu einem Teige und läßt denselben in der Nähe des Ofens 1½ Stunden lang aufgehen. Dann nimmt man ein erwärmtes, mit Fett eingeriebenes Kuchenblech, breitet den Teig mit der in Mehl getauchten Hand halbfingerdick darüber aus, bildet durch Drücken mit den Fingern einen kleinen, erhöhten Rand und belegt den Teig mit kleinen Stückchen Butter und ¼ Pfund gehackten, süßen Mandeln, streut etwas Zimmt, sowie ½ Taſſe Zucker darüber, läßt ihn noch ½ Stunde, mit einer Ser= viette zugedeckt, aufgehen, worauf er, im Ofen ½ Stunde gebacken, eine dunkelgelbe Farbe erhält.

Mandelkuchen (Almond Cake).

Der Teig wird wie Butterkuchenteig behandelt, nur miſcht man 2 Unzen feingehackte Man= deln in denſelben, beſtreut ihn mit ¼ Pfund Butter, ¼ Pfund ge= hackten und 15 in Scheiben geſchnittenen Mandeln, ſowie ¼ Pfund Zucker und bäckt den Kuchen bei mäßiger Hitze gelbbraun.

Zimmtkuchen (Cinnamon Cake).

Den Teig rührt man wie zum Butterkuchen an, nur miſcht man etwas geſtoßene Muskat= blüthe in denſelben, beſtreicht ihn dann vor dem Backen mit 2 Unzen zerlaſſener Butter, in welcher 1 Ei verrührt wurde, vermiſcht 1 ge= riebenes Milchbrot mit 3 Unzen Zucker und 1 Theelöffel geſtoßenem Zimmt, ſtreut dieſe Miſchung auf den Teig und bäckt den Kuchen nicht zu hart.

Streußelkuchen (Coffee Cake).

Man macht einen But= terkuchenteig und beſtreicht ihn, nachdem er auf dem Blech aufgegan= gen iſt, mit Butter, breitet die Streußel und dann noch etwas Butter darüber und bäckt den Kuchen bei mäßiger Hitze ½ Stunde. Zu den Streußeln knetet man ¼ Pfund zerlaſſene Butter, ¼ Pfund Mehl, ¼ Pfund Zucker und nach Belieben auch etwas geſtoßenen Zimmt zu einem feſten Teig und reibt ihn auf dem Reibeiſen oder zerkrü= melt ihn zwiſchen den Händen.

Käſe= oder Quarkkuchen (Cheese Cake).

Aus ¾ Pfund Mehl, ¼ Pfund Butter, 1 Taſſe Milch und 1 Unze in lau= warmer Milch aufgelöſter Preßhefe macht man einen nicht zu feſten Butterteig, den man am Ofen aufgehen läßt. Inzwiſchen rührt man 3 Pfund friſchen Quark (pot cheese) mit 1½ Taſſe dickem Rahm, ¼ Pfund Zucker 10—15 Minuten und gibt zuletzt 3 Unzen gewa= ſchene Korinthen, ſowie 3 Unzen geriebene Semmel und 2 Löffel geſchmolzene Butter dazu. Dann rollt man den Teig in der Pfanne aus, ſtreicht die Käſemaſſe dick darüber, ſtreut einige geſchnittene Mandeln darüber und bäckt den Kuchen ½ Stunde.

Kartoffelkuchen (Potato Cake). 1 Pfund Mehl, ½ Pfund gekochte, kalte, geriebene Kartoffeln, ½ Theelöffel Salz, ¼ Pfund Butter, 2 in einer Tasse Milch verrührte Eier, 3 Löffel Zucker und 1 Unze aufgelöste Preßhefe verarbeitet man zu einem festen Teig. Man kann denselben abends kalt einmachen und ihn am frühen Morgen backen; oder er wird lau eingemacht und man läßt ihn einige Stunden gähren. Wenn der Teig halbfingerdick ausgerollt ist, legt man ihn auf das mit Butter bestrichene Backblech, läßt denselben noch ½ Stunde gehen und bäckt ihn ½ Stunde. Man bestreicht den Kuchen vor dem Erkalten mit Butter und streut Zucker und Zimmt darüber. Frisch verspeist, besonders zum Kaffee, schmeckt derselbe am besten.

Rodonkuchen, Napf-, Topf- oder Aschkuchen, Kugelhopf (Form Cake). 2 Pfund feines Mehl wird gesiebt und warm gestellt und 1 Pint Milch lauwarm gemacht. Aus 1 Unze in Milch aufgelöster Preßhefe und 3 Löffel des gewärmten Mehles macht man ein Hefenstück und bringt es in der Nähe des Ofens, mit einer Serviette zugedeckt, zum Aufgehen; dann rührt man ½ Pfund Butter mit ½ Pfund Zucker, 4 Eiern, ¼ Pfund gehackten süßen Mandeln und 1 Theelöffel Salz zu Schaum, schüttet dann nach und nach das Mehl, die Milch und das Hefenstück dazu, und knetet Alles tüchtig durcheinander, so daß, wenn man den Teig in die Höhe zieht, derselbe zusammenhängend wieder in die Schüssel zurücksinkt. In die mit Butter oder Schmalz ausgestrichene Form legt man in jede Rinne des Bodens derselben eine geschälte Mandel, füllt den Teig in die Form und läßt ihn, mit einer Serviette zugedeckt, noch 1½ Stunde aufgehen. Die Form darf nur zu drei Vierteln gefüllt sein, damit dem Teige Platz zum Aufgehen bleibt. Der Kuchen wird in ¾ Stunde gebacken; erkaltet, stürzt man ihn aus der Form und bestreut ihn mit Zucker. Man kann auch, je nach Geschmack, dem Teige ¼ Pfund große oder kleine Rosinen vor dem Auffüllen in die Form beimengen.

Hefenkranz (Coffee Ring). 1 Pfund feines Mehl wird in eine Schüssel gesiebt, in der Mitte eine Vertiefung gemacht, 1 Unze in lauer Milch aufgelöste Preßhefe hineingeschüttet und zu einem Hefenstück angerührt, welches man, zugedeckt, aufgehen läßt.

Wenn es aufgegangen ist, werden 3 Unzen zerlassene Butter, 3 Löffel Zucker, 2 Eier, etwas Salz, sowie die geriebene Schale einer Citrone mit 1 Tasse lauwarmer Milch gut verrührt und mit dem Hefenstück und dem übrigen Mehl zu einem glatten, feinblasigen Teig gerührt. Nachdem der Teig zum zweiten Mal aufgegangen ist, wird er auf das mit Mehl bestreute Nudelbrett gelegt, in 3 gleiche Theile getheilt, welche, in lange runde Streifen geformt, zu einem Zopf geflochten werden. In Kranzform auf ein mit Butter bestrichenes Backblech gelegt und leicht zugedeckt, wird der Teig in der Nähe des Ofens wieder zum Aufgehen gebracht. Ist er schön aufgegangen, bestreicht man ihn mit Ei, streut geschälte, fein gehackte Mandeln und Zucker darüber und bäckt ihn schön hellbraun.

Speckkuchen (Cake with Larding Pork). 1 Pfund Roggenmehl, 2 Tassen lauwarme Milch, ¼ Pfund geschmolzene Butter, ½ Theelöffel Salz und 1 Unze in lauem Wasser aufgelöste Preßhefe werden zu einem Teige verrührt, welchen man 1 Stunde in der Nähe des warmen Ofens aufgehen läßt. Dann rollt man den Teig aus, legt ihn auf das Backblech, formt einen Rand und läßt ihn noch etwas aufgehen. Inzwischen werden 8 ganze Eier mit 1 Theelöffel Salz gemischt und ¼ Pfund weißer Speck in Würfel geschnitten; dann vertheilt man die Eier gleichmäßig auf den Kuchen, streut die Speckwürfel, etwas Kümmel und Salz darüber und bäckt ihn ½ Stunde. Er wird warm gegessen.

Zwiebelkuchen (Onion Cake). 8 große Zwiebeln werden geschält, in Würfel geschnitten und in ¼ Pfund Butter weich und weiß gedämpft. Wenn sie erkaltet sind, rührt man 1 Löffel Mehl, 4 Eier, 1 Tasse sauren Rahm, 1 Theelöffel Salz und 1 Theelöffel Kümmel dazu, belegt ein Kuchenblech mit Brot- oder Butterteig, streicht die Zwiebelmasse darauf, schneidet 2 Unzen Speck in Würfel, vertheilt denselben über den Kuchen und bäckt ¾ Stunde.

Hefenteigstrudel. Man verwendet dazu 1 Pfund Mehl, ¼ Pfund Butter, 1½ Tasse lauwarme Milch, ¼ Pfund Zucker, 8 bittere gestoßene Mandeln, die abgeriebene Schale von ½ Citrone und 1 Unze Preßhefe. Zucker und Butter löst man in etwas Milch auf, ebenso die Hefe in den Rest der Milch; dann vermischt man das Mehl mit den Mandeln, Citronen und ½ Theelöffel Salz, gibt die

Milch mit der Butter und der Hefe dazu, knetet einen Teig davon und läßt ihn in einer Schüssel, mit einer Serviette zugedeckt, einige Stunden aufgehen. Sodann rollt man den Teig auf einer mit Mehl bestreuten Tafel so dünn als möglich aus, bestreicht ihn mit etwas geschmolzener Butter und belegt ihn mit fein geschnittenen Aepfel= scheiben oder ausgesteinten Kirschen. Man kann auch gekochte, kalt gewordene Pfirsiche, Pflaumen oder Rosinen und Korinthen darauf legen. Dann rollt man das Ganze wurstähnlich zusammen, setzt es in eine passende, mit Butter bestrichene runde Form schneckenartig ein, läßt es noch einmal aufgehen, bestreicht die Oberfläche mit But= ter, bäckt den Strudel in einem mittelheißen Ofen ¾ bis 1 Stunde zu schöner, hellbrauner Farbe und bestreut ihn dann mit Zucker.

Backwerk mit Backpulver.

Backpulver (baking powder) benutzt man häufig zur Berei= tung von Backwerk, um dasselbe ohne Anwendung von Hefe locker und porös herzustellen. Es besteht aus 1 Theil bicarbonate of soda, 2 Theilen cream of tartar und 1 Theil cornstarch. Im Allgemeinen nimmt man auf 1 Tasse Mehl 1 abgestrichenen Thee= löffel oder auf 1 Quart Mehl 2 abgerundete Theelöffel voll Back= pulver. Das Geheimniß des Erfolges bei Verwendung des Back= pulvers besteht in der vollkommenen Vermengung desselben mit dem Mehle. Man benutze nie einen feuchten Löffel und siebe das Back= pulver mehrmals mit dem Mehl. Das Backen muß sofort nach Fertigstellung des Teiges geschehen, da, sobald das Aufgehmittel feucht geworden ist, der Backprozeß nicht verzögert werden darf.

Crullers. 1 Tasse Zucker, 1 Löffel Butter, 2 Eier, 1 Tasse Milch und 3 Tassen Mehl, mit 2 Löffel Backpulver und 1 Thee= löffel Salz gemischt, werden zu einem Teige gemengt, ausgerollt, in beliebige Stücke geschnitten und in heißem Fett gebacken.

Backpulver=Biscuits (Baking Powder Biscuits).
1 Quart Mehl wird mit 2 Theelöffel Backpulver und ½ Theelöffel Salz gesiebt. Dann reibt man 1 Löffel Butter und 1 Löffel Schweine= schmalz in das Mehl, fügt genug süße Milch hinzu, um einen zar= ten Teig zu machen, rollt denselben 1 Zoll dick, aus, sticht mit einem

Weinglas runde Scheiben davon und bäckt sie 20 Minuten. Der Teig muß recht schnell gemacht und nur so lange gerührt werden, bis die Bestandtheile vermischt sind.

Kornstärkekuchen (Cornstarch Cake). ¾ Tasse Butter, 1 Tasse Zucker, 6 Eiweiß zu Schnee geschlagen, 1 Tasse Mehl, 1 Tasse Kornstärke, 2 Theelöffel Backpulver und 1 Tasse süße Milch werden dazu verwendet. Zucker und Butter werden verrührt, dann abwechselnd die Milch und das Mehl mit dem darin vermischten Backpulver dazugemischt und zuletzt der Eierschnee beigefügt. Backzeit: 40—50 Minuten.

Rahmkuchen (Cream Cake). 4 Eier, 1 Tasse Rahm, 3 Tassen Mehl, 1½ Tassen Zucker, 3 Theelöffel Backpulver, 1 Theelöffel Salz. Mehl, Zucker und Backpulver werden zusammen gesiebt, mit 1 Tasse Rahm und den 4 verrührten Eiern vermischt, mit etwas Citrone oder Vanille gewürzt, zu einem glatten Teige gerührt und 20 Minuten gebacken.

Schaumkuchen (Sponge Cake). 1 Tasse Zucker, 4 Eidotter und 2 Theelöffel kaltes Wasser werden ¼ Stunde gerührt. Dann schlägt man das Weiße der 4 Eier zu einem steifen Schaume und gibt ihn, sowie den Saft einer halben Citrone und 1 Tasse Mehl, dem ½ Theelöffel Backpulver beigemischt worden ist, zu dem Ganzen und verrührt es nicht länger als nöthig, um Alles untereinander zu mischen. Man bäckt den Kuchen in einem viereckigen Blech 20—25 Minuten.

Pfundkuchen (Pound Cake). 1 Pfund Zucker und ½ Pfund Butter werden zu Schaum gerührt, 6 schaumig geschlagene Eigelb und ½ Tasse Milch dazugemischt und zuletzt 1 Pfund Mehl, worin 1½ Theelöffel Backpulver gesiebt wurde, abwechselnd mit den 6 zu Schaum geschlagenen Eiweiß dazugegeben, mit etwas Muskatnuß gewürzt und ½ Stunde gebacken. Der Ofen darf im Anfang nicht heiß sein.

Citronenkuchen (Lemon Cake). 1½ Tassen Zucker, ½ Tasse Butter, ½ Tasse Milch, 3 Eier, 2 Tassen Mehl, 1½ Theelöffel Backpulver. Butter und Zucker werden zusammengemischt, die gerührten Eigelb beigefügt, Mehl mit dem Backpulver und

Milch, sowie die geriebene Schale und der Saft einer Citrone ab=
wechselnd hinzugefügt, zuletzt das zu steifem Schnee geschlagene
Eiweiß durchgezogen und ¾ Stunde gebacken.

Aufgerollter Fruchtgeléekuchen (Jelly Roll).

3 Eigelb und 1 Tasse Zucker werden mit 2 Löffel Milch schaumig
geschlagen. Das ebenfalls zu Schaum geschlagene Weiße von 3
Eiern mischt man dazu, rührt dann 1 Tasse Mehl, in welches 1
Theelöffel Backpulver gesiebt wurde, zu der Masse, gibt etwas
Lemon Flavor dazu, streicht den Teig 2 Messerrücken dick in die
mit Butter bestrichene Pfanne und bäckt sogleich in einem nicht zu
heißen Ofen. Wenn der Kuchen noch warm ist, legt man ihn auf
ein reines Tuch, feuchtet ihn mit etwas kaltem Wasser an, streicht
Fruchtgelée darüber, rollt schnell zusammen und bestreut mit Zucker.

Auflegekuchen, Cocosnußkuchen (Cocoanut
Layer Cake). 3 Tassen Mehl, ½ Tasse Butter, 1 Tasse Zucker,
1 Tasse Milch, 5 Eier, 2 Theelöffel Backpulver. Butter und Zucker
werden so lange gerührt, bis sie weiß und schaumig geworden sind,
dann gibt man 1 Ei nach dem andern, hierauf Milch und Mehl mit
darin gemischtem Backpulver, abwechselnd hinzu. Von dieser Masse
bäckt man 4 Lagen von gleicher Höhe in einem gut geheizten Ofen.
4 Eiweiß, zu Schaum geschlagen, werden mit 1 Pfund powder
sugar vermischt; hiermit werden die 4 Kuchen bestrichen, reichlich
mit Cocosnuß bestreut und aufeinander gelegt. Für diesen Kuchen
ist ½ Pfund präparirte Cocosnuß erforderlich.

Feather Cake. 1 Tasse Zucker und 3 Eier rührt man zu
Schaum, gibt 1 eigroßes Stück Butter, etwas geriebene Muskatnuß
oder Citronenschale, 1 Tasse Mehl mit 1½ Theelöffel Backpulver
gemischt und 8 Löffel Milch oder Wasser dazu, rührt schnell durch=
einander und läßt den Kuchen 20 Minuten backen.

Hermits. 3 Eier, 1 Tasse Butter, 1½ Tassen Zucker, 1 Tasse
kleingeschnittene große Rosinen, die geriebene Schale von ½ Citrone
und je 1 Theelöffel Nelken, Zimmt und allspice werden gut ge=
mischt. Man nimmt Mehl genug, mit ½ Theelöffel Backpulver
vermischt, um einen festen Teig zu machen, rollt aus, schneidet mit
einem Glas runde Scheiben daraus und bäckt dieselben in einem
nicht zu heißen Ofen.

Ein guter, gewöhnlicher Kuchen (Plain Cake).

2 Taſſen Zucker und 1 kleine Taſſe Butter oder Schmalz werden miteinander 15 Minuten gerührt; 3 Eier, 1 Taſſe ſüße Milch und zuletzt 3 Taſſen Mehl mit 2 Theelöffel Backpulver vermiſcht, hinzugefügt. Alles wird gut aber ſchnell vermengt, etwas geriebene Muskatnuß oder Citronenſaft hinzugethan und bei guter Hitze 40 Minuten gebacken.

Wallnußkuchen (Walnut Cake).

1½ Taſſen Zucker rührt man mit ½ Taſſe Butter, 4 ganzen Eiern, 1 Taſſe Milch, 3 Taſſen Mehl, mit 1½ Theelöffel Backpulver vermiſcht, und ½ Pfund feingehackten Wallnußkernen zu einem Teige, den man in einer Kuchenform bäckt.

Obſtkuchen.

Alle Obſtkuchen, welche mit Beeren oder anderer weicher Frucht belegt ſind ſollten ſo ſchnell als möglich gebacken werden, weil ſich bei ſchwacher Hitze der Fruchtſaft in den Teig zieht und das Ausbacken desſelben verhindert. Das Erwärmen des Obſtes vor dem Auflegen verbeſſert den Kuchen und erleichtert das Backen desſelben. Obgleich Obſtkuchen friſch am beſten ſind, kann man ſie doch den nächſten Tag wieder genießbar machen, indem man dieſelben kurz vor dem Gebrauch in einem recht heißen Ofen gut durchwärmen läßt.

Zu feinem Obſtkuchen benützt man den Butterkuchenteig (ſ. S. 247). Hat man keine Zeit, einen Hefenteig zu machen, ſo kann man aus 3 Taſſen Mehl mit 2 Theelöffel Backpulver, 1 Pint Milch, 2 Löffel Zucker, 1 Ei, 1 Priſe Salz und 1 Löffel Butter oder Schmalz einen Teig herſtellen.

Apfelkuchen (Plain Apple Cake).

Aus 1 Pfund Mehl, ¼ Pfund Butter, 3 Löffel Zucker, 1 Taſſe Milch, 2 Eiern und 1 Täfelchen (1 Unze) in etwas lauwarmer Milch aufgelöſter Preßhefe macht man einen geſchmeidigen Teig, arbeitet ihn gut durch, bis er ſich von der Hand löſt, rollt ihn auf dem gewärmten Nudelbrett ¼ Zoll dick aus, belegt damit das gewärmte Backblech, deckt ihn mit einem ebenfalls gewärmten Tuche zu und läßt ihn in der Nähe des Ofens 1 Stunde gehen. Schöne, große, etwas säuerliche Aepfel schält man, schneidet jeden in 8 Schnitzel, entfernt das Kernhaus, bedeckt den Teig mit den dicht neben einander gelegten Apfelscheiben, streut etwas grob gehackte Mandeln, mit Zucker, Zimmt und etwas geriebener Citronenschale gemischt, darüber, und bäckt ½ Stunde.

Kirschkuchen (Cherry Tart).

Man benützt die unter Apfelkuchen angegebene Teigmischung. Die Kirschen werden ausgesteint, der Kuchen sehr dicht damit belegt, reichlich Zucker darauf gestreut und in nicht zu starker Hitze ½ Stunde gebacken. Saure Kirschen geben dem Kuchen einen feinen Geschmack, erfordern aber sehr viel Zucker. Will man einen Biscuitguß über den Kuchen geben, so formt man, um das Abfließen des Gusses zu vermeiden, sobald der Kuchen ausgerollt ist, mit Daumen und Zeigefinger einen zollhohen Rand. Den mit Kirschen belegten und mit Zucker bestreuten Kuchen stellt man in den Ofen und läßt ihn 10 Minuten backen. Unterdessen rührt man 2 Löffel Zucker mit 3 Eiern und etwas geriebener Citronenschale schaumig, gibt 2 Löffel Mehl und 1 Tasse sauren Rahm dazu, vertheilt diesen Guß gleichmäßig über die Kirschen und bäckt ½ Stunde. Diesen Guß kann man auch für Apfel-, Trauben-, Zwetschgen- (Pflaumen-), und Heidelbeerkuchen benützen.

Heidelbeerkuchen (Huckleberry Tart).

Man macht den Teig wie er für den Apfelkuchen oder Butterkuchen angegeben ist, mischt 2 geriebene Milchbrode mit ½ Pfund Zucker und 1 Theelöffel Zimmt, streut die Hälfte davon über den Teig, 1 Quart rein verlesene, gewaschene und auf einem Siebe abgetropfte Heidelbeeren etwa einen Finger dick darüber, hierauf das übrige Milchbrod und bäckt ½ Stunde.

Pflaumen- (Prune), Aprikosen- (Apricot) und Pfirsichkuchen (Peach Tart)

werden aus Butterkuchen- oder dem oben angegebenen Apfelkuchenteig gebacken. Das entsteinte Obst wird in zwei Theile geschnitten, die Stücke dicht neben einander auf den Teig gelegt, mit etwas Zucker und Zimmt bestreut und der Kuchen ¼ bis ¾ Stunden gebacken.

Traubenkuchen (Grape Tart). Man macht einen But=
terkuchen= oder Apfelkuchenteig, mischt ¼ Pfund gestoßene Mandeln,
2 altbackene geriebene Milchbrode, 4 Löffel Zucker und etwas Zimmt,
streut die Hälfte davon über den Teig, legt die abgepflückten Bee=
ren ganz dicht darauf, streut die übrigen Mandeln und Milchbrod
darüber und bäckt ½ Stunde.

Johannisbeeren (currants) und Himbeeren (raspberries) wer=
den auf dieselbe Art behandelt.

Stachelbeerkuchen (Gooseberry Tart). Man benutzt
dazu Butterkuchenteig, rollt ¾ desselben aus, legt ihn auf das Blech,
formt einen Rand und belegt den Teig mit erkaltetem Stachelbeer=
Compot.. Dann rollt man das letzte Viertel aus, schneidet halbfin=
gerbreite Streifen, legt dieselben kreuzweise über den Kuchen, bestreicht
sie mit Eigelb, läßt den Kuchen noch ¼ Stunde aufgehen und bäckt
denselben ½ Stunde.

Strawberry Short Cake. 1 Quart Mehl wird mit 2
mäßig gehäuften Theelöffeln Backpulver gesiebt. Etwas Salz und
1 Löffel Zucker wird darunter gemischt, 2½ Löffel Butter mit den
Händen dazu gerieben, 2 Tassen Milch hinzugefügt und Alles zu
einem weichen Teig gerührt, den man in 2 gleiche Hälften theilt.
(Diese Quantität ist für 2 Kuchen bestimmt, ein jeder von der Größe
eines Desserttellers.) Man theilt nun den einen Theil wieder in 2
gleichgroße Theile, rollt dieselben leicht aus, streicht auf einen Theil
Butter und legt den zweiten darüber. Bei guter Hitze werden die
Kuchen in einer mit Butter oder Schmalz eingeriebenen Backpfanne
20 Minuten gebacken. Nachdem sie abgekühlt sind, löst man die
beiden Lagen auseinander; schneiden darf man nicht, sonst wird der
Kuchen fest. Auf die untere Hälfte kommt nun eine dicke Lage Erd=
beeren, die reichlich mit Zucker bestreut und (so man hat) mit eini=
gen Löffeln süßen Rahm angefeuchtet wird. Dann kommt die obere
Kuchenlage, mit der Kruste nach unten, darüber, und auf diese
schöne, auserlesene Erdbeeren mit Zucker bestreut. 2 Quart Erd=
beeren sind für beide Kuchen genügend.

Pasteten und Pies.

Das populärste Gebäck des Nordamerikaners ist der fast jede Mahlzeit desselben abschließende Pie. Wenn dieses Gebäck sorgfältig zubereitet ist, kann es dem gesunden Magen keinen Schaden zufügen, indessen sollten Magenleidende besser auf den Genuß desselben ver= zichten. Der Pie unterscheidet sich von der Pastete dadurch, daß ersterer in flacher Pfanne mit 1zölligem Rande, Pasteten aber mei= stens in hohen, tiefen Schüsseln gebacken werden und zur Füllung der= selben ausschließlich verschiedene Fleischsorten benutzt werden. Die zur Füllung von Pies oder offenen Obstkuchen zu verwendenden Früchte müssen sorgfältig gewaschen, abgetropft, dann mit Zucker vermischt und etwas stehen gelassen werden, damit sie gut durchzogen sind, außerdem streut man etwas Mehl oder Kornstärke darüber, um den entstehenden Saft zu verdicken. Hat man von einer Sorte Bee= ren nicht genug zum Füllen, so vermischt man sie mit einer anderen, die zur Hand ist, z. B. Johannisbeeren mit Himbeeren. Die in Kannen eingemachten Früchte sind ausgezeichnet für Pie= oder Tor= tenfüllung. Der Inhalt einer Kanne genügt für 2 Pies. Sehr saftreiche Pies mit frischer Frucht schützt man vor dem Herausquel= len der Flüssigkeit, indem man von steifem Papier ein kleines Rohr bildet, in die Mitte des Pie ein Loch schneidet, und das Rohr, bis auf die Unterplatte stoßend, aufstellt. Die überschüssige Brühe und der Dampf finden dadurch einen Ausweg, ohne auf den Pie oder in den Ofen zu• fließen.

Die beste Fettmischung für den Pieteig ist eine Mischung von Butter und Schmalz in dem Verhältniß wie 1 zu 2, also ⅔ Schmalz und ⅓ Butter. Gutes reines Nierenfett, und die Fettstreifen, welche von den Steaks abgeschnitten werden, kann man auch verwenden, in= dem man das Fett wässert, mit etwas Wasser auf dem Ofen in einer Pfanne auskocht und nur milde anbraten läßt; Cottolene wird auch häufig verwendet, weil es sich leicht mit dem Mehl vermischt. Auf 3 Tassen Mehl verwendet man 1 Tasse Cottolene.

Pieteig (Pie Crust). 3 Tassen Mehl werden mit 1 Prise Salz und 1 Prise Backpulver in eine Schüssel gesiebt. Dann reibt man 1 Tasse Fett, aus ⅔ Schmalz und ⅓ Butter, oder auch aus gleichen Theilen von Schmalz und Butter, hinein, gibt nach und

nach soviel Eiswasser (ungefähr 1 Tasse) dazu, um Alles zu ver=
binden, und rührt schnell mit einem Messer durch. Geknetet darf
der Teig nicht werden. Dann legt man den Teig auf ein mit
Mehl bestreutes Backbret und rollt ihn ⅛ Zoll dick nach einer Seite
hin, und zwar von sich hinweg aus. Eine Hauptsache beim Be=
reiten des Teiges ist, daß alle Zuthaten recht kalt sind. Der aus=
gerollte Teig, welcher etwas größer sein muß, als die mit Mehl
bestäubte Piepfanne, wird in dieselbe hineingelegt, der überhängende
Teig abgeschnitten, der innere Boden des Teiges mit etwas Eiweiß
bestrichen, damit die Füllung das Ausbacken nicht verhindert, und
die Füllung hineingelegt. Ist eine obere Decke nöthig, so rollt man
dieselbe sofort aus, macht darin einige Einschnitte, deckt sie über die
Piefüllung und drückt mit dem Daumen die Teigränder an ein=
ander, nachdem man dieselben zuvor mit etwas Wasser angefeuchtet
hat. Die Einschnitte dienen zum Entweichen des Dampfes. Be=
hält man etwas Teig übrig, so rollt man denselben recht dünn aus,
bestreut ihn mit Zucker und Zimmt, schneidet längliche Vierecke
daraus und bäckt dieselben. Dieser Pieteig kann, in eine Serviette
eingewickelt, einige Tage in einem Eisschrank aufbewahrt werden.
Ein Drittel der oben angegebenen Quantität ist genug, um einen
Pie zu formen. Bestreut man die Oberfläche der Pies mit Zucker,
bevor man sie in den Ofen gibt, so erhalten sie einen schönen
Glanz. Der Ofen muß so heiß sein, daß ein Stück hineingelegtes
Papier schnell eine gelbe Farbe annimmt. Man bäckt den Pie so
lange, bis er eine hellbraune Farbe erhält.

Blätterteig (Puff Paste) für Obstkuchen und Pasteten.
½ Pfund Mehl, mit 1 Prise Salz vermischt, häuft man auf das
Backbret, macht eine Vertiefung in das Mehl und gibt 1 ganzes
Ei, 1 Eigelb, ½ Tasse kaltes Wasser und (so man hat) 3 Löffel
Weißwein oder 1 Löffel Rum hinein. Das Alles wird zu einem
guten, mittelfesten Teig verarbeitet, welchen man, mit einem Tuche
zugedeckt, 1½ Stunde an einem kalten Orte ruhen läßt. Dann rollt
man den Teig fingerdick aus, belegt ihn mit kleinen Scheibchen
Butter, klappt denselben übereinander, rollt wieder aus, belegt
wieder mit Butter und fährt so fort, bis ½ Pfund Butter hinein=
gearbeitet ist. Man kann den Teig auch den Abend vorher machen

und im Keller oder im Eisschrank aufbewahren. Zur Verwendung rollt man den Teig ⅛ Zoll dick aus und bestreicht das Blech nicht mit Butter, sondern taucht es in kaltes Wasser.

Mürbeteig für Obstkuchen, Torten und kleines Backwerk. 1 Pfund Mehl, ¾ Pfund Butter, 3 Löffel Zucker, ½ Tasse Wasser, 2 Eier und 1 Prise Salz. Die Butter wird mit etwas Mehl durchknetet und dann die Zuthaten allmälig beigefügt. Man läßt den Teig mindestens 1 Stunde an einem kalten Orte, am besten im Eisschrank, stehen, ehe man ihn verwendet; noch besser ist es, den Teig den Abend vorher zu machen und an einem kalten Orte aufzubewahren.

Apfel=Pie (Apple Pie). 3 Stück große saure Aepfel (Greenings) werden geschält und in dünne Scheiben geschnitten, auf den Teig gelegt, mit 2 Löffeln Zucker und etwas Zimmt bestreut, kleine Stückchen Butter darauf gelegt, 2 Löffel Wasser darüber gegeben, mit ein wenig Mehl bestäubt und der Rand ein wenig mit Wasser angefeuchtet. Dann rollt man das Oberblatt aus, macht einige Einschnitte hinein, legt es auf den Pie, schneidet ringsum mit einem Messer das Ueberhängende ab, drückt den Teig mit den Fingern oder einer Gabel an und bäckt ihn ½ Stunde.

Ananas-Pie (Pineapple Pie). 1 zerriebene Ananas wird gewogen und das gleiche Gewicht in Zucker, 1 Tasse süßen Rahm, 1 Theelöffel Butter und 5 Eier (das Weiße derselben zu Schnee geschlagen) dazu gemischt. Man bäckt die Masse auf einer Unterkruste und servirt kalt.

Custard Pie. Für jeden Pie nimmt man 1 Pint gekochte und wieder abgekühlte Milch, schlägt 3 Eigelb hinein, gibt 2 Löffel Zucker, 1 Löffel Kornstärke, ½ Theelöffel Butter und etwas Salz hinzu, rührt Alles gut durch, streicht es über den Pieteig und läßt es ½ Stunde backen. Vor dem Anrichten streicht man die zu Schaum geschlagenen, mit Zucker vermischten Eiweiß über den Pie und gibt den Pie nochmals in den Ofen, um das Eiweiß etwas hellbraun zu backen.

Cocosnuß=Pie (Cocoanut Pie). Man bereitet denselben wie Custard Pie zu. Nur mischt man vor dem Aufstreichen zu

der Masse 1 Theetasse geriebene Cocosnuß und 1 Theelöffel Citro=
nensaft oder ½ Theelöffel Vanille.

Apfelsinen=Pie (Orange Pie).

Man benutzt dazu 3
Eier, ¾ Tasse Zucker, 2 Löffel Butter, den Saft einer Orange und
die geriebene Hälfte der Schale derselben, den Saft und die geriebene
Schale von ½ Citrone und ein wenig Muskatnuß. Butter und Zucker
werden zu Schaum gerührt, dann der Saft und die Schale der
Orange und Citrone dazu gerührt und hierauf die geschlagenen
Eigelb hinzugefügt. Man bestreicht damit den Pieteig und bäckt.
Das zu Schaum geschlagene Eiweiß wird mit 2 Löffel powder
sugar gut vermischt, über den gebackenen Pie gestrichen und im
Ofen in 4—5 Minuten gebräunt.

Rhabarber=Pie (Rhubarb Pie).

1 Suppenteller voll
Rhabarberstengel, welche vorher abgezogen und in 1 zollgroße Stücke
geschnitten wurden, werden mit kochendem Wasser abgebrüht, 10
Minuten stehen gelassen und auf einem Siebe abgetropft. Dann
bestäubt man den Pieteig mit etwas Mehl, legt den Rhabarber
darauf, streut 1 Tasse voll Zucker darüber, legt ein Oberblatt, mit
einigen Einschnitten versehen, darauf, drückt den Rand fest und
bäckt den Pie 30—40 Minuten.

Kürbis=Pie (Pumpkin Pie).

Man kocht Kürbisstücke,
aus welchen die Kerne entfernt wurden, in etwas Wasser in 3—4
Stunden weich und drückt sie durch einen Durchschlag. Zu einem
Pie genügen 2 Tassen voll Kürbisbrei, welcher mit ½ Tasse Zucker,
1 Theelöffel Salz, 3 Eiern, etwas Muskatnuß, 1 Theelöffel Zimmt
und schließlich mit 1 Pint Milch vermischt wird. Man streicht die
Masse auf eine Unterkruste und läßt 30—40 Minuten backen. Je
nach Belieben kann man den Pie noch vor dem Anrichten mit versüß=
tem Eierschnee bestreichen und denselben im Ofen etwas bräunen.

Citronen=Pie (Lemon Pie).

1 Tasse Zucker, 1 Löffel
Butter, 2 Eier, 1 Löffel Kornstärke, Saft und Rinde einer Citrone
und 1 Tasse kochendes Wasser. Man gibt die mit kaltem Wasser
angerührte Kornstärke in das kochende Wasser, schlägt Butter und
Zucker zu Rahm und gießt die heiße Mischung dazu; erkaltet fügt
man die Citrone und die zu Schaum geschlagenen Eier bei, gießt
es über die Piekruste und läßt es ½ Stunde backen. Will man, so

breitet man über den fertig gebackenen Pie das Weiße von 2 Eiern, mit 2 Theelöffel Zucker zu Schaum geschlagen, und bräunt es leicht.

Kirschen=Pie (Cherry Pie). 1 Pfund ausgesteinte rothe Kirschen legt man auf den Teig, streut 4 Löffel Zucker und hierauf etwas Mehl darüber, befestigt eine dünn ausgerollte Oberplatte am Teigrand und bäckt ½ Stunde. Der Pie sollte an demselben Tage, an welchem er gebacken ist, gegessen werden, weil sich sonst der Saft in die Unterkruste zieht.

Stachelbeeren=Pie (Gooseberry Pie). Die Stiele und Kronen der reifen Stachelbeeren werden abgezupft und dieselben dann wie im Kirschen-Pie angegeben, behandelt.

Pfirsich=Pie (Peach Pie). Die geschälten, entsteinten und in Hälften geschnittenen Pfirsiche werden dicht an einander auf den Teig gelegt, mit 2 Löffel Zucker bestreut und 1 Löffel Mehl be= stäubt, mit einer Oberplatte bedeckt und ½ Stunde gebacken.

Pflaumen=Pie (Plum Pie) wird auf dieselbe Art zu= bereitet.

Johannisbeeren=Pie (Currant Pie). 1 Tasse zer= drückte Johannisbeeren, 1 Tasse Zucker, 1 Löffel Kornstärke oder Mehl in 2 Löffel Wasser glatt gerührt, und 2 gut gerührte Eigelb werden vermischt, der Pieteig damit belegt und ½ Stunde gebacken. Zum Bedecken des Pie schlägt man 2 Eiweiß und 2 Löffel pow= der sugar zu Schnee, streicht denselben darüber und bräunt ihn 3—4 Minuten im Ofen.

Brombeeren= und **Himbeeren=Pies** (Blackberry and Raspberry Pies) werden auf dieselbe Art zubereitet, nur nimmt man etwas weniger Zucker dazu.

Preißelbeeren=Pie (Cranberry Pie). 1 Tasse Preißel= beeren und ½ Tasse entkernte Rosinen werden zerhackt und mit 1 Tasse Zucker, ½ Tasse Wasser, 1 Löffel Mehl und 1 Theelöffel Vanille gemischt, auf den Pieteig gelegt, mit einer Oberplatte be= deckt und 40 Minuten gebacken.

Mince Pie. 2 Pfund gekochtes, mageres, fein gehacktes Rind= fleisch, 1 Pfund fein geschnittenes Nierentalg, 5 Pfund Aepfel, ge=

schält und gehackt, 2 Pfund Rosinen, ausgekernt und gehackt, 1 Pfund Korinthen, der Saft und die abgeriebene Rinde einer Apfel= sine, 1 Theelöffel Muskatnuß, 2 Pfund Zucker, 1 Löffel Zimmt, 1 Löffel Muskatblüthe, 1 Löffel Gewürznelken und 1 Löffel Salz werden gut gemischt, in einen Steintopf gefüllt, mit 1 Quart guten, gekochten Cider und 1 Pint Brandy übergossen und der Topf gut zugebunden. An einem trockenen, kühlen Platz aufbewahrt, hält es sich den Winter hindurch. Scheint die Oberfläche etwas trocken zu werden, so gießt man etwas Wein, Branntwein oder Cider darüber. Zu einem Pie sind 2 Tassen voll dieser Masse genügend. Derselbe wird mit einer Oberplatte gebacken oder man legt Streifen von Teig, mit dem Zackenrade geschnitten, kreuzweise darüber.

Kartoffel=Pie (Potatoe Pie). 1 Tasse Zucker mit 2 Löffel Butter werden verrührt, und 1 Pfund gekochte, geriebene Kar toffeln, 1 Pint Milch, der Saft von 1 Citrone, $\frac{1}{2}$ Theelöffel Mus= katnuß, 3 Eier — das Weiße und Gelbe einzeln geschlagen — und (so man hat) 2 Löffel Weißwein werden hinzugefügt und die Masse 10 Minuten gerührt, auf einer Unterkruste $\frac{1}{2}$ Stunde gebacken und kalt servirt.

Reis=Pie (Rice Pie). $\frac{1}{2}$ Pfund abgebrühter Reis wird mit ein wenig Butter und Salz in 1 Quart Milch 20 Minuten gekocht. Inzwischen rührt man 5 Eigelb mit 4 Löffel Zucker zu Rahm und mischt den Saft und die abgeriebene Schale einer Citrone sowie 1 Theelöffel Vanille dazu. Wenn der Reis abgekühlt ist, rührt man das zu Schaum geschlagene Eiweiß der Eier, sowie das Uebrige dazu, schüttet Alles auf den Pieteig, legt Teigstreifen kreuzweis dar= über, überstreicht sie mit Eigelb, bäckt den Pie $\frac{1}{2}$ Stunde und servirt warm.

Geflügelpastete (Poultry Pie). Man benutzt den Blät= terteig oder mischt aus Mehl, saurem Rahm, Eigroß Butter, etwas Salz und $\frac{1}{2}$ Theelöffel Backpulver einen Teig. Aus 1 Pfund ge= bratenem, gehackten Geflügel, einigen gewässerten, gehackten Sardel= len, 2 in Fleischbrühe eingeweichten, ausgedrückten Semmeln, 2 Löffel Butter, 3 hartgekochten, fein gehackten Eiern, 2 Löffel Kapern und et= was Salz und Pfeffer, mischt man eine Fülle, gießt etwas Bratenbrühe darüber, deckt mit einem Teigdeckel zu und bäckt $\frac{3}{4}$ bis 1 Stunde.

Anstatt des Geflügels kann man auch Reste von Hasen= oder Kalbs=
braten benutzen.

Torten.

Der Teig zu Torten und feinem Backwerk muß stets nach einer
Seite gerührt werden, je länger, desto besser, ebenso muß der Eiweiß=
schnee sehr steif geschlagen werden. Zum Backen benutzt man mei=
stens Springformen (tart rings) mit abnehmbarem Rand zum Auf=
und Zumachen, bestreicht die Form mit Butter, bestreut sie mit
Zucker oder gestoßenem Zwieback und legt auf den Boden der Form
ein gebuttertes Stück Papier. Die Formen werden nur bis ⅔ mit
Teig gefüllt und darf dieselbe während des Backens weder gerückt
noch aus dem Ofen genommen werden. Um zu prüfen, ob die Torte
durchgebacken ist, sticht man mit einem Holzspänchen hinein und be=
obachtet, ob der Span trocken herauskommt; in diesem Falle ist die
Torte ausgebacken:

Beim Backen ist die Hauptsache, daß der Ofen eine gleiche
Ober= und Unterhitze hat; ist die Unterhitze zu groß, so legt man
eine Untertasse oder einen Ziegelstein unter die Form. Der Hitze=
grad muß ein solcher sein, daß ein auf die untere Platte gelegtes Stück
Schreibpapier in 5 Minuten hellbraun gefärbt wird. Wenn die
Torte aus dem Ofen kommt, wird sie mit einem dünnen Messer so=
gleich vom Blechrande losgelöst und dann ruhig 5 Minuten stehen
gelassen, ehe man sie aus der Form nimmt. Torten, mit einer Gla=
sur überzogen, halten sich besser, bekommen ein schöneres Ansehen
und feineren Geschmack. Man gießt die Glasur auf die Oberfläche
einer Torte, läßt die Glasur auseinander fließen und hilft mit einem
Pinsel nach. Um Glanz herzustellen, stellt man die Torte noch 1
Minute in den Ofen zum Trocknen.

Zuckerglasur (White Sugar Glaze). 1 Eiweiß wird
etwas schaumig gerührt und 1 Tasse powder sugar und der Saft
einer Citrone unter fortwährendem Rühren zugesetzt bis die Glasur
dick vom Löffel fließt. Man bestreicht damit die Torte, welche, ohne
in den Ofen gesetzt zu werden, in 5—6 Minuten trocknet.

Wasserglasur (Water Glaze). 1 Tasse powder sugar
wird mit dem Saft einer Citrone oder 10 Tropfen Vanille und 2

Löffel kalten Wassers zu einer dick vom Löffel fließenden Glasur ge= rührt und sofort in Gebrauch genommen. Anstatt der Citrone oder Vanille kann man auch 1 Löffel Rum oder Punscheſſenz benutzen.

Chocoladenglasur (Chocolate Glaze). 1 Unze gerie= bene Chocolade wird mit 2 Löffel powder sugar und 1 Eiweiß ſo lange gerührt, bis die Maſſe dickflüſſig iſt.

Biscuittorte (Biscuit Tart). 12 Eigelb und ½ Pfund Zucker werden recht ſchaumig gerührt; dann miſcht man nach und nach die abgeriebene Schale und den Saft einer Citrone nebſt ½ Pfund geſiebtem Mehl dazu und rührt dies ½ Stunde; dann fügt man den Schnee von 8 Eiweiß bei und bäckt die Torte in einer mit Butter ausgeſtrichenen Form bei mäßiger Hitze ¾ Stunde. Die Oberfläche der Torte muß ſich dann trocken und feſt anfühlen, und damit die Torte nicht allzuzeitig gelb wird, iſt es gut, in der erſten Zeit des Backens, die Form mit einem gebutterten Papier zu be= decken. Man kann, wenn die Torte ſchön gelb gebacken iſt, dieſelbe unverziert laſſen, oder mit einer Glasur übergießen.

Brodtorte (Bread Tart). 1 Taſſe Zucker und 6 Eigelb ſchlägt man ¼ Stunde lang recht ſchaumig, alsdann vermiſcht man damit 1 Taſſe im Ofen getrocknetes und geriebenes Schwarzbrot oder Pumpernickel, ½ Taſſe gekochte und geriebene Kartoffeln, ½ Thee= löffel geſtoßenen Zimmt, ½ Taſſe fein gewiegte ſüße Mandeln, die abgeriebene Schale von ½ Citrone, etwas Citronat, ½ Theelöffel ge= mahlenes Gewürz (allspice), 3 Löffel Brandy oder Rum und den ſteifgeſchlagenen Schnee von 6 Eiern. Man füllt dieſe Maſſe in eine mit Butter beſtrichene und mit etwas geriebenem Schwarzbrot beſtreute Form, bäckt ¾ Stunde, ſtürzt dann die Torte, beſtreut ſie mit Zucker oder überzieht ſie mit Chocoladenglaſur.

Chocoladentorte (Chocolate Tart). 6 ganze Eier und 6 Eigelb werden mit ½ Pfund Zucker ½ Stunde gerührt, 3 Unzen geriebene Chocolade, etwas abgeriebene Citronenſchale, ½ Theelöffel Vanille und 1 Taſſe geſiebtes Mehl oder Kornſtärke darunter ge= miſcht, der ſteifgeſchlagene Schnee von 6 Eiweiß dazu gerührt, die Maſſe in eine gebutterte, mit Papier belegte oder geriebener Semmel beſtreute Form gefüllt und bei mäßiger Hitze 50 Minuten gebacken.

Man kann auch feingehackte Mandeln unter die Masse nehmen, wenn die Torte besonders fein sein soll. Nach dem Backen überzieht man die Torte mit Chocoladenglasur.

Kartoffeltorte (Potato Tart). ½ Pfund mehlige Kartoffeln werden gekocht, geschält und, nachdem sie kalt geworden sind, auf dem Reibeisen gerieben; 3 Unzen süße, gestoßene Mandeln, 3 Löffel Zucker und die geriebene Schale einer Citrone werden mit 3 ganzen Eiern und 6 Eigelb ½ Stunde gerührt, die Kartoffeln eingerührt, der Schnee von 6 Eiweiß darunter gemischt, die Masse in der mit Butter bestrichenen Form ½ Stunde gebacken und mit Zuckerglasur überzogen.

Sandtorte (Sand Tart). ¼ Pfund leicht zerlassene Butter wird schaumig gerührt, dann mischt man nach und nach 1 ebengestrichene Tasse voll Zucker, 3 Eigelb und die abgeriebene Schale von ½ Citrone dazu und rührt Alles ½ Stunde. Dann gibt man 1 ebengestrichene Tasse Mehl, mit ½ Theelöffel Backpulver gesiebt, sowie den festgeschlagenen Schnee von 3 Eiweiß darunter, füllt die Masse in die mit Butter ausgestrichene und mit geriebener Semmel bestreute Form und bäckt die Torte sofort im mäßig heißen Ofen 1 Stunde. Dieselbe schmeckt am zweiten Tag besser, als am ersten und hält sich 4—5 Tage.

Einfache Torte (Plain Tart). ¼ Pfund erwärmte und zu Schaum gerührte Butter wird mit ¼ Pfund ungeschälten, feingestoßenen Mandeln, ¼ Pfund Zucker, 2 Tassen Mehl und 1 Theelöffel Backpulver zu einem glatten Teig gerührt. Dieser wird in eine mit Butter ausgestrichene Form, oder in Ermangelung einer solchen in eine Eierkuchenpfanne gegeben, mit Marmelade bestrichen, mit dünn gerollten Teigstreifchen kreuzweise belegt, mit etwas Eigelb bestrichen und ¾ Stunde im Ofen gebacken.

Kleines Backwerk.

Mit dem Weihnachtsbaum, dem Abzeichen deutscher Abstammung, Gesinnung und Liebe, haben auch die verschiedenen Weihnachtsbackwerke der deutschen Stämme in den fernsten Welttheilen Anerkennung gefunden. Die Vorbereitung und das Backen bringt schon einige Wochen vor dem Feste für die Großen und Kleinen der Familie nützliche und dankbare Arbeit, und der mit selbstgebackenen Küchelchen verzierte Weihnachtsbaum bleibt bei ihnen immer in süßer Erinnerung. Die verschiedenen Backwerke, mehrere Wochen vor dem Feste gebacken und in einem verschlossenen Topfe aufbewahrt, sind viel schmackhafter und mürber, als die frisch gebackenen.

Anis=Plätzchen (Anisseed Wafers). 1 Pfund Zucker und 6 Eier werden ½ Stunde gerührt, ½ Pfund gesiebtes Mehl nach und nach löffelweise unter fortwährendem Rühren dazu gemischt und zuletzt 2 Löffel ausgesuchter Anissamen dazu gegeben. Der Teig wird theelöffelweise in kleine Häufchen auf ein mit Fett oder Wachs bestrichenes Blech gesetzt und 12—15 Minuten in einem nicht zu heißen Ofen hellgelb gebacken. Anstatt des Anis kann man die abgeriebene Schale einer Citrone hinzufügen; man erhält dann Citronen=Plätzchen.

Ausgebackenes, Springerle (Springerle Cakes). 1 Pfund Zucker wird mit 6 Eiern 1 Stunde gerührt und mit der abgeriebenen Schale und dem Saft einer Citrone, sowie 1 Löffel Anissamen und 1 Pfund gesiebten Mehles zu einem Teig verarbeitet. Letzteren rollt man zweimesserrückendick aus, schneidet Plättchen nach der Größe der Formen, drückt diese Plättchen in die mit Mehl bestäubte Form, nimmt sie vorsichtig heraus, legt dieselben über Nacht auf ein reines Tuch und bäckt sie auf einem mit Butter bestrichenen Blech, bei gelinder Hitze, blaßgelb.

Buttergebackenes (Almond Cakes). ½ Pfund Butter, ¾ Pfund powder sugar und 4 Eier werden ½ Stunde gerührt; dann mischt man ¼ Pfund feingewiegte süße Mandeln und 1 Pfund Mehl dazu, macht einen Teig, rollt ihn zweimesserrückendick aus, sticht mit einem Weinglas oder mit Blechformen allerhand Figuren aus, bestreicht diese mit Eigelb, streut etwas Zucker, Zimmt und gehackte Mandeln darüber und bäckt sie in einem nicht zu heißen Ofen goldgelb.

Kleienküchelchen (Almond Mount Cakes). ½ Pfund Zucker, ¼ Pfund Butter und 6 Eigelb werden ½ Stunde gerührt, dann wird soviel Mehl dazugemischt, daß ein steifer Teig daraus entsteht, welcher zweimesserrückendick ausgerollt und mit einem kleinen

Weinglas zu runden Plättchen ausgestochen wird. Dann werden 6 Eiweiß zu Schaum geschlagen, ¾ Pfund süße Mandeln mit der Schale fein gehackt, ¾ Pfund Zucker und 2 Theelöffel gestoßener Zimmt dazu gerührt, 1 Theelöffel auf jedes der Plättchen (welche man vorher auf ein mit Butter bestrichenes Blech gelegt hat) gegeben und dieselben in einem nicht zu heißen Ofen hellgelb gebacken.

Zimmtsterne (Cinnamon Stars). ½ Pfund Zucker, der Schnee von 4 Eiweiß und ½ Unze gemahlener Zimmt werden ½ Stunde gerührt. Nachdem 2 Löffel davon beiseite gethan, wird ½ Pfund geriebene Mandeln unter die Masse gemischt, dieselbe halb= fingerdick ausgerollt und mit einer Sternform ausgestochen. Unmit= telbar aus der Form auf ein mit Butter bestrichenes Blech gelegt, werden die Sterne mit dem zurückgehaltenen Zuckerschaum ziemlich dick belegt und langsam gebacken.

Mailänder Schnitten (Fave di Milano). ½ Pfund Butter, ½ Pfund Mehl, 6 Unzen Zucker, 2 Löffel Brandy oder dicker saurer Rahm und 1 Ei werden zu einem Teig verarbeitet, welcher ausgerollt und mit einem Glas in runde Platten ausge= stochen wird. Diese werden sofort auf ein mit Butter bestrichenes Blech gelegt, mit Eigelb bestrichen und schnell gebacken. Auf jede Platte, sobald erkaltet, legt man ein Stückchen Fruchtgelée.

Makronen (Macaroons). 1 Pfund ungeschälte, in der Kaffeemühle gemahlene Mandeln, ¾ Pfund Zucker, 2 Theelöffel Zimmt und die abgeriebene Schale einer Citrone werden gut ver= mischt. 4 Eiweiß werden zu Schaum gerührt und mit den Man= deln und Zucker vermischt. Da die Makronen von sehr zarter Be= schaffenheit sind, wird ein mit Wachs bestrichenes Papier auf das Blech gelegt, mit dem Theelöffel werden kleine Häufchen von der Größe eines Quarters darauf gesetzt und langsam bei etwas Ober= hitze 10—15 Minuten gebacken. Wenn die Makronen aus dem Ofen kommen, bestreicht man das Papier auf der unteren Seite mit einem nassen Pinsel, woraufhin dieselben sich leicht ablösen lassen.

Chocolade=Makronen (Chocolate Macaroons). Man mischt zu der im vorhergehenden Recept angegebenen Masse ¾ Pfund im warmen Ofen auf einem Teller zerweichte Chocolade und bäckt wie vorher angegeben.

Gewürzkringel (Spiced Brezels). Man rührt 5 Eier mit 1 Pfund Zucker 10 Minuten lang, fügt 1 Theelöffel zerstoßene Nelken, ebensoviel gestoßenen Zimmt, etwas geriebene Muskatnuß und schließlich soviel Mehl (etwa 1¼ Pfund mit 2 Theelöffel Backpulver vermischt), daß sich die Kringeln oder Bretzeln gut formen lassen. Man bäckt dann dieselben nicht zu dunkel.

Zuckerkringel (Sugar Brezels). 2 Tassen Zucker rührt man mit einer Tasse Butter zu einer schaumartigen Masse, fügt nach und nach 4 Eier hinzu und soviel Mehl (mit 2 Theelöffel Backpulver vermischt) daß sich der Teig gut ausrollen und zu Bretzeln formen läßt. Darauf drückt man dieselben mit der Handfläche auf einem flachen Teller, der mit Zucker und Zimmt gefüllt ist, etwas platt und bäckt sie dann recht schnell, aber nicht zu braun.

Windbeutel (Cream Puffs). Man klärt ½ Pfund Butter, läßt sie mit 1 Pint Wasser kochen, mischt ½ Pfund bestes Mehl dazu und rührt die Masse über dem Feuer, bis sie sich vom Topfe löst. Sobald sie abgekühlt ist, fügt man unter beständigem Schlagen des Teiges 8 Eier nach und nach hinzu, sowie etwas gestoßene Muskatblüthe oder geriebene Citronenschale. Dann legt man von dieser Masse mit einem in kaltes Wasser getauchten Löffel kleine Bällchen in eine mit Fett bestrichene Pfanne und läßt sie im heißen Ofen gelb backen. Sie sind innerhalb 10—15 Minuten gar und werden mit Zucker und Zimmt bestreut, sobald sie aus dem Ofen kommen.

Gebackene S (S Cakes). 1 Tasse Mehl, ¼ Pfund Butter, 2 Löffel Zucker, die abgeriebene Schale einer Citrone und 3 Eigelb werden gut untereinander gerührt, der Teig etwas gerollt, in fingerlange Streifen geschnitten und SS daraus geformt. Man legt sie auf ein mit Butter bestrichenes und mit etwas Mehl bestreutes Blech, bestreicht sie mit Eiweiß, streut granulirten Zucker darüber und bäckt sie in nicht zu heißem Ofen gelb.

Baseler Lebkuchen (Basle Lebkuchen). 1½ Pfund Zucker rührt man mit 2 Messerspitzen Hirschhornsalz (hartshorn) und 6 Eiern ½ Stunde. ¾ Pfund abgezogene, in lange, dünne Streifen geschnittene Mandeln, die geriebene Schale einer Citrone, 1 Unze gestoßener Zimmt, ¼ Pfund Citronat, ¼ Pfund Apfelsinenschale (orange peel), beides fein geschnitten, 1 geriebene Muskat-

nuß und 1 Messerspitze gestoßener Nelken werden mit dem gerühr=
ten Zucker und soviel Mehl gemischt, daß ein steifer Teig daraus
entsteht, welcher ¼ Zoll dick ausgerollt wird. Der ausgerollte Teig
wird auf Oblaten (wafer paper) gelegt, in viereckige, 2×4 Zoll
große Stücke geschnitten, auf ein mit Butter oder Schmalz eingerie=
benes Blech gelegt und in einem nicht zu heißen Ofen 10—15 Mi=
nuten gebacken.

Honigkuchen (Honey Cake). 2 Pfund Honig, 2 Pfund
Mehl, ¼ Pfund Butter, ½ Pfund Zucker, 7 Unzen ungeschälte, ge=
hackte Mandeln, die geriebene Schale einer Citrone, 1 Theelöffel ge=
stoßener Zimmt, ½ Theelöffel gestoßene Nelken, ½ Theelöffel gestoßene
Kardamomen, ½ Unze gereinigte, in etwas Wasser aufgelöste Pott=
asche (saleratus). Die Mandeln werden mit dem Gewürz und der
Hälfte des Mehles gut vermischt; der Honig wird mit dem Zucker
und der Butter gekocht und kochend auf die Masse gegossen und um=
gerührt. Wenn es etwas abgekühlt ist, mischt man die aufgelöste
Pottasche gut durch. Auf einem Backbret arbeitet man hierauf das
übrige Mehl dazu, bis ein sehr fester Teig daraus entsteht, der nicht
mehr klebt, und welchen man über Nacht liegen läßt. Dann rollt
man den Teig auf einem mit Mehl bestreuten Backbret kleinfinger=
dick aus, schneidet runde oder viereckige Kuchen daraus, legt auf jede
Ecke derselben eine gespaltene Mandel, auch ein Stückchen Citronat,
bestreicht mit Eiweiß und bäckt sie bei gelinder Hitze in 20 Minu=
ten gelbbraun.

Kalte und warme Getränke.

Obgleich das Wasser das natürlichste aller Getränke ist, so kann es doch Schaden verursachen, wenn es zu kalt oder in zu großen Mengen getrunken wird. Besonders nachtheilig ist eine Verdünnung des Magensaftes kurz v o r dem Essen; aber auch w ä h r e n d des Essens soll man nur wenig trinken. Ein Getränk ist am zuträglichsten, wenn es eine Viertelstunde nach dem Essen genommen wird; überhaupt vermeide man alle zu heißen wie auch zu kalten Getränke. Bier und Wein sollten Kindern vor dem vierzehnten Lebensjahre nicht gereicht werden.

Kaffee (Coffee). Die beste Mischung von Kaffeebohnen besteht aus ⅔ Java- und ⅓ Moccabohnen. Rio-Kaffee ist billiger, sollte aber seines erdigen Geschmackes wegen immer mit Java-Bohnen gemischt werden. Um sich vor Verfälschung zu sichern, sollte man nie gemahlenen Kaffee kaufen, sondern stets Bohnen, und nie mehr davon mahlen, als zur Zeit gebraucht wird. Ein sorgfältiges Verlesen des Kaffees vor dem Brennen ist nothwendig, da ein paar schlechte Bohnen oft dem besten Kaffee einen unangenehmen Geschmack geben. In einem fest verschlossenen Kaffeebrenner oder einer Trommel, die nur zur Hälfte gefüllt sein darf, röstet man den Kaffee über lebhaftem Feuer, unter beständigem Drehen und häufigem Schütteln, hellbraun, streut über 2 Pfund Kaffee 1 Löffel Zucker, rüttelt Alles tüchtig durcheinander, wodurch der Zucker schmilzt und die Bohnen mit einer Schicht überzieht, welche das Entweichen der aromatischen Stoffe verhindert. Hierauf breitet man die Bohnen auf einem Bleche zum Erkalten aus und bewahrt sie in einer gut schließenden Blechbüchse an einem trockenen Orte auf. Kaffee wird auf ver= schiedene Weise gekocht, in Gefäßen von Metall oder Porzellan, auch in patentirten Apparaten. In Maschinen ohne Filter ist es nothwendig, das Sieb anzufeuchten, ehe der feingemahlene Kaffee hineinkommt; gießt man alsdann Wasser durch, so verstopfen sich dadurch die Löcher des Siebes nicht mit Kaffee. Eine Hauptsache bei der Bereitung des Kaffees ist das Wasser; abgestandenes Wasser darf nie zum Kaffee verwendet werden, dasselbe muß ganz frisch sein. Ein Beisatz von Natron (bi- carbonate of soda), eine Erbse groß auf 1 Quart Wasser, ver= bessert den Geschmack ungemein. Hat man eine Kaffeemaschine, so nimmt man das obere Sieb ab, schüttet den gemahlenen Kaffee hinein, legt das Sieb wieder hinein, füllt das kochende Wasser langsam darüber und schließt mit dem Deckel. Will man Kaffee ohne Maschine bereiten, so schüttet man den gemahlenen Kaffee in einen gut glasirten eisernen Kaffeetopf, welcher nur zu die= sem Zwecke benutzt werden darf, gießt frisches, kochendes Wasser darüber, deckt das Gefäß zu und stellt es auf mäßiges Feuer. Sobald die Flüssigkeit in die Höhe kommt, also einmal aufwallt — noch nicht kocht —, hebt man das Gefäß vom Feuer, rührt den auf der Oberfläche schwimmenden Kaffee ein, deckt den Deckel sogleich darauf, gießt einige Tropfen kaltes Wasser hinein und läßt es 5—10 Minuten seitwärts vom Feuer stehen. Dann gießt man den Kaffee in eine mit heißem Wasser ausgespülte Kaf= feekanne recht klar ab. Man rechnet auf 1 Tasse 1 gehäuften Eß= löffel Kaffeepulver. Bedient man sich zum Durchziehen des Kaffees eines Kaffeebeutels, so muß derselbe nach jedesmaligem Gebrauch mit heißem Wasser gewaschen und nie an der Luft oder Sonne, sondern stets am Ofen getrocknet werden. Das Aufwärmen des Kaffees geschieht am besten in einem Porzellangefäße, welches man in heißes Wasser stellt.

Malzkaffee (Malt Coffee). Sowohl aus Sparsamkeits=, als auch aus Gesundheitsrücksichten ist dieser Kaffee sehr zu empfeh= len. Bleichsüchtige, nervöse Personen sollten den Malzkaffee rein trinken, ohne Beimischung von Bohnenkaffee. Wer sich des Genusses von Bohnenkaffee nicht entwöhnen kann, trinke eine Mischung von halb Bohnenkaffee und halb Malzkaffee. Man nimmt vom Malz= kaffee dasselbe Quantum wie bei der Zubereitung des Bohnenkaffees, und verfährt damit genau so wie mit letzterem.

Wiener Kaffee (Vienna Coffee). Man schlägt 1 Eiweiß zu steifem Schaum, vermischt diesen mit einer gleichen Quantität ge= schlagenem süßen Rahm und gießt unter Rühren den heißen Kaffee dazu.

Thee (Tea). Man unterscheidet 2 Hauptsorten, den schwar= zen und den grünen Thee. Der letztere ist sehr oft gefälscht und außerdem den Nerven schädlich. Eine gute Sorte für den Hausge= brauch ist der Soochong=Thee. Alle Zusätze, wie Vanille, Zimmt und dergleichen sind zu vermeiden, sie beeinträchtigen nur das feine Theearoma. Man nimmt 1 Theelöffel Blätter auf 2 Theetassen in eine heiß ausgespülte Theekanne, gießt soviel kochendes Wasser dar= auf, daß dieselben gut damit bedeckt sind, und läßt den Thee, fest zugedeckt, 5 Minuten ziehen, gibt dann genügend kochendes Wasser hinzu, läßt ihn wieder etwas stehen und der Thee ist zum Trinken fertig. Wird derselbe nicht sogleich getrunken, so muß er von den Blättern ab in eine andere, mit kochendem Wasser ausgespülte Kanne gegossen werden, sonst nimmt er einen herben Geschmack an. Wei= ches Wasser macht den Thee angenehmer, als hartes, und Rahm oder Milch sollten ungekocht dazu gegeben werden.

Milch=Chocolade (Milk Chocolate). Man rechnet 1 Unze Chocolade auf 1 Tasse Milch. Man bricht oder schneidet die Chocolade in Stücke, gibt etwas Milch in eine Pfanne und läßt die Chocolade an einer warmen Herdstelle unter häufigem Umrühren auflösen. Dann schüttet man die übrige Milch hinzu, läßt sie noch 10 Minuten kochen und gibt dann 2 schaumig gerührte Eigelb, so= wie 1 Prise Salz hinein. 1 Löffel Schlagrahm auf jede Tasse gesetzt, ist vorzüglich. Einige ziehen den Zusatz von etwas Wasser dem Gebrauche der reinen Milch vor.

Wein=Chocolade (Wine Chocolate). ½ Flasche guter Weißwein wird mit 2 Unzen Chocolade und 1 gehäuften Theelöffel Zucker gekocht und mit 2 Eigelb, welche man vorher mit etwas Wein gut verrührt hat, vermischt. Man rührt die Chocolade, bis man dieselbe servirt. Es ist ein angenehmes und nahrhaftes Getränk, besonders wenn man an nassen Wintertagen durchfroren heimkehrt.

Cacao (Cocoa). Die präparirten Sorten sind in der Zusammensetzung wie Zubereitung sehr verschieden. Man bereite ihn nach der auf den Paketen angegebenen Anweisung. Als Regel gilt, daß man für 1 Tasse 1 gehäuften Kaffeelöffel Cacao mit 1 Löffel heißem Wasser verrührt, 2 Theelöffel Zucker und 1 kleine Prise Salz beifügt und dann mit kochender Milch oder kochendem Wasser auffüllt und einmal aufwallen läßt.

WarmBier (Hot Beer). In einem glasirten, 2 Quart haltenden Topfe kocht man 1 Quart mixed ale oder Lagerbier und fügt ½ Tasse Zucker, 1 Theelöffel Salz, etwas ganzen Zimmt und Citronenschale hinzu. Dann rührt man 2 Löffel Mehl mit etwas kaltem Wasser an, gibt es zu dem Biere und läßt aufkochen; hierauf rührt man 2 Eier mit etwas kaltem Wasser, gießt etwas von dem heißen Warmbier unter fortwährendem Rühren hinzu, alsdann dieses wieder zurück zu dem übrigen Bier und läßt nun darin ein wenig frische Butter zergehen. Nach Belieben kann man 1 Löffel Rum oder Brandy dazu schütten. Schmeckt gut an einem kalten Winterabend.

Limonade (Lemonade). Den Saft einer Citrone mischt man (ohne die Kerne) mit 1 Quart kochendem Wasser, fügt 2 Löffel Zucker hinzu, läßt es erkalten, füllt es in eine Flasche und gibt es Fieberkranken. Heiße Citronenlimonade ist ein gutes, schweißtreibendes Hausmittel.

Reiswasser (Rice Water). ¼ Pfund Reis wird abgebrüht, mit Wasser und etwas ganzen Zimmt ausgequollen und mit oder ohne Zucker schleimig verkocht; erkaltet wird es den an Diarrhöe leidenden Kranken gegen den Durst gegeben.

Gerstenwasser (Barley Water). 1 Tasse Gerste wird mit dem Safte einer Citrone und ein wenig Salz in 3 Pint Wasser

1 Stunde gekocht und dann durch ein Sieb gegossen, aber nicht ge=
drückt. Man kann es, sobald erkaltet, versüßen oder auch noch etwas
Citronensaft zusetzen.

Aepfelwasser (Apple Water). 6 etwas säuerliche Aepfel
schneidet man in recht kleine Stücke und legt dieselben in eine Por=
zellanschüssel; nun siedet man 1½ Quart Wasser mit 1 Unze Kan=
diszucker, gießt den Sud über die Aepfel und deckt die Schüssel zu.
Nach ¼ Stunde gibt man es durch ein Sieb und füllt das Aepfel=
wasser in Flaschen.

Haferschleim (Oatmeal Water). Gute, feine Hafergrütze
wird gewaschen, mit kaltem Wasser aufgestellt und 1 Stunde unun=
terbrochen langsam gekocht. Dann gießt man es durch ein Sieb und
fügt etwas Citronensaft oder Rothwein hinzu.

Limonade von Fruchtsaft (Fruit Lemonade).
Man nimmt dazu 1 Theil Himbeer=, Erdbeer=, Johannisbeer= oder
Kirschensaft und 2 Theile frisches Brunnenwasser, sowie Zucker nach
Belieben.

Himbeersaft (Raspberry Juice). Man preßt den Saft
frischer, reifer Himbeeren aus und nimmt auf 1 Pfund Saft 1½
Pfund Zucker, kocht es zusammen ganz klar, so daß beim Eintauchen
Perlen am Löffel hängen, nimmt den Schaum ab, füllt den Saft
in Flaschen, verkorkt und verpicht dieselben und bewahrt sie an einem
kühlen Orte auf.

Glühwein (Mulled Wine). ¼ Pfund Zucker, 1 finger=
langes Stück Zimmt nnd 4 Nelken werden mit 1 Pint Wasser ¼
Stunde gekocht, dann 1 Flasche Rothwein dazu gegossen und nach
einmaligem Aufwallen durch ein Sieb in eine Schüssel oder in er=
wärmte Gläser gefüllt.

Milchpunsch (Milk Punch). Zu 1 Glas Milch fügt
man 1 oder 2 Theelöffel Brandy, Rum oder Sherry, schüttelt es
gut durch und streut etwas geriebene Muskatnuß darüber.

Weinpunsch (Wine Punch). 1 Flasche leichter Roth=
oder Weißwein wird mit ¼ Pfund Zucker heiß, aber nicht kochend
gemacht und der Saft von 1 Citrone oder von 2 Orangen und ¼

Flasche Rum oder Arak hinzu gegeben. Starker Wein wird mit Wasser verdünnt.

Maiwein (May Wine). Um diesen schon im Mittelalter „Herzfreund" benannten Trank richtig herzustellen, läßt man 1 Hand= voll im April oder Mai vorsichtig gepflückten jungen Waldmeister einige Stunden an der Luft welk werden und dann in einer Schüssel mit Wein, die Stiele nach oben gekehrt, 12 Minuten ziehen. Von dieser Essenz mischt man der eigentlichen Bowle soviel zu, bis sie den gewünschten Geschmack erhält. Man rechnet als Zusatz zu der Flasche leichten Weiß= oder Moselweins 2—3 Unzen in etwas Wasser aufgelösten Zucker; auch kann man 1 der Länge nach in dünne Schei= ben getheilte Orange und eine Tasse schöne Erdbeeren beifügen.

Das Einmachen der Früchte.

Der Nährwerth des Obstes ist nicht bedeutend, der Genuß dessel=
ben wirkt aber auf die Verdauung anderer zugleich genossener
Speisen vortheilhaft ein und bildet durch den Gehalt milder Säuren
ein vortreffliches Fiebermittel. Magenkranken sollte alles Obst nur
gekocht und durchgeschlagen gegeben werden. Die Mannigfaltigkeit
und Billigkeit der in diesem Lande gedeihenden Früchte sollte jede
Hausfrau veranlassen, die Erntezeit des Obstes nicht unbenutzt vor=
übergehen zu lassen, um durch Einmachen desselben sich dessen Genuß
auch für den Winter zu sichern.

Das Obst oder die Früchte werden mit kaltem oder heißem
Wasser, oder auch mit aufgelöstem Zucker und Wasser in einem gla=
sirten (porcelain lined) Topfe, in welchem nichts Fettiges gekocht
worden ist, zum Kochen gebracht. Zum Umrühren benutzt man einen
hölzernen oder Porzellanlöffel. Während des Früchtekochens sollte
nie Suppe oder Braten auf dem Ofen zubereitet werden, weil der
Fettdunst den Geschmack des Obstes verdirbt. Die gekochten Früchte
füllt man, noch kochend heiß, bis an den Rand in die vorher gut
gereinigten Gläser oder Töpfe, läßt dieselben, mit einem Tuche zuge=
deckt, etwas erkalten, bedeckt sie mit Papier, welches in Rum oder
Brandy oder, noch besser, in aufgelöste Salicylsäure getaucht worden
ist (auf 6 Löffel Alcohol 1 Messerspitze Salicylsäure), schließt die=
selben oder bindet sie mit einem Papier fest zu. Am vortheilhafte=
sten zum Einmachen der Früchte sind die Einmachgläser mit luft=
dichtem Verschluß (patent jars), doch müssen dieselben vor dem
Einfüllen der Früchte (um das Zerspringen zu vermeiden) in heißem
Wasser erwärmt werden. Man achte darauf, ob der Gummiring gut
paßt oder verhärtet ist. Verhärtete Gummiringe legt man vorher in
Wasser, welchem etwas Ammonia beigesetzt ist, das die Ringe wie=
der weich macht. Nach dem Erkalten schraubt man den Deckel noch
etwas fester, da derselbe während des Erkaltens sich manchmal lockert.

Das Schwefeln der Gläser vor dem Füllen ist nicht gerade nothwendig, wenn man die Gläser nach dem Ausleeren sauber gewaschen und getrocknet, den Ring in das Glas gelegt und den Deckel nur lose angeschraubt hat. Ein Ausspülen mit heißem Wasser genügt dann, ehe man frischen Vorrath hineinfüllt. Das Schwefeln der Gläser geschieht, indem man auf eine Kohlenschaufel gestoßenen Schwefel oder Schwefelfaden legt, denselben anbrennt und das Glas darüber hält, bis es mit Schwefeldunst gefüllt ist, worauf man so schnell als möglich die noch heißen Früchte hineinfüllt. Die rund zugeschnittenen Papiere zum Bedecken der Frucht oder zum Binden müssen schon vorher bereit liegen, um den Hinzutritt der Luft möglichst zu vermeiden. Hat man nicht genügend Ringe und Deckel zum Verschluß der Gläser oder Krüge, so kann man einen Verschluß auf folgende Art herstellen: Ueber die gefüllten Gläser bindet man recht straff ein Stückchen reinen Musselin, legt darauf 1 Zoll hoch reine Watte, bindet diese fest und zuletzt ziemlich dickes Papier darüber. Ein luftiger, trockener und dunkler Aufbewahrungsort ist für alle eingemachten Früchte nothwendig; in feuchten Kellern verschimmelt Alles. Der Ordnung wegen ist zu empfehlen, an jedes Glas einen Zettel mit dem Namen der Frucht und der Jahreszahl zu kleben.

Zwei Wochen nach dem Einmachen sieht man nach, ob sich Schimmel auf der Frucht gebildet hat oder Gährung eingetreten ist. Bei Schimmelbildung muß der Schimmel mit einem silbernen Löffel vorsichtig entfernt und die Frucht nochmals aufgekocht werden; sind es Früchte mit Saft, so gießt man den Saft rein ab, bringt ihn mit etwas Zucker in einem emaillirten Topf zum Kochen, füllt den Saft in das Glas zurück und verschließt es sofort. Bei Marmelade genügt es, daß man die schlecht gewordene Stelle abnimmt, die Gläser in einen Topf auf eine Schichte Heu oder Stroh stellt, den Topf bis ¾ Höhe der Gläser mit kaltem Wasser anfüllt und den Inhalt der Gläser allmählich heiß werden läßt, worauf man dieselben wieder gut verschließt. Gehen die eingemachten Früchte in Gährung über, so ist das ein Beweis, daß der Zuckergehalt zu gering ist. Die Früchte müssen dann nochmals aufgekocht und dabei muß mehr Zucker zugesetzt werden.

Zum Einmachen benutze man immer granulirten Zucker, da derselbe seiner Reinheit wegen den anderen Sorten vorzuziehen ist.

Den Zuckersyrup oder geläuterten Zucker zum Einmachen der Früchte bereitet man, indem man auf 1 Pfund Zucker ½ Pint Wasser in einen emaillirten Topf gießt, es zum Kochen bringt und den sich bildenden Schaum abnimmt, bis der Zucker klar und durchsichtig erscheint.

Pfirsiche in Zucker eingemacht (Preserved Peaches). Zu 3 Pfund Pfirsichen nimmt man 3 Tassen Wasser und zu jedem Pfund Pfirsiche ¼ Pfund Zucker. Die Pfirsiche werden in ein Sieb gelegt und dieses 1 Minute in kochendes Wasser gehängt; hierauf werden sie geschält und, damit sie ihre schöne Farbe behalten, in kaltes Wasser gelegt. Man kann die Frucht ganz lassen, oder man halbirt und entfernt dieselbe. Unterdessen stellt man Zucker und Wasser in einem emaillirten Topf auf das Feuer. Wenn es kocht, legt man so viele Pfirsiche hinein, als auf der Oberfläche Platz haben, läßt sie eben aufkochen (zerkochen dürfen sie nicht), legt sie in die vorher heiß gemachten Gläser, und fährt so fort, bis alle Pfirsiche gekocht sind; dann vertheilt man den kochenden Saft in die Gläser bis zum Ueberlaufen und schraubt sie zu. Nachdem die Gläser erkaltet sind, schraubt man noch ein wenig nach.

Aprikosen (Apricots) behandelt man auf gleiche Weise, ebenso Birnen (pears), nur taucht man die letzteren vor dem Schälen nicht in kochendes Wasser.

Pfirsiche in Brandy eingemacht (Brandied Peaches). Man legt die Pfirsiche einige Minuten in kochendes Wasser und zieht die Haut ab. Dann kocht man für jedes Pfund Pfirsiche einen Syrup aus ½ Pfund Zucker und ½ Theetasse Wasser, schäumt ab und kocht die Früchte darin etwas weich, aber ja nicht lange. Hierauf nimmt man sie vorsichtig heraus und füllt sie in Gläser. Dann nimmt man den Syrup vom Feuer und mischt zu jedem Pfund Pfirsiche ½ Pint guten Brandy und gießt den Syrup über die Früchte.

Pfirsiche in Essig (Pickled Peaches). Man schüttet kochendes Wasser über die Früchte, zieht die Schale ab und legt sie ungetheilt in einen emaillirten Topf, gießt so viel Wasser darüber, daß sie oben bedeckt sind, läßt sie einmal aufkochen und nimmt sie heraus. Dann fügt man dem Wasser für je 7 Pfund Frucht 3 Pfund Zucker bei. Unter stetem Abschäumen wird dieser Syrup 15 Minuten gekocht und dann Folgendes hinzugefügt: auf die ange= gebene Quantität 3 Pints besten Wein= oder Ciberessig, 1 Eßlöffel ganze Nelken, ebensoviel ganzen Zimmt, einige Senfkörner und ein Stückchen Ingwer, alles dies in ein Müllsäckchen eingebunden. Nach= dem Alles 10 Minuten tüchtig zusammen gekocht, wird die Frucht hineingegeben und so lange darin gekocht, bis sie sich mit einem Strohhalm durchstechen läßt. Nun nimmt man sie heraus und läßt sie auf Platten abkühlen. Der Syrup wird dicklich eingekocht, die Früchte in Steintöpfe eingesetzt und dann der Syrup kochend heiß übergegossen; er muß die Früchte völlig bedecken.

Eingemachte Erdbeeren (Preserved Strawberries). Alle weichen Früchte sollte man nur in den zur Aufbewahrung be= stimmten Einmachgläsern kochen. Man füllt die Gläser so voll als möglich mit ausgelesenen, abgezupften, aber nicht überreifen Erdbee= ren, kocht einen Syrup von Zucker und Wasser ($\frac{1}{2}$ Pfund Zucker für 1 Quart Erdbeeren) unter Abschäumen klar, gießt davon in die mit Frucht gefüllten Gläser, schraubt den Deckel (ohne Gummiring) leicht auf, setzt sie in den Waschkessel auf ein untergelegtes Bret oder Stroh, ohne daß die Gläser sich berühren, füllt den Kessel mit so= viel kaltem Wasser, daß die Gläser etwa 2 Zoll daraus hervorragen, und bringt das Wasser allmälig zum Kochen. Nach 2 Minuten füllt man, da die Beeren etwas einschrumpfen, noch etwas Frucht nach und läßt sie noch 5 Minuten in dem kochenden Wasser. Nach= dem man die Gläser vorsichtig herausgenommen, füllt man dieselben bis an den Rand mit bereit gehaltenem, kochenden Zuckersyrup, schraubt den Deckel fest darüber und dreht denselben nach dem Er= kalten noch etwas fester.

Eingemachte Heidelbeeren (Preserved Huckleber. ries) werden wie Erdbeeren behandelt, nur läßt man dieselben mit etwas ganzem Zimmt $\frac{1}{2}$ Stunde kochen.

Eingemachte Himbeeren (Preserved Raspberries) behandelt man auf dieselbe Weise, nur nimmt man auf 1 Quart Beeren $\frac{1}{4}$ Pfund Zucker.

Eingemachte Brombeeren (Preserved Blackberries) werden wie Himbeeren behandelt.

Eingemachte Kirschen (Preserved Cherries). Die ausgekernten Kirschen werden wie Erdbeeren zubereitet, nur müssen die Gläser mit den Kirschen 20 Minuten in dem kochenden Wasser bleiben und braucht 1 Pfund saure Kirschen ½ Pfund Zucker, während für süße Kirschen (oxhearts) ¼ Pfund genügt.

Eingemachte Ananas (Preserved Pineapples). Die Frucht wird geschält und die Augen, sowie alles Farbige mit einem spitzen Messer entfernt; dann schneidet man die Ananas in ½zöllige Scheiben. Zu 1 Pfund Frucht mischt man ¾ Pfund Zucker und läßt sie mit einem Tuche zugedeckt über Nacht stehen. Am nächsten Morgen läßt man Alles in einem emaillirten Topfe ¼ Stunde kochen, legt mit einem Schaumlöffel die Scheiben in erwärmte Einmachgläser, läßt den Syrup noch etwas kochen, gießt denselben heiß über die Scheiben, bis diese damit bedeckt sind, und verschließt das Glas.

Eingemachte Himbeeren und **Johannisbeeren** (Preserved Currants and Raspberries). Zu jedem Quart rother Himbeeren mischt man in einem emaillirten Topfe 1 Tasse Johannisbeersaft und ½ Pfund Zucker, bringt es zum Kochen, füllt die erwärmten Gläser bis zum Rande und schraubt dieselben sofort zu.

Eingemachte Birnen (Preserved Pears). Man rechnet auf jedes Pfund reifer, aber noch fester Birnen (am besten eignen sich die Bartlettbirnen) 1 Pfund Zucker, schält und halbirt die Früchte, läßt sie in Wasser ziemlich weich kochen, legt sie dann in kaltes Wasser, läutert den Zucker zu einem dünnen Syrup, siedet die Birnen darin vollends weich, legt sie in die Gläser, kocht den Saft dick ein und gießt ihn nach dem Erkalten darüber, was man am dritten Tage wiederholt, bevor man die Gläser zuschraubt.

Birnen roth einzumachen (Preserved Pears, another style). 2 Quart gut gelesene und gewaschene Preißelbeeren werden mit 1 Tasse Zucker und 1 Tasse Wasser weich gekocht und der Saft durch einen Geléesack gedrückt. Inzwischen hat man 1½ Pfund

reife, aber noch feste Birnen in Hälften getheilt, geschält und deren
Kernhaus entfernt. Diese Birnen kocht man mit dem Preißelbeersaft,
1 Pfund Zucker und ½ Stange Zimmt unter häufigem Abschäumen
beinahe, aber doch nicht ganz weich, und nimmt sie mit dem Schaum=
löffel heraus. Nachdem sie etwas abgekühlt, legt man die Birnen
in Gläser, kocht den Saft noch dicker ein und gießt ihn, etwas ab=
gekühlt, über die Birnen, welche man gut verschlossen an einem
trockenen Orte aufbewahrt. Auch Himbeersaft läßt sich dazu ver=
wenden, zu dem man dann etwas weniger Zucker nimmt.

Obstmarmeladen oder Fruchtmus.

Alle Marmeladen müssen während des Kochens sehr aufmerksam
behandelt werden, da sie leicht anbrennen.

Offenes Feuer ist möglichst zu vermeiden, am besten kochen sie
auf einer heißen Herdstelle; mit dem Rühren darf nicht ausgesetzt
werden. Man füllt sie heiß in erwärmte Gläser und läßt sie bis
zum andern Tage, mit einem Tuche zugedeckt, offen stehen.

Pfirsich=Marmelade (Peach Marmalade or Jam).
Die Pfirsiche werden geschält, zerschnitten und mit so wenig Wasser
als möglich aufgesetzt, nachdem sie vorher gewogen sind. Sobald sie
ganz weich gekocht, werden sie durchgeschlagen, mit dem gleichen Ge=
wicht Zucker vermischt und dick eingekocht. Wer es liebt, mag in
die erste Masse etwas ganzen Zimmt und 3 oder 4 Nelken, in ein
Läppchen gebunden, mit hineingeben.

Quitten=Marmelade (Quince Marmalade). 1 Pfund
Quittenmark, ¾ Pfund Zucker und 1 Citrone. Man kocht Quitten
in Wasser weich, schält sie und reibt das Mark auf dem Reibeisen
ab, läutert den Zucker, thut das Quittenmark, die feingeschnittene
Schale einer halben und den Saft einer ganzen Citrone dazu und
rührt es in einem irdenen Topf auf gelindem Feuer ununterbrochen,
bis die Marmelade dicklich geworden ist. Sollte dieselbe innerhalb
8 Tagen etwas wässerig erscheinen, so ist ohne Verzug ein Aufkochen
nothwendig.

Apfel=Marmelade (Apple Marmalade). Dieselbe
wird wie Quitten=Marmelade zubereitet.

Dreifrucht-Marmelade (Trio Marmalade). 3 Pfund entkernte schwarze Kirschen werden mit ½ Pfund Zucker gekocht und dann auf die Seite gestellt. Hierauf werden ¾ Quart Himbeeren und ebenso viel Johannisbeeren mit 1½ Pfund Zucker gekocht, noch heiß mit den Kirschen vermengt und in Gläser gefüllt. Schmeckt gut zu Omeletten oder kleinen Torten.

Brombeeren = Marmelade (Blackberry Marmalade). Auf jedes Pfund Brombeeren rechnet man ¾ Pfund Zucker. Beides wird gemischt, gut verrührt, die Beeren etwas zerstampft und die Masse unter fleißigem Umrühren so lange gekocht, bis sie breiig ist und die gewünschte Consistenz besitzt. Zuletzt mag man etwas Johannisbeer=Gelée dazwischen rühren. Auch die mitgekochte Schale einer Citrone oder 1 Stange Zimmt, oder Beides, gibt der Marmelade ein gutes Aroma — doch ist dies Geschmacksache.

Apfelsinen=Marmelade (Orange Marmalade). Zu je 5 Apfelsinen nimmt man den Saft und die geriebene Schale einer Citrone. Man wiegt die Früchte mit der Schale und rechnet ¾ Pfund Zucker auf 1 Pfund Frucht. Die rein abgeriebenen und ge= bürsteten Früchte legt man in einen Topf, übergießt sie mit kaltem Wasser, bringt dasselbe zum Kochen, schüttet es ab, gießt frisches Wasser darüber und kocht die Orangen, bis sich deren Schale leicht mit einem Stecknadelkopf durchstechen läßt. Dann schüttet man sie zum Abtropfen auf ein Sieb, schneidet sie in dünne Scheiben, besei= tigt die Kerne, legt die Orangenscheiben in einen emaillirten Topf, gießt auf je 1 Pfund Frucht 1 Tasse von dem Wasser, worin sie zuletzt gekocht wurden, hinzu, fügt die Hälfte des Zuckers bei und läßt Alles ½ Stunde langsam kochen; hierauf gibt man die andere Hälfte Zucker daran und kocht die Marmelade unter fleißigem Um= rühren, bis sie geléeartig breit vom Löffel läuft, und füllt sie, noch heiß, in Einmachgläser.

Weintrauben = Marmelade (Grape Marmalade). Man kocht reife, ausgelesene Weinbeeren in einem emaillirten Topfe in etwa 2 Stunden zu einem weichen Brei, drückt ihn durch ein feines Sieb, gibt zu jeder Tasse Saft ½ Tasse Zucker, kocht dies zusammen etwa 30 Minuten unter stetem Rühren und füllt es heiß in Gläser.

Obst-Gelees.

Die zu Gelées oder Dicksaft zu kochenden Früchte sollten weder unreif, noch überreif sein. Man kocht die Früchte, bis sie zerfallen, gibt sie dann in einen Flanellbeutel und läßt den Saft, ohne viel zu pressen, in eine Porzellanschüssel tropfen. Hat man eine kleine Fruchtpresse zum Ausdrücken der Früchte, so stellt man den Saft mehrere Stunden hin, damit alles Trübe zu Boden sinkt, und gießt den oberen klaren Saft durch einen Flanellbeutel. In einem emaillirten Topfe läßt man den Saft von der Zeit des Siedens an 20 Minuten, unter öfterem Abschäumen, kochen. Auf 1 Tasse Saft nimmt man 1 Tasse Zucker, erwärmt denselben in einer Schüssel im Backofen oder auf der Herdplatte, und mischt den Zucker nach gegebener Zeit nach und nach, unter fortwährendem Rühren, in den kochenden Saft. Man läßt es noch einmal aufkochen und das Gelée ist zum Herausfüllen fertig. Durch das Erhitzen des Zuckers bildet das Gelée sich sehr schnell und erhält einen „festen Stand". Man füllt alles Gelée noch heiß in die dazu vorbereiteten Gläser. Um das Zerspringen derselben zu vermeiden, stellt man sie in kaltem Wasser (in einer großen Schüssel) auf den Ofen und läßt sie darin erwärmen. 10 Minuten nachdem man den Topf vom Feuer genommen, und sorgfältig die sich gebildete Haut entfernt hat, beginnt man mit dem Einfüllen in die Gläser, deckt ein Tuch darüber und läßt dieselben 12 Stunden ruhig stehen, ehe man sie schließt. Ein Stück reines Brief- oder Wachspapier, genau nach der oberen Weite des Glases geschnitten und in Brandy getaucht, legt man unmittelbar auf das Gelée, legt den Deckel darauf oder bindet es zu. Auch kann man, in Ermangelung des Brandy, ½zöllige Schichten weißen Zuckers direkt auf das Gelée streuen.

Der Aufbewahrungsort soll trocken, kühl, dunkel und vor Ameisen geschützt sein.

Apfelgelée (Apple Jelly). Reife, saftige Aepfel schneidet man, ohne sie zu schälen oder das Kernhaus zu entfernen, in Viertel, kocht sie, kaum mit Wasser bedeckt, bis sie recht weich sind, und drückt den Saft durch einen Flanellbeutel. Den Saft bringt man in einem emaillirten Topfe zum Kochen, fügt zu jedem Pint desselben 1 Pfund erwärmten Zucker hinzu, läßt noch 20—30 Minuten kochen und füllt in Gläser.

Kirschapfelgelée (Crab Apple Jelly). Die in Viertel geschnittenen Aepfel werden weich gekocht, indem man auf 5 Pfund derselben 1 Pint Wasser gebraucht und in derselben Weise wie Apfelgelée behandelt.

Pfirsichgelée (Peach Jelly). Recht saftige Pfirsiche werden in Viertel geschnitten, in verdecktem Gefäß in kochendes Wasser gesetzt und gar gekocht, zusammen mit den zerquetschten Kernen, die man aus den Steinen gelöst hatte. Nun wird der Saft durch ein Flanellsäckchen laufen gelassen und gemessen. Auf jedes Pint rechnet man ¾ Pfund Zucker. Nachdem Beides etwa 15 Minuten gekocht, läßt man zur Probe Etwas auf einer Untertasse erkalten. Sobald dies steif wird, ist das Gelée fertig. Wenn eingefüllt, legt man ein in Rum getauchtes weißes Papier über und verwahrt es luftdicht.

Quittengelée (Quince Jelly). Schalen und Kerngehäuse der Quitten bedeckt man mit Wasser und läßt sie 2 Stunden kochen, gibt sie durch ein feines Sieb und einen Geléebeutel, den Saft mischt man, bringt ihn zum Kochen, mischt auf 1 Pint Saft ¾ Pfund erwärmten Zucker und läßt Alles noch 20 Minuten kochen. Aus dem übrigen Theil der Quitten kocht man Marmelade.

Johannisbeergelée (Currant Jelly). Die reifen (doch nicht überreifen, welche man an ihrer blaßrothen Farbe erkennt) Johannisbeeren werden von den Stielen abgepflückt, in einem emaillirten Topfe mit etwas Wasser aufs Feuer gesetzt und langsam, bis zum Weichwerden der Beeren, gekocht. Auf 6 Pfund Beeren nimmt man 1 Tasse Wasser. Die gekochten Beeren werden hierauf durch einen Geléesack gedrückt, der Saft gemessen und noch 20 Minuten, unter öfterem Abschäumen, gekocht. Den vorher erhitzten Zucker (auf 1 Tasse Saft 1 Tasse Zucker) gibt man unter fortwährendem Rühren in kleinen Portionen hinzu, läßt noch 2 Minuten kochen und nimmt dann sofort den Topf vom Feuer. Mit einer Tasse oder einem Schöpflöffel schüttet man den Saft in einen erwärmten Topf oder Krug, über welchen ein Stück mit warmem Wasser angefeuchtetes cheese cloth gebreitet wird. Den noch heißen Saft füllt

man in erwärmte Gläſer, deckt ein leichtes Tuch darüber und ſchließt
die Gläſer den nächſten Tag. 1½ Quart Johannisbeeren und ½ Quart
Himbeeren zuſammengekocht geben ein beſonders ſchmackhaftes Gelee.

Brombeergelée (Blackberry Jelly),

Himbeergelée (Raspberry Jelly), und

Weintraubengelée (Grape Jelly) werden wie Johan=
nisbeergelée zubereitet.

Preißelbeerſaft (Cranberry Juice). Recht reife Preißel=
beeren werden geleſen, gewaſchen, weich gekocht und in einen Gelée=
ſack geſchüttet. Der durchgelaufene Saft wird vom Bodenſatz abge=
goſſen, zu 3½ Quart Saft 1 Pfund Zucker genommen, aufs Feuer
geſetzt und abgeſchäumt; dann läßt man ihn abkühlen und füllt ihn
in Flaſchen.

In Eſſig und Zucker eingemachte Früchte.

Birnen in Eſſig und Zucker (Pickled Pears).
Bartlett=Birnen oder eine andere aromatiſche Sorte werden geſchält,
und wenn ſie groß ſind, in Hälften getheilt und das Kernhaus
herausgenommen. Kleinere Birnen läßt man ganz. Zu jedem Pfund
Birnen nimmt man ½ Pfund Zucker, 1 Pint Weineſſig und ¼ Unze
ganzen Zimmt, kocht dieſes zuſammen auf, legt die Birnen hinein
und läßt ſie darin kochen, aber nicht zu weich werden. Dann hebt
man ſie heraus, legt ſie in Einmachgläſer, kocht den Saft noch
ſtark ein und gießt ihn, etwas abgekühlt, über die Birnen. Nach
6 Tagen kocht man den Saft nochmals auf.

Biſam=Melonen in Eſſig und Zucker (Pickled
Musk Melons). Nicht zu große und nicht zu reife Melonen wer=
den geſchält, und wenn die Kerne und das Mark rein davon ge=
nommen ſind, in paſſende Stücke geſchnitten; dieſe legt man in eine
Schüſſel, gießt ſoviel guten Weineſſig daran, bis die Melonen da=
von bedeckt ſind, und ſtellt ſie zugedeckt 1 Tag lang an einen küh=
len Ort. Dann wird der Eſſig abgegoſſen und halb ſo viel Zucker,
als die Melonen wiegen, mit dem Eſſig gekocht. Nachdem er ab=
geſchäumt iſt, wird ¼ Unze in kleine Stücke gebrochener Zimmt und
10—12 Nelken dazu genommen, die Melonen darin halb weich ge=

kocht und dann in ein Geschirr umgeleert. Den andern Tag wird der Saft wieder abgegossen; wenn er kocht, werden die Melonen vollends vorsichtig weich gekocht, nach ihrem Erkalten in Töpfe oder Gläser gelegt, mit dem Saft begossen, gut zugebunden und an einem kühlen Orte aufbewahrt.

Wassermelonen (Water Melons) werden auf dieselbe Art wie Bisam-Melonen eingemacht, haben aber nicht den feinen Geschmack und Geruch wie die letzteren.

Pflaumen in Essig und Zucker (Pickled Prunes). 5 Pfund schöne ausgesuchte, reife Pflaumen oder Zwetschgen werden mit einem weichen Tuche abgerieben. 1 Quart Essig, $2\frac{1}{4}$ Pfund Zucker, etwas Zimmt und 8 Gewürznelken kocht man auf, legt nach und nach die Pflaumen in die gekochte Flüssigkeit, und sobald einige anfangen zu platzen, nimmt man nur diese heraus und legt sie in einen Einmachtopf oder Glas. Sind alle Pflaumen auf diese Art gar gekocht, so gießt man den heißen Saft darüber. 2 Tage nach einander kocht man den Saft wieder auf, gießt ihn über die Früchte, bindet den Topf gut zu und stellt ihn an einen luftigen Ort.

Senfbirnen (Mustard Pears). Die harten Winterbirnen eignen sich am besten dazu; sie werden ungeschält gewaschen, mit Wasser bedeckt und gekocht, bis sie sich durchstechen lassen. Ganz weich dürfen sie nicht werden. 1 Quart von der Brühe, worin die Birnen gekocht wurden, vermischt man mit 1 Tasse Essig, kocht die Flüssigkeit mit $1\frac{1}{2}$ Pfund Zucker und 4 Unzen gemahlenem Senf= mehl auf und läßt sie erkalten. Die Birnen, welche man indessen auf einem mit reinem Tuche bedeckten Tische hat abkühlen lassen, legt man in einen Steintopf, schüttet die kalte Senfbrühe darüber, beschwert sie mit einem kleinen Teller und bedeckt sie noch mit einem Senfbeutel. Bevor man die Birnen mit der Senfmischung übergießt, kann man mit einem spitzen Messer die Blüthen herausstechen. Mit Papier gut zugebunden, bewahrt man die Birnen an einem trocke= nen Orte auf.

Gemüse in Essig und Salz einzumachen.

~~~❦~~~

Die Fässer oder Steintöpfe, worin das Gemüse aufbewahrt wer= den soll, müssen gut ausgescheuert, mit heißem Wasser ausge= brüht und an der Luft getrocknet werden. Benutzt man zum Kochen einen Kupferkessel, so lasse man das Gemüse nach dem Kochen u n = t e r k e i n e r B e d i n g u n g in dem Kessel stehen, sondern nehme es sofort heraus, da sonst die Gefahr einer Vergiftung eintreten könnte. Das eingemachte Gemüse bedeckt man mit einem reinen Tuche und beschwert es mit einem Bretchen und einem Stein, damit stets Brühe über dem Gemüse steht. Etwa alle 2—3 Wochen reinigt man den inneren Rand der Fässer und spült das Tuch, Bret und Gewicht ab. Fehlt Brühe, so löst man Salz in kochendem Wasser auf und füllt es, nachdem es erkaltet ist, über das Gemüse, jedoch nehme man die oberste Schichte, die durch Trockenstehen vielleicht schon gelitten hat, vorher ab.

Salzgurken (Salt Pickles). Die Gurken werden über Nacht in Wasser gelegt, damit etwaiger Sand recht losweiche, dann bürstet man sie gut ab. In einem wohlgebrühten Fasse oder Stein= topfe belege man den Boden dick mit Dill, etwas ganzem schwarzen Pfeffer, frischem Meerrettig in Stücke geschnitten, Senfsamen, etwas frischem grünen Pfeffer und, wenn möglich, einigen unreifen Wein= trauben. Darüber kommt 1 Lage Gurken, dann wieder 1 Lage Ge= würze und so fort, bis das Gefäß voll ist. Auf 5 Quart Wasser nimmt man 2—3 Handvoll Salz und knapp 1 Pint Essig, läßt die Flüssigkeit aufkochen und schüttet sie kochend über die Gurken. Es muß so viel sein, daß dieselben völlig bedeckt sind. Obenauf legt man noch 1 Lage Dill, bedeckt und beschwert das Ganze. Man hüte sich, Kirschen= oder Weintraubenblätter mit einzulegen, sie sind oft Schuld am Verderben der eingemachten Gurken.

Essiggurken (Vinegar Pickles). Hierzu wählt man kleine, fingerdicke, warzige Gurken. Man bürstet sie gut, dann läßt man sie in einer Salzlake, stark genug um ein Ei zu tragen, 24 Stunden liegen. Nachdem sie dann abgelaufen sind, legt man sie mit ebensolchen Zuthaten, wie oben angegeben, unter Hinzufügung von etwas Lorbeerblättern, Nelken und Fenchel in die Töpfe ein, so dicht wie möglich zusammen. Guter Weinessig, genug zum Ueberragen der Gurken, wird aufgekocht, heiß über die Gurken gegossen und 4—6 Tage darüber stehen gelassen. Nach dieser Zeit wird der Essig wieder aufgekocht, abgeschäumt und übergegossen. Nach dem Erkalten bindet man sie fest zu.

Senfgurken (Mustard Pickles). Völlig ausgewachsene gelbliche Gurken werden geschält und der Länge nach in 4—8 Theile gespalten. Sind sie sehr lang, so schneidet man sie auch noch einmal quer durch. Vorher schon, wenn sie erst in Hälften geschnitten sind, schabt man mit silbernem Löffel alles Weiche heraus, legt die Gurken auf eine große Porzellanplatte und bestreut sie stark mit Salz. So bleiben sie über Nacht stehen. Am anderen Tage trocknet man sie mit einem Tuche ab und legt sie in die Gläser oder Steintöpfe, dicht auf einander, ein. Zwischen jede Lage kommen kleine Quantitäten folgender Gewürze: Pfeffer, Nelken (die Köpfchen ausgebrochen, weil sie die Gurken fleckig machen würden), Lorbeerblätter, Meerrettig, Chalotten und reichlich Senfkörner. Nun kocht man besten Weinessig auf und gießt ihn kochend heiß über die Gurken. Damit die Gefäße nicht springen, ist es gut, wenn man sie vorher eine zeitlang Wasserdämpfen aussetzt. So bleiben nun die Gurken 3 Tage stehen, nach welcher Zeit der Essig abgegossen, aufgekocht, geschäumt und wiederum über die Gurken geschüttet wird. Nach dem Erkalten luftdicht verwahren.

Zuckergurken (Sugar Pickles). Junge, fleckenlose Gurken werden gut gereinigt, dann halb durchschnitten, das Mark herausgeschabt und mit wenig Salz einige Stunden stehen gelassen, worauf man sie gut abtrocknet. Wasser mit etwas Essig versetzt läßt man ins Kochen kommen, gibt die Gurken hinein, läßt sie ein wenig aufkochen und schüttet sie dann auf einen Durchschlag. Dann wird Weinessig mit Zucker aufgekocht (1 Pfund auf 1 Quart). Die Gurken werden schichtweise mit ganzem Zimmt und Nelken in Steintöpfe eingelegt; der Essig wird kochend darüber gegossen oder man kann die Gurken auch einmal darin aufwallen lassen. Wenn Alles erkal= tet ist, bindet man das Gefäß mit Papier zu.

Salzbohnen (Pickled Beans). Die Bohnen werden ge= waschen, dann der Länge nach recht fein geschnitten, am besten mit einer kleinen Bohnenschneidemaschine, und mit Salz durchmengt (un= gefähr 2 Handvoll auf jeden Eimer). So läßt man sie (nicht in Metall!) über Nacht stehen. Am andern Tag drückt man sie fest in ein wohlausgebrühtes Fäßchen oder einen großen Steintopf, läßt aber die über Nacht ausgezogene Brühe zurück. Zwischen die ein= zelnen Lagen kann man nochmals eine Prise Salz streuen, ferner wird Bohnenkraut dazwischen hineingelegt. Es ist besser, das Boh= nenkraut straußweise zu benützen, anstatt die Blätter abzustreifen, weil man es dann einfach entfernen kann, und die Bohnen für die Tafel reiner aussehen. Obenauf kommt etwas mehr Salz, dann drückt man ein vierfach zusammengelegtes Tuch ringsum unter, legt einen Holz= oder Porzellandeckel auf und beschwert die Bohnen recht tüchtig, so daß sehr bald die Brühe übersteht. Es muß immer nach= gesehen werden, daß sie nicht trocken liegen. Das Schleimige und Unreine, das sich nach oben zieht, muß beim jedesmaligen Heraus= nehmen von Bohnen sehr vorsichtig mit dem Tuche abgenommen und das letztere gut ausgewaschen werden. Diese Bohnen können dann in verschiedener Weise als Gemüse und auch zum Bohnensalat ver= wendet werden.

Sauerkraut (Sauerkraut). Zum Einmachen des Sauer= krautes eignet sich am besten ein Faß, in welchem Weißwein lagerte. Was für ein Faß aber auch genommen wird, immer muß es vor dem Gebrauch mit Sodawasser ausgebürstet, mit kochendem Wasser gebrüht und an der Luft getrocknet werden. Das Kraut muß fest und hart sein und muß bald nach dem Ernten verbraucht werden, da die Köpfe durch langes Liegen viel von ihrer Zartheit und an Saft verlieren, so daß das Kraut dann zähe und trocken wird. Der Strunk wird herausgeschnitten und dann das Kraut möglichst fein und langfaserig gehobelt, worauf es so lange mit Salz durchgeschüt= telt wird, bis es sich feucht anfühlt; man muß sich hüten, zu viel Salz daran zu thun, $\frac{1}{4}$ Pfund genügt für 10—12 Köpfe. Zuviel Salz macht das Kraut hart. Der Boden des Fasses wird mit Salz

bestreut, dann drückt man das Kraut mit der flachen Hand ein.
Man kann auch das Salz erst beim Einpressen zufügen, indem man
es zwischen die Lagen streut. Als Zuthaten beim Einmachen des
Krautes benutzt man Viertel saurer Aepfel, grüne Trauben, Wach=
holderkörner, Dill oder Kümmel. Doch kann man alle diese Zutha=
ten ebensogut beim Kochen hinzugeben oder ganz weglassen. Zuletzt
belegt man die Oberfläche mit ganzen Krautblättern, legt einen
Holzdeckel über und darauf einen schweren Stein (keinen Ziegelstein),
so daß die Brühe über das Kraut treten kann, d. h. direct über die
Krautblätter; unterhalb des Holzdeckels muß vorerst ein reines weißes
Tuch übergelegt und ringsum untergestopft werden. Die Unreinlich=
keiten, welche sich später durch die Gährung nach oben ziehen, wer=
den sammt dem Tuche abgenommen. Nachdem der Rand, den die=
selben innen am Faße bilden, gut mit einem Tuche abgewaschen und
auch das Tuch gut gereinigt ist, wird das Kraut wieder wie vorher
bedeckt und beschwert. Diese Procedur wird wiederholt, so oft dem
Fasse eine Portion Kraut entnommen wird. Die richtige Zeit zum
Einlegen des Sauerkrautes ist die zweite Hälfte des October. In
6 Wochen ist das Kraut fertig zum Gebrauch.

Blumenkohl in Essig (Pickled Cauliflower). Fester
weißer Blumenkohl wird in zierliche Stückchen zerschnitten, abgeschält,
in siedendem Salzwasser nicht zu weich gekocht und, wenn er gut
abgelaufen, mit Meerrettig, Estragon, Lorbeerblättern und Pfeffer=
körnern in ein Einmachglas gelegt, mit Essig begossen und zugebun=
den.

Spargel in Essig (Pickled Asparagus) wird wie Blu=
menkohl zubereitet.

Perlzwiebeln in Essig (Small White Onions, Pickled).
Man legt die kleinen Zwiebelchen 24 Stunden in kaltes Wasser,
zieht sie dann wie Mandeln mit den Fingern ab, legt sie in Salz=
wasser, welches stark genug ist, ein Ei zu tragen, läßt sie 2 Tage
darin liegen und schüttet sie zum Ablaufen auf ein Sieb. Dann
bringt man guten Essig mit einigen weißen Pfefferkörnern zum Ko=
chen, läßt die Zwiebelchen darin ziemlich weich kochen, nimmt sie mit
dem Schaumlöffel heraus, schüttet sie in Gläser oder einen Steintopf
ein, wobei man nach Belieben noch Estragon, Ingwer oder Meerret=
tigstückchen dazwischen legen kann, gießt den Essig darüber und

bindet mit Papier zu. Die Perlzwiebeln dienen als Beilage zu Suppenfleisch und Hammelsbraten; auch eine Stunde in Hammel- oder Rindfleisch-Ragout gekocht, geben sie demselben einen würzigen Geschmack. Beim Anrichten legt man sie wie aneinandergereiht an den Rand der Schüssel.

Tomato Catsup. Aller Catsup muß in einem glasirten Topfe gekocht und in Gläsern oder Steintöpfen aufbewahrt werden. Zeigen sich im Catsup weiße Flecken, so ist er verdorben und unge- nießbar. Vor zu vielem Gebrauch des Catsup ist zu warnen; Kin- dern ist der Genuß desselben nicht zu gestatten und selbst Erwachsene sollten hierin mäßig sein. Man nimmt 1 Peck Tomaten, schneidet die Stielenden aus, wäscht sie und kocht sie in einem Granittopfe recht weich; nach dem Erkalten drückt man sie durch einen Durch- schlag oder Sieb. Dann setzt man sie wieder auf das Feuer, fügt je 1 Eßlöffel Salz, gemahlenen schwarzen Pfeffer, gestoßene Nelken, Selleriesamen (in einem Muslinsäckchen), 1 Theelöffel Cayennepfeffer, sowie 2 Unzen Senfmehl hinzu und kocht 6 Stunden unter öfterem Umrühren; in der letzten Stunde muß fortwährend gerührt werden. Vor dem Erkalten setzt man noch 1 Pint guten Essig dazu und nimmt den Selleriesamen heraus; nach dem Erkalten wird der Cat- sup in Flaschen gefüllt, verkorkt und versiegelt an einem dunklen Orte aufbewahrt. 1 Peck Tomaten gibt 4—5 Quart Catsup.

Tomatenbeiguß (Tomato Sauce). Vollreife Tomaten werden gewaschen, klein zerschnitten und in einem glasirten Topfe auf ein mäßiges Feuer gebracht. Sobald die Masse durchwärmt ist, kann man einen Durchschlag oben aufdrücken und aus diesem das sich ansammelnde Wasser schöpfen. Sind die Früchte weich ge- kocht, so rührt man sie durch ein Drahtsieb und entfernt alle Schalen und Kerne. Das gewonnene Mus kocht man langsam zu einer sämigen Beschaffenheit, ohne dasselbe anbrennen zu lassen, füllt die Masse heiß in Flaschen, die man sofort gut verkorkt und an einem dunklen Orte aufbewahrt. Dieser dünne, reine Tomatensaft ist sehr wohlschmeckend und empfehlenswerther, als der stark gewürzte Catsup.

Chilenischer Beiguß (Chili Sauce). 18 reife, geschälte Tomaten schneidet man nebst 1 grünen Pfefferschote sehr fein, ebenso 1 Zwiebel, fügt 1 Löffel Salz, 1 Tasse Zucker, 2 Tassen guten

Essig und 2 Löffel gemahlenes, gemischtes Gewürz (allspice) hinzu, kocht dies 2—3 Stunden, schlägt es durch und füllt in Flaschen.

Champignonzucht im Pferdestalle oder Keller. Man füllt 36 Zoll lange, 12 Zoll breite und halb so hohe Kasten mit einer guten, durcheinander gearbeiteten Mischung fetter Lauberde und einem verrodeten Pferdemist, beides zu gleichen Theilen, breitet in die Mitte der Erdmischung eine Lage Champignonbrut, setzt die Kasten auf ein Lattengestell und zieht einen Vorhang von oben bis unten davor, um das Licht, welches die Entwicklung der Pilze stört, abzuhalten, dagegen die ammoniakalische Atmosphäre des Pferdestalles auf die Champignons einwirken zu lassen. Die Erde wird so oft es nöthig ist mit lauwarmem Wasser angefeuchtet. Nach 6—8 Wochen kann man frische Champignons ernten. Beim Abnehmen derselben ist Vorsicht nöthig, damit die kleinen, sie umgebenden nicht zerstört werden, man reiße sie deshalb nicht heraus, sondern schneide sie ab. Die abgeschnittenen Pilze sollten sobald als möglich verwendet werden, da sie bald verderben.

Champignons in Essig (Mushrooms in Vinegar). Die kleinen Champignons werden gewaschen, der Stiel entfernt, mit etwas Salz bestreut und einige Minuten hingestellt. Dann kocht man entsprechend viel Weinessig mit 1 oder 2 Lorbeerblättern, 1 Theelöffel Pfefferkörner und etwas Muskatblüthe. Wenn Alles kocht, gibt man die Champignons in den Essig, läßt sie darin aufwallen, füllt sie in ein Glas und läßt den Essig noch 10 Minuten kochen. Hierauf gießt man denselben abgekühlt über die Champignons und bindet das Glas fest zu. Diese Pilze schmecken sehr gut, besonders zu Schweinebraten und Beefsteaks.

Champignonpulver (Dried Mushrooms). Die gereinigten, zerschnittenen Champignons werden langsam auf dem Ofen getrocknet, sehr fein gestoßen, mit etwas Salz, Pfeffer und Ingwer vermischt, in Blechbüchsen aufbewahrt und zu Ragouts, Saucen, Geflügelfüllsel, Suppen und Gemüse verwendet.

Der Einkauf von Lebensmitteln.

Um gut und doch sparsam zu kochen, ist es nothwendig, daß die dazu verwendeten Lebensmittel frisch und von der Hausfrau selbst ausgewählt werden. Der Verkäufer, welcher den sicheren Blick der Hausfrau erkannt hat, wird es nicht wagen, Minderwerthiges zu verkaufen oder in das Haus zu senden. Der Scharfblick und die Kenntniß beim Einkaufen wird nur durch Uebung entwickelt, und deshalb wird Jedermann, der Fische, Gemüse u. s. w. früh einkauft, auch bessere und frischere Waare erhalten, als die spät, oder durch Andere einkaufende Dame.

Obgleich auf S. 13 dieses Buches unter „Nahrungsmittel und Speisezusätze", sowie auch in den Vorbemerkungen zu jedem Abschnitte über den Werth des zu verwendenden Rohmaterials wissenswerthe Belehrung gegeben, so ist es doch nothwendig, darauf hinzuweisen, daß beim Einkauf der Lebensmittel das Billigste nicht das Vortheil= hafteste, sondern sehr oft das Theuerste und Unvortheilhafteste ist, besonders auch insofern, als es der Gesundheit Schaden bringen kann.

Gutes Rindfleisch muß eine frische, lebhaft rothe Farbe und weißes Fett haben. Ist das Fleisch zu hell, dann ist es für den Gebrauch zu jung, hat es seinen Glanz verloren, sieht trockener aus

und hat mehr gelbliches Fett, so ist es alt, zäh und trocken. Sol=
ches Fleisch schrumpft dann beim Kochen zusammen, wird faserig und
geschmacklos.

Kalbfleisch muß recht hell aussehen und eine saftige, zarte Fa=
ser haben. Ein Fingerdruck darauf darf sich nur langsam wieder
heben.　　　　　　　　　　　　　　　　　　　　　　　　　　　　　.

Hammelfleisch muß feinfaserig und von lebhaft rother Farbe
sein. Auch hier bezeichnet das Fett durch seine Farbe das Alter des
Fleisches. Es ist weiß, so lange letzteres jung, und gelb, wenn es
alt ist.

Gänse sollen Schnabel und Füße glatt und von hellgelber Farbe
haben und müssen dieselben sich biegen lassen. Das Fleisch der ge=
schlachteten Gans muß weiß und klar sein und darf keine dunklen
Flecken aufweisen; dies ist zwar nicht ein jedesmaliges Merkmal eines
natürlichen Todes, kann es unter Umständen aber sein.

Truthähne haben viele Merkmale mit den Gänsen gemein; bei
solchen guter Sorte müssen die Beine schwarz, der Kamm von leb=
hafter Farbe, die Zehen, der Schnabel und die Spitze des Brust=
knochens biegsam sein.

Bei Enten und Hühnern gelten die meisten der angeführten
Kennzeichen. Kauft man Hühner geschlachtet, so darf man sie nicht
nehmen, wenn der Leib aufgetrieben oder schwärzlich aussieht, wenn
der Kopf geschwollen oder der Kamm entweder blaß, oder schwärzlich
ist. Es ist dann Gefahr vorhanden, daß die Thiere krank gewesen
und, um ihren Verlust zu verhüten, schnell abgeschlachtet worden sind.

Junge Tauben haben einen zarten gelben Flaum um den
Kopf. Letzterer ist kleiner und der Schnabel dicker, als bei alten
Tauben. Auch ist die Haut der jungen Tauben viel weißer, als
bei alten. Man erkennt die alten Tauben an den dunkeln, rothen
Füßen.

Schinken müssen äußerlich fett und von braungelber Farbe sein,
innen ist guter Schinken von schöner rother Farbe, fein= und zart=
gefasert, aber fest, während das Fett klar weiß und ebenfalls fest
ist. Auch sollte man nicht solche mit zu dicker, rauher Schwarte
wählen. Ein spitzes Messer, bis an den Knochen in den Schinken
gestoßen, darf nach dem Herausziehen nicht dumpfig, schimmelig oder
ranzig riechen.

Wurst darf keinenfalls genossen werden, wenn einzelne Fett=
grieben grünlich oder gelb aussehen oder das Innere der angeschnit=
tenen Wurst längliche, mitunter auch runde, weiße Fädchen zeigen,
die nichts Anderes als Pilzsporen sind, welche, in den menschlichen
Organismus gelangt, Veranlassung zu bösartigen Krankheiten wer=
den können. Eine zwar nicht schädliche, aber betrügerische Absicht
liegt zu Grunde, wo z. B. in Bratwürsten Wasser in die Fülle
gemengt ist, weil dadurch das Gewicht vermehrt und für Wasser ein
Betrag gezahlt wird, welchen nur die Wurst selbst werth ist.

Schweineschmalz wird sehr viel mit Wasser versetzt und des
besseren Aussehens wegen wird ihm oft ein Zusatz von Paraffin ge=
geben; man kann aber derartig zugestutzte Waare erkennen, sie besitzt
ein klares, durchsichtig=weißes Ansehen, welches man dem selbstaus=
gelassenen Schmalz niemals geben kann. Am sichersten geht man
deshalb und am genauesten hat man den Werth seines Geldes, wenn
man es selbst ausbrät.

Fische darf man während der Laichzeit nicht genießen. Das
Fleisch der Seefische ist nahrhafter, als das der Süßwasserfische,
doch des großen Fettgehaltes wegen schwerer verdaulich. Fische mit
schleimigem Fleisch sind schlecht; ferner achte man darauf, solche von
mittlerer Größe zu kaufen. Ein Hecht ist am werthvollsten, wenn
er nicht mehr als 4 Pfund Gewicht hat. Alle Fische, selbst die
kleinen Sorten, müssen ausgenommen werden, da sie fast alle
Eingeweidewürmer haben.

Austern sollte man in den Sommermonaten nicht genießen, da
dieselben sich während dieser Zeit in einem gewissen Krankheits=
zustande befinden und einen unangenehmen Geschmack haben. Sichere
Zeichen, daß die Auster nicht gesund, sind: wenn das Fleisch locker
in der Schale schlottert, eine bläuliche Farbe hat und von einem
weißen, milchigen Saft umgeben ist. Es ist eine alte Regel, daß
die Austern nur in den Monaten mit dem Buchstaben **r** gut und
schmackhaft sind.

Butter prüft man auf ihre Reinheit, indem man sie auf ein
Stückchen weißes Papier streicht, dies zusammenrollt und anzündet.
Reine Butter verbreitet dabei einen gar nicht unangenehmen Geruch,
während bei gefälschtem Artikel der Dunst ein widerwärtiger ist, wie
verbrannter Talg.

Beim Einkauf von Käse sollte man sich, namentlich wenn es sich um die deutschen und französischen Sorten handelt, niemals verleiten lassen, weichen, dem Verfließen nahen zu kaufen, trotzdem, namentlich bei manchen Herren, eine vorgefaßte Meinung herrscht, daß er dann erst recht gut sei. Ist er aber nicht absolut rein, so bilden sich gerade in der Periode, da die Fäulniß eintritt, Substanzen, die äußerst gesundheitsschädlich wirken können, da der eine oder andere mit dem legitimen Rohmaterial gemischte Artikel eine Zersetzung nicht erträgt, ohne schädlich für den Genießenden zu werden. Es gibt sogar ein Gift, das man Käsegift nennt und das in Wesen und Wirkung dem Wurstgift ähnelt. Der gute Käse europäischer Fabrikation muß sich glatt und weich schneiden, ähnlich der Butter, nur eben so viel verschieden, wie es seinem Wesen nach unvermeidlich ist, aber er darf nicht krümelig und trocken, oder mit Klümpchen und Bröckchen untermischt sein. Schweizerkäse muß stark löcherig und in den Röhren feucht sein, er muß angenehm und nicht — wie man ihn hier zuweilen in Groceries findet — widerlich riechen. Jedenfalls erkennt man den gefälschten Käse irgend welcher Fabrikation weit besser im frischen oder mittelreifen Zustande, als dann, wenn er bereits überreif ist.

Wie große Annehmlichkeiten die Conserven auch bieten, so muß man bei ihrem Genuß doch vorsichtig sein, da durch das Löthmetall, sowie das Löthwasser der Inhalt der Blechkannen verdorben werden kann. Zeigt die Innenseite einer Büchse schwarze, angefressene Stellen, so wirft man sie mitsammt dem Inhalt fort. Fischconserven müssen sofort gegessen werden. Im Sommer verderben sie an der Luft schon nach einigen Stunden. Hat man Corned beef oder Sardinen, so muß die Büchse mit Fett bezw. mit Oel vollgefüllt sein. Schwimmt der Inhalt nicht völlig in Fett oder bemerkt man einen ranzigen Geruch, so muß man Büchse mit Inhalt fortwerfen.

Refterküche.

Praktische Verwerthung von Speiferesten und von scheinbar unbedeutenden Dingen.

In einem wohlgeordneten Haushalte darf kein Brotrest fortgeworfen werden; sorgsam gesammelt geben solche Reste schmackhafte Brotsuppen, Brotpuddings und Füllsel.

Auch das Wasser, worin Blumenkohl und Spargel gekocht wurden, darf niemals weggegossen werden; mit etwas Butter, Mehl und 1 Ei abgezogen gibt es eine gute Suppe. Man darf das Wasser aber nicht länger als 2 Tage aufheben, da es andernfalls verderben würde.

Aus Gemüferesten lassen sich Suppen herstellen, ganz besonders gibt Welschkohl (Wirsing) eine schöne Suppe. Man kocht ihn mit etwas Wurzelwerk, verdickt, wenn nöthig, noch mit etwas Butter und Mehl und servirt geröstete Semmelscheibchen dazu. Aus übriggebliebenen Erbsen, Linsen und Bohnen, gut durchgeschlagen und mit etwas gesalzenem Wasser aufgekocht, kann man kräftige Suppen herstellen, zu welchen man geröstete Brotwürfel reicht. Uebriggebliebener Grünkohl, Weißkohl, gelbe Rüben und Sauerkraut lassen sich sehr gut aufwärmen und geben mit einer passenden Fleischspeise wieder eine Mahlzeit. Spinat wärme man recht vorsichtig, garnire denselben mit Eierscheiben und reiche Schinken oder kaltes Fleisch dazu. Hat man Spargel übrig behalten, der nur im Salzwasser gekocht war, so bereitet man daraus mit Essig, Oel, Pfeffer, etwas geriebener Zwiebel, 1 Prise Zucker und etwas Salz eine Sauce, gießt dieselbe über den kalten Spargel und gibt Cotelets, Fricadellen oder gewärmten Braten dazu.

Die sauber geputzten und abgewaschenen Strünke von Kopfsalat, Blumen-, Weiß-, Roth-, Welschkohl oder Wirsing u. s. w. geben ein wohlschmeckendes, dem Spargel ähnliches Gericht, wenn man sie in kleine Stücke schneidet, recht weich kocht und wie Spargel

zubereitet, oder zu anderen Gemüſen oder Suppen mitverwendet. Die
verleſenen und reingewaſchenen **Radieschenblätter** dienen zur Her=
ſtellung eines würzigen Gemüſes, welches man ebenſo wie Spinat
zubereitet. Auch kann man ſie, fein gewiegt, zu Kartoffelſtückchen
oder zum Butterbrote geben.

Die **Schalen des Spargels** und die **Hülſen der Schoten** werfe
man niemals fort, ſondern trockne ſie, um ſie im Winter als Würze
an Suppen zu benutzen.

Von **Geflügelreſten** laſſen ſich vorzügliche Suppen kochen, in=
dem man die Knochen mit einigen hartgekochten Eiern im Mörſer
zerſtößt, 1 feingeſchnittene Zwiebel in etwas Butter dämpft, das
Geſtoßene und ein Stückchen Weißbrot hinzufügt, mit Fleiſchbrühe
oder Waſſer auffüllt, einmal aufkochen läßt, durch ein feines Sieb
gießt und über geröſtetes Weißbrot anrichtet.

Reſte von Pfannkuchen, Bratwurſt, geräucherter Wurſt und
Schweinefleiſch geben, in paſſende Stückchen geſchnitten, gute Ein=
lagen in Suppen, namentlich in Fleiſchextractſuppe.

Fiſchreſte geben, nachdem das Fleiſch von den Gräten gelöſt
iſt, einen guten Fiſchſalat. Man miſcht Eſſig, Oel, Pfeffer, gehackte
Zwiebeln und etwas Salz zuſammen, gibt dasſelbe über das Fiſch=
fleiſch und ſervirt es zum Abendeſſen. Ein ſehr ſchmackhaftes Ge=
richt geben Fiſchreſte mit übriggebliebenem Sauerkraut. Man ver=
rührt 3 Eier mit ½ Taſſe ſauren Rahm und miſcht die größere
Hälfte davon mittelſt einer Gabel unter das Sauerkraut, welches,
wenn etwa friſch bereitet, durch und durch kalt ſein muß, ſonſt
gerinnt es. Die Fiſchreſte werden entgrätet und, falls gebraten,
auch enthäutet und in ſchöne Stückchen zerlegt. Dann beſtreicht
man eine Form mit Butter, beſtreut ſie mit geſiebtem Weißbrot,
legt die größere Hälfte des Sauerkrautes hinein, den Fiſch darauf
und auf dieſen etwas Butter, Salz, Pfeffer und das übrige Sauer=
kraut, gießt den Reſt der Rahm= und Eiermaſſe darüber, überſtreut
ſie mit geſiebtem Weißbrot, belegt ſie mit einigen Butterſtückchen,
läßt das Ganze im Backofen oben ſchön gelb werden und ſervirt
es in der Form. Man kann anſtatt des Fiſches auch Wildbraten=
reſte oder ſolche von Gans und Ente zu dieſem Gericht verwenden.

Selbſt **das Waſſer,** worin **Klöße gekocht wurden,** gibt, mit

Ei abgezogen oder mit etwas Butter und feinem Gries aufgekocht, eine schmackhafte Abendsuppe.

Ueber die Verwendung von Fleischresten geben S. 148 u. f. f. eine Anzahl von Recepten.

Uebriggebliebene **Salzkartoffeln** werden entweder mit Speck oder Butter gebraten, oder man dämpft sie unter Hinzufügung von Bratensauce; auch werden dieselben zu Kartoffelklößen, Puddings, Pfannkuchen, Kartoffeltorte oder Kuchen verwendet. **Kartoffelbrei** kann man zur Suppe oder als Kartoffelbällchen verwenden.

Reste von **Milchreis** kann man zu Reiscotelets verwenden, indem man sie in Ei und Semmel wendet oder mit gekochter Milch als Vorspeise servirt.

Puddingreste werden, nachdem sie zuvor in Scheiben geschnitten sind, kalt mit einer Fruchtsauce servirt. Reispudding wendet man in Ei und Semmel und bratet denselben wie Arme Ritter. Mit übriggebliebenen **Klößen** verfährt man ebenso.

Compot hebt man in einer Glas- oder Compotschüssel sorgfältig auf, um dasselbe am nächsten Tage wieder serviren zu können. Auch kann man **Compotreste** zu Puddings, Pfannkuchen und Omeletten verwenden.

Uebriggebliebene **Kraftsaucen** geben eine gute Suppe, wenn man Suppenkraut darin kocht und etwas Gries und gehackte Petersilie beifügt.

Apfelschalen trocknet man und verwendet sie zur Bereitung des schmackhaften Apfelschalenthees für Kranke und Gesunde. Frische oder getrocknete **Apfelsinenschalen** kann man in kleinen Quantitäten mit Pflaumen, Birnen, Apfelstücken und anderem Obst zusammen kochen, welche dadurch einen würzigen Geschmack erhalten.

Abgebrühte **Theeblätter** benutzt man zum Bestreuen der Teppiche, damit es beim Kehren und Reinigen derselben nicht so staubt.

Eine verständige, sparsame Hausfrau läßt Nichts verderben und findet für jede Kleinigkeit eine Verwendung, zu ihrer und des Hausherrn Genugthuung; denn

„Spare in der Zeit, so hast du in der Noth.“

Das Decken der Tafel und Anrichten der Speisen.

Ein hübsch gedeckter Tisch erfreut und gefällt Jedermann, und aus der Sorgfalt, welche darauf verwendet wird, schließt man auch auf die Sorgfalt in der Küche.

Den einfachen Familientisch versieht man meist nur mit den nothwendigen Dingen, jedoch sind einige Blumen oder ein Körbchen mit Obst ein dem Auge wohlthuender, leicht zu beschaffender Schmuck. Untersetzer für heiße Schüsseln, Pfeffer= und Salzgefäße, Gestell mit Essig und Oel, sowie ein Brotkörbchen füllen den inneren Raum des Tisches. Ziemlich nahe am Rande des Tisches werden flache Teller aufgestellt, und hat man Gäste, gibt man mindestens 2 Fuß Zwischenraum, da es sehr lästig ist, beim Essen eingezwängt zu sitzen. Die Servietten legt man, dreieckig gefaltet, auf den Teller, Löffel und Messer (mit der Scheide nach innen) rechts und die Gabel auf die linke Seite des Tellers. Für den täglichen Gebrauch ist weißes Porzellan oder Steingutgeschirr von einfacher Form am vortheilhaf=

testen, weil fehlende Stücke leicht zu ersetzen sind. Bei festlichen Ge=
legenheiten wählt man immer eine neue oder frisch gewaschene Ta=
feldecke. Hat man eine Torte als Nachtisch, so stellt man diese als
Verzierung in die Mitte der Tafel. Braten und Geflügel legt man
stets mit der schönsten Seite nach oben. Gemüse und breiartige
Speisen müssen schön glatt gestrichen sein und nie darf eine Schüssel
zu voll gemacht werden. Eine Hauptsache beim Anrichten ist jedoch
das Verzieren der Schüsseln, was ungemein viel zur Erhöhung des
appetitlichen Aussehens beiträgt. So garnirt man Fische und kalte
Fleischspeisen mit frischer Petersilie, Citronenscheiben, Capern und
harten Eiern, die Gemüse mit Würstchen und Zungenschnitten, Spi=
nat und Linsen mit Spiegeleiern, Salat mit harten Eiern. Rind=
fleisch, auch Schinken, wird mit Petersilie oder geriebenem Meerrettig
garnirt, gedämpftes Fleisch mit Citronenscheiben und Capern, ebenso
die Ragouts. Die Braten kommen am besten schon tranchirt auf
den Tisch und werden entweder nach dem Zerschneiden wieder in
ihrer vorigen Gestalt zusammengelegt oder die Scheiben kranzförmig
auf der Schüssel angerichtet. Cotelets richtet man kranzförmig mit
der dünnen Seite nach innen an. Rindfleisch übergießt man vor
dem Serviren mit etwas Fleischbrühe und garnirt es mit Petersilie,
Möhrenscheiben oder Rosen von Radieschen. Zur Herstellung der
letzteren hält man das Radieschen an den Blättern fest, während
man die Schale mit einem scharfen Messer von der Wurzel nach
den Blättern zu in gleichmäßigen Streifen herunterschält, doch ohne
sie ganz loszutrennen. Dann legt man die Radieschen einige
Stunden in frisches Wasser, wonach die Streifen etwas abstehen,
welche, nachdem sie an der Spitze gerundet worden, der Frucht ein
blumenhaftes Aussehen geben. Kartoffelbrei wird mit würflig geschnit=
tenem, gebratenen Speck, braungebratenen Zwiebeln, oder blos mit
brauner Butter angerichtet, indem man mit einem Löffel kleine Ver=
tiefungen in den Brei drückt und die Butter hineingießt. Das
Obst wird auf Weinblättern, Epheu oder Tannengrün auf Dessert=
tellern geordnet, wenn nicht in einer Fruchtschale.

Krankenkoſt.

Ueberaus wichtig iſt es, in Krankheitsfällen Beſcheid zu wiſſen, welche Diät die angemeſſene ſei, da die Pflegerin dadurch oft mehr hilft, als der Arzt mit Medicamenten, denn durch Diätfehler iſt das Werk des ſorgſamſten Arztes ſchon oft zerſtört worden. Die verſchiedenen Krankheitszuſtände bedingen auch eine verſchiedene Diät; nachſtehend ſind für die am häufigſten vorkommenden Fälle geeignete Speiſen und Getränke angegeben.

1. **Für Fieberkranke.** Bei dieſen ſorge man vor Allem, daß der Durſt geſtillt werde. Durch die Fieberhitze wird dem Körper eine Menge Flüſſigkeit entzogen, welche erſetzt werden muß. Man gebe friſches, kaltes Waſſer, Brotwaſſer und Citronenlimonade, unter Umſtänden noch mit etwas Eis verſetzt, ſo oft der Kranke danach verlangt. Als Nahrung gebe man außer Brot= und Semmelſuppen eine Suppe mit ſaurer Sahne (zerkochte Semmel mit ſaurer Sahne zuſammengerührt), ferner Obſtſuppen, jedoch o h n e Wein und Ge= würz, keinesfalls Fleiſchbrühe. Sobald feſte Nahrung erlaubt iſt, kann man ein Stück einfach abgekochten, erkalteten Fiſch mit Citro= nenſcheibchen, auch Kalbs= oder Schweinsfüße und Kalbskopf, etwas ſäuerlich gekocht, geben. Wenig bekannt als Fieberſpeiſe iſt mageres Pökelfleiſch, deſſen Salzgehalt ebenfalls kühlend wirkt.

2. **Für Maſernkranke.** Wenn die Krankheit ohne beſondere Zwiſchenfälle verläuft, alſo nicht über die Fiebererſcheinungen hin= ausgeht, ſo ſind die unter 1 angeführten Speiſen und Getränke zu geben. Tritt Halsentzündung ein, ſo laſſe man mit Lindenblüthen= oder Malventhee gurgeln, gebe zum Frühſtück (beſonders bei Heiſer= keit) Milch mit Selterswaſſer, mittags Waſſerſuppe und Compot, ſpäter etwas mageren Speck mit Brot, und abends Milchſuppe oder Griesbrei.

3. **Für Scharlachkranke.** Bei regelmäßigem Verlauf des Scharlachs mit geringen Halsbeſchwerden wird folgende Diät empfoh=

len: Kinder bekommen in der ersten Zeit 3mal täglich dünne Milch=
suppen, oder Milch mit Selterswasser, als Getränk reichlich frisches
Wasser, zur Abwechselung einmal Limonade. Aelteren Kranken gebe
man 2mal täglich dünne Fleischbrühe, nur mäßig warm, dazwischen
Compot von säuerlichen Früchten mit w e n i g Zucker. Ist die
Krankheit gebrochen und das Fieber verschwunden, so muß die Nah=
rung kräftig sein, gutes, schnellgebratenes Beefsteak, Roastbeef und
gebratenes mageres Hammelfleisch. Halsschmerzen werden durch Eis=
stückchen, die der Kranke in den Mund nimmt, gemildert, bei bran=
digen Halsentzündungen oder Diphtheritis lasse man alle 15 Minu=
ten mit herbem Rothwein gurgeln. Für diese, wie für alle anderen
Kranken gilt als Regel: ein kühles Bett (keine Federdecken), gut
gelüftetes, nur mäßig warmes Zimmer und reichlich frische Wäsche.

4. Für Gichtkranke. Diese müssen alle kräftigen Fleischsor=
ten, Hülsenfrüchte, Kartoffeln, Eier, Käse, Salate und saure Speisen,
sowie Kaffee, Thee, Bier, Wein und Branntwein m e i d e n. Erlaubt
sind leichte Fleischsuppen mit Einlagen von Gemüse; sowie Fische,
Kalbfleisch, junges Geflügel, süßes Obst und reichliches Wassertrinken.

5. Für Vollblütige. Kräftige Fleischkost ist zu vermeiden.
Erlaubt sind alle Gemüse mit Ausnahme von Kartoffeln und Hül=
senfrüchten, ferner Pflanzen= und Fischsalate, Kalbfleisch, gedämpftes
junges Geflügel, frische Obstkuchen, Melonen, Ananas, Orangen,
Aepfel, Birnen, sowie sämmtliches Stein= und Beerenobst und als
Getränk leichtes Bier, leichter Weißwein (beide aber nur mäßig ge=
nossen) und frisches Wasser.

6. Für Blutarme (Bleichsüchtige). Für [diese leider sehr ver=
breitete Krankheit sucht man oft Heilung beim Arzt, während man
durch angemessene Diät ganz überraschende Erfolge erzielen kann.
Der Grund der Bleichsucht ist im Mangel an gutem Blut zu suchen,
d. h. die Bestandtheile des Blutes stehen nicht im normalen Ver=
hältnisse zu einander; es muß daher die Zusammenstellung der Spei=
sen eine derartige sein, daß die Fehler in der Blutbildung ausge=
glichen werden. Die besten Suppen sind aus kräftiger, gut entfet=
teter Fleischbrühe und aus Hülsenfrüchten herzustellen. Milch= und
Mehlsuppen bilden nur Fett, sind deshalb für Blutarme ohne Werth.
Die hauptsächlichste Nahrung sollte Fleisch sein, und zwar dunkles
Fleisch, d. h. Rind=, Hammel= und Wildfleisch. Scheiben von einer

abgelegenen Hammelkeule, wie Beefſteak zubereitet, ſind vorzüglich. Von Gemüſen iſt nur Spinat und von Getränken Chocolade und vor Allem Milch zu empfehlen. Kaffee und Thee nur in ſehr geringen Quantitäten. Von guter Wirkung iſt auch r e i n e s, m a l z r e i = ch e s Bier, während alle alkoholiſchen Getränke, wie Wein und Branntwein, durchaus verboten ſind.

7. **Für an Diarrhöe Leidende.** Bei dieſer Krankheit tritt meiſt eine Erſchlaffung in der Verdauung ein, die gefährlich werden kann. Kindern gebe man dagegen meiſt Suppen von Gerſtenſchleim, Reis, Mehl, kräftige Fleiſchbrühen mit Einlage von gebratenem Fleiſch, geröſteter Semmel, Reis, Gries und Graupen, ſowie Choco= lade, entölten Cacao in Milch oder Waſſer gekocht, wenig geſüßt, Zwieback ſtatt jedes anderen Brotes. Erwachſenen gibt man außer den genannten Speiſen ſchwarzen Thee mit Rum oder Rothwein, als kaltes Getränk Waſſer in kleinen Schlücken, Mandelmilch und Reis= waſſer. Von Fleiſchſpeiſen beſonders gebratenes Rindfleiſch, Beef= ſteak, Hühner und Tauben; dagegen iſt Kalbfleiſch zu vermeiden.

8. **Für Wöchnerinnen.** Auch kräftige und geſunde Frauen müſſen ſich in den erſten 3 Tagen mit Waſſerſuppen begnügen, danach kann die Nahrung etwas kräftiger werden, ſobald kein Fieber vorhanden iſt. Als erſte Fleiſchſpeiſe gibt man gern nach 6 Tagen ein gekoch= tes Kalbsbröschen oder eine Taube, und nachher mageren Hammel= oder Rinderbraten. Alle fetten, ſchwer verdaulichen oder ſtark ge= würzten Speiſen, wie Gänſe= und Schweinefleiſch, Kohl, fette Eier= und Mehlſpeiſen ſind ſchädlich. Paſſende Getränke ſind Milch, Lindenblüthenthee, ſpäter ein Glas reines, malzreiches Bier; letzteres iſt überhaupt ſtillenden Frauen ebenſo ſehr zu empfehlen, wie l e i ch = t e r Kaffee mit viel Milch. In den erſten Tagen genieße man kein friſches Gebäck, alle ſäuerlichen Speiſen und Getränke müſſen weg= fallen. Wenn ſich Verſtopfung zeigt, iſt zum Mittageſſen Apfelcom= pot empfehlenswerth.

9. **Für Neugeborene.** Die naturgemäße Nahrung für ein neu= geborenes Kind iſt die Muttermilch; es dürfen aber nur geſunde Frauen ſtillen, andernfalls gedeihen die Kinder nicht, und iſt es dann vorzuziehen, zu einem anderen Nährmittel zu greifen. Das Beſte nächſt der Muttermilch iſt Kuhmilch. Reine Kuhmilch iſt jedoch für Neugeborene zu ſchwer, ſie muß deshalb mit abgekochtem

Wasser, dem man ein wenig Zucker zusetzt, verdünnt werden, und zwar gibt man in den ersten 4 Wochen ⅔ Wasser zu ⅓ Milch, in den nächsten 6—8 Wochen ½ Wasser und ½ Milch, bis zum 6. Monat ⅓ Wasser und ⅔ Milch, und von da an unverdünnte Milch.

Kinder, welche im Herbst oder Winter geboren wurden, gedeihen bei dieser Nahrung meist sehr gut, vorausgesetzt, daß stets bei der Zubereitung die peinlichste Sorgfalt und Sauberkeit beobachtet wurde. Sauger (nipples) und Flaschen müssen zweifach vorhanden sein, damit sie genügend wässern können, Reste dürfen nicht aufgewärmt werden, da die gesüßte Milch leicht sauer wird; auch muß man, wenn das Kind dabei einschläft, die Flasche wieder in heißes Wasser stellen, damit es ja keine kalte Milch bekommt. In den ersten 3 Monaten gebe man dem Kinde alle 2 Stunden zu trinken, später alle 3 Stunden. Sollte diese Nahrung dem Kinde nicht bekommen, was sich durch Erbrechen, später durch Diarrhöe zeigt, so versuche man zuerst, die Milch mit Haferschleim statt mit Wasser zu verdünnen, oder abwechselnd reinen Haferschleim zu geben. Rhabarbersaft in geringer Menge, ¼ Theelöffel voll, thut oft gute Dienste, um unverdaute Stoffe aus dem Magen zu befördern. Tritt Verstopfung ein, so kann man 1 Kaffeelöffel davon geben; er ist ganz unschädlich. Da der Saft bald verdirbt, thut man wohl, ihn da, wo er nicht leicht zu beschaffen ist, selbst zu bereiten. 1 Kaffeelöffel Rhabarberpulver wird mit 1 kleinen Tasse Wasser und 1 Löffel Zucker solange gekocht, bis das Ganze ein dicker Saft ist, den man (so man hat) mit 1 Löffel Madeira verdünnt. Sollte sich der Zustand des Kindes nicht bessern, so muß man die Milch ganz weglassen und zu einer anderen Nahrung greifen. Darunter sind, unter anderen Kindernährmitteln, als erprobt zu empfehlen das Nestle'sche Kindermehl und die Liebig'sche Kindersuppe. Jedenfalls sollte der Versuch damit nicht zu lange andauern, und wenn die Ernährung sich nicht sofort bessert, so gebe man dem Kinde gequirltes Eiweiß mit Wasser verdünnt, mit einem Zusatze von condensirter Milch. Feste Nahrung sollten Kinder im ersten Lebensjahre nicht bekommen, überhaupt müssen sie nur allmählich daran gewöhnt werden; es ist eine Thorheit, wenn Mütter stolz darauf sind, daß ihre 6 Monate alten Kinder schon „Alles mitessen".

Einige Hausmittel

bei Unfällen, welche in der Küche vorkommen können.

Auch die Hausfrau ist bei dem Kochen, Waschen und Rein= machen verschiedenen Unfällen, wie Verbrennen, Quetschen u. s. w. ausgesetzt, ärztliche Hülfe ist nicht immer zur Hand, die kostbare Zeit, während welcher Hülfe geleistet werden könnte, geht verloren und die Verletzte oder Erkrankte ist rathlos. Um aller Quacksalberei vorzubeugen, beachte man die nachfolgenden Vorschriften.

Unter Nagelgeschwür, böser Finger oder Fingerwurm versteht man eine schmerzhafte Entzündung, welche meist von einer unbeach= teten, kleinen Entzündung ausgehend ihren Sitz in der Nähe des Fingernagels hat. Ist nur Röthung vorhanden, so suche man die Entzündung durch kalte Umschläge zu beseitigen; ist der Finger bereits angeschwollen, so bade man denselben täglich 2 oder 3mal ½ Stunde lang in warmem Seifenwasser, mache außerdem recht warme Breiumschläge (von gekochtem Leinsamen oder Hafergrütze), um den Durchbruch des Eiters zu beschleunigen, und strenge den Finger möglichst wenig durch Arbeiten an. Während der Nacht halte man den Finger mit einem mit kaltem Wasser angefeuchteten Stück Leinen umwickelt, worüber Watte gebunden ist. Zögert der Durchbruch des Eiters lange, so muß man, besonders wenn die Schmerzen sehr heftig sind, an der Stelle der Haut, wo der Eiter durchzuschimmern scheint, mit der Spitze einer Scheere einen Einstich machen, worauf sich der Eiter entleert und die Schmerzen nachlassen. Sitzt der Eiter unter dem Nagel, dann schabe man denselben mit einem Stückchen Glas an einer Stelle ganz dünn und mache eine Oeffnung in denselben. Bis zur völligen Heilung ist der Finger öfters zu baden, überhaupt recht rein zu halten und die wunde Stelle mit weicher, fettbestrichener Leinwand zu überdecken.

Bei Verbrennungen unterscheidet man je nach der Heftigkeit drei verschiedene Grade. Beim ersten Grade ist Röthe und Ent= zündung der Haut vorhanden; beim zweiten Blasenbildung mit oder ohne nachfolgender Eiterung; beim dritten Verkohlung der Weich= theile, Brand und Schorfbildung.

In den leichteren Fällen von Verbrennung benutze man kalte Wasserumschläge, um den Schmerz zu lindern. Taucht man das verletzte Glied sofort in Glycerin, so läßt der Schmerz augenblicklich nach und ist in wenigen Minuten gehoben. Hauptsache ist die sofortige Anwendung von Glycerin. Befindet sich die Verletzung an anderen Körperstellen, so legt man reine, weiche, reichlich mit Glycerin durchtränkte Leinenläppchen auf. In Ermangelung von Glycerin bestreiche man die Stelle mit einem der folgenden Mittel: Leinöl, Eiweiß, ungesalzene Butter, Schmalz, geriebene rohe Kartoffeln, oder stäubt Mehl darauf und bindet einen leinenen Lappen oder Watte darüber.

Bei Verbrennung zweiten Grades mit Blasenbildung sticht man die Blasen nach einigen Tagen von der Seite oder von unten an, um den Inhalt zu entleeren; die Oberhaut darf nicht entfernt werden, da sie eine schützende Decke für die verbrannte Hautstelle bildet.

Nachdem die in den aufgestochenen Blasen enthaltene Flüssigkeit mit einem angedrückten Schwamme aufgesaugt worden ist, bedeckt man die verbrannten Theile mit Wachssalbe oder Leinwand, die mit reinem Fett bestrichen ist, und in welcher man vor dem Auflegen reihenweise Löcher von der Größe eines Cent geschnitten hat, um den Eiter gut durchzulassen. Ueber diese Leinwand legt man Charpie oder Charpiewatte, darüber ein in kaltes Wasser getauchtes und gut ausgerungenes Leinentuch, hierauf von allen Seiten Watte und bindet mit einem Tuche leicht zu. Diesen Verband erneuert man täglich wenigstens 2mal und reinigt dabei die verbrannten Theile durch Ausdrücken eines darüber gehaltenen, mit lauem Wasser getränkten Schwammes.

Handelt es sich um eine schwere Verbrennung, wobei die Verletzte in Flammen steht, so muß man Geistesgegenwart genug besitzen, um das richtige Verfahren zu wählen. Man laufe nicht etwa fort, um Wasser zu holen, sondern ergreife die erste beste Decke oder ziehe den eigenen Rock aus, umwickle damit die brennende Person, werfe sie auf den Boden und rolle sie, bis die Flammen erstickt sind. Dann erst hole man mehrere Eimer Wasser und begieße die Verunglückte von Kopf bis Fuß, denn die heißen, verkohlten Kleider brennen noch weiter in das Fleisch hinein. Dann legt man die Verbrannte auf einen Teppich, entfernt die Kleider mit der größten Vorsicht, indem man sie mit einer großen Scheere so durchschneidet, daß sie von selbst abfallen. Zur Linderung der Schmerzen dient eine flüssige Salbe, die aus 4 Unzen Leinöl und 10 Tropfen Creolin besteht. In diese Mischung taucht man Läppchen von feiner Leinwand oder Watte und bedeckt damit die verbrannten Hautstellen. Bei der Heilung verbrannter Glieder, die einander berühren z. B. der Finger, muß man die bei der Narbenbildung leicht eintretende Verwachsung derselben durch Dazwischenlegen von Charpie oder Leinen verhüten. Bei schweren Verletzungen muß sobald als möglich der Arzt zu Rathe gezogen werden.

Bei **Quetschungen** legt man auf die gequetschte Stelle Bleiwasserumschläge auf, welche ½stündlich gewechselt werden.

Bei **Nagelquetschung** macht man Umschläge mit kaltem Wasser, rein oder zur Hälfte mit Bleiwasser gemischt. Sind die Schmerzen unerträglich und der ganze Nagel blau mit Blut unterlaufen, so steche man mit einer Stecknadel oder Spitze einer Scheere an dem unterem Rande des Nagels ein, damit das unterlaufene Blut austreten kann. Außerdem badet man den Finger 2mal täglich ½ Stunde in warmem, reinem Wasser.

Der infolge von **Verstauchung** eintretende Schmerz ist oft sehr heftig und die schmerzhafte Stelle, meistens das Fußgelenk, stark angeschwollen. Man bringt das verstauchte Glied in eine bequeme, ruhige Lage (es darf nicht herabhängen, sondern muß gerade liegen) und macht dann anhaltend 6—10 Stunden lang recht kalte Umschläge mit Handtüchern, welche in kaltem Wasser oder auf Schnee und Eis abgekühlt wurden. Knetungen und Reibungen (Massage) des Gelenkes sind oft sehr nützlich, sollten jedoch nur nach Anweisung des Arztes vorgenommen werden.

Oberflächliche, kleine **Wunden** heilen meist rasch unter einer Bedeckung mit dem gewöhnlichen gelben Heftpflaster. Man soll Wunden weder mit den Fingern berühren, noch mit Schwämmen waschen. Auch verwende man nicht die hier und da beliebten Blutstillungsmittel, wie Feuerschwamm, Spinnweben u. dergl.

Spritzt das Blut in hellrothem Strahl aus der Wunde oder erfolgt die Blutung stoßweise, so genügt der einfache Verband nicht, um das Blut zu stillen. Bis zum Eintreffen des Arztes, welcher allein im Stande ist, die verletzte Schlagader zu unterbinden, kann man wenigstens das Ausfließen des Blutes verhindern, indem man den Stamm der nächstgelegenen, größeren Schlagader zwischen dem Herzen und der Wunde mit den Fingern gegen den Knochen andrückt und so verschließt. Frisch geronnenes Blut ist die beste Bedeckung für eine frische Wunde. Daher entferne man kein Blutgerinnsel von der Wunde, sondern überlasse dem Arzte die Entscheidung, ob die Wunde gereinigt werden soll oder nicht.

Manche Personen verschlucken sich leicht, d. h. es kommt ihnen beim Essen leicht Etwas in die falsche Kehle, nämlich in den Kehlkopf anstatt in die Speiseröhre. Solche Personen müssen mit Vorsicht essen und dürfen während des Essens nicht sprechen. Erstickungsgefahr tritt zuweilen auch in Folge des Verschluckens fremder Körper, wie Knochen, Gräten, Knöpfe u. dergl. ein. Man versuche zunächst, solche Gegenstände mit dem unwickelten Finger hervorzuholen, vermeide es aber, sich dabei beißen zu lassen, etwa indem man dem Verunglückten ein Stück Holz zwischen die Zahnreihen legt; gelingt es auf diese Weise nicht, den Fremdkörper zu erreichen, so kann derselbe bisweilen durch Druck auf den Bauch, kräftige Schläge auf den Rücken und Erbrechenerregen herausbefördert werden. Steckt der Körper nicht in dem Athmungswege, sondern nur im Schlunde, so gelingt es mitunter, ihn mit etwas Brot- oder Semmelkrumen oder mit etwas fetter Speise hinunterzuschlucken und so in den Magen zu befördern. Will man sich davon überzeugen, daß Nichts mehr in der Speiseröhre steckt, so lasse man die betreffende Person einige Schlücke Flüssigkeit hinunterschlucken; geht das Schlucken gut und kommt die Flüssigkeit nicht wieder heraus, so erkennt man daran, daß die Speiseröhre vollständig frei ist.

Annähernde Vergleichstabelle

der deutschen (metrischen) und amerikanischen Maaße und Gewichte mit
den hier gebräuchlichen vereinfachten Küchenmaaßen.

Flüssigkeit.

ungefähr:

1 Eßlöffel Flüssigkeit,	ungefähr =	½ Unze	(14 Gramm)
1 Weinglas gewöhnlicher Größe	" =	2 Unzen	(56 ")
8 Eßlöffel = 1 Tasse	" =	4 "	(113 ")
1 Kaffeetasse	" =	½ Pint	(¼ Liter)
4 Kaffeetassen	" =	1 Quart	(1 ")

Mehl.

1 Eßlöffel Mehl,	ungefähr =	½ Unze	(14 Gramm)
4 Kaffeetassen gesiebtes Mehl, eben gestrichen (= 1 Quart)	" =	1 Pfund	(453 ")
3 Kaffeetassen gesiebtes Maismehl	" =	1 Pfund	(453 ")

Zucker.

1 Eßlöffel Zucker,	ungefähr =	1¼ Unze	(35 Gramm)
1 Kaffeetasse granulirter Zucker	" =	½ Pfund	(226 ")
2 Eßlöffel Puderzucker	" =	1 Unze	(28 ")
2½ Kaffeetassen Puderzucker	" =	1 Pfund	(453 ")

Butter.

1 Eßlöffel Butter,	ungefähr =	1 Unze	(28 Gramm)
1 eigroßes Stück Butter	" =	2 Unzen	(56 ")
1 Kaffeetasse Butter	" =	½ Pfund	(226 ")

Salz.

1 Eßlöffel Salz,	ungefähr =	1 Unze	(28 Gramm)

(Selbstverständlich sind Eßlöffel und Kaffeetassen mittlerer Größe gemeint.)

Metrische Gewichte (genauer angegeben).

¼	Kilogramm =	8.81	Unzen oder	0.55	Pfund
½	" =	17.63	"	1.10	"
1	" =	35.27	"	2.20	"
2	" =	70.54	"	4.41	"
3	" =	105.82	"	6.61	"
4	" =	114.09	"	8.82	"
5	" =	176.37	"	11.02	"
6	" =	211.64	"	13.23	"
7	" =	246.91	"	15.43	"
8	" =	282.19	"	17.64	"
9	" =	317.46	"	19.84	"
10	" =	352.74	"	22.05	"

Amerikanische Flüssigkeitsmaaße (genau).

4 Gills	=	1 Pint	(0.^{4732} Liter)
2 Pints	=	1 Quart	(0.^{9464} ")
4 Quarts	=	1 Gallon	(3.^{7854} ")
31½ Gallons	=	1 Barrel	
2 Barrels	=	1 Hogshead	

Amerikanische Trockenmaaße (genau).

2 Pints	=	1 Quart	(1.^{101} Liter)
8 Quarts	=	1 Peck	(8.^{809} ")
4 Pecks	=	1 Bushel	(35.^{24} ")
36 Bushels	=	1 Chaldron	

Amerikanische Gewichte (genau).

16 Drams	= 1 Unze	(28.^{35} Gramm)
16 Unzen	= 1 Pfund	(0.^{4536} Kilogramm)
25 Pfund	= 1 Quarter	(11.^{34} ")
4 Quarters	= 1 Hundredweight	(45.^{36} ")
2000 Pfund	= 1 kleine Tonne — short ton	(0.^{9072} metric ton)
2240 Pfund	= 1 große Tonne — long ton	(1.^{017} ")

Metrische Flüssigkeitsmaaße (genau).

¼ Liter	=	0.^{264} Quarts		¼ Quart	=	0.^{236} Liter	
½ "	=	0.^{528} "		½ "	=	0.^{473} "	
1 "	=	1.^{057} "		1 "	=	0.^{946} "	
2 "	=	2.^{113} "		2 "	=	1.^{893} "	
3 "	=	3.^{170} "		3 "	=	2.^{839} "	
4 "	=	4.^{227} "		4 "	=	3.^{785} "	
5 "	=	5.^{283} "		5 "	=	4.^{731} "	
6 "	=	6.^{340} "		6 "	=	5.^{678} "	
7 "	=	7.^{397} "		7 "	=	6.^{624} "	
8 "	=	8.^{453} "		8 "	=	7.^{570} "	
9 "	=	9.^{510} "		9 "	=	8.^{517} "	
10 "	=	10.^{567} "		10 "	=	9.^{464} "	

Tabelle der Gasmengen,

welche die verschiedenen Speisen entwickeln.

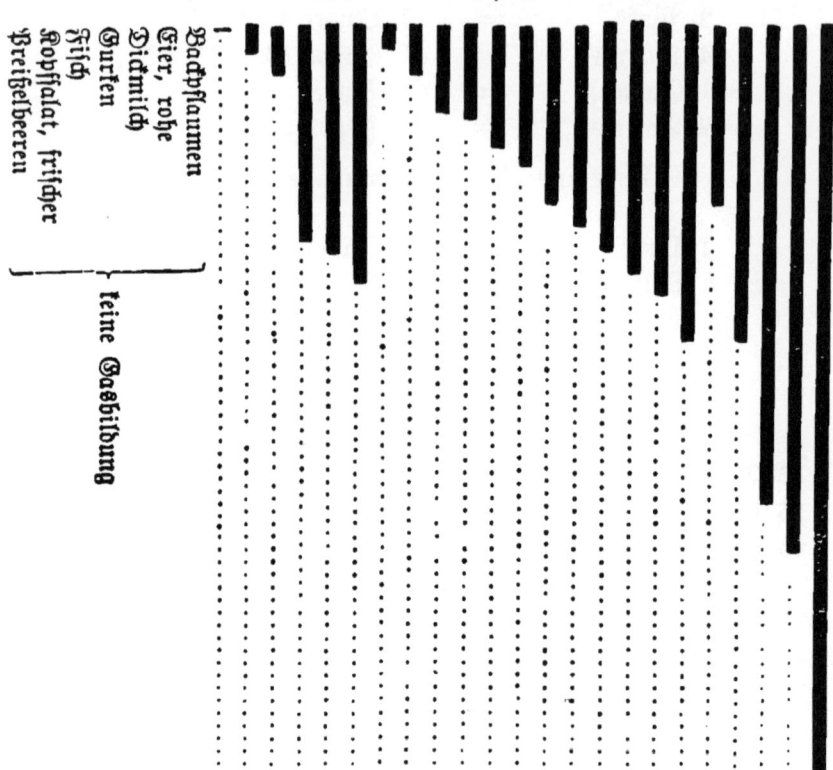

Verdauungstabelle,

welche angibt, in wieviel Stunden die hierunten aufgeführten Nahrungsmittel verdaut werden.

Aal,	verdaut in	6 St.	Kartoffeln, gebr.,	verdaut in	2½ St
Aepfel,	„	1½	„ gekochte	„	3¼
Beefsteak,	„	3	Kohl, gedämpfter	„	4½
Birnen,	„	1½	Kohlrüben	„	3½
Blumenkohl,	„	1½	Linsen, saure	„	2½
Bohnen, weiße	„	2½	Maccaroni mit Fett	„	2½
Brot	„	3½	Milch, gekochte	„	2
Brotrinde	„	2	„ ungekochte	„	2¼
Butter	„	3½	Nudeln mit Fett	„	2½
Eier, rohe	„	2	Nüsse	„	5
„ hartgekochte	„	3½	Pudding, Eier und		
„ weichgekochte	„	2½	Milch	„	2¾
Entenbraten	„	4	Rinderbraten	„	3
Erbsen	„	2½	Rindfleisch, gekochtes	„	3½
Erbsensuppe, durchgeschla=			Reis	„	1
gene	„	1½	Rübchen (Möhren),		
Fisch, gebratener	„	3	junge	„	1½
„ gekochter	„	2½	Sago, gekochter	„	1½
Geflügel, fettes	„	4	Sauerkraut	„	4½
Graupensuppe	„	1½	Schinken, roher	„	3
Hafergrütze	„	1½	Schweinebraten	„	4
Hammelbraten	„	3¾	Schweinefleisch, gekocht	„	5
Hammelfleisch, gekochtes	„	4½	Spinat und Spargel	„	1½
Hirn, gekochtes	„	1½	Weizenbrot und Hefen=		
Hühnerfricassee	„	2¾	kuchen	„	3
Käse	„	3½	Wildbraten	„	1¾
Kalbsbraten	„	3	Zwieback	„	2

Der Nährwerth
einiger Nahrungs- und Genußmittel.

Die nachfolgenden enthalten auf je 100 Theile, an	Eiweiß	Fett	Kohlen=hydrate	Waſſer	Salz (Aſche)	Holzfaſer
Rindfleiſch, mittelfett	21	5	—	73	1	—
Kalbfleiſch, mager	19	1	—	79	1	—
Schweinefleiſch, mager	20	7	—	72	1	—
Hammelfleiſch, mager	18	5	—	76	1	—
Cervelatwurſt	17	40	—	37	6	—
Huhn	20	4	—	75	1	—
Eier	16	12	—	71	1	—
Kuhmilch	3	4	5	87	1	—
Hecht	18	1	—	80	1	—
Schellfiſch	17	1	—	79	2	—
Stockfiſch, getrocknet	80	1	—	17	2	—
Hering, geſalzen	20	21	—	43	16	—
Butter	2	84	—	13	1	—
Magerkäſe	35	4	2	54	5	—
Erbſen und Bohnen	23	2	52	16	2	5
Linſen	25	2	53	14	2	2
Reis	8	1	76	13	1	1
Hafergrütze	15	6	65	10	1	3
Weizenbrot	6	1	47	44	1	1
Roggenbrot	6	—	48	43	1	2
Kartoffeln	2	—	20	76	1	1
Kohlarten	2	—	6	90	1	1
Salat	1	—	3	93	1	1
Aepfel, Birnen, Kirſchen	—	—	12	82	1	5
Lagerbier	$\frac{1}{2}$	Alcohol 3	6	90	$\frac{1}{2}$	—
Rheinwein	—	9	2	89	—	—
Sherry	—	17	2	81	—	—
Cognac oder Whiskey	—	70	—	30	—	—

Speisezettel.

Die nachstehende Zusammenstellung soll ein praktischer und schneller Rathgeber sein, wenn die Hausfrau sich die Frage vorlegt: „Was kochen wir heute (oder morgen)?" Die Speisen sind im harmonischen Verhältnisse des Nährwerthes und Geschmackes für Mittag- und Abendessen zusammengestellt.

Mittagessen.

Einlaufsuppe; gekochtes Rindfleisch mit Meerrettigsauce.
Linsensuppe; Gulasch mit Kartoffeln.
Reissuppe; gekochtes Rindfleisch mit Petersilienkartoffeln.
Nudelsuppe; Gänseklein mit Reis.
Himbeerensuppe; Klops mit Kartoffeln und grünem Salat.
Weiße Bohnensuppe; gekochtes Rindfleisch mit gelben Rüben.
Einlaufsuppe; Bratwurst mit Sauerkraut.
Erbsensuppe; Wiener Schnitzel mit Bratkartoffeln.
Kartoffelsuppe; Fricadellen mit Bayrisch Kraut.
Chinesische Suppe; gebratene Ente mit Selleriesalat.
Sagosuppe; Rinderbraten mit Kartoffeln.
Gerstensuppe; gebratene Kalbsleber mit Kartoffelbrei.
Linsensuppe; gekochtes Rindfleisch mit Senfsauce.
Nudelsuppe; Hammelsrippchen mit Rosenkohl.
Einbrennsuppe; polnische Karpfen mit Kartoffelklößen.
Suppe mit Griesklößchen; Hasenbraten mit Rothkraut.
Linsensuppe; Kalbscotelets mit Grünkohl oder Spinat.
Nudelsuppe; Irish Stew with Vegetables.
Gebrannte Mehlsuppe; Rinderbraten mit Zwiebelsauce und Kartoffelklößen.
Gränpcheusuppe; Schinken mit Maccaroni.
Kalbfleischsuppe; Kalbsbraten-Ragout mit Kartoffelbrei.
Griessuppe; Beefsteak mit gebratenen Kartoffeln.
Gerstensuppe; Kalbsnierenbraten mit Kopfsalat.
Nudelsuppe; Fleischklöße mit sauren Linsen.
Beefsuppe; Hefenklöße mit Apfelmus.
Kartoffelsuppe; Dampfnudeln mit Zwetschgen.
Gemüsesuppe; Fleischklöße mit Zuckerschoten.
Fleischbrühe mit Klößchen; Blumenkohl mit weißer Sauce und Kalbcotelets.
Reissuppe; Pfefferfleisch mit Salzkartoffeln.
Fleischbrühe mit Markklößchen; Rinderbraten mit Salat und Compot.
Tomatensuppe; gebratene Kalbskeule mit Spinat.
Mehlsuppe; Bratwurst mit sauren Linsen.
Gerstensuppe; Rindfleisch mit gelben Rüben.
Einlaufsuppe; Schweinsknöchel mit Sauerkraut und Erbsenbrei.
Selleriesuppe; altes Huhn mit Reis.

Graupensuppe; Hammelfleisch mit Kartoffelstückchen.

Gemüsesuppe; Hasenbraten mit Apfel-Compot.

Erbsensuppe; Gulasch mit Kartoffelbrei.

Griessuppe; Ragout von Rinderbraten mit Kartoffelbrei.

Reissuppe; gebratene Gans mit Grünkohl und Kartoffeln.

Sagosuppe; saurer Rinderbraten mit Kartoffelklößen oder Nudeln.

Gekochte Tauben oder Rindfleisch mit Reis und Blumenkohl.

Bohnensuppe; gedämpfter Hammelschlegel mit Salzkartoffeln.

Reissuppe; Frankfurter Wurst mit sauren Linsen.

Brotsuppe; Schellfisch mit brauner Butter und Kartoffeln.

Gerstensuppe; Schweinscotelets mit Spinat.

Fleischbrühe mit Klößchen; Beef à la mode mit Kartoffelpfannkuchen.

Hafergrützsuppe; gebratene Leberwurst, Sauerkraut und Kartoffeln.

Erbsensuppe; Eier mit Schinken und Spinat.

Kartoffelsuppe; Rindfleischragout mit Salzkartoffeln.

Reissuppe; gekochtes Rindfleisch mit sauren Kartoffeln.

Suppe mit Leberknödel; Schweinscotelets mit Kartoffelbrei.

Linsensuppe; Beef à la mode mit Spinat, Kartoffeln.

Kartoffelsuppe; gekochter Schinken, Spinat und Kartoffelsalat.

Französische Suppe; gebratenes Huhn mit Salat.

Blumenkohlsuppe; Pichelsteiner Fleisch.

Suppe mit grünen Erbsen; gebratene Kalbskeule mit Salat.

Gerstensuppe; Wiener Rostbraten mit Kartoffeln.

Gemüsesuppe; gebackenes Kuheuter mit Petersilienkartoffeln.

Tomatensuppe; gebratenes Huhn mit Gurkensalat.

Sauerampfersuppe; Schellfisch mit Buttersauce und Obstkuchen.

Zwiebelsuppe; Kaninchen-Ragout mit Reis.

Einlaufsuppe; Hamburger Steak mit Kartoffeln.

Gerstensuppe; gebackene Smelts mit Succotash.

Champignonsuppe; Irish Stew.

Ochsenschweifsuppe; Hasenpfeffer mit Kartoffelklößen.

Einbrennsuppe; Hühnerfricassee mit Klößchen.

Suppe mit weißen Bohnen; Schweinebraten mit Sauerkraut.

Linsensuppe; Kalbsnierenbraten mit Kartoffelsalat.

Tapiocasuppe; Ragout von Rind- oder Hammelfleisch mit neuen Kartoffeln
und Spätzle.

Kohlsuppe; gebratene Tauben mit Compot.

Gerstensuppe; gewärmter Kalbsbraten mit Kartoffelsalat.

Kartoffelsuppe; Stockfisch mit Schoten.

Nudelsuppe; Schnittbohnen mit Rindfleisch oder neuem Hering.

Blumenkohlsuppe; Schweinebraten mit Salat und Kartoffeln.

Einlaufsuppe; gebratene Ente mit Rothkraut oder Sauerkraut.

Heidelbeerkaltschale; Hammelfleisch mit grünen Bohnen.

Sauerampfersuppe; Rindfleisch mit Gurkensalat.

Erbsensuppe; Hammelfleisch mit Rüben.

Brotsuppe; Corned Beef with Cabbage.
Gänseklein mit Reis; gebratene Gansleber.
Zwiebelsuppe; gehacktes Beefsteak mit grünen Erbsen.
Fleischbrühe mit Marklößchen; gebratener Turkey mit Salat und Compot.
Spargelsuppe; gebratene Kalbsleber mit Endiviensalat.
Mock Turtle Soup; Lammcotelets mit grünen Bohnen.
Tomatensuppe; Backhuhn mit Salat.
Erbsensuppe; Schweinscotelets mit Winterkohl und Salzkartoffeln.
Spargelsuppe; Schinken mit jungen Erbsen und Salzkartoffeln.
Biersuppe; Milchreis mit Bratwurst.
Kartoffelsuppe; Eierkuchen mit Compot.
Mehlsuppe; Weiße Bohnen mit geräucherter Wurst.
Graupensuppe; Kalbfleisch-Fricassee mit Reis.
Kirschsuppe; Hackebraten (Falscher Hase) mit Gemüse.
Erbsensuppe; Fleischklößchen mit saueren Kartoffeln.
Sagosuppe; Rindfleisch mit Sardellensauce.
Graupensuppe; Hammelfleisch mit Kohlrabi.
Kartoffelsuppe; gewärmter Gänsebraten mit Winterkohl und Bratkartoffeln.
Semmelsuppe; Leberklöße mit Kartoffelsalat.
Griessuppe; Rindfleisch mit Wirsinggemüse.
Kohlsuppe; gebratene Taube mit Compot; Windbeutel.
Kartoffelsuppe; Pfannkuchen mit eingemachten Früchten.
Suppe von Kalbsknochen mit Semmelklößchen; Spinat mit Eiern, gewärm=
ter Braten und Kartoffeln.
Kartoffel= oder Reissuppe; Rührei mit Salat.
Fleischbrühe mit Fleischklößchen; Hammelkeule mit Spinat und Kartoffeln.
Weinsuppe; Schweinscotelets mit Wirsinggemüse und Kartoffeln.
Hühnersuppe mit Nudeln; Hühnerfricassee mit Kartoffeln.
Ochsenschweißsuppe; Schweinebraten mit Rothkraut.
Einlaufsuppe; gekochtes Rindfleisch mit Schnittlauchsauce.
Gerstensuppe; gebratene Kalbsleber mit Kartoffelbrei.
Suppe mit Schwemmklößchen; gebratene Ente mit Kartoffeln gefüllt.
Nudelsuppe; Blutwurst mit Sauerkraut.
Linsensuppe; Rinderbraten mit Spinat und Kartoffeln.
Gebrannte Mehlsuppe; Rindskaldaunen mit Kartoffeln.
Zwiebelsuppe; Rindfleischragout mit Kartoffeln.
Spargelsuppe; Klops mit jungen Möhren.
Gemüsesuppe; Kalbsrouladen mit Spargel.
Reissuppe; gekochtes Rindfleisch mit grünen Bohnen.
Chinesische Suppe; gekochtes Rindfleisch mit Kohlrabi.
Blumenkohlsuppe; Wiener Rostbraten mit Kartoffeln.
Tomatensuppe; gebratene Kalbsleber mit Kartoffelbrei.
Einlaufsuppe; Hammelcotelets mit Schwarzwurzel.
Reissuppe; Hasenpfeffer mit Kartoffeln.

Abendessen.

Kaltes Fleisch, Kartoffelsalat; Bier oder Thee.
Marinirter Hering mit Kartoffeln; Bier.
Bohnensuppe mit Frankfurter Würstchen; Bier.
Uebriges gekochtes Rindfleisch in Essig und Oel, harte Eier; Thee.
Frische Wurst, Butterbrot mit Käse; Thee.
Rührei mit Schinken, Butterbrot; Thee.
Heringssalat, Butterbrot; Bier.
Sülze mit Essig und Oel, Butterbrot; Thee.
Frische Wurst, Kartoffelsalat; Thee.
Gebratene Leberklöße, Salat; Bier.
Kalte Fleischklößchen mit Salat, Käse; Bier.
Gekochter Schinken, Bratkartoffeln; Thee.
Neue Heringe mit Kopfsalat, Butterbrot; Bier.
Weiche Eier, Butterbrot, Käse; Thee.
Aufgebratenes Rindfleisch mit Salat; Bier oder Thee.
Gebratener Kartoffelbrei mit Leberwurst; Thee.
Kartoffeln, Bratwurst, Gurkensalat; Bier.
Frische Wurst mit Kartoffelsalat; Bier.
Gebratene Klöße mit Salat; Thee.
Gekochter Schinken, Käse; Thee.
Warme Würstchen mit Meerettig, Käse; Thee.
Heringssalat, Butterbrot; Thee.
Aufgebratenes Rindfleisch mit rothen Rüben; Thee.
Kartoffeln mit Hering; Bier.

Gesegnete Mahlzeit!

Empfehlenswerthe Bücher.

⋅⋅➤≺⋅⋅

Haus- und Landwirthschaft.

(Die folgenden Bücher sind broschirt, wenn nicht anders bemerkt.)

W. Baer. Chemie der Hauswirthschaft. Belehrende und erklärende Einblicke in die alltäglichen Vorgänge und Verrichtungen des häuslichen Lebens. Mit vielen Illustrationen. $1.35

—— —— Geb. $1.65

A. Enyrim. Die Conservirung der Nahrungsmittel. $0.85

Henriette Davidis. Die Hausfrau. Praktische Anleitung zur selbstständigen und sparsamen Führung von Stadt- und Landhaushaltungen. [Heine.] Mit Abbildungen. Geb. $1.50

Das goldene Familienbuch, oder: Der köstlichste Hausschatz für jede Haus- und Landwirthschaft und für Jedermann. 3 Bde. Geb. $4.00

Der deutsche Farmer im Busch und auf der Prairie. Praktisches Lehr- und Handbuch für alle Zweige der amerikanischen Landwirthschaft, als Ackerbau, Viehzucht, Garten-, Obst- und Weinbau, Urbarmachung und Einrichtung neuer Farmen, landwirthschaftliche Gewerbekunde u. s. w. Mit besonderer Berücksichtigung neuer Ansiedler und Einwanderer. Geb. $1.50

Frau Helene. Was thut die praktische Hausfrau? Antworten auf hunderterlei wichtige und unwichtige Fragen, wie sie das häusliche Leben mit sich bringt. Cart. $0.45

—— Was thut die sparsame Hausfrau? Antworten auf vielerlei Fragen, welche jede Hausfrau sich täglich stellt und stellen muß. Cart. $0.55

Herm. Klencke. Die gebildete Hausfrau als wirthschaftliche Einkäuferin und Verwalterin nach Grundsätzen der Naturkunde, Gesundheitslehre, Oekonomie und guten Sitte. Geb. $2.35

—— Illustrirtes Lexikon der Verfälschungen der Nahrungsmittel und Getränke, der Kolonialwaaren und Manufacte, der Droguen, gewerblichen und landwirthschaftlichen Produkte, Dokumente und Werthzeichen und die Erkennungsmittel ihrer Echtheit und Fälschung. Mit 424 Abbildungen. $3.00

M. S. Kübler. Das Hauswesen nach seinem ganzen Umfange dargestellt. Geb. $1.85

M. Mansfeld. Die Untersuchung und Beurtheilung der wichtigsten Nahrungs- und Genußmittel. Geb. $0.55

Katharina Prato. Anleitung zur Führung der Wirthschaft auf dem Lande. Geb. $0.80

Wilh. Schäfer. Die Aufbewahrung der land= und hauswirthschaftlichen Vor=
räthe. Mit 24 Abbildungen. Cart. $0.35

Berthold Schwarz. Schönheitspflege. $0.35

C. Stürenburg u. E. Steiger. Lexikon der Hauswirthschaft. Einfache Re=
cepte, erprobte Hausmittel und praktische Winke für Familienväter, Haus=
frauen, Hausbesitzer, Gewerbetreibende und Handwerker. Nebst einem
deutsch=englischen Verzeichnisse chemisch=technischer und vieler anderen Kunst=
ausdrücke. $0.60 ⌋
—— —— Geb. $0.80

H. Walchner. Die Nahrungsmittel des Menschen, ihre Verfälschungen und
Verunreinigungen. $1.00

Kochbücher.

M. H. Abel. Praktische, sanitäre und ökonomische Küche, Personen von mäßi=
gen und geringen Mitteln angepaßt. Mit dem gegenüber gedruckten eng=
lischen Originale: Practical Sanitary and Economic Cooking, adapted
to persons of moderate and small means. Geb. $0.60

H. Davidis. Praktisches Kochbuch für die Deutschen in Amerika. Zuver=
lässige und selbstgeprüfte Anweisungen zur Bereitung der verschiedenartig=
sten Speisen und Getränke, zum Backen, Einmachen u. s. w. Eine Bear=
beitung des anerkannt besten deutschen Kochbuches der Frau Henriette Da=
vidis. (Milwaukee.) Geb. $1.25

H. Davidis. Praktisches Kochbuch für die gewöhnliche und feinere Küche.
Bearbeitet für die deutsch=amerikanische Küche. Nebst einem Anhang spe=
zifisch amerikanischer Koch=, Back= und Einmach= Rezepte. (Caspar.) Geb. $1.25
—— Practical Cookbook. Geb. $1.25

Ch. Hellstern. Deutsch=amerikanisches illustrirtes Kochbuch. (New York.)
Geb. $1.50

Wm. Vollmer. Vollständiges deutsches Vereinigte=Staaten=Kochbuch. (Phi=
ladelphia.) Cart. $0.50
—— The United States Cook Book. [Oehlschläger.] Cart. $0.75
—— —— Deutsch und Englisch, gegenüberstehend. Geb. $1.50

M. Aabel. Neues illustrirtes bewährtes Kochbuch für den bürgerlichen und
feinen Tisch. (Regensburg.) Cart. $1.35

E. Allestein. Das beste bürgerliche Kochbuch. (Gera.) Geb. $1.20

J. Bimbach. Kochbüchlein für die Puppenküche, oder: Erste Anweisung zum
Kochen für Mädchen von 8—14 Jahren. (Eßlingen.) Cart. $0.20

Ch. Boettcher. Kraft und Stoff. Deutsches Universal=Kochbuch, (Ham=
burg.) $2.20

H. Davidis. Praktisches Kochbuch für die gewöhnliche und feinere Küche.
(Bielefeld.) Geb. $1.50

H. **Dumek.** 810 Kartoffelspeisen. (Pilsen.) $0.60

E. **Eckhart.** Der häusliche Herd. Neues geprüftes Kochbuch. (Wien.) Geb. $1.65

F. **Elsner.** 1250 Recepte und Vorschriften zur Bereitung der Nahrungs= und Genußmittel. $1.00

Mlle. **Françoise.** 100 Recepte. [M. Brandes.] (Düsseldorf.) Cart. $0.75

R. **Gotthardt.** Kochbuch für feine Küche. (Berlin.) Geb. $1.35

J. **Gouffé.** Die feine Küche. Vollständiges Lehr= und Handbuch der Koch= kunst, der Kuchenbäckerei und Einmachekunst. 2 Bde. (Leipzig.) Geb. $7.50

R. **Habs** u. L. **Rosner.** Appetit=Lexikon. Ein alphabetisches Haud= und Nachschlagebuch über alle Speisen und Getränke. Zugleich Ergänzung eines jeden Kochbuches. (Wien.) Geb. $3.35

E. **Henle.** So mag i's. Kochrecepte in schwäbischer Mundart. (München.) Geb. $0.55

H. **Hehl.** Volks-Kochbuch für Schule, Haus und Mädchenheim. (Berlin.) $0.50

H. **Hohenwald.** Illustrirtes Victoria=Kochbuch der nord= und süddeutschen Küche. (Oranienburg.) Geb. $1.65

Marie **Jäger.** Praktisches Kochbuch für einfache und feine Küche. (Leipzig.) Geb. $0.85

B. **Joel.** Neuestes und bestes Kochbuch für jede Haushaltung. 16. (Leip= zig.) Geb. $0.45

Doris **Keller.** Die Hausmannskost. (München.) Geb. $0.70

Die **Kochkunst.** Kochbuch der „Wiener Mode". Vollständige Sammlung von Kochrecepten nebst 365 Menus für alle Tage des Jahres und einem Au= hauge: Küche für Leidende. (Wien.) Geb. $2.00

M. S. **Kübler.** Das Hauswesen, nach seinem ganzen Umfange dargestellt, mit Beigabe eines vollständigen Kochbuchs. [Pröpper.] (Stuttgart.) Geb. $1.85

J. **von Liebig.** Suppe für Säuglinge. $0.35

Lindauer Kochbuch für den guten bürgerlichen und feineren Tisch. [Riedl.] Geb. $1.55

F. L. **Löffler.** Neues Stuttgarter Kochbuch. $1.00

H. **Löffler.** Großes illustrirtes Kochbuch für einfachen Tisch und die feine Küche. [Bechtel.] (Ulm.) Geb. $1.95

—— Kleines illustrirtes, praktisches Kochbüchlein für die Puppenküche. 16. (Ulm.) Cart. $0.20

Ch. **Loefflerin.** Neuestes Kochbuch für Haushaltungen aller Stände. 16. (Reutlingen.) Cart. $0.30

Mein Kochbuch. (Lahr.) Geb. $0.70

Lina **Morgenstern.** Universal=Kochbuch für Gesunde und Kranke. (Berlin.) Geb. $2.00

Anna **von Natzmer.** Illustrirtes Germania=Kochbuch. (Frankfurt a. d. O.) Geb. $1.35

K. **Prato.** Die süddeutsche Küche. (Graz.) Geb. $1.65

L. **Richter** u. S. Ch. **Hommer.** Illustrirtes Hamburger Kochbuch. Geb. $2.20

Fr. **Ritter.** Illustrirtes Koch= und Wirthschaftsbuch. (Dresden.) Geb. $1.35

S. Roberts. Praktisches Koch= und Wirthschaftsbuch für bürgerliche und feine Haushaltung. (Dresden.) Geb. $2.00

J. Rottenhöfer. Der elegante Kaffee= und Theetisch. (München.) Geb. $1.50

—— Illustrirtes Kochbuch. (München.) Geb. $4.65

——— Die gute bürgerliche Küche. (München.) Geb. $2.05

W. Rührig. Kochbuch für's deutsche Haus. (Frankfurt a. M.) Geb $0.95

K. F. von Rumohr. Joseph König's Geist der Kochkunst. [Habs.] (Leipzig.) Geb. $0.45

M. Schandri. Regensburger Kochkunst. Geb. $1.45

S. W. Scheibler. Die feine Küche oder d. moderne höhere Kochkunst. Geb. $1.35

L. Scheibner. Illustrirtes praktisches Koch= und Wirthschaftsbuch für bürgerliche und auch feinere Haushaltungen. (Leipzig.) Geb. $0.95

L. Schenk. Schwäbisches Kochbuch. (Schw. Hall.) Geb. $0.70

Neueste gute Schnellküche für Gesunde und Kranke. [v. Sz.] (Düsseldorf.) Geb. ($1.65). Herabgesetzter Preis $0.50

W. Schünemann. Praktisches Kochbuch. (Frankfurt a. M.) Geb. $1.50

A. Schwarz. Haus= und Küchenbrevier. (Leipzig.) Geb. $2.00

Supp', Gemüs' und Fleisch. Ein Kochbuch für jede Haushaltung. (Darmstadt.) Geb. $0.85

E. Tschirsch. Neues bürgerliches Kochbuch. (Hainichen.) $0.25

Universal=Lexikon der Kochkunst. 2 Bde. 10,000 Recepte enthaltend. (Leipzig.) Geb. $6.65

E. A. L. Weber. Das wahre deutsche Bürger=Kochbuch für den täglichen Tisch, der Jetztzeit angepaßt (Leipzig.) Cart. $0.55

A. Huber. Fastenküche, oder: Praktische Anleitung zur Zubereitung von 364 Fastenspeisen. (Regensburg.) Geb $0.50

L. von Pröpper. Fastenküche. (Paderborn.) Geb. $0.70

T. Niemann. Homöopathisches bürgerliches Kochbuch. (Oranienburg.) Geb. $0.70

M. Kauder. Israelitisches Kochbuch), mit Berücksichtigung der Osterküche. (Prag.) Geb. $0.70

R. Wolf. Kochbuch für israelitische Frauen. (Frankfurt a. M.) Geb. $1.20

Ph. Biedert u. E. Langermann. Diätetik und Kochbuch für Magen= und Darmkranke. $1.00

H. Heyl. Die Krankenkost. (Berlin.) Cart. $0.80

D∴ Holtz. Tisch für Gicht= und Rheumatismuskranke. $0.35

Die Klosterküche in Wörishofen. Ein praktisches Kochbuch im Sinne Kneipp's. Geb. $0.70

Frau Dr. Korntheuer. Kochbuch für Anhänger der Pfarrer Kneipp'schen Lebensweise. Geb. $0.85

J. Wiel. Tisch für Fieberkranke. [Uffelmann.] Geb. $1.65

—— Tisch für Lungenkranke. [Biermann.] Geb. $1.65

—— Tisch für Magenkranke. [F. Zueichen.] Geb. $1.65

J. Wiel. Tisch für Nervenkranke. Geb. $1.65
—— Tisch für Fettleibige. Geb. $1.65
——— Diätetisches Kochbuch für Gesunde und Kranke. Geb. $1.85

E. Baltzer. Vegetarianisches Kochbuch für Freunde der natürlichen Lebens-
weise. (Leipzig.) Cart. $0.45
C. Schulz. Vegetarianisches Kochbuch, mit Gesundheitsregeln. (Berlin.)
Geb. $0.55
E. Weilshäuser. Vegetarianisches Kochbuch. [C. E. O. Neumann.] (Ber-
lin.) $0.55

Hotelwesen u. s. w.

E. Guyer. Das Hotelwesen der Gegenwart. Geb. $5.35
M. P. Blüher u. P. Petermann. Meisterwerk der Speisen und Getränke.
Französisch-Deutsch-Englisch. Bd. I: Speisen. Geb. $7.35
—— —— Bd. II: Speisen (Schluß), Getränke. Geb. $7.35
Brillat-Savarin. Physiologie des Geschmacks, oder: Physiologische Anleitung
zum Studium der Tafelgenüsse. [C. Vogt.] Geb. $1.45
—— —— Wohlfeile Ausgabe. [Reclam.] Geb. $0.45
H. Duchamp u. A. Jenning. Allgemeines Wörterbuch für Uebersetzung der
Speisekarten. Cart. $0.75
R. Stutzenbacher. Das Diner. Praktische Anleitung zu dessen Service und
Arrangement nebst einer Sammlung hervorragender Menus. (Berlin.)
Geb. $1.35
Ch. Wagner. Der festlich gedeckte Tisch oder die Kunst die Servietten in
geschmackvolle Formen zu legen. (Berlin.) Mit 144 Abbildungen. $1.20
—— —— Geb. $1.35
—— —— Wohlfeile Ausgabe. Geb. $0.85
F. Weber. Gastronomische Bilder. Beiträge zur Geschichte der Speisen und
Getränke, der Tischsitten und Tafelfreuden verschiedener Völker und Zei-
ten. $1.65

Der Amerikanische Bartender. Die Kunst und das Geheimniß, Getränke zu
mischen. $0.50
The American Bartender. $0.50
H. Johnson's New and improved illustrated Bartender's Manual or:
How to mix drinks of the present style. English and German. $0.50
A. Josti. Die Bereitung warmer und kalter Bowlen. $0.55

Die obengenannten Bücher sind jederzeit von uns zu beziehen,
ebenso die amerikanischen, sowie die besseren aller ähnlichen deutschen, welche fortan erscheinen werden.

E. Steiger & Co., 25 Park Place, New York.